Schriftenreihe des Forschungsinstitutes für politisch-historische Studien
der Dr.-Wilfried-Haslauer-Bibliothek, Salzburg

Herausgegeben von Robert Kriechbaumer · Franz Schausberger · Hubert Weinberger

Band 85

Ernst Hanisch

Unwirtliche Zeiten

Salzburg nach dem Zweiten Weltkrieg
1945 – 1947

Böhlau Verlag Wien · Köln

Veröffentlicht mit Unterstützung durch den Zukunftsfonds der Republik Österreich
und das Amt der Salzburger Landesregierung
Die Erstellung der Studie wurde unterstützt von der Internationalen Salzburg Association (ISA)

Bibliografische Information der Deutschen Nationalbibliothek:
Die Deutsche Nationalbibliothek verzeichnet diese Publikation in der
Deutschen Nationalbibliografie; detaillierte bibliografische Daten sind
im Internet über http://dnb.d-nb.de abrufbar.

© 2023 Böhlau, Zeltgasse 1, A-1080 Wien, ein Imprint der Brill-Gruppe
(Koninklijke Brill NV, Leiden, Niederlande; Brill USA Inc., Boston MA, USA; Brill Asia Pte Ltd,
Singapore; Brill Deutschland GmbH, Paderborn, Deutschland; Brill Österreich GmbH, Wien, Österreich)
Koninklijke Brill NV umfasst die Imprints Brill, Brill Nijhoff, Brill Hotei, Brill Schöningh, Brill Fink, Brill
mentis, Vandenhoeck & Ruprecht, Böhlau, V&R unipress und Wageningen Academic.

Umschlagabbildungen:
Das Cover enthält verschiedene Informationen: Die Festung Hohensalzburg, die im Krieg zerstörte Stadt,
ratlose Menschen, die mit unzureichenden Geräten erste Aufräumarbeiten versuchen. Die zwei Personen
symbolisieren die Herrschaftsträger nach 1945: Generalmajor Harry J. Collins, als Vertreter der amerikanischen Besatzungsmacht und Landeshauptmann Albert Hochleitner, als gewählter Repräsentant der österreichischen Landesregierung. Der Titel des Buches »Unwirtliche Zeiten« fasst die zahlreichen Probleme
dieser Zeit zusammen. Collins: Salzburg 1945–1955, Zerstörung und Wiederaufbau, Jahresschrift des
Salzburger Museums Carolino Augusteum 40/41, 1994/95, S. 58. Hochleitner: Salzburg. Geschichte &
Politik, Mitteilung der Dr. Hans Lechner-Forschungsgesellschaft, 2018. Hintergrund: Kramml, Peter F.,
Der Salzburger Pressefotograf Franz Krieger (1914–1993), Salzburg 2008.

Korrektorat: Constanze Lehmann, Berlin
Einbandgestaltung: Michael Haderer, Wien
Satz: Michael Rauscher, Wien
Druck und Bindung: Hubert & Co, Göttingen
Gedruckt auf chlor- und säurefrei gebleichtem Papier
Printed in the EU

Vandenhoeck & Ruprecht Verlage | www.vandenhoeck-ruprecht-verlage.com

ISBN 978-3-205-21739-8

Inhaltsverzeichnis

Einleitung

1. War der 8. Mai 1945 tatsächlich ein »Fest der Freude«, wie es jetzt dargestellt wird? Die historischen Quellen sprechen eine andere Sprache. Gewiss, für die überlebenden Opfer des NS-Regimes war der Zusammenbruch der totalitären Herrschaft ein Grund zur Freude; ebenfalls für den Widerstand, der in Salzburg relativ schwach war; die frommen Katholiken konnten aufatmen und ihren Kult frei ausüben; die politischen Parteien wollten die neue Demokratie aufbauen. Die Mehrheit der Bevölkerung war froh, dass die Bombenflugzeuge vom Himmel verschwanden, aber ebenso stark war die Angst vor der Zukunft. Die Ernährungskrise, die verheerende Wohnungsnot, die große Zahl der »Ausländer«, die Unsicherheit auf den Straßen usw. ließen keine Hoffnung aufkommen. Die Nationalsozialisten fürchteten die Rache der Sieger. Zwar war die Bevölkerung erleichtert, dass die U.S. Army und nicht die Sowjetarmee das Land besetzt hatte, aber die Militärregierung übte in der ersten Zeit eine strenge Diktatur aus. 1945 war Salzburg sicherlich nicht ein »Goldener Westen«. Kurz: Von einem »Fest der Freude« war hier wenig zu spüren. Es war eine Zeit der Unsicherheit, der Unwirtlichkeit, auch wenn die Politik versuchte, die Bevölkerung zu überzeugen, dass die Demokratie »glückliche Zeiten« bringen werde.

2. Die Geschichtswissenschaft muss bei ihrer Analyse einen Anfang und ein Ende wählen, um den Strom der Geschichte zu bändigen. Diese Wahl bestimmt auch zum Teil die Perspektiven der Darstellung. 1945 als Beginn dieses Buches ist relativ einsichtig, auch wenn es zahlreiche Kontinuitäten zur damaligen Vergangenheit gab. Die Wahl 1947 als Ende ist weniger klar. Mir ging es darum, die unmittelbare Nachkriegszeit möglichst quellennah zu beschreiben. Diese Arbeit brauchte schon Jahre – und meine verbleibende Lebenszeit wird immer kürzer. Aber es gibt auch einen wissenschaftlichen Grund. Hätte ich 1955 als Ende gewählt, wäre eine andere Perspektive notwendig gewesen. 1955 konnte man von einer österreichischen Erfolgsgeschichte sprechen, eine Perspektive, die 1945–1947 keineswegs selbstverständlich war. Der Staatsvertrag 1955, der gelungene ökonomische Aufstieg, die Erwartungen der Menschen, dass es jeder Generation sozial besser gehen werde, die relative Stabilität der Demokratie, der Optimismus, das alles und mehr unterschied sich von dem Pessimismus der unmittelbaren Nachkriegszeit.

Ein weiteres Motiv für die kurze Phase der Analyse war die Fragestellung: Wie reagiert eine Gesellschaft nach einer totalitären Diktatur, nach einem »Großen Krieg«, nach Großverbrechen, bei denen viele Menschen mitbeteiligt waren, das alles unter den Bedingungen einer fremden, siegreichen Besatzungsmacht?

Dann gab es auch einen persönlichen Grund: die Lust auf Archivarbeit. Archive decken nur einen Teil der historischen Realität ab, aber sie sind zeitnahe und erlauben den Einblick in die Verwaltung. Meine archivarische Hauptquelle waren die Präsidialakten und Teile der digitalen amerikanischen Quellen im Salzburger Landesarchiv. Hier war das Problem, dass viele US-Texte kaum lesbar waren. Ich weiß, dass das Kapitel »Militärregierung« sehr unvollständig ist. Es wäre eine lohnende Aufgabe für eine junge Forschergeneration, in den Archiven der USA weiterzuforschen. Letztlich war es auch die Lust eines alten Mannes, in die Zeit seiner Kindheit einzutauchen. Ich bin 1940 geboren, mein Vater war Nationalsozialist. Ich erlebte diese Zeit nicht in Salzburg, sondern in Niederösterreich, aber die Atmosphäre der Nachkriegszeit ist mir lebendig geblieben.

3. Von heute aus gesehen ist die Verdrängung des Genozides an den Juden, an den Sinti und Roma schwer zu verstehen. Zwar waren die Haupttäter verhaftet oder hatten sich selbst gerichtet oder waren geflohen, andere schwiegen eisern. Doch die Mitverantwortung der Bevölkerung wurde völlig ausgespart, auch von der Politik, die mit der Opferrolle Österreichs einen Ausweg fand. Nur eine moralische Bewertung dafür ist zu wenig. Die Geschichtswissenschaft muss sich mit den Ursachen beschäftigen. Das ist hier nicht möglich, aber einige Faktoren sollen aufgezählt werden:

– Der Antisemitismus war seit Jahrzehnten Teil der politischen Kultur und der Mentalität in Österreich. Solche Gefühlsprägung ist schwer aufzulösen.

– Die Menschen neigen dazu, nur das eigene Leid zu sehen, das Leid der anderen wird übergangen. Darüber wird geschwiegen, auch um die eigene Mitverantwortung zu beruhigen.

– Es waren 1945 nur Bruchstücke der Großverbrechen sichtbar und konnten leicht als Propaganda abgeschoben werden. Alles war abstrakt, es fehlte das konkrete Mitgefühl für einzelne Opfer.

– Erst die zweite und dritte Generation – die unschuldig waren – und die komplexe Lage in der NS-Zeit nicht präsent hatten, konnten den Holocaust in allen Dimensionen erfassen. Es brauchte den Paradigmenwechsel der 1966 und 1988, um dieses Menschheitsverbrechen voll zu erkennen.

4. Ebenso brauchte es den Paradigmenwechsel durch die zweite Frauenbewegung in den 1960/70er-Jahren, um die Lebenssituation der Frauen nach dem Krieg genauer zu untersuchen. Die Akteure der Politik waren fast nur die Männer (Ausnahme Wahlen). Aber den Alltag mussten meist die Frauen bewältigen. Die Männer waren »gefallen« oder kriegsgefangen, die Heimkehrer psychisch und körperlich schwer belastet. Eine beträchtliche Zahl der Frauen war ganz oder halb berufstätig – in der Landwirtschaft, im Gewerbe oder im Büro (auch bei der Militärregierung). Meist lastete auch die Erziehung der Kinder auf den Frauen. Schrill war nur die moralische Empörung über die Frauen, die sich mit den US-Soldaten einließen.

5. Auch die Geschichtswissenschaft erlebte in den 1960er-Jahren einen Paradigmenwechsel. In den deutschsprachigen Ländern war es die scharfe Opposition gegen

den Historismus. Das Gegenkonzept war die »Gesellschaftsgeschichte«. Stark theoretisch aufgeladen, sollte Politik, Wirtschaft, Kultur unter dem Schirm der Sozialgeschichte die Geschichtswissenschaften erneuern. Zahlreiche weitere »turns« folgten.
Diese Tendenzen erreichten auch die Regionalgeschichte. Als wir in den 1980er-Jah-
ren die Salzburger Regionalgeschichte in der Zeitgeschichte aufbauten, galt es die
traditionelle Landesgeschichte neu auszurichten. Die Landesgeschichte erschien uns
als steril, die Methode hausbacken, voller Angst vor der Zeitgeschichte, vor allem
vor der Aufarbeitung der NS-Zeit. Zum Teil waren diese Historiker ehemalige Nationalsozialisten oder Mitläufer, viele ehemalige Nationalsozialisten hatten wieder
hohe Positionen in der Politik und Gesellschaft. Obendrein gab es noch eine strenge
Archivsperre. Unser Zauberwort hieß »Regionalgeschichte«. Inspiriert von der französischen Annalesschule, wollten wir das Feld der Geschichte weit öffnen. Die His-
torikerinnen unter uns stürzten sich auf Frauengeschichte. Weitere Felder waren die
Arbeitergeschichte, der Alltag der Menschen, Tourismus, Mikrogeschichte, der Einfluss der US-Kultur in Salzburg, was einen Konflikt mit der traditionellen »Volkskultur« auslöste. Vordringlich war die NS-Herrschaft in Salzburg und die Entnazifizierung. Theoretisch wichtig war die Zentrum-Peripherie-Spannung am Beispiel
des Bundeslandes Salzburg.

Der Konflikt zwischen Regional- und Landesgeschichte hatte sich inzwischen
aufgelöst, die Unterschiede geglättet. Die Regionalgeschichte bearbeitet nun eine
Vielfalt von Themen. (siehe: Martin Knoll/Katharina Scharf, Europäische Regionalgeschichte. Eine Einführung, Wien 2011). Dieses Buch »Unwirtliche Zeiten.
Salzburg nach dem Zweiten Weltkrieg 1945–1947« versteht sich als »Gesellschaftsgeschichte« – die Integration von Politik, Wirtschaft, Kultur und Sozialstrukturen.
Dass die Kultur in Salzburg einen Schwerpunkt bildet, wird man verstehen. Ob es
gelungen ist, soll die Leserschaft entscheiden.

Für Hilfe danke ich meinem Sohn Christof, meiner Frau Christa, meinem Freund
Hans Spatzenegger, dem Salzburger Landesarchiv und dem Salzburger Stadtarchiv.
Besonders danke ich Frau Constanze Lehmann für die sorgfältige Korrektur.

I. Europa in Trümmern

Die internationalen Rahmenbedingungen

1945 lebte Europa im
Dunkel von Tod und
Zerstörung.
(Ian Kershaw)

Auch die Regionalgeschichte muss im 21. Jahrhundert auf die globalen und europäischen Zusammenhänge achten.[1] Der Zweite Weltkrieg hatte 52 Millionen Tote, davon 27 Millionen allein in der Sowjetunion, gefordert; er hatte die europäische Landschaft, im Wortsinn und politisch, demografisch, ökonomisch, sozial umgepflügt. »Hunger, Kälte und elementare Not bestimmten den Alltag der europäischen Bevölkerung«.[2] Nicht nur in den besiegten Ländern wie Deutschland und Österreich, nicht nur in Ost- und Südosteuropa, wo die Deutsche Wehrmacht gewütet hatte, nicht nur in Asien, sondern auch bei den Siegermächten. Nur die USA war die Ausnahme, die als strahlender Sieger des Zweiten Weltkrieges herauskam und nun als neue Weltmacht auftreten konnte. Aber auch Amerika brauchte Europa, um die Überproduktion ohne Rezession nach dem Krieg loszuwerden.[3]

Es war das große Glück von Salzburg, dass es von der U.S. Army besetzt und befreit wurde, was allerdings nicht hieß, dass nicht auch hier zunächst Not und Elend herrschten.

Im Mai 1945 irrten Millionen Menschen durch Europa: Befreite, überlebende KZ-Häftlinge und andere von den Nazis Gefangene, sowjetische Kriegsgefangene, Zwangsarbeiter; dann die besiegten zerschlagenen Angehörigen der Deutschen Wehrmacht, die deutschsprachigen Flüchtlinge und Vertriebenen; ebenso die mit Hitlerdeutschland verbündeten Regierungen und ihre faschistischen Anhänger, ihre mörderischen Milizen. Die Angst vor der Roten Armee trieb die meisten in die von den westlichen Alliierten befreiten Gebiete. Salzburg war im Frühjahr und Sommer 1945 ungewollt ein multiethnisches Land, was das ohnehin bestehende Chaos noch verstärkte.

In den befreiten Ländern brannte das Gefühl der Rache an Faschisten und Kollaborateuren, mit zigtausend Toten ohne ordentliches Gerichtsverfahren. Am höchs-

---

1 Akira Iriye, Jürgen Osterhammel (Hg.), Geschichte der Welt. 1945 bis Heute. Die globalisierte Welt. München 2013, S. 9.
2 Ebd., S. 18.
3 Ebd., S. 25.

ten war die Todesziffer in Jugoslawien (geschätzte 70.000 Opfer).[4] Die Ausnahme war Österreich, wo relativ wenig direkt tödliche Racheakte gegen NS-Mitglieder bekannt sind. In einigen Konzentrationslagern massakrierten befreite Gefangene ihre Peiniger.

In der »antifaschistischen« Phase nach 1945, im Aufbau der Demokratie, schien die Stunde der »Linken« in Europa geschlagen zu haben, war der Kommunismus eine verlockende Option.[5] Viele Intellektuelle sahen im Roten Stern aus dem Osten den neuen Stern von Bethlehem aufgehen. Der Stalinismus wurde im Sieg über den Faschismus ausgeblendet. Die Kommunisten hatten im Widerstand gegen den Faschismus in allen Ländern eine führende Position eingenommen. In den ersten Wahlen nach dem Krieg erreichten die kommunistischen Parteien beachtliche Stimmergebnisse: In Frankreich 26 Prozent, in Italien 19 Prozent, in Skandinavien bis zu 13 Prozent, in Ungarn 17 Prozent, in der Tschechoslowakei 39 Prozent.[6] Anders in Österreich, wo die KPÖ bei der Nationalwahl, wegen der sowjetischen Besatzung, am 25. November 1945 nur 5,4 Prozent erreichte, in Salzburg gar nur 3,8 Prozent.[7] Wie ist das zu erklären?

- Die Angst vor den wilden »asiatischen Horden«, die aus dem Osten und Südosten das Christliche Abendland bedrohen, hatte sich seit Jahrhunderten tief in die Mentalität der Bevölkerung eingegraben und konnte jederzeit abgerufen werden.
- Die Oktoberrevolution 1917 in Russland, die kurzfristigen Räterepubliken in Bayern und Ungarn wurden in Österreich als unmittelbare Bedrohung der Demokratie wahrgenommen. Gefürchtet wurden Chaos, Eigentumsverlust, Auflösung der bürgerlichen Zivilisation, Zerschlagung der katholischen Kirche. Die Folge war ein »Antibolschewismus«, der sich in den bürgerlichen und bäuerlichen Schichten festsetzte, aber auch in die Sozialdemokratie ausstrahlte. Dieser »Antibolschewismus« war bereits am Beginn der Ersten Republik mit dem Antisemitismus verknüpft. In den Kreisen der radikalen Rechten mischten sich Antibolschewismus, Antisemitismus und Antidemokratie zu einem gefährlichen Gebräu, das unmittelbar zum Nationalsozialismus führte. Der Turnlehrer und Gymnasialprofessor Kaspar Hellering schrieb 1923 im »Grobia« (sic): »Ehe ich zuwarte bis mir gedungene Judenknechte im Schutze der Nacht mit einem Knüttel den Schädel einschlagen oder ein Messer zwischen die Rippen bohren, lieber schieße ich und zwar so oft, soviel ich Kugeln habe.«[8]

---

4   Ian Kershaw, Höllensturz. Europa 1914 bis 1949, München ²2016, S. 639.
5   Ebd., S. 658; Tony Judt, Geschichte Europas. Von 1945 bis zur Gegenwart, München 2006, S. 111.
6   Ian Kershaw, Höllensturz, S. 658 f.
7   Amt der Salzburger Landesregierung (Hg.), Wahlen im Bundesland Salzburg, Salzburg 1983, S. 57.
8   Zit. in: Gerhard Botz, Gewalt in der Politik. Attentate, Zusammenstöße, Putschversuche, Unruhen in Österreich 1918–1934, München 1979, S. 91.

– Die NS-Propaganda verschärfte diese Konstellation mit der Prägung des »jüdischen Bolschewismus« und der Angstparole: Ein Sieg der Sowjetunion bedeute die Vergewaltigung aller Frauen und den Abtransport der Männer nach Sibirien.

– Wie nichts sonst befeuerten die Plünderungen und Vergewaltigungen von Frauen durch sowjetische Soldaten, die Österreich befreit und besetzt hatten, den Antikommunismus. Das anfängliche Befreiungsgefühl – Ende des Krieges, Ende des Nationalsozialismus – wich rasch dem Gefühl, den russischen Siegern hilflos ausgeliefert zu sein. Die hohen Opfer der Sowjetarmee bei der Befreiung wurden vergessen. Die KPÖ als Arm der russischen Militärregierung verlor rasch ihre anfängliche Reputation.

Die historische Forschung hat inzwischen ein weitaus differenzierteres Bild geliefert.

Die KPÖ im Exil in der Sowjetunion hatte einen gewissen Einfluss auf die sowjetische Österreichpolitik Stalins. Ziel war ein freies Österreich, losgelöst von Deutschland. Aufgegriffen wurde die nationale »Volksfront«-Strategie der 1930er-Jahre: Einheit der antifaschistischen Kräfte, Errichtung einer wahren »Volksdemokratie«, in der die Kommunisten allerdings eine führende Position einnehmen sollten. Dieses Konzept scheiterte, vorwiegend am »Schlitzohr« Karl Renner und an der Sozialdemokratie.[9] Zentral war die Errichtung einer Sicherheitszone für die Sowjetunion und die Schwächung Deutschlands. Eine direkte Sowjetisierung Österreichs wie in Osteuropa war nicht geplant. Es gab, trotz des stalinistischen Regimes, Kontroversen und verschiedene Strömungen innerhalb der sowjetischen Besatzungsmacht in Österreich. Das Oberkommando der Roten Armee versuchte auch die Übergriffe zu verhindern, weil sie die »kommunistische Moral« verletzen, zunächst mit geringem Erfolg.

Die sowjetische Propaganda im Krieg hatte alle Deutschen als »unmenschliche Bestien« markiert. Der Vernichtungskrieg der Deutschen Wehrmacht in Russland, die Ermordung von Familienmitgliedern und Freunden, lösten ein enormes Rachegefühl bei den Sowjetsoldaten aus, das ihre Offiziere nicht kontrollieren konnten oder wollten. Die offizielle Politik, Österreich sei ein »befreites Land«, drang wenig in das Bewusstsein der Soldaten. Als die Sowjetische Armee den Boden Großdeutschlands betrat, erlebte sie einen kulturellen Schock. Aufgewachsen mit dem Glauben, dass der Kommunismus dem Kapitalismus weit überlegen sei, erlebte sie nun, dass in dem eroberten Land der Lebensstandard auch in der Kriegszeit weitaus höher war als in der Heimat. Es brach die archaische Ansicht durch, dem Sieger gehöre die Beute: Frauen, wertvolle Gegenstände, Alkohol.[10] Für die Besiegten allerdings war

9 Stefan Karner, Barbara Stelzl-Marx (Hg.), Die Rote Armee in Österreich. Sowjetische Besatzung 1945–1955, Graz 2005.

10 Barbara Stelzl-Marx, Stalins Soldaten in Österreich. Die Innenansicht der sowjetischen Besatzung 1945–1955, Wien 2012, S. 304–465.

jede Vergewaltigung nicht nur ein schweres Trauma für die betroffene Frau, sondern auch ein Argument gegen den Kommunismus; bei ehemaligen Nationalsozialisten verfestigte sich die heimliche Meinung, Hitler habe zumindest im Krieg gegen die Sowjetunion doch recht gehabt.

Die Sowjetisierung in Ungarn und in der Tschechoslowakei, die Teilung Deutschlands, der beginnende Kalte Krieg lösten in Österreich die Befürchtung aus, die Russen ziehen einen »Eisernen Vorhang« auch durch Österreich. Die Antwort des Westens war der Antikommunismus als Integrationsideologie, verbunden mit der Entwicklung der Totalitarismusthese, Nationalsozialismus und Kommunismus seien ähnliche Diktaturen, eine Bedrohung der Freiheit und Demokratie.[11] Im europäischen Katholizismus war die Metapher »Verteidigung des Christlichen Abendlandes« weitverbreitet. Auch in Salzburg (Josef Klaus).[12]

---

11 Norbert Frei, Dominik Rigoll (Hg.), Der Antikommunismus in seiner Epoche. Weltanschauung und Politik in Deutschland, Europa und den USA, Göttingen 2017; Juan J. Linz, Totalitäre und autoritäre Regime, Potsdam 2009. Sybille Seinbacher, Gesellschaftsordnung durch Gewalt. Überlegungen zu einer vergleichenden Geschichte der Konzentrationslagersysteme, in: Lucile Dreidemy (Hg.), Bananen, Cola, Zeitgeschichte: Oliver Rathkolb und das lange 20. Jahrhundert, 1. Bd., Wien 2015, S. 478–488; Dieter Pohl, Antikommunismus als Ressource von Diktaturen und autoritären Systemen bis 1945, in: Bananen, Cola, Zeitgeschichte, 1. Bd., S. 466–477.
12 Thomas Michels, Abendland, in: Katholisches Soziallexikon, Innsbruck 1964, S. 1.

II. Die Militärregierung

Salzburg wurde kurzfristig von allen drei westlichen Alliierten besetzt: Die U.S. Army kam von Deutschland und Tirol, die britische Armee vom Süden in den Lungau; die Franzosen, als Teil der 7. U.S. Army, rückten für einige Tage im Raum Hallein ein. Seit der endgültigen Zoneneinteilung gehörte das Land Salzburg zur US-Zone. Die Truppenbewegungen der U.S. Army in Salzburg sind schwer zu entwirren.[1]

Das Hauptkontigent bestand aus der 3. US-Infanterie-Division, aber auch Teile anderer Divisionen besetzten kurzfristig das Land, alle aber unterstanden dem XV. Korps Haislip, so beispielsweise die 106. Cavalry-Division in St. Gilgen.[2] Das Hauptquartier lokalisierte im Schloss Kleßheim. Die U.S. Army stieß in Salzburg auf eine Reihe von Oberbefehlshabern der Deutschen Wehrmacht, die in die »Alpenfestung« geflohen waren. Obendrein mussten die Soldaten der Wehrmacht in Lager zusammengefasst und aussortiert werden. In alle größeren Orte kamen US-Soldaten. Der jeweilige Kommandant verkörperte als Militärregierung die Macht. Die Macht ging in der ersten Zeit nicht vom Volk, sondern vom US-Militär aus. Aber das Militär hatte keine Kenntnisse von den lokalen Verhältnissen, es brauchte Einheimische. Daher mussten Bürgermeister eingesetzt werden, welche aber völlig vom Militär abhängig waren. Die lokalen NS-Funktionäre wurden abgesetzt und teilweise verhaftet. Die meisten Bürgermeister stammten – auf Anraten der Pfarrer, die als Vertrauenspersonen galten, oder der lokalen Antinazis – aus der Zeit vor 1938. Ein Beispiel war die Bürgermeisterernennung in der Stadt Salzburg. Bereits am 5. Mai 1945 wurde Richard Hildmann, der Bürgermeister von 1935 bis 1938, zum provisorischen Bürgermeister ernannt. Vorgeschlagen wurde er von einer sinistren Figur, Viktor Lipp, der sich als Widerständler und Kommunist ausgab, der selbst Landeshauptmann werden wollte und sich dann als Vizebürgermeister aufspielte, aber bald von der politischen Bühne verschwand. Aus einer anderen Quelle geht hervor, dass Lipp Schauspieler in Linz war, 1939 von der Polizei wegen Schlägereien und Rausch-

---

1 Ich danke Gernod Fuchs für die Hilfeleistung und für die Überlassung wichtiger Dokumente. Zum Einmarsch der US-Soldaten auch: Peter Pirker, Mathias Breit, Schnappschüsse der Befreiung. Fotografien amerikanischer Soldaten im Frühjahr 1945, Innsbruck 2020; Die dichteste Analyse der Jahre 1945 mit allen Aspekten hat Horst Schreiber über Tirol geschrieben. Horst Schreiber, Endzeit. Krieg und Alltag in Tirol 1945, Innsbruck 2020.

2 Nach dem Schaubild der 7. Armee, zusammengestellt von Gernod Fuchs; Manfried Rauchernsteiner, GIs und Chesterfield. Die amerikanischen Besatzungstruppen in Salzburg, in: Salzburg 1945–1955. Zerstörung und Wiederaufbau (Jahresschrift des Salzburger Museums Carolino Augusteum 40/41, 1994/95), S. 62; S. 75; ebenso S. 39; wichtig für die Stadt Salzburg: Chronik der Stadt Salzburg 1945–1955, in: Erich Marx (Hg.), Befreit und besetzt. Stadt Salzburg 1945–1955 (Schriftreihe des Archivs der Stadt Salzburg Nr. 7), Salzburg 1996, S. 189–488.

Abb. 1: US-Panzer rollt am Platzl. 5. Mai 1945.

gifthandel angeklagt wurde. Der am 12. Mai definitiv zum Bürgermeister ernannte Hildmann blieb, auch wenn er allseitig unbeliebt war.[3]

Die einmarschierten US-Truppen waren auf die österreichische Situation nicht vorbereitet, die Spezialisten waren noch in Italien. So galt vorläufig auch hier das deutsche Handbook als Richtschnur. Die vordringlichen Aufgaben waren, das herrschende Chaos zu bändigen, Entnazifizierung und eine labile Ordnung zu schaffen. Die Gendarmerie wurde entwaffnet. Überall setzten Plünderungen ein: legale – wenn

---

3 Edgar N. Johnson (OSS), 9. Juni 1945, in: Oliver Rathkolb, Gesellschaft und Politik am Beginn der Zweiten Republik, S. 251; Tagebuchnotizen von Adolf Schemel aus 1945, 6. Mai, in: Privatarchiv Ernst Hanisch; Siegfried Beer, Salzburg nach dem Krieg. Beobachtungen des US-Geheimdienstes OSS/SSU über Österreich 1945/46, in: Mitteilungen der Gesellschaft für Salzburger Landeskunde, 139 (1999), 24. Dokument, S. 201.

NS-Nahrungsbestände und Wehrmachtgüter freigegeben wurden – oder illegale, an denen die einheimische Bevölkerung ebenso teilnahm wie die ins Land getriebenen Kriegsgefangenen, Zwangsarbeiter und Flüchtlinge. Kinder der NS-Kinderlandverschickung irrten ohne Aufsicht durch das Land. Die Gendarmeriechroniken und -berichte quellen über von Mord, Diebstahl und Raubüberfällen. In den ersten Maitagen trieben auf der Salzach die Leichen. In zwei Orten, Oberndorf und St. Georgen, wurden die Ortsgruppenleiter von Zwangsarbeitern ermordet.[4]

Ein weiteres Problem für die US-Truppenführer war es, auch die eigenen Soldaten zu disziplinieren. Auch amerikanische Soldaten vergewaltigten, auch sie zeigten eine Vorliebe für Schmuck – wenn auch das Ausmaß der Gräueltaten keineswegs mit denen im Osten Österreichs vergleichbar war.[5] Ein weiteres Problem entstand, die Tausenden von US-Soldaten in der Stadt und auf dem Land unterzubringen. Noch dazu, wo das ganze Land von Flüchtlingen verschiedener Art überfüllt war. Zahlreiche Wohnungen wurden beschlagnahmt, die Bewohner, Nazis und Nichtnazis, delogiert. Die Folge war, dass die U.S. Army eher als Besatzer denn als Befreier wahrgenommen wurde. Der beste Kenner der US-Militärregierung, Kurt Tweraser, bezeichnet die Lage in der amerikanischen Zone der ersten Monate als »Militärdiktatur«, als eine Zwitterstellung zwischen »Befreiung und Freiheit«.[6]

Neben den Armeekommandanten hatte im zivilen Bereich »Russel V. D. Janzan, Lieutenant Colonel, United States Army, Senior Military Government Officer of Land Salzburg« das Sagen.[7] Die Militärregierung okkupierte zunächst die Residenz und das Rathaus als Machtzentrum. Ein klares Zeichen, dass die NS-Herrschaft vorbei und ihre Orte der Macht nun im Besitz der U.S. Army waren. Ein wichtiger Ansprechpartner für die Militärregierung war Fürsterzbischof Andreas Rohracher. Er verstand sich als Fürsprecher der Bevölkerung, auch für die Mehrheit der Nationalsozialisten. Bereits am 11. Mai 1945 kam ein US-Captain im Auftrag des Kommandanten, um das Verhältnis von Kirche und Besatzungsmacht klarzustellen: Er versprach Religionsfreiheit und Passagierscheine für Priester, er verbot alle Kritik an den alliierten Nationen (auch an der Sowjetunion), forderte Überprüfung aller Schulbücher. Am 18. Mai besuchte der Militärgouverneur Oberstleutnant Russel Janzan den Fürsterzbischof und wollte über die Stimmung der Bevölkerung informiert werden. Rohracher beschwerte sich über die Plünderungen, beklagte die Er-

---

4 Ernst Hanisch, Von den schwierigen Jahren der Zweiten Republik, in: Salzburg und das Werden der Zweiten Republik. VI. Landes-Symposion am 4. Mai 1985 (Schriftreihe des Landespressebüros, Serie »Salzburg Diskussionen« Nr. 7, Salzburg 1985), S. 13–16.

5 Ebd., S. 14.

6 Kurt Tweraser, US Militärregierung Oberösterreich, 1. Band, Sicherheitspolitische Aspekte der amerikanischen Besatzung in Oberösterreich-Süd 1945–1950, Linz 1995, S. 18, S. 406.

7 So lautete sein Name und seine Funktion auf der Ernennung von Dr. Adolf v. Schemel zum »Acting Landeshauptmann of Land Salzburg«, 10. Juni 1945.

nährungssituation und stellte die katholische Kirche als durch und durch antinationalsozialistisch dar. Bereits am nächsten Tag machte er seinen Gegenbesuch, bei dem es zu einer langen Aussprache kam. Laut seinem Gedächtnisprotokoll vertrat er diese Position:

- Österreich sei ein Opfer Hitlers
- Das Volk sei für die Grausamkeiten und Übergriffe der früher herrschenden Partei nicht verantwortlich.
- Das österreichische Volk zerfalle in drei Teile:
  1. Die österreichtreue und antinationalsozialistische Gruppe, die »mancherlei Schikanen« ertragen musste und die jetzt politische Positionen übernehmen könne
  2. Die radikalen illegalen Nazis. Diejenigen von ihnen, die in Verbrechen verwickelt waren, müssen bestraft werden
  3. Die Mitläufer, die sich teils auf Druck, teils wegen wirtschaftlicher Vorteile der Partei angeschlossen hatten. »Die können nicht bestraft werden, weil die Zugehörigkeit zur Partei nicht in sich schlecht sei«.[8]

Im Kern vertrat Rohracher diese Positionen auch in den folgenden Jahren.[9] Allein im Monat Mai 1945 sprach Rohracher sieben Mal mit US-Offizieren. Hauptgesprächspartner war Janzan. Seine Ablöse im Sommer 1945 bedauerte Rohracher. Janzan sei sehr beliebt, besitze das Vertrauen der Behörden und habe ein gutes Verhältnis zur Kirche. Janzan war offensichtlich ein frommer Mann. In einem handschriftlichen Weihnachtsbrief vom 15. Dezember 1945 schrieb er an den Erzbischof: Es sei ein großes Privileg gewesen, ihn zu kennen, und »die Gelegenheit zu haben, zu spüren, dass Seine (Gottes) Gegenwart anwesend ist«. Janzan war ein pessimistischer Mann, schrieb er doch weiter: »And of course, spiritually we have been lost. Hatred and revenge seem to be primary qualities today.«[10]

Im Sommer 1945 reorganisierte sich die US-Besatzungsmacht neu. Am 28. Juni 1945 übernahm General Mark W. Clark das Kommando als »U.S. Commissioner, Austria«: Als oberster Chef im »Headquarters United States Forces in Austria« (USFA) war er für das Militär und die US-Politik als Hochkommissar in Österreich oberste Autorität.[11] Er kam allerdings erst am 12. August 1945 nach Salzburg, wo er bei den Salzburger Festspielen bereits groß auftrat, umschmeichelt von den österreichischen Veranstaltern. Clark war der jüngste Vier-Sterne-General der

---

8 Ernst Hanisch, Der politische Bischof. Seine Beziehungen zur US-Besatzungsmacht und zu den politischen Parteien, in: Ernst Hintermaier, Alfred Rinnerthaler, Hans Spatzenegger (Hg.), Erzbischof Andreas Rohracher. Krieg Wiederaufbau Konzil, Salzburg 2010, S. 148 f.

9 Eva Maria Kaiser, Hitlers Jünger und Gottes Hirten. Der Einsatz der katholischen Bischöfe Österreichs für ehemalige Nationalsozialisten nach 1945, Wien 2017.

10 Ernst Hanisch, Der politische Bischof, S. 150.

11 Kurt Tweraser, US Militärregierung, S. 90 f. General Orders Number 1 und 4. Archiv Gernod Fuchs.

Abb. 2: Generalmajor Harry J. Collins.

U.S. Army, hatte in Italien die 15. Armeegruppe geführt, seine umstrittene Besetzung Roms wurde von Militärhistorikern als »military stupid« bewertet. Dieser ehrgeizige, selbstbewusste, öffentlichkeitssüchtige, großgewachsene, schlanke Mann, diplomatisch geschickt, war ein »Glück für Österreich« (Kurt Tweraser).[12] Am 1. April 1946 wurde er, in Anwesenheit des Bundespräsidenten Karl Renner, zum Ehrenbürger des Landes Salzburg erhoben. Es gehört zur Ironie der Geschichte, dass in einem Land, wo einige Monate vorher jüdische Todesmärsche durchgezogen waren, der oberste Repräsentant der U.S. Army von einer jüdischen Mutter geboren wurde.[13]

Am 29. Juni 1945 wurde das XV. Korps abgezogen und durch das aus Italien kommende II. Korps ersetzt. Jetzt trafen auch die auf Österreich spezialisierten Stäbe der Militärregierung ein. Die 3. US-Infanterie-Division wurde durch die 42. Infanterie-Division (Rainbow), geführt von Generalmajor Harry J. Collins, abgelöst.

Er war nun Militärgouverneur und Befehlshaber der 42. Infanterie-Division. Unter seiner Autorität entstand ein MG (Military Government) Detachment Land Salzburg (ERK3) und weitere Detachments in den wichtigen Städten des Landes.[14] In der Machtstruktur der US-Zone setzte sich die Militärregierung sukzessiv gegenüber den taktischen Kommandeuren durch.

Einen Einblick in diese Machtstrukturen der sich bildenden Militärregierung und der neuen Salzburger Landesregierung geben zwei Dokumente. Einen Monat nach der Einsetzung des provisorischen Landeshauptmannes Dr. Adolf von Schemel formulierte eine Urkunde am 10. Juni 1945: Oberstleutnant Russel v. D. Janzan als »Senior Officer« des MG in Salzburg, ausgestattet mit Macht und Autorität, ernannte Schemel, im Vertrauen auf seine Integrität, Fähigkeit und Diskretion, zum »Acting

---

12 Günter Bischof, Mark W. Clark und die Aprilkrise 1946: Das erste Jahr des Amerikanischen Hochkommissars in Österreich, in Zeitgeschichte 13(1986), S. 222–252; https://de.wikipedia.org/wiki/Mark_W._Clark (abgerufen 5.12.1019).
13 https://de.wikipedia.org/wiki/Mark_W._Clark (abgerufen 17.2.2023).
14 Kurt Tweraser, US Militärregierung, S. 100–102 f.; Gernod Fuchs, Befreit und besetzt. S. 65.

Landeshauptmann« von Salzburg. Sein Amt müsse er nach den Prinzipien der »United Nations regarding Austria« ausüben. Die Neuorganisierung der Militärregierung wird an der zweiten Urkunde sichtbar. Am 1. Juli 1945 wird Schemel noch einmal zum »Acting Landeshauptmann« ernannt. Nun von Oberst Harry L. Bennett als »Commanding Officer Military Government Detachment ERK3«. Deutlich wird nun gesagt, dass Schemel nur nach den Anordnungen der Militärregierung handeln darf.[15] Oberst schlägt Oberstleutnant, und Janzan wurde Stellvertreter. Mit der Neuorganisierung galt nun auch das »MG Handbook for Austria«.[16] Ungefähr gleichzeitig bauten Militärregierung und Landesregierung ihren bürokratischen Apparat auf. Die Arbeitsfelder überschnitten sich teilweise. Die »Militärdiktatur« wandelte sich langsam zur Überwachungsagentur. Die Landesregierung gewann an Profil, war aber in allen wichtigen Fragen von der Militärregierung abhängig. Zunächst galt es das Chaos der ersten Wochen zu entwirren: Sicherheit, Ernährung, Wohnung, Flüchtlinge, Entnazifizierung, Kriegsgefangene usw. usw.

Am 16. Juni 1945 bestand die Militärregierung im Land Salzburg aus etwa 60 bis 70 Personen Militärpersonal und weitaus mehr Zivilisten. Aus einer kaum lesbaren Quelle dieses Tages lässt sich unter dem »Commanding Officer Harry L. Bennett« ein Teil der Arbeitsgebiete erkennen:
- Property Control (Liegenschaften)
- Public Health (Gesundheit)
- Food Supply (Ernährung)
- Commerce and Industry (Handel und Industrie)
- Public Works Utilities (Arbeitskräfte)
- Public Safety (Öffentliche Sicherheit)
- Legal Officer (Rechtswesen)
- Local Government (Landesregierung)
- Agriculture (Landwirtschaft)[17]

Eine weitere Quelle zählt die Arbeitsaufgaben der einzelnen Sektionen auf. Auf dem Papier wird eine totale Beobachtung und Überwachung der Politik, der Wirtschaft, der Kultur angestrebt. Beispielsweise in der Sektion Public Safety: die Überwachung aller Polizeiinstanzen, der Feuerwehr, der Gefängnisse, des Verkehrs, der DPs, der illegalen NSDAP, der Jäger, der Versammlungen usw. Ständig mussten Berichte geschrieben werden.[18] Kurz, der bürokratische Aufwand der Amerikaner reichte an die österreichische Verwaltungstradition heran. Kein Wunder, musste doch die Mili-

---

15 Archiv Gernod Fuchs.
16 NARA, USACHA, CD 61/32. 10. August 1945.
17 NARA, CD 62, 16–18; Archiv Fuchs.
18 NARA, CD 53/8.

tärregierung eng mit den Salzburger Behörden zusammenarbeiten. Dabei war im persönlichen Verkehr Sympathie und Antipathie entscheidend. Jedenfalls konnte im schriftlichen oder mündlichen »Gespräch« vieles jenseits der Vorschriften ausgehandelt werden.

»General Orders Number 21« am 4. März 1946 organisierte die US-Zone neu. Generalmajor Harry J. Collins übernahm das Kommando sowohl von Salzburg als auch von Oberösterreich. Er war zuständig für Militärangelegenheiten und für die Militärregierung in beiden Ländern. Als »Chief of Military Government Officer« für beide Länder wird Oberst Edgar E. Hume ernannt. Ihm unterstellt waren die Militärregierungen in beiden Ländern.[19] In Salzburg war damals Oberstleutnant Richard L. Lollar Chef der Militärregierung.[20] Zu der Zeit waren etwa 7500 Soldaten in der Stadt Salzburg stationiert. Doch die Verschiebung der US-Truppen ging weiter. Am 1. Juli 1946 wurde die 42. Infanterie-Division durch das 5. US-Infanterie-Regiment abgelöst, dieses wieder im Herbst 1946 durch das 16. Infanterie-Regiment. Die Anzahl der US-Soldaten in Österreich nahm stark ab. Da diese nun weniger Platz benötigten, begann das Gerangel der Salzburger Institutionen um die frei gewordenen Liegenschaften.

Die Aktivitäten der einzelnen Sektionen der Militärregierung lassen sich so zusammenfassen:
- Erlauben oder Verbieten der Maßnahmen der Landesregierung und anderer Institutionen
- Beobachten und Überwachen, was einen hohen bürokratischen Aufwand bedeutete und viele Statistiken produzierte
- Bestrafen für Verletzungen der Regeln der Militärregierung
- Hilfestellungen in vielen Bereichen. Vor allem die Ernährung der Bevölkerung in den ersten zwei Jahren mit US-Waren halbwegs sicherzustellen
- Entnazifizierung
- Erziehung zur Demokratie
- Antikommunismus im beginnenden Kalten Krieg
- Propaganda und Einübung der US-Kultur
- Berichteschreiben

Als Beispiel wähle ich den Bericht vom 28. August 1946. Auf Rüge des Headquarter in Wien verfasste die Salzburger Militärregierung einen achtseitigen Bericht über den Sommer 1946.

Ernährung: Das neue Wort Kalorien war 1945–1947 eines der wichtigsten Wörter. Landeshauptmann Albert Hochleitner – der wichtigste Informant für den Be-

---

19 Archiv Gernod Fuchs.
20 NARA, CD 60/18.

richt – fürchtete, dass die täglichen Kalorien unter 1000 fallen könnten. Die Wiener Regierung mache Landesrat Herbert Gross dafür verantwortlich: Wegen seiner Misswirtschaft, wegen Begünstigung von Nazis, weil er seine eigenen Interessen bevorzöge. Landeshauptmann Hochleitner bestritt diese Vorwürfe. Niemand sei bereit, diesen undankbaren Job zu übernehmen.

Displaced Persons (DPs): Die Zuwanderung von Juden aus Polen schuf eine Reihe von Problemen, wie der Landeshauptmann meldete. Der Plan, diese in den Schulen unterzubringen, bedeute, den Unterricht der Kinder einzustellen. Weiters entstehe das Problem der Kontrolle; zahlreiche Juden seien im Schwarzmarkt tätig, plündern und greifen auch zur körperlichen Gewalt. Die Landesregierung vermute, dass das Headquarter in Wien die Militärpolizei und die Geheimdienste (CIC, CID) veranlasse, nicht einzugreifen. Das sei aber notwendig. Ebenso die Legitimierung der österreichischen Polizei, diese Fälle zu untersuchen, zu verhaften und die Täter vor Gericht zu bringen. Die DPs wissen, dass sie von den USA geschützt werden und glauben, »diplomatische Immunität« zu genießen. Die Landesregierung vermute, dass das DPs-Problem für die Amerikaner zu »heiß« sei.

Wirtschaft: Solang die Eigentumsverhältnisse (Deutsches Eigentum) nicht geklärt seien, könne beim wichtigsten Projekt des Landes, beim Kraftwerk Kaprun, nicht weitergebaut werden. Obendrein sei der Plan der Regierung, 1000 SS-Männer aus dem Lager Hallein als Arbeitskräfte einzusetzen, von den US-Autoritäten verhindert worden.

Bei der *Sicherheitslage* verwies Landeshauptmann Hochleitner auf einen internen Streit innerhalb der Militärregierung. Das Selbstbewusstsein der Landesregierung war nun so weit angestiegen, dass offene Kritik am Special Branch der Militärregierung vorgetragen werden konnte, ohne Sanktionen zu befürchten. Gleichzeitig wurde der Konflikt zwischen der Bundesregierung und Landesregierungen in der amerikanischen Zone, in der Ablieferungsfrage von Nahrungsgütern nach Wien, direkt in die Militärregierung von Salzburg und Oberösterreich hineingetragen.[21] Dieser Bericht belegt, dass die Salzburger Landesregierung im Sommer 1946 auf Augenhöhe mit der Militärregierung verhandelte, ihre Beschwerden an das Hauptquartier nach Wien weitergeleitet wurden. Das war die eine Seite, die andere Seite war, dass die Militärregierung ihre Überwachung des Landes uneingeschränkt weiterführte. So wurde im August 1946, als Landeshauptmann Hochleitner so offen mit der Militärregierung sprach, sein Telefon von der »Civil Censorship Group Austria, Salzburg Station« abgehört.[22] Und am 12. September 1946 erhielt er einen scharfen Rüffel von Gouverneur – so die deutsche Übersetzung – Oberstleutnant Richard L.

---

21 NARA, 1459.
22 NARA, 1458.

Lollar, weil er, ohne die Militärregierung zu verständigen, auf Urlaub gefahren war.[23]
Am ersten Parteitag der ÖVP (27.10.1945) wiederum wurde beklagt: die Militärregierung verstehe die österreichische Mentalität und Verwaltung nicht.[24]

1. Überwachung der Presse

Auch die im Oktober 1945, vor der wichtigen Novemberwahl, freigegebenen Zeitungen wurden genau überwacht und die Telefone der Redaktionen abgehört. Selbst
die »Salzburger Nachrichten«, zunächst ganz in der Hand der U.S. Army, dann im
Oktober 1945 mit dem »Permit No. 1« in die relative Freiheit entlassen.[25] Zuständig
war das »Information Services Control«, später »Information Services Branch (ISB)«,
der Militärregierung Österreich.[26] Der ISB verfasste am 16. Mai 1947 ein Memorandum, das die Geschichte der Druckerei der »Salzburger Nachrichten« kurz zusam-
menfasste: Eigentümer der Druckerei war vor 1938 der katholische Presseverein
(formell Salzburger Presseverein), nach 1938 der NS-Presseverein, nach 1945 die
Militärregierung (ISB). Der ISB druckte die US-Zeitung »Salzburger Nachrichten«.
Seit Oktober 1945 war Max Dasch der Geschäftsführer und Gustav Adolf Canaval
der Chefredakteur. Dasch wird in diesem Memorandum als »honest character« eingeschätzt. Am 6. März 1946 übernahm das »Property Control« das Haus und setzte
Dasch als bezahlten Geschäftsführer ein. Dann übergaben die Amerikaner die Druckerei an die Bundesregierung. Am 22. April 1947 wurde Dasch von ihr entlassen
und Josef Rehrl, der Herausgeber der ÖVP-Zeitung »Salzburger Volkszeitung«,
eingesetzt. Der ISB sah darin eine Gefährdung der Unabhängigkeit der »Salzburger
Nachrichten« und den Versuch der ÖVP, den überstarken Konkurrenten loszuwerden. Dadurch aber sei die Zukunft der Demokratie in Gefahr![27]
    Dennoch wurden auch die »Salzburger Nachrichten« gerügt. Beispielsweise am
5. Juli 1946 wegen des Begriffes »Heldentod« in einer Todesanzeige oder der Wieder-
gabe einer kritischen Rede des Bürgermeisters von Salzburg zur Entnazifizierungs-

---

23 SLA Präs. 861/46.
24 Franz Schausberger, Friedrich Steinkeller, Protokolle der Landesparteitage der Salzburger ÖVP, 1. Bd.
    1945–1951, Salzburg 1986, S. 15.
25 NARA, 1530.
26 Über den ISB und seine 13 Abteilungen: Reinhold Wagnleitner, Coca-Colonisation und Kalter Krieg.
    Die Kulturmission der USA in Österreich nach dem Zweiten Weltkrieg, Wien 1991, S. 85 f.
27 NARA, 1530. Allgemein: Waltraud Jakob, Salzburger Zeitungsgeschichte, (Salzburger Dokumenta-
    tion 39), Salzburg 1979; Hans Spatzenegger, »Der Kirche und der Gesellschaft zu dienen«. Geschichte
    des Salzburger Pressevereins, Salzburg 2003; Michael Schmolke, Medien, in: Ernst Hanisch, Robert
    Kriechbaumer (Hg.), Salzburg. Zwischen Globalisierung und Goldhaube, Wien 1997, S. 443–480.

frage.[28] Wenig Freude hatten die Amerikaner, als die »Salzburger Nachrichten« scharf gegen das neue »Nationalsozialisten-Gesetz« wetterten. Bereits am 7. Juni 1946 erstellte der ISB eine Liste von 12 ehemaligen Nationalsozialisten, die bei den »Salzburger Nachrichten« tätig waren: zwei Redakteure, die übrigen Angestellte und Drucker.[29] Gleichwohl unterstützte der ISB das Verlangen von Max Dasch, die Amerikaner sollen sowjetische Angriffe auf die »Salzburger Nachrichten« vor den Alliierten Rat bringen.[30]

Aber auch die anderen Salzburger Tageszeitungen wurden ermahnt. So das sozialistische »Demokratische Volksblatt«. Der Pressekontrolleur Leonard Liebermann beschwerte sich am 14. Oktober 1946 wegen des Abdruckes eines Artikels der »Pravda« über Naziaktivitäten in der amerikanischen Zone. Dieser Artikel wetterte gegen den »reaktionären Block« (Industrie, katholische Kirche, Bauernschaft), der in Österreich regiere. Diese Kritik auch an den USA und der Militärregierung hätte nicht gedruckt werden dürfen.[31] Am 5. Juni 1946 schrieb der »Operation Coordinator« Albert van Eerden nach Salzburg. Er erließ eine Warnung an die Sozialistische – und an die Volkspartei wegen Kritik an den DPs. Dass die »Ausländer« kriminelle Taten verüben, könne nicht bewiesen werden. Schon am gleichen Tag wurde die Warnung an den Herausgeber des »Demokratischen Volksblattes« Robert Müllner weitergegeben. Die Hetze gegen Ausländer schüre den Hass. Angeführt werden allein im Mai 13 einschlägige Artikel. Sie alle basieren auf Vermutungen und missachten die Auflagen, die in der US-Zone für die Presse gelten.[32] Am gleichen Tag ging auch ein Schreiben an Josef Rehrl, den Herausgeber der »Salzburger Volkszeitung«. Stein des Anstoßes war der Artikel »Deutschland nach dem Krieg«, der Auszüge des Hirtenbriefes der katholischen Bischöfe Deutschlands druckte. Thema war die Empörung der Bischöfe über die Vertreibung der Deutschen aus Osteuropa. Der Hirtenbrief verschweige die Ursache der Vertreibung, nämlich die vorhergegangenen Verbrechen der Nazis im Osten.[33]

Ein krasser Artikel über die DPs in der kommunistischen Zeitung »Salzburger Tagblatt« löste eine Rüge des »Chairman, Publications Board« aus. Am 3. Dezember 1946 heißt es in dem Artikel »So leben die DPs in Salzburg«: Die Displaced Persons seien Hilfskräfte der Nazis gewesen und wenn sie im KZ waren, so lediglich als KZ-Wächter. Diese ungeheuerliche Behauptung verletzte jede Regel der Alliierten

---

28 NARA, 1530.
29 NARA, 1530.
30 NARA, 1530.
31 NARA, 1531.
32 NARA, 1531. Aber auch die Journalisten wussten von den Abhörungen und verhielten sich demnach. Josef Kaut, Der steinige Weg. Geschichte der sozialistischen Arbeiterbewegung im Land Salzburg, Wien 1961, S. 164.
33 NARA, 1531.

Besatzungsmächte (nicht nur der amerikanischen). Eine Wiederholung dieser Aussagen müsse unweigerlich zu einer Bestrafung durch die Militärregierung führen.[34]

Im beginnenden Kalten Krieg verschärften sich die Überwachungen der KPÖ
in Salzburg.[35] Regelmäßig wurden nun die Telefongespräche innerhalb der Partei
abgehört und ausführliche Berichte erstellt. Als Beispiel greife ich den »Special Report Activities of the Communist Party in Salzburg« vom Juli bis Oktober 1947 heraus. In dieser Zeit wurden 627 Telefonate abgehört.[36] Die Partei wusste wohl, dass
sie abgehört wurde. So sagte ein »Opfer«: »Wir sprechen darüber später. Es gibt
keinen Grund, warum ganz Amerika von unseren privaten Angelegenheiten erfahren soll.«[37] Die meisten Themen der Gespräche sind trivial – Alltagsprobleme einer
Partei: Zu wenig geschulte Personen für den Parteiapparat; Aufmucken gegen die
zentrale Parteiorganisation in Wien; Fehler bei einer Kandidatur für den Betriebsrat in Kaprun – der KP-Mann entpuppte sich als Mitglied der NSDAP, der wegen
Unterschlagung aus der Partei geflogen war; Finanzierungslücken beim »Salzburger
Tagblatt«; Namen von Nichtkommunisten, die mit der KPÖ Kontakt haben; scharfe
Ablehnung der DPs (»White Trash«), die aus Salzburg vertrieben werden sollen;
geplante Kampagne gegen die »Salzburger Nachrichten«; weil ein sowjetischer Film
in der US-Zone verboten wurde, schimpfte der Herausgeber des »Salzburger Tag-
blattes«: »Die Amerikaner sollen nicht glauben, dass sie Götter sind.«[38] Nicht nur
Zeitungen wurden überwacht. Das »Military Censorship – Civil Mails« öffnete auch
punktuell private Briefe.

2. Saubere Verhältnisse: Militärregierung und Landesregierung

Die »Militärdiktatur« im Frühjahr 1945 kennzeichnete das Fraternisierungsverbot,
strenge Ausgangssperren, oft rüde Besetzungen von Häusern und Wohnungen, Verbot der politischen Parteien, »automatic arrest« usw. Zunächst herrschte bei der
U.S. Army und bei der Bevölkerung eine Ratlosigkeit bezüglich der Doppelbödigkeit
von »Besatzung und Befreiung«. Die provisorische Einsetzung des Landeshauptmannes und der Bürgermeister schufen einen ersten Anhaltspunkt für eine österreichische Beteiligung. Gleichzeitig bestanden noch die NS-Behörden. Die NS-Leiter
flohen oder wurden verhaftet, aber die Beamten blieben, amtierten, mehr oder min-

---

34 NARA, 1530.
35 Zum »Kalten« Krieg: Günter Bischof, Austria in the First Cold War, 1945–55. The Leverage of the
   Weak, London 1999.
36 NARA, 1672.
37 Ebd.
38 Ebd.

der unter der Aufsicht der Militärregierung, weiter. Die Ernährung musste, schlecht und knapp, weiter gesichert werden, das System der Lebensmittelkarten lief weiter, noch galt die Reichsmark (neben dem Militärgeld), noch waren ein Großteil der Reichsgesetze in Kraft, in der Wirtschaft, der Fürsorge usw. Allerdings erklärte der Erlass Nr. 1 der Militärregierung Österreich, dass alle Gesetze, die Personen wegen Rasse, Religion oder politischer Überzeugung unterschiedlich behandeln, aufgehoben sind.[39]

Darüber oder daneben regierte die Militärregierung mit Anordnungen. Nach den Nationalrats- und Landtagswahlen am 25. November 1945 gewann die Landesregierung an demokratischer Legitimität. Aber alle Gesetze mussten an die Militärregierung gemeldet werden. Wer aber hatte die Befehlsgewalt in der Militärregierung? Das war offensichtlich auch im Herbst 1946 nicht ganz klar. Am 10. September 1946 erließ der Kommandant der Militärregierung Gebiet Salzburg, Oberstleutnant Richard L. Lollar, eine Anordnung an den Landeshauptmann und den Polizeidirektor: Befehle dürfen nur Generalmajor Collins, die Obersten Linden, Hume und Hyde erteilen, alle anderen Anordnungen sind zu ignorieren.[40]

Ein weiteres Problem war, dass die Offiziere der Militärregierung ständig wechselten. Kaum hatte ein Abteilungsleiter der Landesregierung ein vertrauliches Verhältnis zum zuständigen Offizier der Militärregierung aufgebaut, wurde dieser versetzt.[41] Der Hintergrund war auch der rasche Austausch der US-Truppen in Österreich. So verließ am 1. Juli 1946 die 42. Infanterie-Division die Zone und wurde durch das 5. US-Infanterie Regiment ersetzt.[42] Auch das »Area Commander Salzburg« wechselte in kurzen Abständen:

- Lt. Col. Russel v. D. Janzan
- Col. Harry L. Benett
- Lt. Col. Richard L. Lollar
- Lt. Col. Eugene Keller
- Col. George Barker
- Col. Oliver Haines
- Lt. Col. F. M. Wray.[43]

Ihnen unterstanden 5 Bezirksdetachments.

---

39 SLA, Präsidalakte 1945, Finanzdirektion Salzburg, 13.9.1945.
40 SLA, Präs. 1945/11.
41 SLA, Präs. 1945/11.
42 Eine genaue Analyse der Besatzungstruppen: Manfried Rauchensteiner, GIs und CHESTERFIELD. Die amerikanischen Besatzungstruppen in Salzburg, in: Salzburg 1945–1955. Zerstörung und Wiederaufbau, Jahresschrift des Salzburger Museums Carolino Augusteum 40/41, Salzburg 1995, S. 59–76.
43 Zusammenstellung aus verschiedenen Quellen. Etwa: Chronik der Stadt Salzburg 1945–1955, 13.1.47; 21.12.47.

Räumlich lagen Landesregierung und Militärregierung sehr nahe. Symbolisch war, dass die Landesregierung im traditionellen Chiemseehof amtshandelte, die US-Militärregierung das NS-Gauhaus (Mozartplatz 8) und die Residenz besetzte.[44] Zunehmend änderte sich die Einstellung der U.S. Army von der »Besatzung« zur »Befreiung«. Im Sommer 1946 erklärte der Hochkommissar und kommandierende General Mark W. Clark: »Im derzeitigen Stadium der Besatzung ist es besser für die Österrcicher, die Regierungsfunktionen selbst auszuführen, sogar wenn sie dies weniger effizient bewerkstelligen als wir [...] Es ist besser, daß sie die Regierungsgeschäfte jetzt übernehmen, während wird noch präsent sind, um zu *beobachten* und zu *helfen* [Hervorhebung von mir]. Es mag für viele von uns schwierig sein, unsere Autorität aufzugeben angesichts unseres tiefen Interesses für die Funktionen, die wir bisher ausgeführt haben. Von einem höheren Gesichtspunkt aus [...] scheint der Übergang von Kontrolle zur Beobachtung und Assistenz wünschenswert und im Interesse sowohl der USA als auch Österreichs.«[45]

Ein Beispiel für die vorhergehende Kontrolle ist die Beschwerde der Militärregierung bei Landeshauptmann Albert Hochleitner, weil er den Sicherheitsdirektor eingesetzt habe, ohne beim Sicherheitsoffizier dessen Einverständnis eingeholt zu haben.[46] Im Allgemeinen jedoch war das Verhältnis Militärregierung und Landesregierung seit dem Sommer 1945 durchaus professionell. (Ausnahme: Entnazifizierung und DPs-Frage). Die Salzburger Behörden setzten den »österreichischen Charme« und eine gespielte Untertänigkeit ein, waren aber auch ehrlich dankbar für die materielle Hilfe der U.S. Army, die zahlreichen Schwierigkeiten der Nachkriegszeit zu mildern. In seinem Tätigkeitsbericht vom 5. Mai 1945 bis 14. April 1946 betonte Bürgermeister Hildmann: »Für die gesamte Tätigkeit der Stadtverwaltung war die durch die amerikanische Besatzungsmacht seit 5. Mai 1945 zuteilgewordene großzügige und verständnisvolle Hilfe und Unterstützung von maßgebender Bedeutung.«[47] Die amerikanischen Offiziere konnten aber durchaus zickig sein, wenn ihre protokollarische Position öffentlich missachtet wurde. Es brauchte einen ausführlichen Kotau der österreichischen Behörden, um diese Demütigung, zumal wenn die Frau des Offiziers dabei war, wieder gutzumachen.[48]

Trotz der Normalisierung der Beziehungen zwischen Landes- und Militärregierung, die tägliche Fahnenhissung der U.S. Army am Mozartplatz war ein machtvolles Symbol der Präsenz der Besatzungsmacht. Und das US-Kriegsgericht griff

---

44 Eine genaue Übersicht von Lokalitäten der U.S. Army in Salzburg zählt 234 Objekte auf. Salzburg 1945–1955. Zerstörung und Wiederaufbau, S. 294–303. Hier Nr. 8.

45 Zitiert und übersetzt von Kurt Tweraser, US-Militärregierung Oberösterreich, 1. Bd., S. 296 f.

46 SLA, Präs. 70/46, 14.1.1946.

47 SLA, Präs. 1946.

48 SLA, Präs. 147/46.

auch gegen disziplinlose US-Soldaten hart durch. So wurde ein US-Deserteur, der einen österreichischen Polizeibeamten ermordet hatte, zum Tod durch den Strang verurteilt.[49]

Der »Darling« der Salzburger war Generalmajor Harry J. Collins. In einem in Österreich nicht greifbaren Buch wird er als »General of the Children« bezeichnet. Der bullige, gut genährte General entsprach der barocken Salzburger Mentalität. Er liebte den Prunk, er fuhr mit einer Motorradeskorte und einem großen Dienstwagen durch die Stadt, zog in die Gauleitervilla unter der Richterhöhe ein (der eine Herrscher geht, der andere Herrscher kommt), die er aus dem jüdischen Beutegut des »Goldzuges« ausstattete. Er war aber an der Befreiung des KZ Dachau beteiligt, sah so selbst das Elend der Häftlinge und die jüdischen DPs genossen seinen besonderen Schutz in Salzburg.[50]

Der Name »General der Kinder« war berechtigt. Er nahm sich in Salzburg besonders der Kinder an. Das war auch notwendig. 1946 waren 80 Prozent der Stadtkinder unterernährt. Schon am 23. Dezember 1945 organisierte er eine Weihnachtsfeier für diese Kinder, er sorgte für Care-Paket-Spenden, führte Schulausspeisungen ein usw.[51] Collins wurde auch von Stadt und Land Salzburg vielfach geehrt. Ein Foto vom Valentinstag am 14. Februar 1946 im US-Hauptquartier zeigt den großgewachsenen General, wie er freundschaftlich die Hand auf die Schulter des viel kleineren Landeshauptmannes Albert Hochleitner legt – als wolle er ihn beschützen.[52] Sein guter Ruf wurde gelegentlich auch ausgenützt. Eine Gutsbesitzerin aus Seekirchen schmeichelte Collins in einem Brief vom 7. Mai 1946. »Da allgemein bekannt ist, dass Sie ein warmes Herz für die österreichische Bevölkerung haben« – um dann zu bitten, er möge ihren Mann aus dem Lager Marcus W. Orr« herauslassen; sie brauche ihn für die Arbeit auf dem Gut.[53]

Collins starke Beziehung zu Salzburg dauerte auch an, als er 1948 das Land verließ. Nach seiner Scheidung heiratete er eine Salzburgerin, Irene Gehmacher, und lebte als Pensionist teilweise in Salzburg. Nach seinem Tod am 8. März 1963 wurde er, privilegiert und katholisch, am Petersfriedhof begraben.

Der Katholizismus verband Collins mit Fürsterzbischof Andreas Rohracher. Es war eine delikate Beziehung. Als Chef der Besatzungsmacht stand er einem Vertreter des besiegten Volkes gegenüber, als katholischer Laie einem Fürsterzbischof, der in der kirchlichen Hierarchie weit über ihm rangierte. Beim ersten Gespräch bereits,

---

49 Chronik der Stadt Salzburg, 1945–1955, 21.8.1948.

50 Manfried Rauchensteiner, GIs und CHESTERFIELD, S. 68. Wikipedia Harry J. Collins, deutsche und englische Version (abgerufen 16.1.2020); Müller, Die ehemalige Wartberg-Villa unter der Richterhöhe (Mönchsberg), in: Landeskunde.Info 3/2019.

51 Chronik der Stadt Salzburg 1945–1955, 23.12.1945, 4.9.1946, 4.12.1946, 16.12.1946.

52 Salzburg 1945–1955. Zerstörung und Wiederaufbau, S. 91.

53 SLA, Präs. 276/46.

Abb. 3: Valentinstag 1946: Collins, Hochleitner, Linden, Hildmann, Hyden.

am 23. August 1945, betonte Rohracher, dass die Salzburger froh waren, von den
USA und nicht von der Sowjetunion besetzt worden zu sein. Inzwischen aber habe
sich die Stimmung gedreht. An die erste Stelle der Unzufriedenheit rückte Rohracher die ausstehende Rückgabe der kirchlichen Gebäude. »Was früher die Nazis besetzt hatten, stehe nun im Gebrauch der Besatzungsbehörden«.[54] In vielen Gesprä-
chen sprach der Erzbischof auch die vielen Probleme des Landes aus seiner Sicht an:
Wohnungsnot, Ernährungssituation, Situation der österreichischen Kriegsgefangenen und Nationalsozialisten in den Lagern usw. Ständig intervenierte er für einzelne
Personen. Der Generalmajor hörte geduldig zu, versprach Hilfe und Erleichterung.
Aber einmal riss ihm die Geduld. Er ermahnte den Erzbischof, seine Anliegen zuerst den österreichischen Behörden vorzulegen, bevor er zu ihm komme; und wenn
Rohracher schon persönliche Privilegien wolle, solle nicht der Sekretär schreiben,
sondern der Bischof selbst zu ihm kommen. Doch das persönlich gute Verhältnis
blieb bestehen.[55]

---

54 Zit. bei: Ernst Hanisch, Der politische Bischof, S. 152.
55 Ebd.

Abb. 4: Erzbischof Andreas Rohracher mit General Harry J. Collins und Landeshauptmann Adolf Schemel.

Im April 1948 wurde die Militärregierung aufgelöst, der Rest blieb als »Civil Affairs Section« bestehen.[56]

3. DAS BILD DER »AMIS« IN DER BEVÖLKERUNG

> Die Beziehung zwischen Freiheit und Sklaverei
> ist in der amerikanischen Geschichte
> tief und düster.
> (Jill Lepore, Diese Wahrheiten.
> Geschichte der Vereinigten Staaten
> von Amerika)

Bevölkerung – das ist ein statistischer Begriff. Der Begriff unterscheidet sich von der angeblichen »NS-Volksgemeinschaft«, die einen Teil der Bevölkerung ausschloss. Aber die »Volksgemeinschaft« schuf für die »Arier« auch Aufstiegschancen jenseits ständischer Schranken, brachte eine »Leistungsgesellschaft« auf den Weg, was auch nach 1945 nachwirkte. Die Bevölkerung ist auch keine kompakte Einheit, sie staffelt

---

56 Manfried Rauchensteiner, GIs und CHESTERFIELD, S. 72.

sich nach Alter, Geschlecht, politischen Einstellungen (Nationalsozialisten oder Widerständler), religiösen Prägungen usw. Die politischen Einstellungen differenzier-
ten sich nach der Zeitachse (1938 oder 1945). Auch die Bilder über die Amerikaner
änderten sich entlang der Zeitachse: »Besatzung« (1945) und »Befreiung« bzw. Hilfestellung für den demokratischen Prozess Ende der 1940er-Jahre.

Die ganze Bevölkerung war erleichtert, als 1945 der Krieg vorbei war, die Bom-
benangst aufhörte. Alle waren erleichtert, dass die U.S. Army und nicht die russischen Soldaten Salzburg besetzt hatten. Die Alltagssorgen der Menschen drehten
sich um Essen, Wohnung, um die Angehörigen, um die Wehrmachtssoldaten – leben
sie noch, wo sind sie gefangen? Die Familien der Nationalsozialisten fürchteten die
Rache der Sieger. Der Beginn der Demokratisierung wurde mit Zögern betrachtet, aber auch mit der Hoffnung, dass die zerstörerischen ideologischen Konflikte
der Ersten Republik ausbleiben werden. Weiterhin wurde die katholische Kirche als
Stabilitätsfaktor angesehen. Der Nationalsozialismus hatte die Menschen enttäuscht
und betrogen. Die Hoffnung von 1938 war zerbrochen, sie endete in Krieg, Millionen Toten, in Großverbrechen der NS-Herrschaft. Für die kleinen Leute war Politik
etwas Fremdes. Sie müssen immer die Zeche bezahlen. Der Bericht der Sicherheitsdirektion über den November 1946 hielt fest: »Die Bevölkerung wünscht im Allgemeinen keine Politik, jedoch Arbeit und ein gesichertes Existenzminimum.«[57] Im
Bericht über den Juli 1947 heißt es: »Im Allgemeinen kann gesagt werden, dass sich
die Bevölkerung mehr mit wirtschaftlichen Fragen beschäftigt. Der Kampf um das
tägliche Brot steht im Vordergrund. Das Interesse eines großen Teiles der Bevölkerung an politischen Fragen ist geringer […].«[58] Die Grundlage meiner Überlegungen ist das Oral-History-Projekt der 1990er-Jahre, das von Ingrid Bauer geleitet
wurde.[59] Diese Erzählungen sind subjektiv, geben nur ihre Erfahrungen wieder, die
durch spätere Erfahrungen gesiebt sind. Dennoch lassen sich Bilder von den »Amis«
herausdestillieren.

Für viele damals junge österreichische Soldaten war die Niederlage im Krieg die
prägende Erfahrung. Um diese »Schande« zu bewältigen und das eigene Selbstwert-
gefühl zu retten, bauten sie eine Erzählung auf, die so lautete: Die Amerikaner sieg-
ten nur durch ihre Materialüberlegenheit. »Sie waren die Sieger, aber eigentlich
waren sie Feiglinge.«[60] Aus dieser Sicht wurden paradoxerweise die Sowjetsoldaten
höher bewertet: Die kämpften wenigstens Mann gegen Mann. Eine weitere Recht-

---

57 Robert Kriechbaumer (Hg.), Neues aus dem Westen. Aus den streng vertraulichen Berichten der Si-
    cherheitsdirektion und der Bundespolizeidirektion Salzburg an das Innenministerium 1945 bis 1955,
    Wien 2016, S. 135.
58 Ebd., S. 165.
59 Ingrid Bauer, Welcome Ami Go Home. Die amerikanische Besatzung in Salzburg 1945–1955. Erin-
    nerungslandschaft aus einem Oral-History Projekt, Salzburg 1998.
60 Ingrid Bauer, Welcome Ami Go Home, S. 71.

fertigung nutzte den Rassismus in der U.S. Army: »Mit den Negern sind wir am besten ausgekommen«.[61] Ein afroamerikanischer Soldat soll gesagt haben: »Du bist ein Sklave. Ich bin ein Sklave.«[62] Diese Form des Diskurses floss in die andere Rechtfertigungsstrategie: Die Anderen waren auch nicht besser als wir!

Die jüngere Generation, die nicht mehr bei der Deutschen Wehrmacht eingerückt war, hatte ein ganz anderes Bild von den GIs. »Der Umgang mit den Amerikanern, der lehrte mich, daß Menschen völlig anders denken konnten. Der Ton war ganz anders – das ist es. In der Nazizeit trug jeder, der etwas auf sich hielt, Stiefel. <u>Die Stiefel, die reichten bis zum Kopf bei manchen Menschen.</u> [Hervorhebung E. H.]. Es ging alles im Gleichschritt [...]. Die Amerikaner waren anders. Da haben die Stiefel gefehlt, auch wenn sie welche anhatten. Die waren Zivilisten in Uniform und der Deutsche, der ›Teutsche‹, war Soldat auch ohne Uniform.«[63] Diese eindrucksvolle Erzählung eines Mannes wurde von einer Frau weitergeführt: »Es ist ein anderer Geruch dagewesen, ein anderes Leben. Sie brachten eine andere Welt [...] Sie waren einfach freier. Sie waren nicht so gehandicapt. Das merkte man schon am ganzen Äußeren, am Gang, an der Bewegung, am Sprechen.«[64] Dieser Text ist auch ein schönes Beispiel für die Geschichte der Gefühle. Eine andere Frau stellte die ökonomische Hilfe der USA ins Zentrum: Sie gab auf die selbst formulierte Frage, »Was die Amerikaner für uns bedeutet haben?«, die lapidare Antwort: »Na, gefüttert haben sie uns! Das war eine Existenzfrage. Wir waren ausgehungert. Alle unterernährt.«[65] In der Einleitung des hier benutzten Buches »Welcome Ami Go Home« werden die Spannungen der Erfahrungen mit den GIs zwischen »noble Burschen« und »arrogante Sieger« benannt.[66] Ein Bild verfestigte sich bei der ganzen Bevölkerung: die GIs mit den Füßen am Tisch, Chesterfield rauchend oder Kaugummi im Mund. Bei den US-Soldaten war es nicht nur der Sieg, der ihr Selbstbewusstsein ausmachte, es war auch der Stolz: »I am a free American, what do you want?«[67]

Ein anderes Bild in den Erinnerungen war der betrunkene amerikanische Soldat. Der Kasernendienst war langweilig, hier galt auch die militärische Hierarchie, viele plagte das Heimweh, am »play day« wurde gesoffen, und es kam häufig zu Schlägereien. Die Berichte der Sicherheitsdirektion sind voll davon. So im Februar 1946: »Bei Exzessen amerikanischer Soldaten gelang es in allen Fällen, die amerikanische Militärpolizei rechtzeitig zu verständigen, die stets in Zusammenarbeit mit der

---

61 Ebd., S. 71.
62 Ebd., S. 72.
63 Ebd., S. 121.
64 Ebd., S. 217.
65 Ebd., S. 128.
66 Ebd., S. 10.
67 Ebd., S. 150.

Abb. 5: US-Offizier mit Füßen auf dem Tisch.

österreichischen Polizei die Übeltäter der verdienten Strafe zuführte.«[68] Und die
Militärpolizei griff mit Härte durch. Oder im März 1946: »Betrunkene Ausländer,
in erster Linie amerikanische Soldaten, überfielen weiterhin grundlos Passanten zur
Nachtzeit [...].«[69] Selbst harmlose Scherze, einem Musiker den Hut zu entwenden,
wurden gemeldet und die Militärregierung verständigt.

Wo Soldaten, dort Frauen; wo viele Soldaten, dort viele Frauen; wo »reiche« Soldaten, dort noch mehr arme Frauen. Das Spektrum reichte von der häufigen Prostitution bis zur leidenschaftlichen Liebe und zur Heirat. Allein in der Stadt Salzburg
wurden bis zum Staatsvertrag 1200 österreichisch-amerikanische Besatzungsehen
geschlossen.[70] Auf der anderen Seite wurden Anfang der 50er-Jahren 3000 »ver-
dächtigte Frauen registriert«.[71] Die Sicherheitsdirektion klagte im Juni 1946: »Über
ausdrücklichen Befehl der Militärregierung darf gegen Frauenpersonen, die sich in
Begleitung amerikanischer Soldaten befinden, keine Amtshandlung eingeleitet wer-

---

68 Neues aus dem Westen, S. 84.
69 Ebd., S. 90.
70 Ingrid Bauer, Welcome Ami Go Home, S. 202.
71 Ebd., S. 184.

den [...].«[72] Eine Folge der offenen oder verdeckten Prostitution war ein massiver Anstieg von Geschlechtskrankheiten.[73]

Dem Männerbild dieser Zeit entsprechend, trat die Konkurrenz zwischen den einheimischen jüngeren Männern und den US-Soldaten auf: Wem gehören die Mädchen? Der latente Rassismus befeuerte diesen Konflikt. Auf die »Schande« der militärischen Niederlage folgte die »Schande«, dass die Sieger ihnen auch die Mädchen wegnahmen.

Ein Aufsatz über »Fraulein, Fraulein« aus dem Geist der 50er-Jahre repräsentiert wohl die Einstellung der Bevölkerung. Die Anwesenheit der US-Besatzung löste einen ständigen Zustrom von Mädchen und Frauen aus, die ein arbeitsfreies und gut bezahltes Leben anstrebten. Die Sittenpolizei war machtlos, von 1000 Mädchen, die 1954 bei Razzien festgenommen wurden, konnten nur 576 bestraft werden. Nur wenige konnten in ein »Arbeitshaus« eingewiesen werden (es gab also ein Arbeitshaus!). Diese »Fräuleins« verstärkten die Wohnungsnot, weil sie hohe Mieten zahlen konnten. »Die sittlich minderwertigen, aber zumindest in der ersten Hälfte des Monats reichlich mit Geld versehenen Frauenpersonen bildeten eine akute Gefahr für die öffentliche Moral, insbesonders für die in der Nachkriegszeit heranwachsende Jugend. Zahlreiche Vergehen und Verbrechen der Jahre zwischen 1945 und 1955 stehen mittelbar oder unmittelbar mit dem Fräulein-Unwesen in einem Zusammenhang. Die Salzburger Kriminalgeschichte weist daher eine Häufung von Delikten auf, die bis zum Beginn der Besatzungszeit in unserem Land praktisch unbekannt waren.«[74] Der Einmarsch der Amerikaner löste auch einen veritablen Kulturschock aus. Nicht nur die NS-Propaganda wirkte nach, noch ältere Vorurteile brachen auf. Besonders in Salzburg, wo Mozart gleich nach dem »Lieben Gott« rangierte, hieß es: Die haben Geld und alles, wir haben die Kultur.[75] Und Kultur war natürlich die »Hochkultur« und die bäuerliche Volkskultur. Dass die USA auch eine hochentwickelte »Hochkultur«, eine reiche Wissenschaftskultur aufwiesen, drang in diesem Vorurteil nicht durch. Was die GIs repräsentierten, war die moderne Massenkultur: Kaugummi, Blue Jeans, T-Shirt, Comics, Jazz. Da prallten zwei Lebenswelten aufeinander. Für viele Erwachsene war Jazz eine »Negermusik«, freies Tanzen die Kultur des Urwaldes.[76] Für sie war es der Untergang des Abendlandes, »unsere noble Kultur sinkt herab, unsere Kinder werden infiziert«.[77]

---

72 Neues aus dem Westen, S. 115.

73 Ingrid Bauer, Welcome Ami Go Home, S. 189.

74 Salzburg – Kleinhold von Österreich. 10 Jahre Aufbau 1945–1955, Salzburg 1955, S. 249 f.

75 Ingrid Bauer, Welcome Ami Go Home, S. 212.

76 Reinhold Wagnleitner, Der kulturelle Einfluß der amerikanischen Besatzung in Salzburg, in: Salzburg und das Werden der zweiten Republik (VI. Landessymposion am 4. Mai 1985), Salzburg 1985, S. 47–58.

77 Ingrid Bauer, Welcome Ami Go Home, S. 221.

Besonders in den Dörfern war der Schock groß. »In meiner Jugend sind noch sehr viele mit der Lederhose marschiert. Im Sommer war die kurze Lederhose unumgängliches Relikt eines jungen Burschen. Dann hat man plötzlich […] bei den Amerikanern die engen Hosen gesehen [Jeans] […] Da haben wir gesagt: Das sind Arbeitshosen, die kann man nicht anziehen.«[78] Dann gab es noch die Tracht am Sonntag und am Feiertag. (Heute tragen auch die alten Bauern tatsächlich Jeans bei der Arbeit.)

In den »hungrigen vierziger Jahren« löste der Nahrungsreichtum der GIs Staunen und Empörung aus. »Wir haben gespart und haben kein Stück Brot weggeworfen. Und bei den Amerikanern haben wir zum ersten Mal gesehen, die werfen das weg, was bei uns Bestandteil eines ganzen Lebens war.«[79]

Doch die Jugend, als sie ihre NS-Prägung abgeworfen hatte, faszinierte der amerikanische Lebensstil: große Autos, freiere Erziehung, fließendes Wasser und Eisschrank in jeder Wohnung, freie Presse, Nylonstrümpfe usw. usw. Vor allem die Hollywood-Filme trafen auf eine propagandamüde Zuseherschaft. Dass auch diese Filme subtile Propaganda verströmten, nämlich Hinweise auf die Vorteile des Kapitalismus und der Konsumgesellschaft, wurde weniger beachtet. Die amerikanischen Kulturoffiziere freute dieser Erfolg. Sowjetische Filme waren verboten, und so wetterten nur die Kommunisten und strenge, auf die Sittlichkeit bedachte Katholiken gegen solche Filme. Ebenso erfolgreich war der von der US-Besatzung gelenkte Rundfunksender Rot-Weiß-Rot, der moderne Rundfunkmethoden einsetzte und sich so von der öden sowjetischen Ravag absetzte.

Zusammengefasst: In den 1950er-Jahren blühte bereits der »Amerika Mythos«. Mit der Zeit wandelte sich das Feindbild zum Vorbild. Die einmarschierenden Amerikaner 1945, die gerade die Konzentrationslager gesehen hatten, vermuteten, in ein Land voller Nationalsozialisten zu kommen, mit den Jahren erlagen auch sie dem »Salzburger-Mythos«. Von den Bildern der GIs über Österreich und Salzburg wissen wir noch wenig. Das sehr wohlwollende Büchlein »Austria – A Soldier's Guide«, das die amerikanischen Soldaten über Österreich informieren sollte, entwirft ein ambivalentes Bild: »Obwohl Österreich eines der Länder ist, das unter deutscher Besatzung gelitten hat, und die Mehrheit der österreichischen Bevölkerung den Alliierten gegenüber wohlgesinnt ist und sie als ihre Befreier versteht, sollen sie nicht vergessen, dass es hier für viele Jahre hochentwickelte Nazi-Gruppierungen gegeben hat, deren Verhalten und deren Ziele genauso barbarisch waren wie die ihres deutschen Gegenübers.«[80] Besonders zwiespältig war die Einstellung der jüdischen US-Solda-

---

78 Ebd., S. 229.
79 Ebd., S. 139.
80 Austria – A Soldier's Guide. Deutsche Übersetzung: Österreich – ein Leitfaden für Soldaten, Philippe Rohrach, Niko Wahl (Hg.), Wien 2017, S. 41 f.

ten. Einerseits kamen sie in das Land der »Mörder«, wo SS-Männer ihre Verwandten ermordet hatten, andererseits waren sie als »Befreier« von der NS-Herrschaft nach Österreich gekommen und sollten hier die Demokratie aufbauen.[81] Noch komplexer waren die Gefühle der jüdischen Soldaten, die aus Deutschland oder Österreich vertrieben wurden und nun als stolze Sieger einmarschierten: verständliche Rachegefühle, aber auch Sehnsucht nach der Schönheit der Landschaft und der österreichischen Hochkultur. Da diese GIs deutsch sprachen, hatten sie wichtige Positionen in der Besatzungsmacht. Besonders im Militärgeheimdienst CIC verhörten sie die SS-Täter, die ständig leugneten und heimlich auf die Juden herabsahen. Ein besonderes Beispiel war Ernst Lothar. Vor 1938 Direktor des Theaters in der Josefstadt, ein getaufter Jude mit Hofratstitel, der in den USA stets Heimweh nach Wien hatte. Ein Enthusiast der Rückkehr, der im Dienst der Besatzungsmacht, in Uniform, im Herbst 1946 nach Österreich kam. Als er aus dem Zug auf die Stadt Salzburg blickte, schrieb er in seinen Memoiren: »der Augenblick im Paradies wird paradiesischer für jene, die der Hölle zu nahe kamen [...]«.[82] Sein älterer Bruder war ermordet worden. Lothar sollte im Information Service Branch (ISB) als Theater- und Musikoffizier die österreichischen Künstler entnazifizieren. Viele von ihnen waren seine Freunde aus der Vornazizeit. Dieser Zwiespalt rieb ihn auf. Nüchtern konstatierte er über seine Entnazifizierungsarbeit: »Erzielt wurde: eine schematische, unkonsequente Vergeltung, andauernd von Ausnahmen durchlöchert, die das Vertrauen in die Korrektheit, Informiertheit oder Voraussicht der Säuberer erschütterte.«[83] Von ihm persönlich aber galt: »Vor dem Schuberthaus ließ ich halten, trat ein und war, mit einer Verspätung von drei Monaten, endlich angekommen.«[84]

---

81 Susanne Rolinek, Der »andere« Besatzungsalltag. Die Erfahrungen eines jüdischen GIs in Salzburg, in: Hanns Haas (Hg.), Salzburg, Städtische Lebenswelt(en) seit 1945, Wien 2000, S. 57–74.
82 Ernst Lothar, Das Wunder des Überlebens. Erinnerungen und Erlebnisse, Wien 1960, S. 290 f.
83 Ebd., S. 322 f.
84 Ebd., S. 326 f.

III. Denazification/Entnazifizierung: amerikanisch, österreichisch, salzburgisch

Die Entnazifizierung in Salzburg ist inzwischen gut erforscht.[1] Hier sollen nur die grundsätzlichen Fakten und Probleme einer historisch einmaligen Purifizierung einer ganzen Gesellschaft nach einer totalitären Herrschaft, die für ungeheure Verbrechen verantwortlich war, aufgezeigt werden. Ausgewertet werden auch US-amerikanische Quellen. Wer war direkt an Kriegsverbrechen und Verbrechen gegen die Menschlichkeit beteiligt? Wer stützte das Regime, als Hoheitsträger oder NSDAP-Mitglied? Wer profitierte von dem System ohne Mitgliedschaft bei der Partei? Wie ist die Verantwortung der ganzen Gesellschaft zu bewerten? Wo verlaufen die Grenzen zwischen »echten Nazis« und bloßen »Mitläufern« und Opportunisten? Welche Probleme traten auf, als die Aufgabe anstand, ein ganzes Volk vom faschistischen, autoritären, rassistischen Denken weg und zu einer liberalen Demokratie zu führen? Wie kann eine jahrhundertealte Mentalität und Gefühlswelt (Beispiel Antisemitismus) aufgelöst werden? All das unter den Bedingungen der Nachkriegszeit, die von Chaos, wirtschaftlicher Not, demografischen Veränderungen, fachlicher Personalknappheit geprägt war. Hinzu trat auch die Tatsache, dass die Entnazifizierung nicht nur von innen, von einem Teil der Gesellschaft, sondern wesentlich von außen, von der amerikanischen Besatzungsmacht, die als Sieger im Krieg und als Befreier vom Nationalsozialismus ins Land kam, gefordert wurde.

1. US-Denazification

Am 4. Mai 1945 marschierte die 3. US-Infanterie-Division als Teil der 7. US-Armee, geführt von Generalmajor John W. O'Daniel, ohne Widerstand in Salzburg ein.[2]

---

1   Ernst Hanisch, Braune Flecken im Goldenen Westen. Die Entnazifizierung in Salzburg, in: Sebastian Meisl, Klaus-Dieter Mulley, Oliver Rathkolb (Hg.), Verdrängte Schuld, verfehlte Sühne. Entnazifizierung in Österreich 1945–1955, Wien 1986, S. 321–336; Oskar Dohle, »Allem voran möchte ich das Problem der endgültigen Liquidierung des nationalsozialistischen Geistes stellen«. Entnazifizierung im Bundesland Salzburg, in: Walter Schuster, Wolfgang Weber (Hg.), Entnazifizierung im regionalen Vergleich, Linz 2004, S. 117–156; Oskar Dohle, Rahmenbedingungen zur Entnazifizierung in Salzburg. Registriert, Interniert, Minderbelastet, in: Alexander Pinwinkler, Thomas Weidenholzer (Hg.), Schweigen und erinnern. Das Problem Nationalsozialismus nach 1945 (Die Stadt Salzburg im Nationalsozialismus Bd. 7), Salzburg 2016, S. 102–143; Thomas Weidenholzer, Entnazifizierung der Stadtverwaltung. Zwischen Entnazifizierung und Wiedereinstellung, in: Ebd. S. 144–181.
2   Gernod Fuchs, Befreit und besetzt. Die kampflose Übergabe der Stadt Salzburg an die 3. US-Infanterie-Division am 4. Mai 1945 (Schriftenreihe des Archivs der Stadt Salzburg Beiheft 2), Salzburg 2015.

Die amerikanische Besatzungsmacht stand vor der Aufgabe, das herrschende Chaos zu entwirren, begleitet von der Angst, dass sich in den Alpen fanatische Nazitruppen (Alpenfestung) und Werwölfe zurückgezogen haben könnten. Tatsächlich hatte das Reichssicherheitshauptamt (RSHA) den Auftrag gegeben, dass die Gestapo Vorbereitungen zum Partisanenkampf treffen solle. Dazu ist es allerdings nicht gekommen. Gleichzeitig trieb die US-Militärstäbe der Ehrgeiz an, Jagd auf prominente Nazis als Kriegsbeute zu machen.[3]

Beispiel Reichsmarschall Hermann Göring. Von Hitler als Verräter entmachtet und interniert, glaubte er in seinem Schloss in Mauterndorf noch, mit General Dwight D. Eisenhower auf Augenhöhe verhandeln zu können. Am 8. Mai stellte er sich im Schloss Fischhorn der US-Armee.[4]

Beispiel Gauleiter Gustav Adolf Scheel. Seine letzte Rede als Gauleiter war ein Paradestück, wie hochrangige Nationalsozialisten in einer Utopieblase und in einer grenzenlosen Selbstlüge lebten. »Ich glaube auch hier sagen zu dürfen, daß ich nie einen anderen Gedanken hatte, als unseren Salzburgern und Salzburgerinnen, wo ich nur konnte, beizustehen, daß ich nie einen anderen Willen in mir trug, als allen, die es brauchten, zu helfen und für Gerechtigkeit [sic] zu sorgen.«[5] Für die künftige Zeit bat er die Salzburger und Salzburgerinnen immer (wie in der NS-Zeit?) »das Schöne, Edle und Große in den Vordergrund zu stellen [...].« Die Rede endete mit der Anrufung Gottes für »unsere geliebte Heimat«.[6] Am 14. Mai 1945 wurde er in St. Veit von einem amerikanischen Offizier verhaftet.

Im Frühjahr 1945 startete die Entnazifizierung der US-Besatzung eher chaotisch unsystematisch. Eine Ursache war die ungeklärte Zuständigkeit von Kampftruppen und Militärregierung. Obendrein konkurrierten einzelne Zweige der Nachrichtendienste miteinander, wie Counter Intelligence Corps (CIC) und Office of Strategic Services (OSS). Während das CIC unsystematisch Entlassungen und Verhaftungen von Partei- und Wehrmachtsleuten vornahm, strebten die kenntnisreichen, deutschsprechenden, linksliberalen Gelehrten des OSS eine langfristige Demokratisierung in Österreich an, was eine systematische Entnazifizierung voraussetzte. Die eher konservative Militärregierung wiederum war primär am Aufbau einer ordentlich

---

3   Kurt Tweraser, Die amerikanische Säuberungspolitik in Österreich, in: Walter Schuster, Wolfgang Weber (Hg.), Entnazifizierung im regionalen Vergleich, Linz 2004, S. 366.

4   Hanno Bayr, Berlin trifft Mauterndorf. Eine Reise mit Epenstein und Göring, Mariapfarr 2017, S. 200–202.

5   Zit. in: Georg Franz-Willing, »Bin ich schuldig?« Leben und Wirken des Reichsstudentenführers und Gauleiters Dr. Gustav Adolf Scheel 1909–1979. Eine Biographie, Leoni am Starenberger See 1987, S. 61. Eine durch und durch apologetische Biografie. Den wahrer Scheel skizziert Johannes Hofinger, Nationalsozialismus in Salzburg. Opfer. Täter. Gegner. (Nationalsozialismus in den Österreichischen Bundesländern, Bd. 5) Innsbruck 2016, S. 138–140.

6   Ebd.

funktionierenden Verwaltung im Lande interessiert als an der Entnazifizierung.[7] Im Sommer 1945 begann die Periode der Special Branch (Kurt Tweraser), die nun eine systematische Entnazifizierung einleitete. Grundlage war die automatische Inhaftierung (automatic arrest) von NS-Kategorien: Gestapo, SS, Parteifunktionäre bis zum Ortsgruppenleiter, höhere Ränge der angeschlossenen Parteiorganisationen (beispielsweise HJ), höhere Beamte der Reichsstatthalterei.[8] Vorgesehen waren auch Funktionäre des als »Austrofaschismus« bezeichneten »Ständestaates«, was sofort den wütenden Protest der Salzburger ÖVP auslöste, wäre davon doch auch die Elite der ÖVP betroffen gewesen. Die direkten amerikanischen Säuberungen dauerten von Juli 1945 bis April 1946. Das Mittel dafür waren Fragebögen. Im Land Salzburg wurden von 23.699 Fragebögen 6603 bearbeitet und 2623 Entlassungen von den US-Behörden verlangt. Das Problem der Automatikhaft war, dass die österreichischen Behörden so einen großen Teil des geschulten Beamtenapparates verloren hätten, was eine ordentliche Verwaltung unmöglich gemacht und den Wiederaufbau gehemmt hätte. Das bewirkte, dass die Militärregierung Ende 1945 elastischer, personenbezogen vorging und somit dem österreichischen Beispiel folgte.[9] Eine weitere Folge war, dass die Amerikaner den geplanten Eliteaustausch aufgeben mussten. Woher auch sollte eine neue Elite kommen?

Im Mai 1945 kamen die OSS-Mitarbeiter Paul R. Sweet, Edgar N. Johnson, Lorenz Eitner nach Salzburg. Deutschsprechend, kannten sie Deutschland und Österreich aus der Vorkriegszeit. Ihre Berichte und Briefe erlauben Einblicke in die Zustände in Salzburg im Sommer 1945 – aus amerikanischer Sicht. Lorenz Eitner, gebürtiger Österreicher, schrieb in einem Bericht über die Entnazifizierung am 24. Mai 1945: Im »Reichsnährstand«, der für die Lebensmittelaufbringung und -verteilung zuständig war, seien fast 100 Prozent Nationalsozialisten tätig, die sich aber zu den US-Behörden sehr kooperativ verhalten. Es gebe keine Alternative, als die bisherige Bürokratie, aber ohne die Leiter, wegen ihrer Expertise weiter zu beschäftigen.[10] Am 6. Juli 1945 versuchte Eitner eine Kategorisierung der Nationalsozialisten:

---

7   Dazu grundlegend: Kurt Tweraser, US-Militärregierung Oberösterreich, Band 1, Sicherheitspolitische Aspekte der amerikanischen Besatzung in Oberösterreich-Süd 1945–1950 (Beiträge zur Zeitgeschichte Oberösterreich 14) Linz 1995, S. 95, S. 142 f., S. 172.

8   Eine ausführliche Liste auch in: Oskar Dohle, Peter Eisenberger, Camp Marcus W. Orr. »Glasenbach« als Internierungslager nach 1945, Linz 2009, S. 107–111; Headquarters United States Forces in Austria, Operating Procedure for De-Nazification, 3. August 1945, SLA, NARA, 60/57–71. Die Aufgezählten NS-Kategorien umfassen 15 Seiten. Die Quelle verdanke ich Gernod Fuchs.

9   Kurt Tweraser. Die amerikanische Säuberungspolitik in Österreich, S. 368–373.

10 Oliver Rathkolb (Hg.), Gesellschaft und Politik am Beginn der Zweiten Republik. Vertrauliche Berichte der US-Militäradministration aus Österreich 1945 in englischer Originalfassung, Wien 1985, S. 250; zum OSS (Office of Strategic Services): Peter Pirker, Codename Brooklyn. Jüdische Agenten im Feindesland. Die Operation Greenup 1945, Innsbruck 2019, S. 59–64.

– Große Nazis aus dem Reich und dessen Satellitenstaaten, die Salzburg überfluten.
– Notorische Nazis, die sich im Gebirge verstecken. Eitner vermutete, dass es auch
  Nazifamilien gab, die Juwelen und wertvolle Bilder horteten und hofften, übersehen zu werden.[11]
– Kleine NS-Funktionäre, die untergetaucht waren, nun aber zurückkommen und
  als Experten oder Englischdolmetscher bei den Behörden des Landes oder bei der
  Militärregierung unterkommen wollen.
– Kleine Nazis ohne Funktion, die sich vom Nationalsozialismus betrogen fühlen
  und nun »gute Österreicher« werden wollen.
– Österreicher, die keine NS-Parteigenossen waren, aber vom Regime profitierten,
  vor allem Akademiker.

Ein anderer Berichterstatter, Edwin B. Horward, versuchte am 6. Juli 1945, die NS-
Struktur des Ortes Anif aufzuschlüsseln.
    Anif hatte 1397 Einwohner. Davon waren
– 141 (ca. 10 Prozent) Nationalsozialisten,
– 98 waren Illegale,
– 11 SS-Angehörige,
– 9 SA-Mitglieder,
– 2 hatten irgendeine NS-Funktion.[12]

Ob diese Zahlen genau waren, kann nicht überprüft werden, aber sie geben einen
ungefähren Einblick in einen Ort nahe der Stadt Salzburg. Die Mehrheit der Einwohner waren keine Nazis, was allerdings nicht heißt, dass sie Nazi-Gegner waren.
    Für den Aufbau einer Demokratie sind ordentliche, unabhängige Gerichte wesentlich. Davon war man 1945 weit entfernt. Gleichzeitig stiegen, wie immer nach
verlorenen Kriegen, die Kriminalfälle stark an. Die Nazi-Gerichte wurden aufgelöst,
Anwälte gesperrt. 68 Prozent der Salzburger Richter waren im Sommer 1945 als
NSDAP-Mitglieder registriert[13]. Tätig waren allein Militärgerichte der Besatzungsmacht. Einflussreich war hier der ehemalige österreichische Jurist Captain Joseph
Loewy, der Chef der Abteilung für österreichische Gerichte in der Rechtsabteilung
der Militärregierung in Salzburg war. Er plädierte gegen eine schematische Entnazifizierung im Gerichtswesen und forderte eine individuelle Überprüfung. Bis Juli
1947 wurde von US-Gerichten in Salzburg 13.895 Fälle untersucht. Bestraft wurden

---

11 Oliver Rathkolb (Hg.), Gesellschaft und Politik, S. 258–259.
12 Ebd., S. 265.
13 Robert Kriechbaumer, Entnazifizierung, in: Salzburg 1945–1955. Zerstörung und Wiederaufbau
   (Jahresschrift des Salzburger Museum Carolino Augusteum 40/41, 1994/95), S. 115.

illegale Grenzübertritte, Diebstähle, Schwarzhandel, Ungehorsam gegen Befehle der Militärregierung. Die Strafen waren eher gering.[14]

Im Juli 1945 wurden dann österreichische Gerichte wieder zugelassen, aber mit eingeschränkten Befugnissen. Sukzessiv entwickelte sich die US-Justiz von der totalen, alleinigen Präsenz zur Überwachung der Salzburger Gerichte.[15] Aufsehen erregte der Fall Dr. Josef Daspelgruber. Die US-Besatzungsmacht hatte ihn im Mai 1945 als Antinazi zum Polizeidirektor von Salzburg ernannt. Ein Jahr später wurde er als angeblicher Nationalsozialist enttarnt und vom Militärgericht zu mehrjähriger Haft verurteilt. Eine Überprüfung des Urteils verwies auf unzureichende Beweise und man ließ ihn nach 17 Monaten Haft frei, fürchtete gleichzeitig Kritik an der Militärregierung, weswegen die Aufhebung des Urteils erst später ausgesprochen werden sollte.[16]

In der Öffentlichkeit kaum bekannt sind die Kriegsverbrecherprozesse der US-Militärkommissionen, die in Salzburg geführt wurden. Untersucht wurden nicht allgemeine Verbrechen der Deutschen Wehrmacht, sondern nur Misshandlungen und Tötungen von notgelandeten oder mit dem Fallschirm abgesprungenen amerikanischen Soldaten. Von Mai 1946 bis Mai 1948 wurden in 16 Prozessen 42 Österreicher, aber auch Angehörige anderer Nationen angeklagt.[17] Tatorte in Salzburg: die Landeshauptstadt und Oberndorf. 37 Personen wurden verurteilt, 24 freigesprochen.[18] Je länger die Prozesse dauerten, desto stärker wurde die Kritik der österreichischen Öffentlichkeit an diesen Prozessen und den langen Haftstrafen der Verurteilten. Die Salzburger Zeitungen waren besonders tätig, den Begriff »Kriegsverbrechen« zu diskreditieren.

Ein starkes Signal der amerikanischen Entnazifizierung war das »Lager Glasenbach«, offiziell »Camp Marcus W. Orr«, nahe der Stadt Salzburg. Marcus W. Orr war ein schwer verwundeter Soldat der Regenbogen-Division, der sein Leben im Rollstuhl verbringen musste, dennoch später als Historiker eine Professur in Memphis, Tennessee ausübte. Errichtet wurde das Lager im September 1945. Daneben gab es eine Zeit lang Internierungslager in Golling und Hallein. Die Geschichte des

14 Kurt Tweraser, US-Militärregierung Oberösterreich, S. 260–261.

15 Kurt Tweraser, Military Justice as an Instrument of American Occupation Policy in Austria 1945–1950: From Total Control to Limited Tutelage, in: Austrian History Yearbook XXIV/1993, S. 159, S. 177.

16 Ernst Hanisch, Braune Flecken, S. 324; Kurt Tweraser, US Militärregierung in Oberösterreich, 1. Bd., S. 224 f.

17 Kurt Tweraser, Amerikanische Kriegsverbrechenprozesse in Salzburg. Anmerkungen zur justitiellen Verfolgung von Kriegsverbrechen in der amerikanischen Besatzungszone in Österreich, 1945–1955, in: Claudia Kuretsidis – Haider, Winfried R. Garscha (Hg.), Keine »Abrechnung«. NS-Verbrechen Justiz und Gesellschaft in Europa nach 1945, Leipzig 1998, S. 79.

18 Ebd., S. 80; Harald Waitzbauer, Sirenen, Bunker, Splittergraben. Die Bevölkerung im »Totalen Krieg«, Abschnitt »Terrorpilot aufgespürt«, in: Erich Marx (Hg.), Bomben auf Salzburg. Die »Gauhauptstadt« im »Totalen Krieg«, Salzburg 1995 (Schriftenreihe des Archives der Stadt Salzburg Nr. 6).

Abb. 6: Lager Marcus W. Orr (Glasenbach).

Camp Marcus W. Orr wurde von Oskar Dohle und Peter Eigelsberger in aller Breite aufgearbeitet.[19] Ich greife hier jene Faktoren heraus, die sich auf die Entnazifizierung beziehen.

An die achttausend Menschen, darunter 972 Salzburger, waren dort zeitweise interniert, anfänglich tatsächlich unter harten Bedingungen. Bald aber entstand ein System der Selbstverwaltung unter amerikanischer Aufsicht, wobei Militär- und Parteiränge durchaus respektiert wurden. Da auch viele Akademiker unter den Häftlingen waren, konnte ein beachtliches Kultur- und Bildungsprogramm aufgebaut werden. Aber entscheidend war, dass die amerikanische Lagerleitung kein Programm der Umerziehung versuchte. Ein Versuch, mit dem Film »Todesmühlen«, erschütternde Bilder aus befreiten KZ-Lagern, die Realität der NS-Verbrechen aufzuzeigen, scheiterte. Die Mehrheit der Internierten sahen den Film als Fälschung und Propagandawerk der Sieger. Gefangen in ihrer NS-Utopieblase, wollten sie die Wahrheit nicht an sich heranlassen, denn: deutsche Menschen machen so etwas nicht! Der »Glasenbacher Lagermarsch« drückt, gewollt humoristisch, die Mentalität der Häftlinge aus.

> In Salzburg's flachen Gauen entstand,
> o hört wie nett, von Männern und von Frauen bewohnt ein neu K.Z.
> Vom Halterbuam bis zum Marschall
> sind sie nun alle drinn', zu büssen,
> geht die Mär, sei ihres Daseins Sinn. Hollari, Hollaro.

19 Oscar Dohle, Peter Eigelsberger, Camp Marcus W. Orr.

Weiter heißt es: Die Zeiten werden sich ändern und den »Amis« wird gesagt, glaubt nicht der heutigen Propaganda, »schaut nur in unser Herz«, (wo ein »Gutmensch« wohnt).[20]

Ein amerikanischer Geheimbericht über das Lager Marcus W. Orr vom Jänner 1946 gibt einen wichtigen Einblick in die politische Situation im Lager. Der Konfident, ein SS-Richter im Rang eines Sturmbannführers, der sich angeblich »bekehrt« hatte, getraute sich nicht, offen im Lager seinen Gesinnungswandel zu bekennen, weil er um sein Leben fürchten müsse. Da kein Versuch zur Umerziehung von den amerikanischen Behörden gemacht wurde, werde der Nürnberger Kriegsverbrecherprozess als »propaganda show« gewertet. Die über die KZs genau informiert sind, schweigen, die Anderen glauben nicht an die KZ-Verbrechen. Beide Gruppen haben kein Verantwortungsgefühl (»feeling of lack of resposibility«) oder Schuldeinsicht.[21]

Ein anderer Konfident, ein tatsächlicher ehemaliger KZ-Häftling, ein österreichischer Polizist, der »certain investigations« unter den Gefangenen durchgeführt hatte, versuchte eine weitere Kategorisierung der Häftlinge:

– Überzeugte Nazis: Eine kleine Gruppe von politischen Führern, SS-Offizieren und Gestapobeamten glauben an die Rückkehr des Nationalsozialismus. Sie erwarten einen Konflikt zwischen Westen und Osten, wozu sie dann wieder gebraucht werden.

– Niedere SS- und NSDAP-Ränge: Diese Mehrheit behauptet, verführt und gezwungen für die Partei gearbeitet zu haben und von den Gräueln der NS-Herrschaft nichts gewusst zu haben. Sie hoffen, bald wieder integriert zu werden.[22]

Zwei Briefe aus dem Lager markieren zwei extreme Positionen, zwischen denen die politischen Einstellungen im Lager zu verorten sind. Eine inhaftierte Mutter schrieb in einem offenbar hinausgeschmuggelten Brief an ihre Tochter: »Wir hatten zu viele Feinde und zu viele Verräter im Inneren, weil noch viel zu wenig Menschen verstanden haben, was der Führer gewollt hat und wie gut er es gemeint hat. Und nun gehen sie her und machen den Führer schlecht und uns Nationalsozialisten schlecht und bespeien das deutsche Volk […]. Die Bombengräuel zählen nicht mehr, die Morde an den Volksdeutschen in Polen, die jüdische Ausbeutung unseres Volkes, das alles gilt nicht mehr. Alles schreit nur: ›der Führer ist schuld‹.«[23] Der Kern dieser Argumentation ist: Es gab keine NS-Verbrechen. Schuld am Krieg und Elend waren die Alliierten (Bombengräuel), die Polen (Mord an den Volksdeutschen), die Juden

---

20 Zit. ebd., S. 181.

21 Siegfried Beer, Salzburg nach dem Krieg. Beobachtungen des US-Geheimdienstes OSS/SSU über Österreich 1945/46, in: Mitteilungen der Gesellschaft für Salzburger Landeskunde 139 (1999), S. 216–218.

22 Ebd., S. 218–221.

23 Zit. in: Oscar Dohle, Peter Eigesberger, Camp Marcus W. Orr, S. 183.

(Ausbeutung). Abgelehnt wird auch der Sager, der weitverbreitet war, allein Hitler wäre schuld. Diese gigantische Schuldabwehr war auch durch Aufklärung nicht zu brechen, weil jede Information über NS-Verbrechen sofort als Feindpropaganda abgewehrt wurde.

Ganz andere Briefe schrieb ein Monarchist und Heimwehrmann an seine Frau in Bischofshofen, der als Wehrmachtsoldat im Sommer 1944 als Rechnungsführer in das Sonderkommando 1005 eingezogen wurde. Das »Sonderkommando 1005«, eine »geheime Reichssache«, hatte den Auftrag, alle Spuren der Großverbrechen zu verwischen. Alle Massengräber der Ermordeten wurden ausgegraben und die Leichen auf Holzscheiterhaufen verbrannt. Es war eine der infamsten, schaurigsten Taten der SS, dass zu dieser schrecklichen Tätigkeit jüdische Häftlinge gezwungen wurden, um nachher selbst getötet zu werden.[24] Das Heranrücken der sowjetischen Armeen zwang Himmler, diese »Enterdung« im Herbst 1944 einzustellen. Das Sonderkommando 1005 löste sich auf, sammelte sich in Salzburg, wo sie sich in Polizeiuniformen einkleideten und als »Gruppe Iltis« in den Partisanenkrieg in die Steiermark und Kärnten zogen.[25] Da die »Enterdung« streng geheim war, hatte der Rechnungsführer aus der Wehrmacht sicher keine Kenntnis. Ob er in den Partisanenkrieg als Rechnungsführer direkt verwickelt war, ist unklar. Jedenfalls wurde er Ende 1945 in »Glasenbach« interniert. Er sah es als »groteske Laune des Schicksals« an, dass er, als Gegner des »verbrecherischen Systems«, nun mit der »Nazibrut« eingesperrt war. »Heute sind sie alle Unschuldsengel, die keinem Lämmlein was zuleid taten«. Diese Nazibrut, diese »braunen Verbrecher« drücken sich nun vor jeder Verantwortung. »Wenn man die Herren heute reden hört, dann könnte man die Meinung bekommen, daß das Naziregime die menschenfreundlichste Einrichtung der Welt gewesen wäre! Aber wir haben sie kennengelernt, als sie an der Macht waren [...]«. Der Briefschreiber wurde im Sommer 1946 aus dem Lager entlassen, aber der Hass auf die Nazis begleitete ihn sein ganzes Leben.[26]

Das Lager Marcus W. Orr wurde am 5. August 1947 an Österreich übergeben. Der Mythos »Glasenbach« hingegen lebte weiter. Als Schicksalsgemeinschaft floss er in das emotionale Kameradschaftsdenken eines Teiles des VdU ein. Wenig wissen wir bisher von dem vorläufigen SS-Internierungslager in Hallein, wo auch 94 SS-Wächter vom Vernichtungslager Auschwitz verhaftet waren, die nach Polen ausgeliefert werden sollten.[27]

---

24 Andrej Angrick, »Aktion 1005« – Spurenbeseitigung von Massenverbrechen 1942–1945. Eine »geheime Reichssache« im Spannungsfeld von Kriegswende und Propaganda, 2 Bde., Göttingen 2018.
25 Ebd., S. 1161.
26 Ernst Hanisch, Gau der guten Nerven. Die nationalsozialistische Herrschaft in Salzburg 1938–1945, Salzburg 1997, S. 209–210.
27 Kopien amerikanischer Besatzungsakten, Salzburger Landesarchiv (SLA), NARA, 2984. Headquarters United States/Forces in Austria, 9. Dezember 1946.

Über die innere Einstellung des Internierten gibt ein Brief schaurigen Einblick. Am 6. Jänner 1947 schrieb eine Gruppe von Glasenbachhäftlingen an »Seine Eminenz« (in der kirchlichen Hierarchie kannten sich die »Ehemaligen« nicht aus) Fürsterzbischof Andreas Rohracher.[28] Er galt als prominentester Fürsprecher der ehemaligen Nationalsozialisten. Er hatte kurz vorher das Lager besucht und so wurde ihm in der Einleitung auch viel Honig um den Mund geschmiert. Sehr schlau fügten die Briefschreiber die »Feierliche Erklärung der österreichischen Bischöfe« vom 18. März 1938 wörtlich ein. Ebenso die positiven Aussagen von Karl Renner zum »Anschluss«. Daraus leitete der Brief ab: Die Masse der Katholiken und Sozialisten folgte diesen Weisungen ihrer Führer und stellte sich »freudig und mit Begeisterung dem neuen Staat und der NSDAP« zur Verfügung. Das war soweit nicht ganz falsch. Auch die Frage, wo bleibe die christliche Nächstenliebe, wenn die damaligen Führer noch in Amt und Würde sitzen, während die, die den Worten der Führer folgten, in den Lagern und Gefängnissen schmachten, ist teilweise nachvollziehbar. Aber der Trick dabei ist, dass nicht die Ja-Sager vom 10. April 1938 verhaftet sind, sondern Illegale, hohe Parteifunktionäre, hohe Wehrmachtsoffiziere, SS-Männer, die für zahllose Verbrechen gegen die Menschlichkeit verantwortlich waren.

Dieser Trick macht den Brief zu einem erschreckenden Dokument der Uneinsichtigkeit und Verlogenheit. In keiner Zeile werden Arisierung, KZ und Vernichtungslager erwähnt, die Zwangsarbeiter und verhungerten Kriegsgefangenen usw. usw. Nur Wehleidigkeit und Egoismus machten sich breit. Verbrechen sind nicht die Taten der Nazis – die haben nur ihre selbstverständliche Bürgerpflicht erfüllt, wie in allen zivilisierten Staaten – sondern ein Verbrechen ist die »heutige Spruchpraxis«. Mitleid verdienen nur »unsere Frauen und Kinder«, die schon durch Jahre der Willkür vieler Behörden und Ämtern schutzlos ausgeliefert, vielfach ohne jede finanzielle Unterstützung, verfolgt und geächtet« sind. Diejenigen, die alle Menschenrechte verachtet hatten, berufen sich nun auf das »heiligste Gut des Menschen«, Freiheit und die freie Meinungsäußerung. »Von den Internierten sind weit über 95 v. H. kriminell nie mit dem Gesetz [dem NS-Gesetz! E. H.] in Konflikt gekommen, heute sollen sie trotzdem weniger wert sein als der gemeine Verbrecher«. Kurz: Sie sind schuldlos in Haft, haben nur ihre »beschworene Pflicht« erfüllt. Verständnis glauben sie nur beim Fürsterzbischof und – paradox – beim amerikanischen Kommandanten des Lagers Marcus W. Orr zu finden!

Eine zentrale Rolle bei der amerikanischen Denazification (und später im beginnenden Kalten Krieg) hatten die verschiedenen US-Geheimdienste. Sie sind schwer zu durchschauen, weil sie sich ständig veränderten, sich umorganisierten und neue Namen trugen.[29] Notwendigerweise sammelten die Geheimdienste schon während

---

28 Salzburger Diözesanarchiv 19/3. Ich danke Hans Spatzenegger für die Kopie.
29 Siegfried Beer, Rund um den »Dritten Mann«: Amerikanische Geheimdienste in Österreich 1945–

des Krieges Informationen über den Nationalsozialismus. Diese Informationen waren allerdings oft unsicher und widersprüchlich. Das besondere Interesse der Alliierten galt der ominösen »Alpenfestung«, den angeblichen Plänen der Nationalsozialisten, in den bayrischen und österreichischen Alpen einen militärischen Rückzugsort aufzubauen und einen Partisanenkrieg zu entfachen.[30] Tatsächlich gab es Pläne des Reichssicherheitshauptamtes (RSHA), Amt VI, hinter der Front einen Partisanenkrieg zu führen. Darüber berichtete SS-Brigadeführer Erwin Schulz, Chef des Sicherheitsdienstes (SD) in Salzburg bei einer Befragung am 24. Juni 1945.[31] Auch die Gestapoleitung in Salzburg erhielt einen solchen Befehl. Diese Pläne mussten allerdings vor der Partei geheim gehalten werden. Sie galten als Verrat an dem unvermeidlichen Sieg der Wehrmacht. In Wahrheit wollten die RSHA-Männer ihren eigenen Kopf retten.[32]

Nach dem Einmarsch der U.S. Army in Salzburg war der militärische Geheimdienst Counter Intelligence Corps (CIC) für die Entnazifizierung zuständig. Er verhaftete die Nationalsozialisten, führte die Verhöre und überwachte die österreichische Entnazifizierung. Am 24. Juli 1945 wurden die Special Branch Offices in Salzburg errichtet, die nun die vorherigen CIC-Einheiten bei den »Corps and Division«, die für die bürokratische Denazification zuständig waren, ablösten und zentralisierten. Grundlage war die »Procedure for Denazification« vom 5. August 1945. Entnazifiziert sollten nicht nur die staatlichen und wirtschaftlichen Strukturen werden, sondern auch die Beschäftigten bei der Militärregierung. Diese gigantische Aufgabe sollte bis zum 7. November 1945 erledigt werden. Das war natürlich eine Illusion.[33] Warum auch die »Military Government Eployees«? Die meisten Repräsentanten der amerikanischen Militärregierung konnten kein Deutsch, sie brauchten Übersetzer und Dolmetscher, um mit den Salzburger Behörden zu kommunizieren. Es bestand der berechtigte Verdacht, dass Englisch sprechende ehemalige Nationalsozialisten bei der Militärregierung Unterschlupf suchten. Auf einer Liste der »Public Safety Employees« werden englische und anderssprachige, aber auch nur deutsch sprechende Personen aufgezählt: 98 Personen, davon 71 Frauen.[34]

1955, in: Erwin A. Schmidl (Hg.), Österreich im frühen Kalten Krieg 1945–1958. Spione, Partisanen Kriegspläne, Wien 2000, S. 73–100.

30 Timothy Nafali, Creating the Myth of the Alpenfestung: Allied Intelligence and the Collapse of the Nazi Police-State, in: Günther Bischof, Anton Pelinka (Hg.), Austrian Historical Memory and National Identity (Contemporary Ausrian Studies 5), New Brunswick 1997; Peter Pirker, Codename Brooklyn. Jüdische Agenten im Feindesland. Die Operation Greenup 1945, Innsbruck 2019.

31 Timothy Nafali, Creating the Myth of the Alpenfestung, S. 229, Anm. 102.

32 Ebd., S. 231.

33 NARA, 1170. 24. Oktober 1945. Head Quarter Military Goverment. Land Salzburg Austria.

34 NARA, 1170.

Am 11. Februar 1946 forderte das »Allied Council« von der »Allied Commission for Austria« eine Beschleunigung der Denazification und verlangte einen genauen Bericht bis 1.März 1946.[35] Am 29. März 1946 meldete die Landeshauptmannschaft Salzburg gleichzeitig an das Bundeskanzleramt, dass »nach den allgemein gültigen Richtlinien und zum Teil auf besonderen Befehl der Militärregierung« ca. 220 Beamte, 224 Angestellte und 11 Arbeiter aus politischen Gründen aus dem öffentlichen Dienst ausgeschieden wurden. 105 Beamte und 121 Angestellte, die ebenfalls politisch belastet waren, befinden sich noch im Dienst. Die Folge sei, dass im Bau- und Rechnungswesen ein ordentlicher Dienstbetrieb nicht mehr möglich sei. »Soweit die Landeshauptmannschaft auch bestrebt ist, alle nazistischen Elemente aus dem Dienst zu entfernen, muss sie zur Gewährleistung der Aufrechterhaltung eines ordentlichen Dienstbetriebes dennoch bitten, bei allen denjenigen Beamten, für die aus dienstlichen Gründen um Weiterbelassung im Dienst gebeten wurde, von einer weiteren Dienstenthebung Abstand zu nehmen.«[36]

Diese zwei Quellen bezeichnen das entscheidende Dilemma der Entnazifizierung: Eine totale Entnazifizierung der Behörden mache eine ordentliche Verwaltung unmöglich, behindere den Wiederaufbau und die Etablierung der Demokratie. Der Ausweg waren die Sonderkommissionen im April 1946. Solche Sonderkommissionen bestanden: für Beamte, Angestellte und Arbeiter bei der Landeshauptmannschaft, für die Lehrpersonen beim Landesschulrat, für die Beamten, Angestellten und Arbeiter beim Stadtmagistrat Salzburg, weiters für Gemeindebedienstete, für die staatliche Forstverwaltung. Gerechnet wurde mit 3000 Fällen, die verhandelt werden mussten.[37]

Die »Denazification Section des CIC« im Land Salzburg sammelte ständig Statistiken über den Verlauf der Entnazifizierung. Beispielsweise über Gendarmerie und Polizei.[38] Am 16. Juni 1945 wurde der CIC von den Headquarters United States Forces in Austria aufgefordert, umfassende und genaue Zusammenfassungen über die Entnazifizierung bei Gendarmerie und Polizei im Land Salzburg zu liefern: Über Entlassungen, über minder Belastete und Belastete, die noch im Dienst sind, über Maßnahmen, die Ausgeschiedenen zu ersetzen.[39] Am 6. Mai 1946 berichtete die Sicherheitsdirektion an das Bundesministerium für Inneres, dass das »Office of Special Branch« der Militärregierung bei der Nachprüfung der Personalakten der Bundespolizeidirektion in Salzburg festgestellt habe, dass noch 85 Polizeibeamte und Angestellte Mitglieder der NSDAP oder deren Gliederungen waren. Beigefügt waren die

---

35 NARA, 1184.
36 NARA, 1191.
37 NARA, 1195.
38 Beispielsweise am 27. März 1945 über die Zeit von Mai 1945 bis Februar 1947. NARA, 1183.
39 NARA, 1458.

Namen und ihre NS-Verwicklung.[40] 1949 überprüfte der CIC auch die »Reclassifi-
cation« der Salzburger Landesregierung bei den NS-Funktionären und SS-Männern
im Bezirk Zell am See. 49 Personen wurden mit genauen Personaldaten angeführt.
Die Mehrheit der Fälle wurde als unbedenklich angesehen, für sechs Personen wurde
das Verfahren als »smelly (stinkend)« oder »very, very smelly« eingeschätzt, 5 Personen galten als »fanatische Nazis«. Der Agent, der die Untersuchung führte, merkte
an, dass die österreichischen Autoritäten sehr unwillig mitarbeiteten.[41]

In den US-Akten finden sich auch Überprüfungen der Gemeinden. Beispiel Ge-
meindeamt Oberndorf, das 1947 vom Bürgermeister abwärts nach NS-Verwicklun-
gen untersucht wurde. Dort fand man unter 12 Personen nur ein NS-Mitglied.[42]
Ebenfalls die Gewerkschaften gerieten ins Visier des CIC. So die Bediensteten der
Post- und Telegraphen-Gewerkschaft in Hallein mit 99 Mitgliedern. Obmann und
Kassiererin waren bei der NSV, haben aber eine Mitgliedschaft bei der NSDAP abgelehnt.[43]

Besonders dornig erwies sich die Entnazifizierung in der Wirtschaft (purge of
economic life). Über das Vorgehen lieferte die Landeshauptmannschaft Salzburg am
21. Mai 1946 einen Bericht an die Militärregierung. Eine Konferenz unter der Lei-
tung von Landeshauptmann Albert Hochleitner erbrachte folgendes Ergebnis:
- Prominente Nationalsozialisten müssen möglichst rasch aus der Wirtschaft ent-
  fernt werden.
- Gewerbelizenzen sollen von der Handelskammer überprüft werden.
- Der »Sechserausschuss« (zwei Vertreter der drei Parteien), der feststellt, welche
  Unternehmer entfernt und welche tragbar sind, soll bleiben.
- Einsprüche sollen eingeschränkt werden.[44]

Zwei SS-Sturmbannführer im Dienst des CIC

Die Zwiespältigkeit der Denazification des CIC wird am Beginn des Kalten Krieges
deutlich: Einerseits kontrollierte er die allgemeine Entnazifizierung der Bevölkerung, aller öffentlicher Einrichtungen, andererseits nahm er hochrangige Nationalsozialisten aus dem SS-Sicherheitsdienst (SD) als Mitarbeiter auf. Einerseits wurde
ein Zentralregister für Kriegsverbrecher geführt, andererseits wurden bereits früh

---

40 NARA, 1170.
41 NARA, 1183.
42 NARA, 1183.
43 NARA, 1183.
44 NARA, 1457. Zur Industriepolitik der US-Militärregierung: Kurt Tweraser, US-Militärregierung
   Oberösterreich 1945–1950, 2. Bd., Linz 2009.

Namen von möglichen Agenten aussortiert.[45] Die Amerikaner hatten wenig Informationen über die Situation im kommunistischen Ostmitteleuropa und im Balkan, und der CIC litt an Personalnot. Der CIC wusste, was er tat. Ein CIC-Agent brachte es auf den Punkt: Es war unbedingt notwendig, »daß wir jeden Schweinehund verwendeten, Hauptsache, er war Antikommunist [...].«[46] Und ein anderer CIC-Agent stellte die Frage: »Wer waren die erbittertsten Antikommunisten?« Und gab die Antwort: »die ehemaligen Nazis.«[47] Angeblich standen in Österreich ca. 13 ehemalige SD-Offiziere im Dienst des amerikanischen Geheimdienstes.[48] Ein hochrangiger Mitarbeiter war der SD-Offizier Otto von Bolschwing, der in Salzburg entnazifiziert wurde, die österreichische Staatsbürgerschaft erhielt und 1953 mit vielen Tricks in die USA gebracht wurde.[49]

Ein besonderer Fall war der zwielichtige Dr. Wilhelm Höttl. Geboren 1915, seine Familie war deutschnational ausgerichtet, studierte er Geschichte an der Wiener Universität, fand Anschluss an das katholisch-nationale-nationalsozialistische Biotop, das dort in den dreißiger Jahren vorherrschte, promovierte 1937. Im Jahr 1934 trat er in die NSDAP und in den SS-Sicherheitsdienst ein. 1938 wurde er offiziell in den SD aufgenommen. Sein Arbeitsgebiet war »Gegnerbekämpfung« und Sammeln von Informationen über den europäischen Südosten. In Wien lernte er Adolf Eichmann und Ernst Kaltenbrunner kennen. Seine Vorgesetzten beurteilten ihn wohl zu Recht: »der typische lästige Wiener – ein Lügner, eine kleine Kröte, ein Intrigant«.[50] Wegen einer Geldmanipulation und seiner Eigenmächtigkeit wurde er 1942 zur Waffen-SS versetzt, dann war er als »Kriegsberichterstatter« in Belgrad tätig.[51] Als Kaltenbrunner 1943 zum Chef des RSHA aufstieg, holte er seinen Vertrauten Höttl nach Berlin, ins Amt VI (SD-Ausland), wo er für Italien, den Vatikan, Jugoslawien, Ungarn und die Slowakei zuständig war.[52]

Als die Deutschen im März 1944 Ungarn besetzten, schlug die Todesstunde für die Juden. Mehr als 400.000 Juden wurden deportiert, was für die meisten den Tod bedeutete. Mittendrin der Sturmbannführer (Major) Wilhelm Höttl als Repräsen-

---

45 Christopher Simpson, Der amerikanische Bumerang. NS-Kriegsverbrechen im Sold der USA, Wien 1988, S. 91.

46 Ebd., S. 195.

47 Ebd., S. 94.

48 Siegfried Beer, Rund um den »Dritten Mann«, S. 88.

49 Simon, Der amerikanische Bumerang, S. 301–308; speziell: S. 305, Anm. 228.

50 Martin Haidinger, Wilhelm Höttl – Agent zwischen Spionage und Inszenierung, Diplomarbeit an der Universität Wien, Wien 2006, S. 40. Journalistisch aufbereitet, aber mit neuen Dokumenten: Martin Haiddinger, Wilhelm Höttl. Spion für Hitler und die USA, Wien 2019. Meine Anmerkungen beziehen sich auf die Magisterarbeit; Wilhelm Höttl, Einsatz für das Reich. Im Auslandsgeheimdienst des Dritten Reiches, Koblenz 1997. Ist mit größter Skepsis zu behandeln.

51 Haidinger, Wilhelm Höttl, S. 40–41.

52 Ebd., 42.

tant des Auslandsgeheimdienstes in Budapest. Seine tatsächlichen Taten/Untaten sind wie immer verschleiert. In der klassischen Darstellung der Judenvernichtung von Raul Hilberg wird er als Zeitzeuge angeführt.[53] Von Adolf Eichmann will er in Budapest erfahren haben, dass 6 Millionen Juden getötet worden seien.[54] An der gigantischen Beraubung der Juden soll er sich privat bereichert haben.[55] Auch an dem berüchtigten ungarischen »Goldzug« soll er beteiligt gewesen sein. In 24 Waggons wurden die geraubten Wertgegenstände der Juden vor der einmarschierenden Sowjetarmee als ungarisches »Staatseigentum« in die »Ostmark« verfrachtet. Höttl soll den Salzberg in Hallein als Versteck vorgeschlagen haben.[56] Der Goldzug fuhr in Tirol und Salzburg hin und her, bis er am 16. Mai 1945 in Werfen einfuhr und der amerikanischen Besatzungsmacht übergeben wurde. Während der Fahrt wurde der Zug mehrfach beraubt – von den Ungarn, der SS, von den Österreichern und zuletzt von US-Offizieren, an der Spitze General Harry J. Collins, die das jüdische Eigentum als Kriegsbeute betrachteten und damit ihre Häuser und Wohnungen herrschaftlich ausstatteten.[57] Captain H. A. Mackenzie wird später darüber aussagen: »Der einzige Unterschied zwischen den Deutschen und uns Amerikanern in Bezug auf das Plündern bestand darin, dass die Deutschen über die geplünderten Bestände rigoros Protokoll führten, während bei uns unkontrolliertes freies Unternehmertum waltete.«[58]

Ende 1944 war allen, die bei Verstand waren, klar, dass das »Tausendjährige Reich« am Ende war. Nun galt es den eigenen Kopf zu retten. Was bei einfachen Soldaten als »Fahnenflucht« mit dem Erschießen bestraft wurde, nannten die höchsten Reichs- und SS-Führer Rückzug in die numinose »Alpenfestung«, um den Kampf weiterzuführen.[59] In Wahrheit suchten sie den Kontakt mit den Westmächten, um einen Sonderfrieden zu erreichen und mit ihnen den Kampf gegen den Bolschewismus weiter aufzunehmen. So Heinrich Himmler, so Ernst Kaltenbrunner. Der Chef des RSHA schickte Wilhelm Höttl am 28. Februar und 10. April 1945 in die Schweiz, um in Bern mit dem OSS zu verhandeln.[60] Der SS-Sturmbannführer hatte allerdings auch Anderes im Sinn. Er fürchtete, als »Kriegsverbrecher« belangt zu werden, und es gelang ihm, niedere Dienststellen des OSS zu überzeugen, dass er für sie Informationen über die gefürchtete »Alpenfestung« liefern werde. Bei seiner

---

53 Raul Hilberg, Die Vernichtung der europäischen Juden, 2. Bd., Frankfurt/Main, Fischer Tagebuch, o. J., S. 906.

54 Ebd., 3. Bd., S. 1280.

55 Haidinger, Wilhelm Höttl, S. 44.

56 Sabine Stehrer, Der Goldzug, Wien 2006, S. 19, Anm. 18.

57 Ausführlich darüber: Ebd.

58 Ebd., S. 54.

59 Roland Kaltenegger, Operation »Alpenfestung«. Das letzte Geheimnis des »Dritten Reiches, München 2005, S. 222.

60 Haidinger, Wilhelm Höttl, S. 48–50.

Rückkehr nach Salzburg behauptete Höttl, dass dort ein Todesurteil für ihn vorläge, was er aber abwehren konnte.[61] Er fuhr dann zu seinem Chef Ernst Kaltenbrunner, der mit vielen SD-Leuten in Altaussee seine Dienststelle hatte. Dann wurde er von der CIC verhaftet.

Der Wichtigtuer und schlaue Aufschneider Höttl, der ständig Nebelgranaten warf (siehe seine Autobiografie), hatte eine Karte in seinem Spiel, die für die Amerikaner von zentraler Bedeutung war: die angeblich von Eichmann bezogene Information der 6 Millionen ermordeten Juden. Diese Karte spielte er nun aus. Am 26. November 1945 unterzeichnete er darüber eine eidesstattliche Erklärung.[62] So wurde er von den Amerikanern als Zeuge zum Internationalen Militärgericht nach Nürnberg gebracht, wo am 14. Dezember 1945 seine Erklärung vom US-Anklagevertreter vorgetragen wurde.[63] Höttl blieb in Haft, wurde dann im Dezember 1947 in Salzburg entlassen.[64] Als CIC-Mitarbeiter gelang es ihm, eine Auslieferung an das Volksgericht zu vermeiden. Im Dienst des CIC in Salzburg baute er mit anderen NS-Männern eine geheime Nachrichtenstelle für Südosteuropa auf. 1949 wurde er dann fallen gelassen. Schon lange vorher misstrauten die Amerikaner seinen Berichten. Noch einmal konnte Höttl sich in Geltung setzen, als Zeuge im Eichmann-Prozess in Jerusalem. Da er fürchtete, als Kriegsverbrecher belangt zu werden, machte er seine Aussage, die Eichmann belastete, im Juni 1961 vor dem Bezirksgericht in Bad Aussee.[65] Als honoriger Bürger errichtete Höttl 1952 in Bad Aussee eine private höhere Schule, galt als ernsthafter Zeitgeschichtler, 1995 erhielt er das »große Ehrenzeichen des Landes Steiermark.«[66] Sein Buch »Die geheime Front«, unter dem Pseudonym »Walter Hagen«, von 1950, brachte ihm mit einer Auflage von 20.000 Stück allein in Österreich ein Vermögen ein.[67] Erklärbar ist dieser Erfolg nur, weil die seriöse Zeitgeschichte erst am Anfang war und viele ehemalige Nazis und Wehrmachtsangehörige gierig nach dem Geheimnis des »Dritten Reiches« und den Ursachen der Niederlage waren (nebenbei, mein Nazi-Vater hatte es sofort gekauft).

Auch ein SS-Offizier aus Salzburg war eine Zeit lang Mitarbeiter des CIC.

Der Meldezettel im Salzburger Stadtarchiv sieht auf dem ersten Blick harmlos aus: Hermann Höfle, geboren am 19. Juni 1911 in Salzburg, Kraftfahrer und Automechaniker von Beruf, verheiratet mit Berta Dürr, fünf Kinder, wohnhaft in Salzburg, gestorben am 21. August 1962 in Wien. Beim zweiten Blick fallen die Namen der Kinder auf, Erika, Horst, die Zwillinge Sieglinde und Waltraud, beide starben

---

61 Höttl, Einsatz für das Reich, S. 351.
62 Hiberg, Die Vernichtung, 3. Bd., S. 1280.
63 Haidinger, Wilhelm Höttl, S. 54, NARA, 1157.
64 Ebd., S. 60.
65 Ebd., S. 73.
66 Ebd., S. 75.
67 Ebd., S. 80.

bereits im Alter von einem Jahr, Elfriede – recht deutsch klingende Namen. Ein sicherer Hinweis auf eine nationalsozialistische Familie ist das religiöse Bekenntnis der Mutter und der Kinder: gottgläubig. Aussagekräftig ist der Hinweis, dass sich Mutter und Kinder am 23. Mai 1942 nach Lublin abgemeldet hatten. Lublin war im deutsch besetzten Polen ein Zentrum des Holocaust. Sie kehren am 11. Juni 1943 nach Salzburg zurück. Hermann Höfle meldete sich im April 1946 von Salzburg ab, kam am 4. November 1947 von Linz (dem Ort des Volksgerichtes für Salzburg) nach Salzburg zurück und zog am 9. November 1948 unbekannt fort. Erst am 19. Jänner 1959 kehrte er wieder von München nach Salzburg zurück, wo er bei seiner Frau wohnte. Die Analyse der Meldezettel von Hermann und Berta Höfle ermöglicht die Information: Es war eine Nazifamilie und der Vater war in Lublin tätig. Seine Aufenthalte nach 1945 waren unstet. Was die Meldezettel naturgemäß nicht preisgeben, ist die Rolle von Hermann Höfle als einer der Haupttäter des Holocaust. Diese seine Tätigkeit decken andere Quellen auf.[68]

Zunächst seine SS-Kariere. Am 25. Mai 1935 wurde Hermann Höfle in Salzburg verhaftet. Sein Prozess wegen Hochverrats fand am 17. Dezember 1935 vor dem Schwurgericht des Landesgerichtes Salzburg statt. Höfle war zu diesem Zeitpunkt Motosturmbannführer der SS-Staffel. Der Angeklagte erklärte sich als SS-Führer teilschuldig, bestritt aber jeden Hochverrat. Er sei lediglich für die nationale Befriedungsaktion (Aktion Reinthaller) tätig gewesen. Ein Leumundszeugnis der Heimatgemeinde Gnigl bestätigte, dass über ihn nichts Nachteiliges bekannt sei, dass er kein Vermögen besitze und es im Strafregister keine Eintragung gebe. Der Richter konnte keinen Beweis für den Hochverrat finden, verurteilte ihn aber, ironischerweise, wegen des Vergehens gegen die öffentliche Ruhe und Ordnung zu 7 Monaten strengem Arrest. Kurze Zeit nach dem Urteil kam Höfle wieder frei und konnte seine Arbeit als Taxifahrer aufnehmen.[69] Man könnte sich vorstellen, dass der SS-Mann mit seinem Taxi auch einmal jüdische Gäste ins Festspielhaus chauffiert hatte.

Als SS-Führer blieb er weiter aktiv, bewies nach dem »Anschluss« seinen scharfen Antisemitismus und wurde hauptberuflich in die SS eingegliedert. Um aufzusteigen, musste er im Frühjahr 1939 die SS-Führerschule in München-Dachau besuchen. Seine Beurteilung dort war zwiespältig. Sie ist aber eine der wenigen Quellen, wo der »Mensch« Höfle sichtbar wird: Sein Auftreten, heißt es, sei wenig selbstbewusst und zu unsicher, insgesamt sei seine Persönlichkeit zu weich, sein körperlicher Einsatz müsse härter werden, an der »geistigen Regsamkeit« fehle es. Positiv gewertet wurden seine Strebsamkeit, Bescheidenheit, Ehrlichkeit und sein Fleiß.[70] In seiner

---

68 Archiv der Stadt Salzburg, Meldezettel von Hermann und Berta Höfle.

69 SLA, VR, 1136/35. Salzburger Chronik, 29. Oktober 1935, 7. November 1935, 8. November 1935, 18. Dezember 1935.

70 Joseph Wulf, Das Dritte Reich und seine Vollstrecker, Frankfurt/M. 1984, S. 278.

weiteren Karriere wird er beweisen, dass er seine »Defizite« für einen SS-Führer überwunden hatte.

Nach verschiedenen Einsätzen zu Kriegsbeginn wurde Höfle am 1. September 1940 nach Lublin versetzt. Dort war der gescheiterte Gauleiter von Wien, Odilo Globočnik, SS- und Polizeiführer, der Höfle von Wien her kannte. Zunächst leitete der Salzburger einige Lager von Zwangsarbeitern, auch jüdischen. Dann aber: Am 13. Oktober 1941 erhielt Globočnik den Befehl von Himmler, mit der Vernichtung der Juden im Generalgouvernement zu beginnen. Drei Vernichtungslager wurden gebaut, Belzec, Sobibor und Treblinka. Die Wachmannschaften wurden aus dem »Ausbildungslager Trawniki« rekrutiert, wo ehemalige sowjetische Kriegsgefangene (meist Ukrainer) »umgeschult« wurden. Dort war auch Höfle bereits tätig gewesen. Globočnik richtete in Lublin eine »Hauptabteilung Einsatz Reinhard« ein, die Höfle leitete und wo er als »Judenreferent« die Räumung der Ghettos in die Vernichtungslager organisierte. Daneben koordinierte er die »Endlösung« mit der deutschen Zivilverwaltung, überwachte die Beraubung der Juden, führte die Statistik über die Zahl der Ermordeten und war auch bei Selektionen beteiligt. Aus dem Mechanikerlehrling war »ein Meister aus Deutschland« (Paul Celan) geworden. Er erhielt hohe Orden und stieg zum SS-Sturmbannführer auf.[71]

Auch innerhalb der Täter durfte die Ermordung der Juden nicht direkt genannt werden. Höfle verpflichtete die Einsatzkräfte über diese »Geheime Reichssache« zu strengem Schweigen. Der Holocaust wurde im SS-Code als »Vorkommnis bei der Judenumsiedlung« verdeckt.[72] Das Schweigen gelang allerdings nicht ganz.

Am 22. Juli 1942 begann Höfle mit der Auflösung des Großghettos in Warschau. Seinen Auftritt hatte der namhafte Literaturkritiker Marcel Reich-Ranicki, der im Judenrat als Übersetzer arbeitete, mehrfach geschildert. Höfle, ein »wohlbeleibter glatzköpfiger Mann«, verkündete dem Judenrat, während auf der Straße der Donauwalzer gespielt wurde, ein zynischer Gruß aus Wien, die Auflösung des Ghettos und die Deportation in den Osten. In Wahrheit, wie Reich-Ranicki 2012 im Deutschen

---

71 Peter Witle »... zusammen 1 274 166«. Der Funkspruch des SS-Sturmbannführers Hermann Höfle liefert ein Schlüsseldokument des Holocaust, in: Die Zeit, Nr. 3, 10. Jänner 2002, S. 82. (Ich habe damals den Artikel gelesen und in meine Sammlung gesteckt, aber dann vergessen. Erst bei der Arbeit zu diesem Aufsatz ist er mir in die Hände gefallen.) https://de.wikipedia.org/wiki/Hermann_H%C3%B6fle_(SS-Mitglied,_1911) (abgerufen 1.7.2019). https://en.wikipedia.org/wiki/Hermann_H%C3%B6fle (abgerufen 1.7.2019). http://www.holocaustresearchproject.org/ (abgerufen 1.7.2019). Über Globočnik, Joseph Wulf, Das Dritte Reich und seine Vollstrecker, S. 216–274. Über Hermann Höfle, Joseph Wulf, Das Dritte Reich und sein Vollstrecker, S. 275–287; Martin Moll, Himmlers Sorgenkinder oder verlässliche Vasallen? Österreichische höhere SS-Führer zwischen ostmärkischen Traditionen und der SS-Moral, in: Alfred Ableiinger (Hg.), Festschrift für Siegfried Beer zum 65. Geburtstag, Garz 2013, S. 323–325; Nikolaus Wachsmann, KL. Die Geschichte der nationalsozialistischen Konzentrationslager, München 2016, S. 376–379.

72 Josef Wulf, Das Dritte Reich und seine Vollstrecker, S. 281.

Bundestag sagte, das Todesurteil, »das die SS über die Juden von Warschau gefällt hatte«.[73]

Am 11. Jänner 1943 schickte Höfle einen verschlüsselten Funkspruch an SS-Obersturmbannführer Heim in Krakau, der eine vorläufige Bilanz der ermordeten Juden während des »Einsatz Reinhard« erstellte: 1.274.166 tote Juden. Der englische Geheimdienst konnte den Funkspruch dechiffrieren, aber mit dem Inhalt wenig anfangen. Erst im Jahr 2000 wurde der Inhalt von Stephen Tyas in seiner Bedeutung erkannt und bewertet und die Rolle von Hermann Höfle als einem der Haupttäter des Holocaust offengelegt.[74] Während sein Chef und Mentor Odilo Globočnik im September 1943 als Höherer SS- und Polizeiführer nach Triest in die Operationszone Adriatisches Küstenland versetzt wurde (zu seinem Freund Gauleiter Friedrich Rainer), um auch dort den Judenmord zu organisieren, blieb Höfle in Lublin. Er beteiligte sich an der »Aktion Erntefest«, der Massenerschießung der Juden aus den Zwangsarbeiterlagern. Am 15. Februar 1944 kam er als Schutzhaftführer in das KZ Sachsenhausen, später als »Statistiker« in das SS-Hauptamt. Zu Kriegsende floh er wieder zu Globočnik nach Kärnten, wo sie sich auf der Möslacher Alm nahe des Weißensees versteckten. Globočnik tötete sich, Höfle wurde von den Engländern verhaftet, dann in das Lager Wolfsberg gebracht.[75]

Höfle gelang es in der Nachkriegszeit seine führende Funktion bei der Ermordung der Juden zu verschleiern. Gleichzeitig war es ein heute schwer zu verstehendes Versagen aller Institutionen. Bei Befragungen sagte er, dass er in Polen nur im inneren Bereich der SS gearbeitet habe. »Informant claims that he never saw any Jews being evacuated [...].«[76] Zur gleichen Zeit aber stand der Name Hermann Höfle als »SS-Sturmbannführer und Bezirkshauptmann in Polen« (Letzteres war falsch) auf der Salzburger Kriegsverbrecherliste vom 22. Juni 1946.[77] Er wurde weltweit von den Alliierten gesucht. In Polen wusste man über ihn Bescheid. Marcel Reich-Ranicki hatte ihn identifiziert.[78]

Im August 1947 wurde er aus dem Lager Wolfsberg entlassen und den österreichischen Behörden übergeben. Von Salzburg nach Linz überführt, wurde vom Volksgericht ein Verfahren gegen ihn eingeleitet (StA Linz 35t 6291/47). Am 30. Oktober

---

73 Marcel Reich-Ranicki, Ein Tag in meinem Leben, in Frankfurter Allgemeinen Zeitung, 28. Jänner 2012, S. 29; derselbe, Mein Leben, München 2000, S. 234–239; Joseph Wulf, Das Dritte Reich und seine Vollstrecker, S. 85 f.
74 Die Zeit. 10. Jänner 2002.
75 https://de.wikipedia.org/wiki/Hermann_H%C3%B6fle_(SS-Mitglied,_1911) (abgerufen 1.7.2019).
76 http://www.holocaustresearchproject.org/ (abgerufen 1.7.2019).
77 Oskar Dohle, Rahmenbedingungen zur Entnazifizierung, S. 108.
78 Die Zeit. 10. Jänner 2002.

1947 auf Gelöbnis entlassen, kehrte er vorläufig nach Salzburg zurück, um wieder als Automechaniker zu arbeiten.[79]

1948 allerdings wurde es eng für Hermann Höfle. Die amerikanische »Denazification Section« notierte am 22. Juni 1948: Fotografierte Kopien von NSDAP-Berichten seien aus Berlin gekommen. Die Dokumente beschreiben, dass Höfle zuständig für die erfolgreiche Lösung des »Judenproblems« in Lublin war. Diese Dokumente werden den österreichischen Behörden übergeben.[80] Tatsächlich berichtete das Bundeskanzleramt an das Hauptquartier der USFA (Denazification Branch) am 14. September 1948, dass die Photokopien nach Salzburg geschickt wurden, wo beim Landesgericht ein Untersuchungsverfahren gegen Höfle wegen des Verdachtes auf Kriegsverbrechen anhängig sei.[81] Obendrein verlangte die polnische Regierung eine Auslieferung wegen seiner Taten in Polen.

Bei dieser Kommunikation gab es eine Lücke. Höfle erfuhr davon, und mit Hilfe von SS-Kameraden tauchte er unter, floh nach Italien, wo in Südtirol ein geheimes Netzwerk von SS-Granden bestand.[82] Unter einem falschen Namen lebte er bis Anfang 1951 in Südtirol. Dann kehrte er nach Österreich zurück. Da ihm der Boden in Salzburg zu heiß schien, ging er kurze Zeit später nach Bayern. Vor einem Münchner Gericht behauptete Höfle, dass er fürchte, von den Polen gekidnappt zu werden. Das wurde in der Zeit des Kalten Krieges geglaubt. Er erhielt neue Papiere und eine Aufenthaltsgenehmigung. Auch der CIC interessierte sich für ihn. Nicht wegen seiner Kriegsverbrechen, sondern wegen seiner Kontakten zu den SS-Kameraden in Bayern. Höfle arbeitete dann als kleiner Informant für den CIC (Deckname Hans Hartmann). Seine Beurteilung durch den CIC war im Februar 1954 recht positiv: pünktlich, militärisch im Auftreten, entgegenkommend. Allerdings seien seine Informationen nicht immer sehr genau (Manche NS-»Tugend« nutze er auch für den CIC). Im Juni 1954 wurde er fallengelassen.[83] Laut Meldekarte kehrte er am 19. Jänner 1959 wieder nach Salzburg zurück. Wie so oft bei der Ausforschung der Holocausttäter geschah Paradoxes: Einerseits lief 1956 eine Vorerhebung gegen ihn. Im Landesarchiv Salzburg gibt es die Geschäftszahl LG Salzburg 11aVR 1382/56, aber keinen Akt. Andererseits tilgte das Landesgericht am 6. März 1959 nach dem Amnestiegesetz 1957 Höflers Verurteilung zu 7 Monaten strengem Arrest aus dem Jahr 1935.[84]

---

79 Ebd. W. R. Garscha, Das Scheitern des »kleinen Eichmann-Prozess« in Österreich. http://www.nachkriegsjustiz.at/prozesse/geschworeneng/hoefle.php (abgerufen 8.12.2022).

80 NARA, 1456.

81 NARA, 1194.

82 Gerald Steinacher, Nazi auf der Flucht. Wie Kriegsverbrecher über Italien nach Übersee entkamen, Innsbruck 2008; Johannes Sachslehner, Hitlers Mann im Vatikan, Bischof Alois Hudal. Ein dunkles Kapitel in der Geschichte der Kirche, Wien 2019, S. 180–223.

83 Die Zeit. 10. Jänner 2002, W. R. Garscha, Das Scheitern des »kleinen Eichmann-Prozesses.

84 SLA VR 1136/35.

Erst der Eichmann-Prozess in Jerusalem 1960 lenkte die Aufmerksamkeit wieder auf Höfle. Die israelischen
Behörden schickten ein Dossier an die
Zentrale Stelle der deutschen Landes-
justizverwaltung in Ludwigsburg. Diese
informierte den österreichischen Jus-
tizminister Christian Broda, der sofort
einen Kurier mit dem Haftbefehl nach
Salzburg schickte. Am 31. Jänner 1961
wurde Höfler verhaftet. Der Salzburger
Staatsanwalt sammelte einen Berg von
Beweismitteln, erlitt aber einen Nerven-
zusammenbruch, so wurde das Verfahren
im Februar 1962 nach Wien delegiert
(Geschäftszahl LG Wien 27c Vr 852/62).
In der Haft in Wien richtete sich Hermann Höfle selbst. Er erhängte sich am
21. August 1962.[85]

Abb. 7: Hermann Höfle 1961.

In Salzburg wurde Höfle vergessen. Auch ich hatte keine Ahnung, als ich 1978 mit
der Arbeit über die NS-Periode in Salzburg begann. Erst der Artikel in der »Zeit«
von 2002 machte mich aufmerksam. Aber erst 2014 schrieb ich eine kurzen Artikel
über ihn.[86] Eine ausführliche Biografie dieses Haupttäters des Holocaust ist ein De-
siderat.

2. Der österreichische Weg: Volksgerichte

Ein Signal für die zunehmende Souveränität der Republik Österreich war, dass die
Alliierten ihr am 11. Februar 1946 die Entnazifizierung übertrugen – allerdings
unter der Aufsicht der Besatzungsmächte. Rechtliche Grundlagen der österreichi-
schen Entnazifizierung waren das Verbotsgesetz vom 8. Mai 1945 (Auflösung der
NSDAP und ihrer Verbände) und das Kriegsverbrechergesetz vom 26. Juni 1945.
Sie galten zunächst nur für die Sowjetische Zone. Am 12. September 1945 kam das

---

85 W. R. Garscha, http://www.nachkriegsjustiz.at/prozesse/geschworeneng/hoefle.php (abgerufen 8.12.
2022).

86 Ernst Hanisch, Zwei Reden über die SS, in: Helga Embacher, Thomas Weidenholzer (Hg.), Machtstrukturen der NS-Herrschaft. NSDAP-Polizei/Gestapo – Militär – Wirtschaft (Die Stadt Salzburg
im Nationalsozialismus 5. Bd.), Salzburg 2014, S. 254 f.

Wirtschaftssäuberungsgesetz hinzu. Eine Kriegsverbrecherliste der Provisorischen Regierung umfasste 248 Personen.[87]

Formal entstand das Problem, dass der Rechtsgrundsatz, keine Tat dürfe rückwirkend zu einer strafbaren Handlung erklärt werden, umgangen werden musste – ein »Schönheitsfehler«, wie Staatssekretär Josef Gerö eingestand.[88] Obendrein war der Terminus »Kriegsverbrechen« unscharf, weil die Verbrechen des NS-Regimes weit über Kriegsverbrechen hinausreichten und im Kriegsverbrechergesetz berechtigt »Handlungen, die den Gesetzen der Menschlichkeit gröblich widersprechen«, einbezogen wurden.[89] Der Begriff »Volksgericht« für ein demokratisches Gericht war missständlich, weil er an die mörderischen NS-Volksgerichtshöfe anklang. Diese »Schönheitsfehler« nutzten die angeklagten Nationalsozialisten aus, um die Entnazifizierung als Racheinstitutionen zu denunzieren, die nicht besser als der Nationalsozialismus handeln würden. Tatsächlich aber waren die österreichischen Volksgerichte in ihren milden Urteilen weit von den NS-Volksgerichten entfernt. Ein weiteres Problem der judiziellen Entnazifizierung war, dass im ersten Jahrzehnt die Judenvernichtung noch nicht in ihrer wahren Dimension erkannt wurde – gewiss auch deshalb, weil der Antisemitismus tief in der österreichischen Mentalität verankert war. Problematisch erwies sich auch die Ausnahme im Verbotsgesetz, die für jene Nationalsozialisten gedacht war, die sich vor 1945 von der NSDAP abgewandt und eine positive Einstellung zur Republik Österreich entwickelt hatten. Was als Ausnahme konzipiert war, wurde zum Regelfall.

Das österreichische Volksgericht bestand aus zwei Richtern, drei Schöffen und einem Protokollführer. (Formal folgte auch diese Konstruktion dem NS-Volksgerichtshof). Eine Berufung an eine höhere Instanz war nicht möglich, aber die Urteile wurden vom Obersten Gerichtshof überprüft. Die Volksgerichte wurden bei den Oberlandesgerichten eingerichtet. Für Salzburg war Linz zuständig, wo das Volksgericht am 14. Februar 1946 eingerichtet wurde. Wegen Überlastung des Gerichtes wurde ein Jahr später ein Außensenat in Salzburg installiert.[90] 1347 Urteile wurden

---

87 Thomas Albrich, Winfried R. Garscha, Martin F. Polaschek (Hg.), Holocaust und Kriegsverbrechen vor Gericht. Der Fall Österreich, Innsbruck 2006, S. 21.

88 Ebd., S. 12.

89 Ebd.

90 Ebd., S. 18–20; Claudia Kuretsidis-Haider, Volksgerichtsbarkeit und Entnazifizierung in Österreich, in: Walter Schuster, Wolfgang Weber (Hg.), Entnazifizierung im regionalen Vergleich, Linz 2004, S. 604–607; Barbara Huber, Narrative des Vermeidens. NSDAP-Amtstragende vor Gericht, in: Alexander Pinwinkler, Thomas Weidenholzer (Hg.), Schweigen und erinnern. Das Problem Nationalsozialismus nach 1945 (Die Stadt Salzburg im Nationalsozialismus Bd. 7), Salzburg 2016, S. 66–82; Barbara Huber, Herrschaft- und Machtstrukturen der NSDAP Salzburg. Profil(e), Verzerrungen, Handels(spiel)räume, Diss. Salzburg 2018, S. 138–142. Als Buch: Barbara Huber, Die NSDAP Salzburg. Die Politischen Leiter: Profile, Vernetzungen und Handlungs(spiel)räume (Die Stadt Salzburg im Nationalsozialismus, Ergänzungsband 2), Salzburg 2019. Ich zitiere nach der Dissertation.

in Linz ausgesprochen. Von 100 Angeklagten wurden in Innsbruck 54, in Linz nur 33 Personen verurteilt.[91] Kurz: Linz urteilte milder als Wien und Salzburg noch milder.

Zunächst lag ein Schwerpunkt der Verfahren bei dem Faktor Illegalität (NSDAP-Mitgliedschaft vor 1938) als Hochverrat an Österreich. Es gehörte zur Struktur der Illegalität, dass ein Nachweis schwierig war. Während 1938 der Status Illegalität preiswert vergeben wurde, die Aspiranten weit übertrieben, wollten sie 1945 nichts davon wissen. Das schlug auf die Statistik durch: 23 Prozent der Urteile vom Linzer Volksgericht wurden wegen Registrierungsbetrug ausgesprochen.[92] Zur Strategie der Verteidigung gehörte, den Prozess möglichst auszudehnen, in der Hoffnung auf Änderung der öffentlichen Meinung zur Entnazifizierung. Der Personalmangel bei Gericht in Salzburg führte dazu, dass von 827 Anklagen (1947) 59 Prozent 1950 noch unerledigt waren.[93] Der stellvertretende Vorsitzende des Salzburger Außensenates klagte 1950, dass die Salzburger Schöffen nur schwer zu bewegen seien, für einen Schuldspruch zu stimmen.[94] Und der Vorsitzende Dr. Ernst Melzer wollte 1950 sein Amt niederlegen, weil »die Tätigkeit in Volksgerichtssachen von Jahr zu Jahr immer unzeitgemäßer wird, sodass dem Volk und damit den Schöffen das Verständnis für politische Delikte erheblich geschwunden ist […]«.[95]

Barbara Huber hat in ihrer Salzburger Dissertation eine beachtenswerte qualitative und quantifizierende Analyse der vor dem Volksgericht angeklagten Salzburger Nationalsozialisten geschrieben, auf die ich mich hier stützen kann.[96] Akteure vor Gericht waren: die Gesetzeslage, die Richter und Schöffen, die Angeklagten, die Verteidiger, die Zeugen und von außen die öffentliche Meinung. Die Angeklagten sahen sich als unschuldig: In der illegalen Zeit hatten sie keinen Kontakt zur NSDAP; als »Hoheitsträger« seien sie nur kommissarisch tätig gewesen, nicht formell ernannt; in ihre Funktion seien sie wegen ihrer beruflichen Erfahrung und wegen ihres Könnens gekommen; sie haben niemandem geschadet, ja Gegnern geholfen; sie haben nur gemacht, was alle gemacht haben, es war eben eine andere Zeit. Der zentrale Punkt der Aussagen der Angeklagten war: Sie zeigten kein Schuldbewusstsein; sie lehnten jede Eigenverantwortung ab, hatten keine Erkenntnis der Mitverantwortung; die Verbrechen der NS-Herrschaft blieben unbelichtet, daher war auch keine direkte Distanzierung vom Nationalsozialismus notwendig, höchstens, dass eben Krieg war und manche Maßnahmen zu radikal waren. Die

91 Holocaust und Kriegsverbrechen S. 330 f.
92 Barbara Huber, Narrative des Vermeidens-NSDAP-Amtstragende vor Gericht, S. 66.
93 Ebd., S. 81.
94 Ebd., S. 81.
95 Ebd., S. 82.
96 Barbara Huber, Herrschaft- und Machtstrukturen, S. 143–199.

Verteidiger spielten auf Zeit, waren untereinander gut vernetzt und steuerten die Aussagen der Angeklagten.

Da in dieser frühen Zeit wenig schriftliche Dokumente vorhanden waren, in den letzten Tagen des Krieges Unmengen von Akten vernichtet wurden, war das Gericht von Zeugen abhängig. Unzählige eidesstattliche Erklärungen (»Persilscheine«) langten bei den Behörden ein.[97] Nationalsozialisten entlasteten sich gegenseitig oder schoben die Schuld auf andere Nationalsozialisten. Arbeitskollegen, kirchliche Stellen, auch Zwangsarbeiter oder KZ-Häftlinge usw. sprachen sich zugunsten der Angeklagten aus. Kurz: der Angeklagte (männlich oder weiblich) war ein »guter Nazi«. Letztlich kristallisierten sich in den Prozessen drei Typen von Nationalsozialisten heraus: Opportunisten, »Idealisten« (die an die Realität der »Volksgemeinschaft« glaubten und die NS-Verbrechen ausklammerten) und »echte«, ideologisch feste Nationalsozialisten.[98] Der höchstrangige Salzburger vor dem Volksgericht, Gauleiter Anton Wintersteiger, soll hier kurz und exemplarisch als Beispiel dienen.

Anton Wintersteiger war ein »makelloser«, »lupenreiner« Nationalsozialist. Seine Biografie belegt es. Geboren 1900 in Salzburg, besuchte er hier die Realschule, studierte an der Technischen Hochschule in Wien. Als Diplomingenieur (1925) begann er sein Berufsleben als Bautechniker in Kärnten und Bad Gastein. Als früher Nationalsozialist leitete er seine Parteikarriere bereits 1923 ein, hielt sich aber aus den damaligen Parteistreitereien heraus. 1930 trat er in Bad Gastein der aufstrebenden, von Adolf Hitler geführten NSDAP und der SA bei. Dort wurde er rasch Ortsgruppenleiter und etwas später Leiter des Kreises Pongau. Von der dortigen Gendarmerie wird er als »einer der fähigsten und gefährlichsten Agitatoren der NSDAP, der vor keinem Mittel zurückscheut, um der NSDAP in Österreich zur Macht zu verhelfen« eingeschätzt.[99] In einer Niederschrift bei der Polizeidirektion Salzburg gab Wintersteiger mit Unterschrift vom 6. November 1946 an, dass er in der illegalen Zeit von 1934 bis 1936 fünfmal verhaftet worden war, der letzten Arreststrafe aber, ungewöhnlich, durch die offizielle Ausreise nach Deutschland entgehen konnte. Er gab weiter an, dass er vom 1. Januar 1935 bis 25. August 1935 illegaler stellvertretender Gauleiter von Salzburg und vom 1. Januar 1937 bis 12. März 1938 illegaler Gauleiter von Salzburg war. Nach dem »Anschluss« fiel der illegale Status weg und Wintersteiger bekleidete vom 12. März 1938 bis 24. Mai 1938 die Funktion des Gauleiters, vom 25. Mai 1938 bis Mai 1945 die Position des stellvertretenden Gauleiters.

Obendrein leitete er vom 1. Juni 1938 bis Mai 1945 das Gauamt für Technik. Neben seinen Parteifunktionen war er vom 28. Oktober 1930 bis 12. März 1938 Mitglied

---

97 Barbara Huber, Narrative des Vermeidens, S. 70 f.
98 Barbara Huber, Herrschaft- und Machtstrukturen, S. 53.
99 Zit. in: Laurenz Krisch, Zersprengt die Dollfußketten. Die Entwicklung des Nationalsozialismus in Bad Gastein bis 1938, Wien 2003, S. 148.

der SA, letzter Dienstrang SA-Sturm-
führer (Oberleutnant), vom 13. März
1938 bis Kriegsende Mitglied der SS,
letzter Dienstrang SS-Oberführer (zwischen Oberst und Generalmajor).[100]

In den letzten Monaten des »Dritten
Reiches« kämpfte er als Oberleutnant
bei der 5. Gebirgsjäger-Division in Italien für den »Endsieg«. Dort geriet er
in Verona in die amerikanische Kriegsgefangenschaft. In Österreich stand
er auf der Kriegsverbrecherliste und
wurde auch vom CIC gesucht.[101] Aus der
Kriegsgefangenschaft entlassen, stand er
unter »automatic arrest« und wurde ins
Camp Marcus W. Orr gebracht. Nach
der Auflösung des Lagers 1947 kam er in
Wien, dann in Linz in Untersuchungshaft. Am 25. Februar 1948 stellte er gezielt den Antrag, nach Salzburg verlegt
zu werden.[102] Dem wurde stattgegeben.
Ein geschickter Schachzug, weil er in
Salzburg viele Fürsprecher hatte. So

Abb. 8: Gauleiter Dipl.-Ing. Anton Wintersteiger.

wurde die Hauptverhandlung am 1. April 1948 vor dem Salzburger Senat des Volksgerichtes Linz geführt. Mir geht es hier nicht um die Rekonstruktion des ganzen
Prozesses, sondern darum, mit welchen Argumenten sich ein hochrangiger Nationalsozialist vor dem Volksgericht verteidigt.

Zunächst die Anklage: Angeklagt wurde er als »Hoheitsträger« (Stellvertretender
Gauleiter), als illegaler Funktionär von 1933 – 1938, als SS-Oberführer. Diese Ankla-
gepunkte wurden als »eine besonders schimpfliche Handlung« und als »Hochverrat«
bewertet. Als illegaler Gauleiter genoss er das Vertrauen der nationalsozialistischen
Führerschaft. Die Verantwortung des Beschuldigten, der nur ehrenhalber Stellvertretender Gauleiter war, wird abgelehnt. Die Begründung ist allerdings schwach.
Die Anklage kann keine konkrete Handlung in dieser Funktion anführen, sondern
nur die Vermutung, dass er als solcher »Hoheitsträger« wiederholt tätig gewesen

---

100 OÖLA, Linzer Sg., VgVr1947, Kt.311 Wintersteiger. Ich danke Barbara Huber für die Kopie des
    Aktes.
101 Aktenvermerk des Bundesministeriums für Inneres, ebd. Security Arrest Report, 3. August 1945, ebd.
102 Ebd. Antrag seiner Rechtanwälte Dr. Emmerich Singer – Dr. Guntram Hörberger.

sein musste. Sein hoher SS-Rang wird in der Anklage angeführt, aber es müsse die Hauptverhandlung erweisen, ob er auch tätig war oder ob es nur ein Ehrenrang war. Der entscheidende Punkt war, ob Wintersteiger ein »Hoheitsträger« in der NS-Zeit war, denn das war mit einer hohen Strafe belegt.[103]

Die Hauptverhandlung am 1. April 1948 leitete Dr. Ernst Melzer, Wintersteigers Verteidiger war der konservative Dr. Singer. Maßgebend war die relativ späte Zeit des Prozesses. Sowohl die Politik als auch weite Teile der Bevölkerung waren der Entnazifizierung überdrüssig. Wintersteiger begann seine Verteidigung mit einem pragmatischen Satz: »Wenn ich mich auch vor meinem Gewissen nicht schuldig fühle, so sehe ich doch ein, nach dem Verbotsgesetz straffällig geworden zu sein. Nach dem KVG (Kriegsverbrechergesetz) bin ich weder schuldig noch straffällig geworden«.[104] Diese Aussage bedeutet:

– Sein Gewissen ist rein. Die NS-Herrschaft, für deren Bestand und Taten er mit-verantwortlich war, wird völlig ausgespart.
– Straffällig ist er nur nach einem Gesetz der Siegermächte, das von einer neuen, österreichischen Herrschaft erlassen wurde.
– Nichtschuldig ist er für die Verbrechen des Nationalsozialismus.

So war auch seine Verteidigung angelegt. Seine Funktion als Ortsgruppenleiter in Bad Gastein wird nicht geleugnet. Seine Ausreise nach Deutschland 1936 war vom Sicherheitsdirektor Ludwig Bechinie-Larzan veranlasst worden. Dort habe er nur in seinem Beruf als Bautechniker gearbeitet. Im September 1936 kehrte er nach Öster-reich zurück (Juliabkommen), ohne sich politisch betätigt zu haben. Im November 1936 sei er wieder nach Deutschland gegangen, um zu arbeiten. Seine Funktion als illegaler Gauleiter, der von Freilassing aus die Salzburger NSDAP leitete, wurde verschwiegen. Seine führende Rolle beim Anschluss am 11. März 1938 wird mit dem Argument verschleiert, dass er vom »Chef der österreichischen Regierung Seyß-In-quart« zum Landeshauptmann ernannt worden war. Über seine Stellung als Gaulei-ter schwieg er. Nur als Gauwahlleiter für die Volksabstimmung am 10. April 1938 will er tätig gewesen sein. Dass er als Landeshauptmann und Gauleiter politisch für die zahlreichen Verhaftungen und Demütigungen der Gegner verantwortlich war, dass am 11. April 1938 der erste Salzburger Transport nach dem KZ Dachau ab-ging, konnte er so übergehen.[105] Wintersteiger stilisierte sich als »guter Mensch von

---

103 Ebd. Staatsanklageschaft Linz, 9. Jänner 1948.
104 Ebd., Hauptverhandlung 1. April 1948.
105 Über den »Anschluss« in Salzburg. Ernst Hanisch, Gau der guten Nerven. Die nationalsozialistische Herrschaft in Salzburg 1938–1945, Salzburg 1997, S. 19–79. Claudia Kuretsidis-Haider, Rudolf Leo, »dachaureif«. Der Österreichertransport aus Wien in das KZ Dachau am 1. April 1938. Biografische Skizzen der Opfer, Wien 2019, S. 40.

Salzburg«. »Ich habe mich in der Zeit meines Wirkens als Landeshauptmann um
die Besserstellung der Nazigegner bemüht. [...] Ich kenne den Hass und die Vergeltung nicht als konstruktives Mittel der Politik.«[106] Dann zählt er auf: Intervention
zugunsten des Landeshauptmanns Franz Rehrl, des Sicherheitsdirektors Ludwig Bechinie und anderer Personen. (Dass Bechinie bereits am 13. März 1938 verhaftet, am
2. April 1938 ins KZ Dachau eingeliefert wurde und am 15. Juli 1941 in Pirna-Son-
nenstein durch Giftgas getötet wurde, war die Wahrheit).[107] Konkret nachweisbar ist
sein Einsatz für Franz Rehrl. In einem privaten Brief an die Familie schrieb Franz
Rehrl: »Wieso es zu meiner Verhaftung kam, weiß ich nicht, ich war umso mehr
betroffen, als doch Gauleiter Ing. Wintersteiger mir selbst mit Rücksicht auf meine
Gesundheit schonende Behandlung zugesichert hatte.«[108] Was sich hier abzeichnet,
war ein gewisser Salzburger »Elitenkonsens«, der 1938 wirksam war und nach 1945,
in umgekehrter Richtung, zugunsten Wintersteigers, sichtbar wurde. Eine Reihe
von Zeugen sagten in der Hauptverhandlung für Wintersteiger aus. An der Spitze
der Bruder von Franz Rehrl, Landeshauptmann Josef Rehrl, Weihbischof Johann
Filzer usw. Dieser »Elitenkonsens« zerbrach, als der Kärntner Friedrich Rainer im
Mai 1938 Gauleiter wurde. Fast alle, denen Wintersteiger angeblich geholfen haben
will, wurden nun verhaftet, kamen in ein KZ. Der Salzburger Konsens konnte erst
wieder nach 1945 aufgebaut werden.

Warum wurde Wintersteiger als Gauleiter abgesetzt? Für ihn eine persönliche
Demütigung, die auch in seinen Rechtfertigungen nach 1945 immer wieder durch-
bricht. Im Schachern um die führenden Positionen in der österreichischen NSDAP
war er unterlegen. Die plausibelste Erklärung ist: Er war kein durchsetzungsfähiger
Führer, wie es Hitler von den Gauleitern verlangte. Der zuständige Sachbearbei-
ter im Stab von Gauleiter Brückel in Wien hielt fest: »Auf Dauer genügt er m. E.
keinesfalls, denn er scheint mir ein Mann restlos ohne eigene Initiative zu sein. Er
wird treu und brav machen, was ihm vorgeschlagen wird, aber kaum einen eigenen
Schritt wagen.«[109] Als Trostpflaster erhielt er die Stelle des Stellvertretenden Gauleiters. War dieses Amt ein Ehrenamt, wie Wintersteiger unentwegt versicherte, und er
somit kein »Hoheitsträger«? Das war die zentrale Frage im Prozess. Feststeht, dass
ein Machtmensch wie Gauleiter Friedrich Rainer ihm wenig Spielraum erlaubte; als
Landesbaudirektor hatte er ein arbeitsreiches Amt im Reichsgau. Aber als Redner,
als Leiter des Gauamtes für Technik, ein Amt der NSDAP, erwies sich Wintersteiger
als glühender Nationalsozialist bis zum bitteren Ende. Sein SS-Rang als Oberführer

---

106 Aussage bei der Hauptverhandlung.
107 Claudia Kuretsidis-Haider, »dachaureif«, S. 313.
108 Ernst Hanisch, Franz Rehrl – sein Leben, in: Wolfgang Huber (Hg.), Franz Rehrl. Landeshauptmann von Salzburg 1922–1938, Salzburg 1975, S. 32.
109 Zit. in: Hanisch, Gau der guten Nerven, S. 48.

mag ein »Ehrenamt« gewesen sein, aber es zeigt auch die Wertschätzung Heinrich Himmlers. Verurteilt wurde er wegen des Verbrechens des Hochverrates zu schwerem Kerker von zweieinhalb Jahren und Verfall des ganzen Vermögens.

Freigesprochen wurde er von der Anklage als Hoheitsträger.[110] Die Begründung des Urteils folgt in weiten Teilen den Aussagen des Angeklagten und den positiven Leumundszeugen, wobei seine Stellung als illegaler Gauleiter und Gauleiter der NSDAP bis Mai 1938 nicht in das Urteil einfloss. Das Urteil stellte fest: »Es ist durchaus glaubwürdig, dass die maßvolle, besonnene und jedem Rachegedanken abholde Art des Angeklagten nicht in das Konzept seiner Neider passte, dass er deshalb von der politischen Bühne abtreten musste.«[111] Anton Wintersteiger wurde nach dem Nationalsozialistengesetz 1947 verurteilt. Ein Gesetz, dass von den Alliierten verschärft, aber von den österreichischen Behörden milde ausgelegt wurde. Das relativ milde Urteil über Wintersteiger entsprach so der öffentlichen Meinung, dass die Entnazifizierung ein Ende finden müsse. Die Widerstandsgruppen hatten ihren anfänglichen Einfluss verloren, galten im Kalten Krieg als Kommunisten oder »Trittbrettfahrer«.

Der Volksgerichtsprozess Wintersteigers fand naturgemäß ein breites Echo in der Bevölkerung. Die auflagestärksten, parteiunabhängigen »Salzburger Nachrichten«, längst treibend gegen die Entnazifizierung, überhöhten noch die Verteidigung des Angeklagten: Wintersteiger war zwar ein »begeisterter Anhänger des Nationalsozialismus«, doch als Mensch blieb er unantastbar.[112] Er half seinen Mitmenschen, trachtete unliebsame Härten, Verhaftungen und Verschickungen zu verhindern und stand dadurch in Opposition (sic.) zur offiziellen Politik der NSDAP. Seine hohen Titel in der Partei und in der SS waren Titel ohne Mittel. Der zentrale Einwurf des Staatsanwaltes, dass »Wintersteiger ein führender Kopf der NSDAP in Salzburg gewesen und als solcher mitverantwortlich für den Krieg und seine Folgen« war, dieser Einwurf wurde zwar von der Zeitung berichtet, aber sofort abgeschwächt durch den »denkbar besten Leumund« des Angeklagten. Berichtet wird auch die Aussage des Verteidigers Dr. Singer: das Verbotsgesetz sei kein österreichisches Gesetz, sondern ein Fremdkörper, »denn wo bleibt da die Freiheit des Denkens?«[113] Kurz, der Bericht der »Salzburger Nachrichten« stilisierte Wintersteiger ebenfalls zum »guten Mensch von Salzburg«. Weitaus sachlicher informiert die ÖVP-Zeitung »Salzburger Volkszeitung«. Hervorgehoben wird die positive Aussage von Josef Rehrl für den Angeklagten. Die Zeitung erwähnt auch die Störungen des Publikums während des

---

110 Hauptverhandlung 1.4.1948.
111 Ebd.
112 Salzburger Nachrichten, 3. April 1948.
113 Ebd.

Prozesses.[114] Die sozialistische Parteizeitung »Demokratisches Volksblatt« berichtete über den Prozess, aus welchen Gründen auch immer, überhaupt nicht. Eine kleine Kolumne verwies auf etwas anderes: Der 1. April, der Tag der Verurteilung Anton Wintersteigers, war auch der Gedenktag an den ersten österreichischen »Prominententransport« in das KZ Dachau. Im Wiener Saal des Mozarteums hielten ehemalige KZ-Häftlinge eine Gedenkstunde. Die Rede hielt der Präsident der Kammer der gewerblichen Wirtschaft Josef Ausweger. Er sprach von den Opfern der »Nazibarbarei« und forderte Treue zu Österreich und zur Demokratie.[115] Erstaunlich korrekt informierte das kommunistische »Salzburger Tagblatt«. Die Zeitung stellt auch die relevante Frage: »War er politisch unbedeutend?« Unter Berufung auf den Staatsanwalt betonte das »Tagblatt«, dass Wintersteiger »eine moralische Verantwortung für die ganze Entwicklung der nationalsozialistischen Herrschaft« trage. Die kleinen NS-Funktionäre haben auf den Befehl der hohen Funktionäre gehandelt. Wintersteiger sei kaum so kaltgestellt gewesen, wie er behauptete, wenn er so hohe Parteiorden erhalten habe.[116]

Nach seinem Prozess war Wintersteiger ein freier Mann, weil seine Untersuchungshaft angerechnet wurde. In den 1950er-Jahren wurde er amnestiert und konnte als Techniker eine leitende Stelle bei der SAFE antreten. Politisch hielt er sich zurück, aber er war ein angesehener Mann im Kreise der Ehemaligen in Salzburg. Voller Stolz schwärmte Wintersteiger in einem Interview mit mir, er sei einer der wenigen Überlebenden, der sagen könne, mit Hitler und Mussolini an einem Tisch (in Klessheim) gesessen zu sein.

Das NS-Gesetz 1947 hatte zwei Kategorien für die ehemaligen Nationalsozialisten geschaffen: Belastete und Minderbelastete. Das Schlupfloch einer Begnadigung durch den Bundespräsidenten ermöglichte den politischen Parteien, durch ihre Unterstützung Mitglieder zu gewinnen. Belastete versuchten, in die Kategorie der Minderbelasteten zu gelangen, und fast alle nutzten den Weg der Begnadigung durch den Bundespräsidenten. Die Amnestie 1948 für die Minderbelasteten, 1957 für die Belasteten beendeten die Entnazifizierung in großem Stil.[117] Die »Denazification Section« hatte wohl recht, als sie am 8. Juni 1948 die Sorge äußerte, dass die Amnestie ein totales Ende des Entnazifizierungsprogrammes sein könnte.[118] Von dieser Entwicklung hatte auch Anton Wintersteiger profitiert.

114 Salzburger Volkszeitung, 2. April 1948.
115 Demokratisches Volksblatt, 2. August 1948.
116 Salzburger Tagblatt, 2. April 1948.
117 Barbara Huber, Narrative des Vermeidens, S. 66–82.
118 NARA, 1456.

3. Die Situation in Salzburg

Am 22. Juni 1946 erschien in den »Salzburger Nachrichten« die »Erste Salzburger Kriegsverbrecher Liste«. 24 Namen von hohen NS-Funktionären und Gestapooffizieren waren verzeichnet.

In der ersten Sitzung des neugewählten Landtages am 12. Dezember 1945 hielt Landeshauptmann Albert Hochleitner (ÖVP) eine programmatische Rede. Schuld für das Elend des Landes sei eine »kleine Clique von Verantwortungslosen und Verbrechern.« Gleichzeitig erinnerte er an jene »Volksgenossen« (sic!), welche die Verbrechen der Nationalsozialisten erkannt hatten, in die Kerker und Konzentrationslager geworfen und zu Tode gemartert wurden. Ihnen gelte Ehrfurcht und Bewunderung. Am 28. Jänner 1946 definierte der Landeshauptmann das wichtigste Problem der Zukunft, nämlich, »die endgültige Liquidierung [sic!] des nationalsozialistischen Geistes«. Auch in Salzburg habe es eine beachtliche Anzahl von Nationalsozialisten gegeben, die müssen zur Verantwortung gezogen werden, nicht aus »Rache und Verfolgungswut«, sondern aus »Sauberkeit und Gerechtigkeit«. Jedoch nicht alle Parteimitglieder dürfen gleich behandelt werden, jeder Einzelfall müsse geprüft werden.[119]

Das war allerdings bereits das erste Problem. In Salzburg gab es 1946 genau 33.090 registrierte Nationalsozialisten. Diese Zahlen änderten sich ständig. Salzburg war aber kein überproportionales Naziland. 1948, auf die Bevölkerung bezogen, lag Salzburg bei den Registrierten im österreichischen Durchschnitt.[120] Eine vollständige Überprüfung angesichts der oft falschen Angaben der Registrierten, angesichts der Personalknappheit, angesichts der kurzen Zeit, war kaum möglich. Die Methode der Überprüfung der Bevölkerung waren die Registrierungen. Eine von der Militärregierung, eine von der Landesregierung. Der »Personal Questionnaire« umfasste 150 Fragen, die Liste der Salzburger Landesregierung vom Sommer 1945 lediglich 22 Fragen. So sollte das individuelle Profil der ehemaligen Nationalsozialisten erhoben und die Bestrafung fixiert werden.[121]

Die Militärregierung drängte besonders auf Entlassungen der Nationalsozialisten aus dem öffentlichen Dienst. In 18 Dienststellen des Landes waren bis 1948:

---

119 Ernst Hanisch, Umgang mit dem Nationalsozialismus, in: Robert Kriechbaumer, Richard Voithofer (Hg.), Politik im Wandel. Der Salzburger Landtag im Chiemseehof 1868–2018, 1. Bd., Wien 2018, S. 377 f.

120 Dieter Stiefel, Forschungen zur Entnazifizierung in Österreich: Leistungen, Defizite, Perspektiven, in: Walter Schuster, Wolfgang Weber (Hg.), Entnazifizierung im regionalen Vergleich, Linz 2004, S. 45 f.

121 Oskar Dohle, »Allen voran möchte ich das Problem der endgültigen Liquidierung des nationalsozialistischen Geistes stellen«. Entnazifizierung im Bundesland Salzburg, in: Entnazifizierung im regionalen Bereich, S. 120.

12.196 Unbelastete, 1792 Minderbelastete. 4677 Registrierte wurden entlassen, weitere 1044 nach dem NS-Gesetz 1947.[122] Das hatte naturgemäß eine Auswirkung auf einen ordentlichen Behördendienst – bei der Justiz, bei der Gendarmerie, den Schulen. Besonders in den Schulen war ein normaler Unterricht unmöglich. 1945 konnten in den Volks- und Hauptschulen nur 74 Prozent der Lehrstellen besetzt werden, in den höheren Schulen nur 50 Prozent[123]. Das hatte gravierende Auswirkungen auf das zukünftige Bildungsniveau. Daher mussten bald minderbelastete Lehrer wieder eingestellt werden. Der Ausweg war in allen Bereichen die Einsetzung von unabhängigen Kommissionen, die feststellen sollten, wer von den minderbelasteten Personen bleiben konnte oder wieder eingestellt werden durfte.

Große Auswirkungen hatte die Entnazifizierung der Wirtschaft auf den Wiederaufbau, besonders im Ernährungssektor und in der Bauwirtschaft. Bis November 1946 wurden 149 Betriebe überprüft. 77 Personen in leitender Stellung, 273 Angestellte und 218 Arbeiter wurden entlassen. Die Handelskammer versuchte den Entzug der Gewerbeberechtigung möglichst klein zu halten. Obendrein gab es Probleme mit dem Einsetzen von öffentlichen Verwaltern für die Betriebe. »Seriöse Kaufleute wollen diese seit der Nazizeit in Verruf gekommene Tätigkeit nicht gern übernehmen, weil dieser Beruf einen nicht viel besseren Ruf genieße als der der seinerzeitigen Ariseure.«[124]

In der Stadtgemeinde Salzburg wurden 475 ehemalige Nationalsozialisten bis 1947 aus dem Gemeindedienst entlassen, 79 im Dienst belassen, 28 neu eingestellt.[125] Magistratsdirektor Richard Seeger formulierte das Ethos der Beamtenschaft als »Staatsdiener« in den politischen Umbrüchen des 20. Jahrhunderts präzise: »klug sein und anpassungsgewandt«.[126] Das Problem der »roten Stadt« war im Unterschied zum »schwarzen Land«, wo die CV-Mitglieder als Reservoir für den höheren Dienst bereitstanden, dass es in Salzburg nur wenige sozialistische Akademiker gab. Der Ausweg war, dass man auf ehemalige Nationalsozialisten zurückgriff. Die Brücke bildete ein gewisser gemeinsamer Antiklerikalismus und die Imagination: Der Nationalsozialismus wäre auch, wohl im Krieg »entartet«, eine Form des »Sozialismus« gewesen. Der Einstieg in eine Beamtenkarriere erfolgte über den BSA (Bund sozialistischer Akademiker).[127]

---

122 Ebd. S. 133.

123 Ebd. S. 142.

124 Ernst Hanisch, Braune Flecken im Goldenen Westen, S. 328.

125 Thomas Weidenholzer, Entnazifizierung der Stadtverwaltung Salzburg, S. 153.

126 Ebd., S. 159.

127 Robert Hoffmann »Bund sozialistischer Anfänger«. Zur Integration bürgerlicher Intellektueller im Salzburger BSA nach 1945 in: Hanns Haas, Robert Hoffmann, Robert Kriechbaumer (Hg.), Salzburg, Städtische Lebenswelt(en) seit 1945, Salzburg 2000, S. 247–267.

So war die Stadtverwaltung auch ein Auffangbecken für hochrangige »Hoheits-
träger«. Als Beispiel sei der Fall Dr. Franz Lorenz genauer analysiert. Die Daten hat
Peter Kramml akribisch zusammengetragen.[128] Geboren 1897 in Niedernsill, wie
Wintersteiger maturierte er an der Realschule, schwer verwundet überlebte er als
Oberleutnant den Ersten Weltkrieg. 1919 trat er in den Dienst der Stadtverwal-
tung Salzburg, daneben studierte er erfolgreich an der Universität Innsbruck. Seine
zunächst deutschnationale Einstellung manifestierte er als Mitglied des Deutschen
Turnvereins und der Deutschen Verbindung Teuto-Markomannia. Der Weg zur
NSDAP war dann kurz. Eintritt in die Partei und in die SA im Jahr 1931. Im Gegensatz zu Wintersteiger blieb er der SA treu, dort höchst aktiv, kletterte er 1943 im
Wehrverband auf die hohe Stellung eines SA-Oberführers. In der illegalen Zeit nach
1933 mehrfach verhaftet, flüchtete er nach Deutschland, wo er hauptamtlich bei der
österreichischen Legion tätig war. 1938 kehrte er nach Salzburg zurück und wurde
Bürgermeister, die zweithöchste Stelle nach dem Oberbürgermeister. 1943 in einen
aufsehenden Korruptionsskandal verwickelt (später freigesprochen), musste er straf-
weise 1944 zur Wehrmacht einrücken. Ein halbes Jahr später geriet er in russische
Gefangenschaft, aus der er erst 1950 zurückkehrte. Wie immer man es betrachtet,
mehr als fünf Jahre sowjetische Gefangenschaft war eine harte Strafe. Obendrein
war zu dieser Zeit die Entnazifizierung bereits weitgehend am Ende. Nach einigen
Verfahren war er am 28. März 1952 ein unbescholtener Bürger und konnte wieder in
den Dienst der Stadtgemeinde eintreten, wo er rasch Karriere machte, auch wenn es
in der SPÖ deswegen Turbulenzen gab. Mit der katholischen Kirche arrangierte er
sich, in der NS-Zeit »gottgläubig«, kehrte er in den Schoß der Kirche zurück, blieb
aber im Kreis der Ehemaligen verwurzelt. Sein Begräbnis 1957 zeigte es. Es sprachen
auch Repräsentanten des Rainerbundes, des Turnvereins – und Anton Wintersteiger
namens alter Freunde. Der Nachruf lobte den »pflichterfüllten Beamten«. »Er hatte
jederzeit als Mensch, als Turnbruder, als Offizier, als Beamter und Bürgermeister
seinen Mann gestellt und durch seine Handelsweise sich überall höchster Achtung
und Wertschätzung erfreut«.[129]

---

128 Peter F. Kramml, Die Neuordnung der Staatsverwaltung nach dem »Führerprinzip«. Städtische Ent-
    scheidungsträger 1938–1945, in: Thomas Weidenholzer, Peter F. Kramml (Hg.), Gaustadt Salzburg.
    Stadtverwaltung und Kommunalpolitik (Die Stadt Salzburg im Nationalsozialismus Bd. 6), Salzburg
    2015, S. 149–152; Thomas Weidenholzer, Entnazifizierung der Stadtverwaltung zwischen Entlas-
    sung und Wiedereinstellung, in: Schweigen und erinnern, S. 163 f.
129 Ernst Hanisch, Der politische Diskurs über den Nationalsozialismus in den langen 1950er Jahren, in:
    Schweigen und erinnern, S. 228.

4. Nachdenken über die Entnazifizierung

1. Soviel auch geschrieben, geforscht, erinnert, moralisiert und pädagogisiert wird, der Nationalsozialismus bleibt ein Rätsel. Wie können »normale« Menschen solche Verbrechen gegen die Menschlichkeit begehen und sich gleichzeitig als »anständig« betrachten? Wie kann einer Ideologie, die von Anfang an »nichtarische« Menschen (auch Frauen und Kinder) diskriminiert und und diese letztlich ermordet, geglaubt werden? Wie kann einem Mann wie Adolf Hitler ein Charisma zugeschrieben werden, das gottgleich angesehen wird? (Allerdings, bedenkt man die außenpolitischen Erfolge Hitlers bis 1941, als fast ganz Europa vom Großdeutschen Reich beherrscht wurde, wird dieser Glaube an den Charismatiker schon plausibler.) Wie kann fast ein ganzes Volk einer »politischen Religion« anhängen, die Utopie und Terror verknüpfte? Wie entsteht eine selektive Wahrnehmung, die so vieles ausblendet?

Was war der Kern der »politischen Religion« des Nationalsozialismus? Als Beispiel sollen die Aussagen von drei angesehenen österreichischen Historikern dienen.

Leo Santifaller (kein PG.) 1938:

»Vor allem aber hat der Führer den deutschen Menschen von innen heraus neu geformt, ihm eine neue Weltanschauung und einen neuen Lebensinhalt auf rassisch-völkischer Grundlage gegeben und diesen neuen deutschen Menschen wehrhaft, politisch, stark und lebens- und schaffensfreudig gemacht.«[130]

Heinrich Srbik, Begründer der »gesamtdeutschen Geschichtsauffassung«, 1941:

Er pries das »Dritte Reich« indem das »neue Zeitalter der Volksgemeinschaft ihrer Reinheit des Bluts und ihres stolzen Selbstbewusstseins ihrer Freiheit nach außen und ihrer Geschlossenheit nach innen, der Sicherheit ihres Bodens und nicht zuletzt der sozialen Idee die größte Verkörperung in der Weltgeschichte erfahren habe«.[131]

Otto Brunner, glühender Nationalsozialist und Mitbegründer der »Neuen Sozialgeschichte«, 1944:

»Mit dem Tag der Machtergreifung schuf der ›Führer‹ die Grundlage seiner Ziele, ›die Zusammenfassung aller geschlossen siedelnden Deutschen in einem Großdeutschen Reich und die Sicherung seines Lebensraumes. Die nationalsozialistische Bewegung stellte daher den Gedanken des Volkes in seiner blutmäßigen Einheit in den Mittelpunkt ihres politischen Denkens. [...] Die NSDAP begann eine politische Neuausrichtung des ganzen deutschen Volkes, sie schaltete die inneren Gegner, die

---

130 Zitiert in: Thomas Winkelbauer, Das Fach Geschichte an der Universität Wien. Von den Anfängen um 1500 bis 1975, Wien 2018, S. 230.

131 Ebd., S. 175.

Parteien und das Judentum aus. Grundlegende Gesetze leiteten die biologische Wiedererstarkung des deutschen Volkes ein.«[132]

Was in diesen Zitaten auffällt:

Die Erfüllung des deutschnationalen Traumes vor 1933 im Nationalsozialismus.

Die Ausblendung der radikalen Kehrseite dieses Traumes: Angriffskriege, Versklavung und Ermordung von Nichtdeutschen, Konzentrationslager usw.

Teile dieses Traumes wurden von den ehemaligen Nationalsozialisten weiter tradiert, das ganze NS-Programm allerdings nur selektiv wahrgenommen und teilweise als zu radikal angesehen. Der angebliche Einfluss der Juden musste gebrochen werden, aber ihre Ermordung war unnötig.

2. Nach 1945 war die häufigste Rechtfertigung: Wir haben es nicht gewusst! Es ist tatsächlich schwierig zu rekonstruieren, was die einzelnen Personen wissen mussten, was sie wissen konnten und wissen wollten.[133] Eine Bergbäuerin im Pinzgau wusste sicherlich weniger als Gauleiter Scheel. Die Großverbrechen geschahen im Osten. Soldaten in Polen und Russland sahen mehr als Parteigenossen an der »Heimatfront«. Aber alle mussten von den Arisierungen und Deportationen der Juden, von den dauernden Verhaftungen, von KZ-Lagern (auch in Salzburg), von der Behandlung der Kriegsgefangenen und Zwangsarbeiter, von Euthanasie und Sterilisation wissen. Der kollektive Ausweg nach 1945 bestand in der Strategie der Aufrechnung:
– Die Alliierten (vor allem die Sowjetunion) haben auch Kriegsverbrechen begangen.
– Der KZ-Terror wurde mit dem Bombenterror gleichgestellt.
– Die Diffamierung der »Gemeinschaftsfremden« wurde mit der Ausgrenzung der ehemaligen Nationalsozialisten verglichen usw.

Die Staatsthese, Österreich als »erstes Opfer des Nationalsozialismus«, half bei dieser Verschleierung mit, obgleich die geächten Nationalsozialisten sie nicht glaubten. Aber alle konnten sich als Opfer fühlen: die Bevölkerung als Opfer des Krieges (und die Familien, die Angehörige im Krieg verloren, konnten sich wohl mit Recht als Opfer fühlen. Aber wer hatte den Krieg begonnen? Wer war dafür verantwortlich?), die Nationalsozialisten als Opfer der Entnazifizierung (wobei die Familien der inhaftierten Parteigenossen in den Anfangsjahren tatsächlich teilweise im Elend lebten). Doch die entscheidendste Frage und das kollektive Versagen war, dass von keiner Seite der Nationalsozialisten eine offene und öffentliche Selbstreflexion, das

---

132 Ebd., S. 194. Allgemein: Ulrich Herbert, in: Wer waren die Nationalsozialisten? München 2021, S. 13–39.
133 Johannes Hofinger, »… wir, die dabei waren«. Erzählungen von Salzburgerinnen und Salzburgern über ihr Leben in der NS-Zeit (Die Stadt Salzburg im Nationalsozialismus, Ergänzungsband 1), Salzburg 2019, S. 165–169.

Bekenntnis der Mitverantwortung erfolgte. Jeder versuchte nur seine eigene Haut zu retten (was wohl zur Psyche des Menschen gehört).

3. Die Bestrafung der Haupttäter wurde in den ersten Jahren weithin als gerecht und notwendig angesehen. Das Problem waren die einfachen Parteigenossen, die »Mitläufer«, die aus unterschiedlichen Gründen in die Partei eingetreten waren. Sie profitierten, aber waren sie auch rechtlich zu bestrafen? Die Einordnung in NS-Kategorien konnte die Vielfalt der Lebenssituationen kaum erfassen. Ein überzeugter Nationalsozialist 1938, war er es auch nach 1943/44, selbst wenn er nicht den Mut hatte auszutreten? Anderseits, fanatische Nationalsozialisten blieben es bis zuletzt, denunzierten »Defätisten« oder erschossen sie. Manche dieser Fanatiker töteten sich selbst, einige auch die ganze Familie. Andere Fanatiker blieben der NS-Ideologie auch nach der Entnazifizierung treu (»wenn alle untreu werden, so bleiben wir doch treu!«). Und die zahlreichen Denunziationen während der NS-Herrschaft kamen nicht nur von Nationalsozialisten.

4. Ein Hauptproblem war der Widerspruch zwischen Wiederaufbau und Entnazifizierung. Der Wiederaufbau brauchte Fachleute, Beamte, Ärzte, Richter, Lehrer, Techniker, Unternehmer, Facharbeiter usw., Gruppen, die einen besonders hohen Anteil von Nationalsozialisten aufwiesen. Der Versuch, mit Kommissionen dieses Problem zu lösen, Kommissionen, die feststellen sollten, wer noch tragbar war, mag unzureichend gewesen sein, aber es war ein Ausweg aus dem Dilemma. Letztlich war die Integration der »Ehemaligen« in die demokratische Gesellschaft unausweichlich. Man konnte etwa ein Viertel der Bevölkerung (die Familien eingerechnet) nicht auf Dauer ausgliedern. Der Trotz hätte auch eine gefährliche Bedrohung für die Demokratie bedeutet. Es war der Erfolg des Wiederaufbaus, dass die Bevölkerung mehrheitlich der NS-Herrschaft nicht nachtrauerte. Und letztlich überlagerte der »Kalte Krieg«, die Angst vor dem Kommunismus, die Entnazifizierung.

5. Die Amerikaner wollten die Österreicher zu Demokraten erziehen, die Wahlprogramme der politischen Parteien versprachen es, die zugelassenen Zeitungen wollten es. Wollte es auch die Bevölkerung? Noch wirkte der Zusammenbruch der Demokratie in den 1930er-Jahren nach. Die Parteien bemühten sich um den Konsens. In Salzburg waren die Parteienkonflikte auch in der Ersten Republik schwächer ausgeprägt gewesen. Zunächst war das Projekt Demokratie eine »Demokratie von oben«. Erst der gelungene ökonomische Wiederaufbau stabilisierte die Demokratie. Auch der amerikanischen Besatzungsmacht war klar, dass die österreichische »Schönwetter Demokratie« (Kurt Tweraser) weniger durch harte Entnazifizierungsmaßnahmen als durch ökonomische Hilfeleistungen auf den Weg gebracht werden konnte. Das wirksamste Mittel war dann der Marshallplan.

Die Entnazifizierung als Bestrafung der »Ehemaligen« war das eine, die Austreibung des »Nazigeistes« in der Bevölkerung das andere, schwierigere. Der »US-Information Service Branch« versuchte die Einstellung der Bevölkerung empirisch durch Umfragen zu messen. Österreichische Interviewer führten bis 1949 rund 70 Umfragen durch.[134] Die Ergebnisse waren ernüchternd.

Im März 1948 wurde den Stadtsalzburgern die Frage gestellt: »War der Nationalsozialismus eine schlechte Idee oder eine gute Idee schlecht ausgeführt?« Fast 57 Prozent der Befragten waren der Meinung, dass der Nationalsozialismus eine gute Idee war, aber schlecht durchgeführt. Was war »gut« am Nationalsozialismus? Antwort: Arbeitsbeschaffung und soziale Einrichtungen. Quasi das »Sozialistische« des Nationalsozialismus. Die »deutsche Sehnsucht« der Salzburger war gebrochen, nur vier Prozent der Befragten wollten einen Anschluss an Deutschland. Doch der Antisemitismus lebte weiter. 12,5 Prozent der Salzburger bewerteten die »Unterdrückung der Juden«, die »Reinhaltung des Blutes« als positiv. Unterdrückung und Ausschaltung der Juden waren nicht gleichzusetzen mit dem Holocaust, auch wenn sie das Vorspiel waren. Die bestialische Ermordung der Juden hielten auch viele Nationalsozialisten nach 1945 als zu radikal. Ein Drittel der Bevölkerung war nicht bereit, mit Juden zusammenzuarbeiten. Dieser Antisemitismus wurde weniger vom NS-Antisemitismus gespeist, als von älteren Ressentiments und, aktuell, von der Ablehnung jüdischer Displaced Persons. Doch das geringe Wissen (Wissenwollen) über den Judenmord hatte diese Vorurteile damals noch nicht auflösen können.[135]

Eine weitere Studie der Amerikaner von 1948 versuchte das »demokratische Potential« der Österreicher zu messen. Eine Fragestellung war: Welche »form of government« die Menschen bevorzugen – Sicherheit und gutes Leben oder Freiheit (Redefreiheit, Religionsfreiheit, freie Wahlen)? 58 Prozent sprachen sich für Sicherheit und gutes Leben, 23 Prozent für Freiheit aus. Ein Widerhall der prekären Lebenssituation der meisten Österreicher zu dieser Zeit. Eine andere Umfrage nach der bevorzugten Regierungsform brachte das Ergebnis: 39,3 Prozent nannten die Demokratie. Die höchste Präferenz für die Demokratie fand sich bei der Jugend (46,5 Prozent), die geringste bei der Kriegsgeneration (35,5 Prozent) und den Alten (31,0 Prozent). 23,7 Prozent nannten die Sozialistische Republik, 15,9 Prozent die Monarchie, aber nur 3,3 Prozent eine Diktatur.[136] Zusammengefasst: Mit der Ju-

---

134 Christian H. Stifter, Vermessene Demokraten. Meinungsumfragen der US-Besatzungsmacht in der österreichischen Bevölkerung 1946–1955, in: Lucide Dreidemy u.a. (Hg.), Banane, Cola, Zeitgeschichte: Oliver Rathkolb und das lange 20. Jahrhundert, 1. Bd., Wien 2015, S. 548.
135 Ernst Hanisch, Braune Flecken im Goldenen Westen, S. 334; Christian H. Stifter, Vermessene Demokratie, S. 555–557.
136 Understanding Austria, 26. Februar 1948, The American Minister (Erhard) to the Secretary of State, Nr. 110, S. 337.

gend war Österreich auf dem Weg zu einer Demokratie, wo Wohlstand und Freiheit herrschte. Doch Sprachrelikte des Nationalsozialismus wirkten noch lange nach.

Die Sicherheitsdirektion erwähnt in ihren Berichten 1947 »Lausbubenstücke« wie Streuung von Papierhakenkreuzen, Hakenkreuzschmierereien, das Hissen einer Hakenkreuzfahne auf der Festung.[137] Ernsthafter war das Aufdecken einer getarnten SS-Organisation in Neumarkt-Köstendorf. Neun Personen wurden verhaftet.[138] Im Oktober 1947 wurde konstatiert: »Die ehemaligen Nationalsozialisten verhalten sich im Allgemeinen ruhig und abwartend. Bei Verlust ihrer Berufsstellungen trachten sie baldmöglichst eine neue Erwerbsgrundlage zu erlangen und stehen staatsfeindlichen Umtrieben ablehnend gegenüber ...«.[139]

---

137 Robert Kriechbaumer (Hg.), Neues aus dem Westen. Aus den streng vertraulichen Berichten der Sicherheitsdirektion und der Bundespolizeidirektion Salzburg an das Innenministerium 1945 bis 1955, Wien 2016, Dezember 1945, S. 79; März 1946, S. 93; Mai 1946, S. 109.
138 Ebd., Juli 1947, S. 171.
139 Ebd., Oktober 1947, S. 182.

IV. Der Aufbau der Landesverwaltung und die Rückkehr der politischen Parteien

1. Die dramatischen Ereignisse im Frühjahr 1945

Paradoxerweise war die Selbsttötung Adolf Hitlers ein Faktor, weswegen die Stadt Salzburg nicht zur Kampfzone wurde. In der Rundfunkrede des Kampfkommandanten Oberst Hans Lepperdinger am 4. Mai 1945, um 6 Uhr Früh, betonte er, dass ihn »seit dem Tod des Führers kein Eid mehr bindet [...]«[1]. Weiters hoffte er, dass seine »Ehre« als Offizier nicht angezweifelt werde.

Ein weiterer Faktor war das Verhalten von Gauleiter und Reichsverteidigungskommissar Gustav Adolf Scheel. Er hatte in der SS eine steile Karriere gemacht, ein glühender Nationalsozialist und Antisemit, der bei Hitler so hoch angesehen war, dass er ihn in seinem »Politischen Testament« als »Reichsminister für Wissenschaft, Erziehung und Volksbildung« einsetzte. Scheel lobte Hitler am 20. April 1945 als »größten von Gott gesandten Deutschen«, wollte Salzburg bis zum Letzten verteidigen und drohte Feiglingen, »dass sie ihr Leben verlieren werden.«[2] Ende April jedoch rief er Fürsterzbischof Rohracher zu sich und versprach, »alles zu tun, um die Übergabe der Stadt möglichst glatt zu vollziehen«.[3] In seiner letzten Rede erklärte er: »Wir werden dem Feind von uns aus keinen Anlass geben, seine Geschütze und Bomber gegen unsere Stadt zu richten.«[4] Er selbst wolle im Gebirge weiterkämpfen. Doch der wichtigste Faktor war der Kampfkommandant Oberst Lepperdinger und sein Stab. Sie trugen die Letztverantwortung. Sie verstanden die letzte Rede von Scheel als Zustimmung, »die Stadt Salzburg unter allen Umständen vor Feindeinwirkung zu schützen«.[5]

Von einer Tätigkeit des zivilen Widerstandes gibt es weniger Spuren. Bekannt sind einige Verhinderungen von Sprengungen. Der amerikanische Geheimdienst OSS berichtete im Sommer 1945: »Laut den Konfidenten gab es keine aggressive und effektive Widerstandsbewegung im Land Salzburg vor und während der Zeit

---

1 Alexander Pinwinkler, Die Stadt Salzburg im April/Mai 1945. Mythos, Wahrheit um die »Rettung Salzburg« vor der Zerstörung, in: Thomas Weidenholzer, Peter F. Kramml (Hg.), Gaustadt Salzburg. Stadtverwaltung und Kommunalpolitik (Die Stadt Salzburg im Nationalsozialismus, Bd. 6), Salzburg 2015, S. 607; Gernod Fuchs, Befreit und besetzt, S. 21–33; Ilse Lackerbauer, Das Kriegsende in der Stadt Salzburg im Mai 1945 (Militärhistorische Schriftreihe 35), Wien 1977; Hans Spatzenegger, Die Rettung der Stadt Salzburg, in: Salzburger Nachrichten, 4. Mai 1985.

2 Alexander Pinwinkler, Die Stadt Salzburg, S. 595.

3 Ernst Hanisch, Der politische Bischof, S. 146.

4 Alexander Pinwinkler, Die Stadt, S. 602.

5 Ebd., S. 607. Zur Übergabe: Gernod Fuchs, Befreit, S. 29–32.

der Befreiung.«[6] Es gab aber drei kleine Gruppen: Revolutionäre Sozialisten, größere und geschlossenere Gruppen von Kommunisten und bürgerliche Gruppierungen.[7] Daneben tauchte eine sinistre »Freiheitsbewegung« mit zweifelhaften Personen auf. Lapidar hält der OSS fest: »Kurz bevor die Amerikaner einzogen fanden es Viele vorteilhaft, mit dem Widerstand in Verbindung gebracht zu werden.«[8] Daneben etablierte sich auch eine »Österreichische Widerstandsbewegung 05«. Alle wollten Politik machen, wurden aber von den alt-neuen Parteien ausgetrickst. So verlegte sich die Widerstandsbewegung, nach ihrem Selbstverständnis als »Sammelstelle aller Österreicher, ohne irgendwelche parteipolitische Zielsetzung«, darauf, die eigenen Leute in Bürokratie und Wirtschaft unterzubringen. »Wir betrachten es als unsere Ehrenpflicht, allen

Abb. 9: Oberst Hans Lepperdinger.

jenen, die durch das vergangene Regime gelitten haben, zu helfen.«[9]

Monate vor dem Ende des Krieges hatten sich verschiedene Gesprächsgruppen Gedanken über den Neuaufbau Österreichs gemacht. Die Quellen sind spärlich. Die genaueste Quelle sind die Tagebuchnotizen von Adolf Schemel. Es liegt eine schlecht lesbare Maschinenschrift vor, die aus der Handschrift von Schemels Tochter angefertigt wurde.[10]

Am 30. April 1945 wird Schemel von Martin Huber, Mitglied einer solchen Widerstandsgruppe, aufgefordert, die Landesverwaltung aufzubauen. Am 4. Mai treffen sich Schemel und Anton Neumayr in der Wohnung von Dr. Wegleitner. In den Notizen heißt es lapidar: »Vereinbarung«. Gemeint ist wohl die Zusammenarbeit

6 Siegfried Beer, Salzburg nach dem Krieg, S. 201.

7 Ebd. Zum Widerstand in Salzburg: Dokumentationsarchiv des österreichischen Widerstandes (Hg.), Widerstand und Verfolgung in Salzburg 1934–1945, 2 Bde., Wien 1991.

8 Siegfried Beer, Salzburg nach dem Krieg, S. 201.

9 Widerstandsbewegung an den Landespräsident Herrn Dr. Martin Huber, 27. Juni 1945, SLA, NARA, 1170; auch Widerstandsbewegung an die Wirtschaftskammer, ohne Datum, SLA, NARA, 1170.

10 Schemel, Tagebuchnotizen aus 1945. Dr.-Hans-Lechner-Forschungsgesellschaft. Eine nicht genaue Abschrift in: Gerhard Schmidt, Patrioten Pläne und Parteien, Salzburg 1970.

Abb. 10: Landeshauptmann Adolf Schemel.

von Christlichsozialen und Sozialdemokraten. Beide Herren sind Veteranen der Politik aus der Ersten Republik. Adolf von Schemel (sein Vater war ein geadelter k.u.k. Offizier und so nannten den Sohn auch die Amerikaner), geboren 1888, Landesbeamter und Landtagsabgeordneter, nach 1934 Landeshauptmanns-Stellvertreter und Landesrat.[11] Anton Neumayr, ebenfalls 1888 geboren, Bürgerschullehrer in Hallein und dort langjähriger Bürgermeister, Präsident des Landtages, von August 1944 bis Jänner 1945 im KZ Dachau.[12]

Beide waren die höchstrangigen Politiker aus der Ersten Republik. Schemel, weil der kranke Landeshauptmann Franz Rehrl noch im KZ war, Neumayr, weil die alten Parteiführer bereits gestorben waren. Am 5. Mai versuchten die beiden, im Rathaus zum US-»Kommissar« vorzudringen, was misslang. Am nächsten Tag wurde im Chiemseehof beschlossen, dass General Nake dem »Gouverneur« ein Schreiben überbringen sollte, dass die zwei Parteien um eine Vorsprache bitten. Grund: »Übernahme der Landesverwaltung«.[13] Ein General der Deutschen Wehrmacht als Bote? War es die Hoffnung, dass ein General mehr Eindruck machte als Zivilisten? Albin Nake war ein österreichischer Offizier, der in der Deutschen Wehrmacht zum Generalleutnant aufstieg, der später, um Opfer zu vermeiden, 1944 in Frankreich mit der Résistance verhandelt hatte, um seine Truppen nach Westen zu führen. Ohne Kommando seit September 1944 lebte er in Salzburg. Den Kontakt mit den Salzburger Politikern stellte Neumayrs Sohn her, der mit Nakes Sohn befreundet war.[14]

Am 7. Mai tagte eine Versammlung der christlichsozialen Vertrauenspersonen im Mozarteum. Schemel wird vorläufiger Parteivorsitzender. Am 8. Mai verhandeln

---

11 Richard Voithofer, Politische Eliten in Salzburg. Ein Biografisches Handbuch 1918 bis zur Gegenwart, Wien 2007, S. 204.

12 Ebd., S. 146.

13 Schemel, Tagebuchnotizen.

14 https://de.wikipedia.org/wiki/Albin_Nake (abgerufen 8.12.2022), SLA, Präs. 552/46, Lebenslauf Neumayr.

Abb. 11: Landeshauptmann-Stellvertreter (später Bürgermeister der Stadt Salzburg) Anton Neumayr.

Schemel und Neumayr bereits mit Beamten der Landesverwaltung. Am 10. Mai »keine Milch, kein Fleisch, am Markt kein Gemüse«. Die Christlichsozialen gehen zum Fürsterzbischof Rohracher, bitten um seinen Segen! Am 14. Mai besucht der amerikanische Oberstleutnant Hughes Schemel in seiner Wohnung. Der Oberstleutnant will Schemels Lebenslauf und seine politische Betätigung wegen der Regierungsbildung kennenlernen. Am 16. Mai kommt es zu einer Besprechung mit Neumayr und dem Kommunisten Meissnitzer, von dem Schemel einen guten Eindruck hat. Am 18. Mai besuchen neuerdings zwei amerikanische Offiziere den vorgesehenen Regierungschef. Die Frage ist, soll ein Kommunist in die Regierung aufgenommen werden? Schemels Meinung: »Nicht nötig, aber wenn es gewünscht, auch recht«.[15] Endlich am 23. Mai wird vom »Gouverneur« die Regierung bestellt: Provisorischer Landeshauptmann Adolf Schemel (Christlichsozialer), Stellvertreter Anton Neumayr (Sozialdemokrat). Da der Titel »Landesrat« von den Amerikanern abgelehnt wurde, galten weitere Regierungsmitglieder als »Abteilungsleiter«: Bartholomäus Hasenauer (Christlichsozialer), Franz Peyerl (Sozialdemokrat), Hans Meissnitzer (Kommunist), Herbert Gross (Unabhängiger). Ein Problem war, dass der Kommunist Meissnitzer für die »Sicherheit« verantwortlich war. Die anderen

15 Schemel, Tagebuchnotizen.

Parteien hegten den Verdacht, dass die Kommunisten von Anfang an versuchten, die Polizei zu durchdringen.[16] Ein Indiz war, dass am 21. Mai der Kommunist Dr. Heinrich Dürnmayer nach Salzburg kam, der in Wien bereits die Kriminalpolizei beherrschte. Das entsprach der kommunistischen Strategie, die auch in anderen Ländern befolgt wurde.[17]

Im Tagebuch notierte Schemel seine politische Richtlinie: »Amerikaner nicht brüskieren, mit SP (Sozialdemokratische Partei) zusammenarbeiten und ihr Vertrauen erhalten«.[18] Für einige Leute in seiner Partei war diese Richtlinic zu wenig energisch, worauf Schemel seinen Rücktritt anbot und auf die Parteiweisung verwies, zur SP konziliant zu sein.[19] Inzwischen wurde der Name der Partei, dem Wiener Beispiel folgend, auf »Österreichische Volkspartei« (ÖVP) umgeändert. Das Ziel war, über den sozialen Kreis der Christlichsozialen hinauszugreifen.[20] Auch die katholische Kirche wollte nun keine Bindung an eine Partei mehr. Die Amerikaner bestanden darauf, dass die Referatseinteilung der Landesregierung mit den Sektionen der Militärregierung übereinstimmt. So sollte die Kommunikation erleichtert werden.[21] Am 16. Juni verlangte Hans Cohrssen, ein deutscher Jude, der 1926 in die USA emigrierte und als US-Radiooffizier den Sender Rot-Weiß-Rot in Salzburg aufbaute, dass der Landeshauptmann eine Rede im Rundfunk halte. Den Text musste er natürlich vorlegen. Zum ersten Mal sprach der Landeshauptmann zur Bevölkerung. Der Ton der Rede war extrem patriotisch: »Österreich den Österreichern und Salzburg den Salzburgern«, allerdings grenzte er ein: »Aber nur die wahren Österreicher sollen mitzureden haben, nicht die Landesverräter, die Halben und Zweideutigen, die ihren Mantel nach dem Wind drehen. Alles, was an Nazismus erinnert, muß ausgemerzt werden.«[22] Allerdings, »ausmerzen« gehörte nicht zur »österreichischen« Sprache, es war ein Lieblingswort der Nationalsozialisten.

Die vordringlichen Probleme der Landesregierung waren zunächst die Finanzen. Die Militärregierung musste einen Teil der beschlagnahmten NS-Gelder (Reichsmark) freigeben. Weiters die präkere Ernährungssituation, die nur durch amerikanische Lieferungen halbwegs erleichtert werden konnte.[23] Sehr früh überlegte die Landesregierung einen weiteren Ausbau von Kaprun, was aber von der Militärregie-

16 Gerhard Schmidt, Patrioten, S. 14.
17 Schemel, Tagebuchnotizen, 21. Mai.
18 Ebd., 31. Mai 1945.
19 Ebd., 18. Juni 1945.
20 Ebd., 21. Mai 1945; 24. Mai 1945.
21 Ebd., 24. Mai 1945.
22 Ebd., 16. Juni 1945; 21. Juni 1945; Robert Kriechbaumer, Die ÖVP in Salzburg im Jahr 1945, Versuch einer Rekonstruktion, in: Franz Schausberger (Hg.), Im Dienste Salzburgs. Zur Geschichte der Salzburger ÖVP, Salzburg 1985, S. 55.
23 Schemel, Tagebuchnotizen, 30. Mai 1945.

rung gestoppt wurde. Dringend war die Frage: Wie verhält sich Salzburg zur Wiener Rennerregierung. Am 24. Mai kam Neumayr mit der Botschaft zu Schemel, zwei US-Offiziere haben die Begrüßung der Rennerregierung angeregt. Schemel schwächte den Begrüßungstext ab, wollte vor allem keine Unterstellung.[24] Aber schon am 9. Juni tadelte der Gouverneur die Begrüßung der Rennerregierung.[25]

Ausführlich befasste sich der US-Geheimdienst mit der Haltung der Salzburger Parteien zur Rennerregierung in Wien: Die ÖVP zeige die geringste Begeisterung, will aber nicht öffentlich opponieren, verlange aber eine Änderung der Zusammenstellung der Regierung in Wien. Die zwei anderen Parteien halten diese Regierung als notwendigen Notbehelf. Die Vorbehalte der Sozialisten bezogen sich auf die Teilnahme von »Austro-Faschisten« im Kabinett und auf die große Zahl der Kommunisten. Die ÖVP beklagte den »Wiener« Charakter, die russische Dominanz und den Zentralismus der Regierung, aber die Mehrheit sei bereit, sie zu unterstützen.[26]

Es bedurfte vier Länderkonferenzen der ÖVP in Salzburg und eine gesamtösterreichische Länderkonferenz in Wien, eine Umbildung der Staatsregierung mit Landesvertreter, bis die Regierung unter der Führung Karl Renners allgemein anerkannt wurde. Dadurch war auch die Gefahr einer Teilung des Staates zunächst beendet.[27] Der US-Geheimdienst wusste genau Bescheid. Bei dem »Geheimtreffen von Volkspartei-Führern am 23. September 1945« in Salzburg, zu dem die Wiener Granden Leopold Figl und Julius Raab angereist waren, muss es einen ÖVP-Konfidenten gegeben haben, der die Amerikaner genau (samt Liste der Teilnehmer) informierte.[28]

Im Herbst 1945 lief die Funktion der provisorischen Landesregierung aus. Ein Bericht vom 31. Mai 1945 stellte klar: Die provisorische Landesregierung beruhe auf einer »Fiktion«, weil die »Volksbeauftragten« nicht gewählt wurden. »Die Legislative wird jetzt von der Militärregierung ausgeübt, die die eigentliche Auftraggeberin der Landesregierung – entsprechend dem früheren Landtag – ist. Sie wird demnach selbst oder auf Antrag der Landesregierung Gesetze erlassen, abändern oder aufheben.«[29] Das war die juristische Interpretation der »Militärdiktatur« der ersten Zeit. Die politische Dimension im Bericht erklärte die Einbeziehung eines Kommunisten in die Landesregierung mit der Anerkennung der großen Opferzahl und

24 Ebd., 24. Mai 1945. Text in: Protokolle des Kabinettrates der Provisorischen Regierung Karl Renner 1945, Gerdrud Enderle-Burcel (Hg.), Horu 1995, S. 237.

25 Schemel, Tagebuchnotizen, 11. Juni 1945.

26 Siegfried Beer, Salzburg nach dem Krieg, S. 189–193.

27 Robert Kriechbaumer, Die ÖVP in Salzburg, S. 43–51; Robert Kriechbaumer, Entscheidung für Österreich. Die Länderkonferenzen der ÖVP im Chiemseehof 1945, in: Robert Kriechbaumer, Richard Voithofer (Hg.), Politik im Wandel. Der Salzburger Landtag im Chiemseehof 1868–2018, 1. Bd., Wien 2018, S. 397–400.

28 Siegfried Beer, Salzburg nach dem Krieg, S. 193–199.

29 Robert Kriechbaumer, Die ÖVP in Salzburg im Jahr 1945, S. 78.

ihren Verdiensten im Kampf gegen den Nazismus.[30] Ein abschließender Tätigkeitsbericht der provisorischen Landesregierung schlüsselt die Vielfalt der geleisteten Arbeit auf. Die Grundlage der Verwaltung war die Rückkehr zum Verwaltungsaufbau
der Ersten Republik. Schwierigkeiten gab es mit der geringen Zahl der tragbaren
Beamten, fehlenden Amtsräumen, mit dem Postverkehr und fehlender telefonischer
Verbindung. Das Fürsorgewesen musste bis zu 35.000 Personen versorgen. Hilfreich
waren das Internationale Rote Kreuz, das Amerikanische Rote Kreuz, der Schweitzer
Caritasverband, das Irische Rote Kreuz. Notwendig war die Aktivierung der Versi-
cherungen, der Aufbau der Arbeitsverwaltung usw. »Die provisorische Landesregierung stand nun vor der Aufgabe den gesamten Aufwand der öffentlichen Verwaltung im Lande zu bestreiten.«[31] Das Geld kam von der NS-Landeskasse und der
NS-Oberregierungskasse, ca. 10 Millionen RM. Am Schluss des Tätigkeitsberichtes
stand der obligate Dank an die Militärregierung für »Hilfe und Unterstützung auf
allen Gebieten«.[32]

2. Die Wahl am 25. November 1945 und der Proporz der beiden politischen Parteien

Die Militärregierung verbot die Parteigründungen und schaute aber zu, wie diese
neu aufgebaut wurden. Schließlich brauchte eine Demokratie politisch agierende
Parteien und faire Wahlen. Im Herbst 1945 war es dann so weit. Es wurden Parteien
zugelassen, Parteizeitungen erhielten ihre »permits«. Nach langen Diskussionen,
nach Drohungen der ÖVP, die Wahl zu boykottieren, wenn die »Austrofaschisten«,
die in der NS-Zeit inhaftiert waren, von der Wahlliste gestrichen werden, einigte
man sich auf den 25. November 1945 als Termin für die Nationalrats- und Landtagswahl.

Es war die »Frauenmacht«, die den Wahlausgang bestimmte. Die Nationalsozia-
listen (meist Männer) durften nicht wählen, viele Männer waren gefallen oder in
der Kriegsgefangenschaft. Von den 142.707 Wahlberechtigten waren 62,5 Prozent
Frauen.[33] Frauen wählten bereits in der Ersten Republik eher konservative Parteien.
Der Wahlkampf dauerte nur kurz. Die Parteien hatten wenig Geld, wenig geschulte
Redner, die Verkehrssituation erschwerte die Kommunikation in die Bezirke, die

---

30 Ebd.
31 Ebd., S. 84.
32 Ebd., S. 85.
33 Irmgard Trinker, Konsensgeprägtes »Salzburger Klima« – auch zur Wahlzeit? Landtagswahlkämpfe
    in Salzburg 1945–1969, in: Herbert Dachs (Hg.), Zwischen Wettbewerb und Konsens. Landtagswahl-
    kämpfe in Österreichs Bundesländern 1945–1970, Wien 2006, S. 216.

Papiernot schränkte die Propaganda etwas ein. Viel Aufmerksamkeit fanden die Auftritte der Bundespolitiker. Staatskanzler Karl Renner sprach am 11. November 1945 im Festspielhaus. Leute, die sonst nie an diesen symbolischen Ort kamen, besetzten die Publikumsränge. Die ideologischen Kämpfe drehten sich um Kontroversen über die Vorkriegszeit.[34] Die SPÖ verwies auf die »dunkle Seite« der ÖVP – die Ausschaltung der Sozialdemokratie in der »Ständediktatur«. Die ÖVP, die einem ausgeprägten Österreichnationalismus huldigte, warf der SPÖ einen Mangel an Österreichenthusiasmus vor. Im Kern ging es dabei um die Frage: Wer war schuld am »Anschluss«?[35]

Die Sicherheitsdirektion meldete: »Der Kampf wird im Allgemeinen fair und unpersönlich betrieben […]. Die Wahlen selbst verliefen vollkommen in Ruhe und Ordnung.«[36]

Tabelle 1: Wahlergebnis 1945.

	ÖVP	SPÖ	KPÖ
Gültige Stimmen	71.382	49.776	4.781
Prozent	56,68	39,52	3,80
Mandate	15	10	1
Regierungssitze	3	2	

Die ÖVP erreichte die absolute Mehrheit. Aber nach der Landesverfassung aus der Ersten Republik und der Salzburger Tradition wurde nach dem Proporzsystem eine Koalitionsregierung von ÖVP und SPÖ gebildet. Die Stadt Salzburg und die Industrie- und Eisenbahnorte wählten rot, das übrige Land wählte schwarz. Aber noch regierte die Militärregierung und der Handlungsspielraum der Landesregierung war eingeschränkt. Das spürten auch die politischen Parteien. Vor der Landtagswahl diente der Sechserausschuss (zwei Personen von jeder Partei) als Proporzinstitution und Ersatz für den fehlenden Landtag. Aber auch nach der Wahl wirkte der Sechserausschuss bei der Entnazifizierung der Wirtschaft mit.

Die ÖVP: Die Österreichische Volkspartei verstand sich als eine Partei der Mitte, die auch den rechten Rand der Gesellschaft integrieren wollte (einschließlich der »kleinen« Nazis). Es sollte keine weitere bürgerliche Partei entstehen wie in der Ersten Republik. Das gelang bis 1948, solange die ehemaligen Nationalsozialisten vom politischen System ausgeschlossen waren. Ihre bündische Gliederung (Bauernbund, Wirtschaftsbund, Arbeiter- und Angestelltenbund) knüpfte an die ständische

---

34 Josef Kaut, Der steinige Weg, S. 161.
35 Irmgard Trinker, Konsensgeprägtes »Salzburger Klima«, S. 217.
36 Neues aus dem Westen, S. 41, S. 44.

Struktur nach 1934 an, gleichzeitig wollte die ÖVP aber auch eine neue Partei sein, welche die Klassenkonflikte ausbremsen sollte. Daher die Zusammenarbeit mit der SPÖ, was in Salzburg auch einen Anschluss an die Franz-Rehrl-Tradition bedeutete. Das Ziel der ÖVP war, die Arbeiterklasse zum Arbeiterstand zu entwickeln. So sollte der Klassenkampf der Ersten Republik minimalisiert werden. Da die SPÖ ebenfalls die Klassenkampfrhetorik abschwächte, zwar nicht den Begriff Arbeiterstand akzeptierte, aber auf die reale soziale Entwicklung nach der NS-Herrschaft eingehen musste, war in der politischen Praxis ein Konsens zu erreichen. Ein wichtiges Mittel war der Proporz – alle politischen Positionen des Landes auf die beiden Parteien aufzuteilen. So konnten die Ängste der SPÖ aus der »Bürgerkriegszeit« 1934 langsam überwunden werden. Beide Parteien setzten auf das Patron-Klientel-System: Die Parteien sorgten für ihre Klientel und erwarteten dafür, dass sie von diesen gewählt und unterstützt werden. Außerhalb der Klientel wurde das System als Parteischachern wahrgenommen.[37] Da die ÖVP die weitaus stärkste Partei war, konnte sie auf ein weitaus größeres Klientel als die SPÖ zählen. Allein im Jahr 1947 wurden von der ÖVP-Stadtpartei bzw. ÖAAB (Österreichischer Arbeiter und Angestellten Bund) ca. 2355 Interventionsansuchen bearbeitet: Wohnungsvergabe, Entregistrierung, usw.[38]

Der bündische Aufbau der ÖVP entsprang der antizentralistischen Gesinnung der Mitgliedschaft, schwächte aber die Einheit der Partei als Ganzes. Der häufige Wechsel des Parteiobmannes war ein Signal der Schwäche der Gesamtpartei. In der Hungerzeit (1945–1947) hatte der Bauernbund die stärkste Position. Von den 15 Landtagsmandataren 1945 stellte der Bauernbund sieben.[39] Die Macht des Bauernbundes und der Landwirtschaftskammer in der ersten Zeit löste nicht nur die Kritik der SPÖ mit dem Argument aus: Die Bauern liefern zu wenig ab, verkaufen ihr Vieh lieber auf dem Schwarzmarkt. Obendrein hatten die Landeshauptleute – Adolf Schemel, Albert Hochleitner, Josef Rehrl – eine eher schwache Position innerhalb der Partei.[40] Über Josef Rehrl soll sein schwerkranker Bruder Franz – der »heilige Franz Rehrl« – gesagt haben: Er könne das nicht![41] Zwar gab es auch einen Frauen- und Jugendbund in der ÖVP. Aber in Wirklichkeit war die ÖVP eine reine Männerpartei. Anders jedoch sah es bei den Jungen in der Partei aus. Mit den Kriegsheimkehrern hatte die ältere Generation ihre Probleme. Die Erfahrungen der ehemaligen Sol-

---

37 Barbara Blümel, Die Salzburger Parteien seit 1945, in: Ernst Hanisch, Robert Kriechbaumer (Hg.),
    Salzburg. Zwischen Globalisierung und Goldhaube, Wien 1997, S. 257.
38 Johann Kolmbauer, Gründungsaufbau der ÖVP in der Stadt Salzburg 1945/46, in: Franz Schausberger
    (Hg.), Im Dienste Salzburgs. Zur Geschichte der ÖVP, Salzburg 1985, S. 272.
39 Robert Kriechbaumer, Die ÖVP in Salzburg im Jahr 1945, S. 71.
40 Ebd., S. 72.
41 Gerhard Schmidt, Patrioten, S. 63, Eine scharfe Kritik dieses Buches stammt von Johann Kolmbauer:
    Kritik der Quellen zur Gründungsgeschichte der ÖVP, Privatarchiv Hanisch.

daten waren anders gelagert als die Erfahrungen der KZ-Generation. Die Jungen
forderten eine härtere Gangart in der Politik. Diese Aktivisten »schlagen mitunter
einen ziemlich forschen und radikalen Ton an [...]«.[42]

Was die Ideologie der ÖVP auszeichnete, war ein Österreichenthusiasmus, der
sie von der SPÖ unterschied, weniger von der KPÖ, eine Österreichbegeisterung,
nun aber ohne den deutschen Nebenton wie vor 1938. Dieses zeitweise übertrieben emotionale, historisch nicht immer haltbare Österreichbewusstsein war aber
ein wichtiger Faktor der Nationsbildung von oben. Die Bevölkerung hinkte noch
Jahrzehnte nach. Der Großmeister der Österreichideologie war Joseph August Lux,
ein Kulturphilosoph und Kulturkritiker, der in Anif wohnte, sein Buch »Österreich.
Erbe und Sendung im deutschen Raum« (1934) wurde am 30. April 1938 bei der
Bücherverbrennung ebenfalls verbrannt und der Autor kam ins KZ. Seine Meister-
erzählung, die nach 1945 aufgegriffen wurde, entwarf eine »österreichische Rasse«,
eine »österreichische Nation«, einen »österreichischen Menschen«, die das Beste
von den anderen europäischen Völkern aufsaugten und zu einem harmonischen
Ganzen formten. (An Amerika dachte er noch nicht).[43] Die wichtigsten Instrumente
der Umerziehung von »Deutschen« zu »Österreichern«, von oben her, waren die
Schulen (soweit die Lehrer mitarbeiteten), die Reden der ÖVP-Politiker, die konservativen Zeitungen und natürlich der Rundfunk.

In einem luziden Aufsatz hat Ursula J. Neumayr die komplexen Bedingungen der
Verösterreicherung von unten her analysiert.[44] Darin wird deutlich gezeigt, wie die
Propaganda von oben auf die Erfahrungen der Menschen trifft. Ihre Identität baute
sich auf Landschaft, Dialekt, Musik, Brauchtum und zentral auf die politischen Erfahrungen mit der Geschichte in der ersten Hälfte des 20. Jahrhunderts auf. Dabei
wird allerdings Geschichte sehr selektiv interpretiert. Ein Schüler schrieb in einem
Aufsatz im Herbst 1945: »In der Schule wird es viel schöner sein. Alle Kinder sagen
wieder Grüß Gott und der Herr Kaplan kommt auch wieder in die Schule. Österreich
hat viele Erze und auch ein großes Salzbergwerk.«[45] Die regionale Identität blieb in
allen politischen Umbrüchen im 20. Jahrhundert stabil. Die nationale Identität hingegen passte sich dem jeweiligen politischen System an: deutschösterreichisch in der

42 Johann Kolmbauer, Gründungsaufbau der ÖVP, S. 274 f.; Franz Schausberger, Von Hochleitner zu
   Klaus. Die Salzburger ÖVP von 1945 bis 1949, in: Im Dienste Salzburgs, S. 105 f.

43 Ernst Hanisch, Der Beginn des Nationalstaatsparadigma in Österreich nach 1945, in: Hans Peter
   Hye u. a., Nationalgeschichte als Artefakt. Zum Paradigma, »Nationalstaat« in den Historiographien
   Deutschlands, Italiens und Österreichs, Wien 2009, S. 300 f.; Ruth Hanisch, Moderne vor Ort: Wiener
   Architektur 1889–1938, Wien 2018.

44 Ursula J. Neumayr, Österreich. Oder doch Salzburg? – Stationen eines politischen Zugehörigkeitsgefühl der Pinzgauer in der zweiten Hälfte des 20. Jahrhunderts, in: Salzburg. Zwischen Globalisierung
   und Goldhaube, S. 3–28.

45 Ebd., S. 4.

Ersten Republik, österreichischdeutsch im »Ständestaat«, deutsch im Nationalsozialismus und nur österreichisch in der Zweiten Republik. Das erforderte nun eine
Abgrenzung von den Deutschen. »Wir Österreicher sind keine Piefginesen« schrieb
die Pinzgauer Regionalzeitung.[46] Diese Abwertung der Deutschen kehrte nun die
Hochwertung der Deutschen im 19. und in der ersten Hälfte des 20. Jahrhunderts
um. Ein zentraler Mythos griff auf ein Modell der Habsburgermonarchie zurück:
Österreich als Brücke zwischen Norden und Süden, Westen und Osten. Ein weiterer
überzogener Mythos war die Opferthese. Eine Briefmarke der Wohltätigkeitsaus-
gabe zeigt den österreichischen Adler, der aus den Flammen eines brennenden Ha-
kenkreuzes aufsteigt.[47] Doch jenseits aller Mythen half der gelungene Wiederaufbau
zur Entwicklung eines Österreichbewusstseins. Das fordere Fleiß und Einsatzbe-
reitschaft: »Jeder aufrechte Österreicher soll daher mithelfen«, wie es in einem Le-
serbrief hieß.[48] Von Spöttern allerdings wurde der pathetische Marsch »O du mein
Österreich« so weiter geführt: »Du schaust einem Saustall gleich!«

Die SPÖ: Im Unterschied zur ÖVP war die SPÖ zentralistischer ausgerichtet. Es
war der Wiener revolutionäre Sozialist Franz Rauscher, den es nach vier Jahren KZ
nach Salzburg verschlagen hatte, der als Parteisekretär die Partei von unten her aufbaute. Parteiobmann wurde der Salzburger Franz Peyerl (am 3. Mai 1945).[49] Den
Kontakt zur ÖVP hielt Anton Neumayr. Wie bei der ÖVP stammte der erste Parteiobmann aus der Ersten Republik. Der Parteiname laute zuerst »Sozialdemokratische
Partei«, bis sich nach Wiener Vorbild »Sozialistische Partei« durchsetzte. Die SPÖ
hatte eine längere Phase der Illegalität (seit 1934), zahlreiche junge Sozialdemokraten waren zur KPÖ gewechselt, im KZ verdichtete sich der Kontakt zwischen Sozialisten und Kommunisten. Bei den Eisenbahnern, einer Kernschicht der SPÖ, bei
den Arbeitern in der Industrie (Hallein) hatte die KPÖ eine relativ starke Position.
Die »Einheitsfront« war anfänglich durchaus eine Option. Aber es setzten sich nach
dieser Phase die Pragmatiker durch, die mit der ÖVP koalierten.

Ein Problem der SPÖ war, dass sie ihre Infrastruktur – Arbeiterheim, Druckerei,
Konsum usw. – bereits 1934 verloren hatte und es lange dauerte, bis sie diese wieder
aufbauen konnte. Auch weitere Institutionen wie Gewerkschaften und Arbeiterkammer konnten erst im Spätherbst 1945 wieder errichtet werden. Mit der Eroberung
der Stadt Salzburg nach der Wahl am 25. November 1945 hatte die Partei einen
wichtigen Stützpunkt. In den bäuerlichen Gauen war sie allerdings schwach vertreten. Die straffe Organisation erreichte bis Ende 1945 immerhin 10.347 Mitglieder

---

46 Ebd., S. 15.
47 Ebd., S. 19.
48 Ebd., S. 16.
49 Erika Thurner, »Nach '45 war man als »Rote/Roter« auch ein Mensch.« Der Wiederaufbau der Salzburger Sozialdemokratie nach 1945, Wien 1990, S. 64 f.

und hatte mit der ÖVP gleichgezogen (10.000 im Oktober 1945).[50] Die SPÖ hatte
weniger Schwierigkeiten mit der Rennerregierung in Wien. Aber auch die Sozialisten trafen sich mit den anderen Genossen der westlichen Zonen zu einer Länderkonferenz in Salzburg am 13. und 14. September 1945, und sie waren Teilnehmer der
Länderkonferenz in Wien.[51] Ideologisch mischten sich ältere mit neuen Elementen.
Beim ersten Landesparteitag im Juni 1946 erklärte der Parteiobmann Franz Peyerl:
»Unser Ziel heißt Sozialismus […]. Und so wollen wir über alle heute noch bestehenden Demarkationslinien hinweg ein einiger Block von Sozialisten sein, die dafür
kämpfen, daß die Zweite Republik zum sozialen, demokratischen, freien Österreich
und dann zum sozialistischen Österreich werde.«[52] Was immer »Sozialismus« da-
mals meinte, ein Ziel war die Verstaatlichung der Großindustrie. Beide Stichworte –
Sozialismus und Verstaatlichung – machten die SPÖ bei der konservativen Militärregierung kaum zum Freund. Doch Ideologie ist das Eine, praktische Politik ist das
Andere. Ein Bericht am Landesparteitag 1947 hielt fest: »Die Sozialistische Partei
ist […] zur *Volkspartei* [Hervorhebung E. H.] im wahren Sinn des Wortes geworden.
Das sozialistische Ideengut hat über die proletarische Arbeiterklasse hinaus weitere
Kreise des gesamten Volkes erfaßt.«[53] Das realgeschichtliche Motto der SPÖ lautete
dann: »Den Kleinen helfen und auf die eigenen Leute schauen.«[54] Das bedeutete:
Proporz, Interventionen, die eigenen Leute zu Positionen verhelfen.

KPÖ: Die Wahl 1945 warf die KPÖ aus dem politischen Spiel. Sie organisierte in
der Hungerzeit 1946/47 Demonstrationen, kritisierte die Regierung, schimpfte auf
die DPs und die Bauern, die zu wenig ablieferten, beherrschte den KZ-Verband und
wies auf die Defizite der Entnazifizierung hin, träumte von der Sowjetunion und von
dem großen Führer Stalin.

Katholische Kirche: Fürsterzbischof Andreas Rohracher war ein politischer Bischof.
Selbstbewusst pries er die »Kirche Gottes«, welche die NS-Zeit »unbeirrt und un-
wandelbar« überlebt hatte, daher könne sie auch jetzt großzügig sein und für die
kleinen Nazis mit christlicher Nächstenliebe eintreten.[55] Die Kirche werde sich nicht
in die Parteipolitik einmischen, kein Priester dürfe ein politisches Mandat annehmen, aber sie werde ihre Interessen, die aus dem Glauben kommen, zum Beispiel
das Konkordat, mit Nachdruck verteidigen. Im Juni 1945 kam Anton Neumayr zum
Erzbischof und stellte die Frage, ob ein Katholik auch Sozialist sein könne? Rohracher sagte Ja, »wenn er die materialistische und marxistische Einstellung aufgebe,

---

50 Ebd., S. 142 ; Robert Kriechbaumer, Richard Voithofer (Hg.), Politik im Wandel 1. Bd., S. 391.
51 Josef Kaut, Der steinige Weg, S. 158–160.
52 Politik im Wandel, 1. Bd., S. 392.
53 Barbara Blümel, Die Salzburger Parteien seit 1945, in: Salzburg zwischen Globalisierung und Gold-
    haube, S. 261.
54 Erika Thurner, »Nach '45 war man als »Rote/Roter« auch ein Mensch.«, S. 115.
55 Ernst Hanisch, Der politische Bischof, S. 142.

alles Kulturkämpferische und Kirchenfeindliche beiseite lasse und sich der Glaubens-
und Sittenlehre unserer Kirche füge.«[56] In allen Streitfragen zwischen Kirche und
Laizismus, die bereits aus der Ersten Republik stammten, stand die ÖVP allerdings
der Kirche ein gutes Stück näher als die SPÖ. Vor der Nationalratswahl 1949 stellte
Rohracher klar: Die Kirche habe ein Recht, Einfluss auf das politische Leben zu nehmen. Sonst wäre es eine Selbstaufgabe der Kirche, wäre es eine Flucht, »wenn die
reißenden Wölfe in die Herde einbrechen«. Wer waren die »reißenden Wölfe«? Die
Antwort war eindeutig, wie der Kirchenfürst in seinem Pastoralschreiben betonte: der
christen-, kirchen- und darum volksfeindliche Kommunismus und der demokratische
Sozialismus, »seiner Natur nach der Wegbereiter des Kommunismus, sein – vorläufig
noch sanfterer – Bruder.«[57] Für Salzburg und Österreich waren solche Aussagen nur
grotesk, wo die SPÖ längst den Kommunismus bekämpfte. Es war eine Panik, die sich
wohl nur aus der Machtergreifung der Kommunisten in Ungarn und in der Tschechoslowakei herleiten lässt. Aber es zeigt auch, dass sich Kirche und SPÖ fremd blieben.
Unbestreitbar ist aber auch, dass die katholische Kirche, im Unterschied zur Ersten
Republik, den demokratischen Prozess in der Zweiten Republik unterstützte.

Die Demokratie: Nach dem Nationalsozialismus hatte die Demokratie einen hellen
Klang. Aber welche Demokratie? Die Amerikaner boten die »liberale Demokratie«
an, die Russen die »Volksdemokratie«. Die einen betonten die Freiheit, die anderen
die Gleichheit. Beide Modelle hatten ihre dunklen Seiten, das amerikanische den
Rassismus, das russische die harte und mörderische Diktatur der Kommunistischen
Partei. Österreich entschied sich für die »liberale Demokratie«, für die Verfassung
von 1920/29, die allerdings in den 1930er-Jahren scheiterte und 1934 von einem
autoritären System abgelöst wurde. Der Rückgriff auf die demokratische Verfassung
war eine schlaue Entscheidung, ersparte so eine gefährliche Debatte um eine neue
Verfassung angesichts der sowjetischen Besatzung im Osten des Landes.

Bei einer Großkundgebung der ÖVP im Festspielhaus am 11. November 1946
hielt der Landesobmann Martin Grasser eine geradezu philosophische Rede. Im
Zentrum standen die Menschenrechte. »Wir brauchen in unserer politischen Zielsetzung die Wiederbesinnung auf Menschenrecht und Menschenwürde, die dem
Denken einer vergangenen Zeit gefehlt hat. Menschenrecht und Menschenwürde
bedeuten vor allem aber Recht der Persönlichkeit und Recht auf Persönlichkeit sowie Schutz vor dem Zugriff des totalen Staates […]. Seit der erste Mensch über die
Erde ging, leuchtete auf dem Antlitz des Menschen der Adel der Freiheit! Freiheit
des Denkens, Freiheit in unseren sittlichen und religiösen Entscheidungen, Freiheit
zu persönlicher Verantwortung, das verlangt der moderne Mensch«.[58]

---

56 Ebd., S. 158.
57 Ebd., S. 143.
58 Protokolle der Landesparteitage der Salzburger Volkspartei, S. 30.

Die beiden großen Parteien waren sich einig, dass die neue Demokratie die verheerenden ideologischen Konflikte, die zum Bürgerkrieg geführt hatten, vermeiden musste. Aber es war eine Demokratie von oben. Es gab keinen Volksaufstand für die Demokratie, keine »Revolution« von unten. 1945 herrschten die Besatzungsmächte, es gab keine freie Meinung, jede Entscheidung der Landesregierung musste von der Militärregierung genehmigt werden, Aktionen der Parteien wurden eingeschränkt, die reale katastrophale Situation der Nachkriegszeit erlaubte kaum einen Spielraum. Die Unsicherheit, wie es weitergehen werde, ließ wenig Optimismus in der Bevölkerung aufkommen. Die Hungerkrise 1946/47 belastete auch die Keime der Demokratie in der Bevölkerung. Die Demokratie musste erst gelernt werden. Letztlich war es der gelungene ökonomische Wiederaufbau, der die Demokratie festigte. Das Huhn im Topf war ein starkes Motiv für die Demokratie.

3. Versuchte Normalität. Die Landesregierung

Die Landtagswahl am 25. November 1945 war geschlagen, die ÖVP hatte die absolute Mehrheit. Wer wird Landeshauptmann? Adolf Schemel sah sich als Übergangslandeshauptmann, hatte auch die Stelle des Parteiobmannes der ÖVP bald zurückgelegt, hatte so in der Partei, auch wegen seiner Konzilianz den anderen Parteien gegenüber, keine starke Position. Es war die Stunde des Bauernbundes. Der Obmann des Bauernbundes, Bartholomäus Hasenauer, ein Großbauer und erfahrener Politiker aus der Vorkriegszeit, derzeit auch Parteiobmann, forcierte den Kammerdirektor der Kammer für Landwirtschaft und Ernährung in Salzburg, Albert Hochleitner, der gerade den Reichsnährstand liquidiert hatte. Für Hochleitner sprach: Er war 1893 in Blühnbach geboren, sein Vater war dort Förster im Jagdrevier des Thronfolgers Franz Ferdinand, er war studierter Landwirtschaftsexperte, hatte als Ministerialrat vor 1938 Erfahrung mit der Wiener Hochbürokratie, obendrein nach 1938 mit der Privatwirtschaft. Am 12. Dezember 1945 wurde er in der ersten Sitzung des Landtags einstimmig zum Landeshauptmann gewählt.[59]

Adolf Schemel rückte als Landeshauptmann-Stellvertreter in die zweite Reihe. Zweiter Stellvertreter war Anton Neumayr (SPÖ), der 1946 die erste Stelle als Bürgermeister der Stadt Salzburg der zweiten Stelle in der Landesregierung vorzog. Landesräte waren Bartholomäus Hasenauer (ÖVP) und Franz Peyerl (SPÖ), weiters der parteilose Herbert Gross als Beauftragter für Wirtschafts- und Ernährungsfragen.[60]

In seiner ersten Erklärung im Landtag am 12. Dezember 1945 sagte Albert Hochleitner ungeschminkt: »Wohl noch nie ist die Regierung und der Landtag un-

---

59 Seine Lebensdaten: Salzburg. Geschichte und Politik, 28. Jg. November 2018, S. 5. SLA, Präs. 104/46.
60 Richard Voithofer, Politische Eliten, S. 66.

Abb. 12: Portrait von Landeshauptmann
Albert Hochleitner.

seres Landes vor einer solchen Vielfalt von großen und schwierigen Aufgaben gestanden«[61]. Schuld war »eine kleine Clique von Verantwortungslosen und Verbrechern«. Im Gegensatz zu diesen forderte er »Ehrfurcht und Bewunderung« für jene »Volksgenossen [sic], die das Verbrecherische des nationalsozialistischen Regimes erkannten, in Wort und Tat sich dagegen auflehnten.« Sie wurden oft in »schamlosester Weise zu Tode gemartert«.[62] Ebenso verlangte er »Ehrfurcht« für die gefallenen Soldaten, für die Kriegsgefangenen und Kriegskrüppel.[63] Hier klang eine persönliche Betroffenheit mit – einer seiner Söhne war Kriegsgefangener in Jugoslawien. Nicht fehlen durfte der Dank an die US-Streitkräfte, die dem Land die Freiheit wiedergegeben und den Hunger gemildert hatten. Die Rede war ausgewogen: Schuldige, Opfer (auch Wehrmachtssoldaten gehören aus dieser Sicht dazu!), Retter. Tatsächlich konnte Hochleitner rasch gute Beziehungen zur Militärregierung aufbauen. In seiner Regierungserklärung vom 28. Jänner 1946 setzte er dem Elend der Zeit die Hoffnung »Demokratie« entgegen: »Ich bin innerlich überzeugt, wenn wir die richtige Auffassung von dem häufig mißbrauchten Wort Demokratie haben, daß dann damit eine neue und unzweifelhaft für uns glücklichere Zeit begonnen hat.«[64] Dann zählte er die Aufgaben auf: Entnazifizierung, Leistungssteigerung in der Landwirtschaft, Wiederherstellung von Häusern und Wohnungen. Skeptisch gegenüber einer Industrialisierung in Salzburg, glaubt er an eine »kunsthandwerkliche Hausindustrie«. Große Chancen sah er im Ausbau von Wasserkraftwerken (Kaprun) und im Ankurbeln des Fremdenverkehrs. Salzburg solle eine »Metropole der Erholung, der

---

61 Salzburg. Geschichte und Politik, S. 25.
62 Ebd.
63 Ebd., S. 25.
64 Ebd., S. 278.

Freude und der Kunst werden.«[65] Mit diesen Aussichten könne Salzburg aus der »Bettlerrolle« herauskommen.[66]

Das Amt der Salzburger Landesregierung (Landeshauptmannschaft) bestand 1946 aus der Landesamtsdirektion und acht Abteilungen, die ein weites Feld der Lebenswelten abdecken sollten.[67] Meine folgende Analyse stützt sich auf die Präsidialakten 1946 im Salzburger Landesarchiv. Auffallend ist die Behördensprache: Sie stammte noch aus der Monarchie, etwas gestelzt, aber formal höflich. Manchmal sind auch NS-Sprachreste vorhanden. Die Bittsteller schrieben untertänig, schmeichlerisch, Beschwerdeführer jedoch aufmüpfig. Der Neid auf andere, vermeintlich Bevorzugte grenzte an eine Denunziation. Der Anspruch der Sachlichkeit wird durch die starke Position der politischen Parteien, die sich ungeschminkt in die Behördenhandlungen einmischten, eingegrenzt. Die Parteien führten auch Listen über die Zahl der Interventionen. Aber auch andere Interessenvertreter traten selbstbewusst mit ihren Wünschen auf, beispielsweise das »Kommitee ehemaliger Häftlinge und Gemaßregelter«.[68] Der eher konservative Charakter der Bürokratie begünstigte die ÖVP, die auch aufgrund ihres Wahlsieges auf ihre Dominanz pochte. Einige Typen der Interventionen werde ich hier analysieren. Allgemein entsteht der Eindruck, dass der Landeshauptmann eine Kummerstelle für viele Menschen und für viele Sorgen war. Meist sind es aber Gebildete, die sich an ihn wenden, dann ehemalige Bekannte, die dieses Verhältnis ausnützen wollten, in der berechtigten Hoffnung, dass der Landeshauptmann ein »großes Herz« habe. Weiters setzten Cartellbrüder auf diese Beziehungen. Viele betonten ihre religiöse, antinationalsozialistische Einstellung. Bittsteller/innen wollten eine Erlaubnis, in das gesperrte Salzburg einreisen zu dürfen, andere suchten um eine Kur in Badgastein an.

Prominente Namen tauchten in den Akten auf. So Eduard Prinz von Auersperg, ein Vertriebener aus der Tschechoslowakei, der von den Amerikanern als kommissarischer Verwalter der Firma Carl Walter in Gröding eingesetzt, dann aber abgesetzt wurde, weil es einen ständigen Konflikt mit dem Firmeneigentümer gab, der formell als Nazi enthoben war, aber tatsächlich weiter arbeitete.[69] So Generalmusikdirektor Herbert von Karajan, der um eine Wohnung bat.[70] Zahlreiche Personen suchten um Kraftfahrzeuge, Arbeiter und Baustoff für den Wiederaufbau an.

Viele Verwandte von NS-Inhaftierten baten um Intervention des Landeshauptmannes beim CIC auch für Glasenbachhäftlinge. Als Rechtfertigung wurde häufig

---

65 Ebd., S. 32.
66 Ebd., S. 33.
67 Alfred W. Höck, Die Aufgaben- und Organisationsentwicklung des Amtes der Salzburger Landesregierung, Salzburg 2013.
68 SLA, Präs. 452/46.
69 SLA, Präs. 64/46.
70 SLA, Präs. 347/46.

angeführt, dass die betroffene Person nur aus »idealer Begeisterung in die Partei eingetreten war«, aber kein Radikaler gewesen war. Der Landeshauptmann musste aber zurückschreiben, dass er in den meisten Fällen keinen Erfolg hatte.[71] Skurril war der Auftrag des Bundeskanzleramtes an die Landesregierung am 5. Februar 1946. In Erwartung der Staatsvertragsverhandlungen solle das Land Materialien vorbereiten, die als Reparationsforderungen an das Deutsche Reich gestellt werden können.[72] Die Landesregierung folgte diesem Begehren auf Basis der Opferthese und führte an: Brückenschäden mit Baukosten von 1.000.000 Schilling, Bunker- und Barackenbauten, das Kriegsgefangenenlager in St. Johann, wo Tausende sowjetische Soldaten starben, dort hatten die Besitzer Bodenverluste von 17 ha. Die Tatsache, dass bei allen diesen Schäden Österreicher beteiligt waren, wurde vergessen. Ein besonders historisch-politisch wichtiges Ansuchen kam von Elisabeth Scheel, der Frau von Gauleiter Scheel.[73] Am 3. Juni 1946 schrieb sie an den Landeshauptmann: Durch ihre »Ausweisung aus Salzburg« habe sie sämtliches Hab und Gut zurücklassen müssen, ebenso das angelegte Geld bei der Salzburger Landeshypothekenanstalt. Sie und ihre vier Kinder leben von der Gnade der Mitmenschen. Ihre Eltern seien beim Fliegerangriff auf Dresden verbrannt. So weit ist das nachvollziehbar. Dann aber setzt die große Lüge ein. Niemand wisse genauer als sie, »was mein Mann mit bestem Wollen erstrebt und was er insbesondere für das Land Salzburg gearbeitet und erreicht hat. Seine ganze Tätigkeit hat er als Fürsorge für seine Mitmenschen aufgefaßt. Die Salzburger Bevölkerung, gleich welcher politischen Einstellung, habe dies meines Wissens stets anerkannt.«[74] (Ein sehr ungenaues Wissen!).

Dann zählt Frau Scheel auf:

– Die Nichtverteidigung der Stadt Salzburg gegen Befehl der militärischen Führung. (Eine nur achtelwahre Behauptung).
– Der Befehl von Stollenbauten in den Stadtbergen habe vielen Salzburgern das Leben gerettet. (Die Arbeit der schlecht ernährten Zwangsarbeiter wird verschwiegen.)
– Gegen strenge Weisungen habe er die Sprengung von Brücken nicht durchgeführt. (Dafür gibt es keine Quellenbeweise.)
– »Mein Mann hat jedem, der ihn darum bat, – es waren Unzählige – zu helfen gesucht. Besonders hat er sich für zum Tode verurteilte Sozialdemokraten und Kommunisten eingesetzt und den meisten von ihnen das Leben erhalten […].«[75] (Es gibt tatsächlich dafür einige wenige Hinweise. Scheel fürchtete Unruhe bei

---

71 SLA, Präs. 379/46.
72 SLA, Präs. 1947/I. 317.
73 SLA, Präs. 392/46.
74 Ebd.
75 Ebd.

der Bevölkerung. Der Mehrheit der ermordeten Linken und Konservativen half er sicherlich nicht.)

– »Bei den ihm in Salzburg bekannt gewordenen Judenfällen [sic] hat er sich mit Erfolg für deren Verbleiben in Salzburg eingesetzt.«[76] (Es gab seit 1941 kaum »Volljuden« und die waren durch Heirat mit »Ariern« vorläufig prekär geschützt.)

– »Für die in den Konzentrationslagern begangenen Gräueltaten kann mein Mann nicht verantwortlich gemacht werden.«[77] (Das ist formal richtig. Aber er hat es gewusst. Sein hoher SS-Rang, seine Beziehungen zu Heinrich Himmler, machten ihn zu einem zentralen »Hoheitsträger« in der NS-Herrschaft.)

– »Ich bin überzeugt, daß jeder urteilsfähige Salzburger, der sich nicht vom Haß, sondern von Gefühlen der Gerechtigkeit leiten läßt, die Richtigkeit meiner Behauptung bestätigen wird.«[78] (Die Salzburger, die es nicht glauben, sind Hasser, ohne Gefühl von Gerechtigkeit.)

Die Essenz des Schreibens von Elisabeth Scheel war: Sie wollte Geld von der Landeshypothekenanstalt.

Ihr Wunsch war heikel. So suchte der Landeshauptmann am 25. Juni 1946 Rat beim Bundesministerium für Finanzen.[79] Das Ministerium schrieb trocken zurück. Dem Ansuchen der Elisabeth Scheel könne schon deshalb nicht näher getreten werden, weil mit Deutschland kein Zahlungsabkommen bestehe.[80] Schon vorher, am 25. Juni 1946 hatte der Landeshauptmann an die »Sehr geehrte gnädige Frau« mit dem »Ausdruck vorzüglicher Hochachtung« schreiben lassen: Es gebe keine grundsätzliche Bestimmung für die Freigabe von Geldern.[81] Das war eine elegante, bürokratische Ablehnung des Wunsches von Elisabeth Scheel, ohne auf den weiteren Inhalt der Behauptungen ihres Schreibens eingehen zu müssen.

Ein ganz anderes Bild von Gauleiter Scheel entsteht in einem anderen Präsidialakt.[82] Am 29. Juli 1946 wurde eine Anzeige gegen den ehemaligen Regierungsdirektor Oskar Hausner, den ehemaligen Regierungspräsidenten und Gauhauptmann Albert Reitter und den ehemaligen Gauleiter Gustav-Adolf Scheel erhoben. Hausner wird Denunziation vorgeworfen. 1943 trafen sich Hausner und sein Kollege Regierungsdirektor Hans von Rittinger auf der Straße und plauderten. In dem Gespräch sagte Rittinger unvorsichtig, der Krieg sei verloren! Hausner erzählte das im Amt weiter, bis die Information zu Gauleiter Scheel drang. Der veranlasste eine Gestapo-

---

76 Ebd.
77 Ebd.
78 Ebd.
79 Ebd.
80 Ebd.
81 Ebd.
82 SLA, Präs. 653/46.

überwachung und Rittinger wurde verhaftet. Der Gauleiter verkündete öffentlich am 22. Februar 1943: »Saboteure des Sieges werde ich unerbittlich vernichten.«[83] Im Laufe der Untersuchung stellte sich heraus: Rittinger war kein Parteigenosse (sein Ansuchen wurde zweimal abgelehnt), er führte ein sehr lockeres Liebesleben mit einigen Freundinnen. Ein beschlagnahmter Liebesbrief wurde ihm noch mehr zum Verhängnis. Es stellte sich heraus, dass er vom Leiter des städtischen Ernährungsamtes Robert Prähauser weitaus mehr Lebensmittelmarken erhalten hatte, als erlaubt war. Rittinger wurde, auch wegen Abhören von Feindsendern, zu 10 Jahren Zuchthaus verurteilt und starb 1945 im Gefängnis.

Bei der Überprüfung des Ernährungsamtes wurde bemerkt, dass dort ein Sumpf von Korruption herrschte, von dem auch hohe NS-Funktionäre profitierten. Das wiederum löste den größten Skandal in Salzburg aus, der bis zu Himmler, Göring, Bormann und Goebbels drang. Regierungspräsident Albert Reitter und Bürgermeister Franz Lorenz verloren ihre Ämter, Oberbürgermeister Anton Giger wurde beurlaubt, aber behielt sein Amt. Robert Prähauser wurde hingerichtet.[84]

DER STURZ DES LANDESHAUPTMANNES HOCHLEITNER

Das kommunistische »Salzburger Tagblatt« berichtete am 16. Jänner 1946, dass der Deutsche Friedrich Bohnenberger während der Nazizeit in Wien einen großen Verlag und einen Modehandel besaß und Nationalsozialist war. Jetzt bemühe er sich um die österreichische Staatsbürgerschaft. Die Information stammte aus Wien, mit genauen Details aus den NS-Akten.[85] Am 3. August 1946 schrieb Landeshauptmann Albert Hochleitner an Staatssekretär Ferdinand Graft im Innenministerium über die »Angelegenheit Einbürgerung Friedrich und Maria Luise Bohnenberger«.[86] Bohnenberger sei 1937 (recte 1936) nach Österreich gekommen, »weil seine politische Situation im Reich unhaltbar geworden ist«.[87] Seit 1937 kenne er die Familie, die Frau, eine geborene Österreicherin, schon länger. Um sich den Verfolgungen der

---

83 Ebd., Hervorhebung E. H.

84 Ernst Hanisch, Gau der guten Nerven. Die nationalsozialistische Herrschaft in Salzburg 1938–1945, Salzburg 1997, S. 170 f.; Peter F. Kramml, Die Neuordnung der Stadtverwaltung nach dem »Führungsprinzip«. Städtische Entscheidungsträger 1938–1945, in: Gauhauptstadt Salzburg. Stadtverwaltung und Kommunalpolitik (Die Stadt Salzburg im Nationalsozialismus 6. Bd.), Salzburg 2015, S. 110–122.

85 Salzburger Tagblatt, 11.1.1946. Raphael Steiner, Der Fall Bohnenberger« im Landtag, in: Salzburger Geschichte und Politik. Mitteilungen der Dr.-Hans-Lechner-Forschungs-Gesellschaft 28/2018, S. 99 f.

86 SLA, Prä. 620/46.

87 Ebd.

NS-Stellen zu entziehen, sei er nach Österreich gekommen. Bohnenberger sei zwar der NSDAP beigetreten, aber aus »politischen Gründen« 1935 ausgeschlossen worden. Er sei ein tüchtiger Geschäftsmann, der für das neue Österreich von größtem Wert sei. Der Landeshauptmann versicherte, »dass es nicht bald größere Hasser des Hitler-Regimes gegeben hat, als gerade das Ehepaar Bohnenberger«. Das Engagement des Landeshauptmannes für Bohnenberger hatte auch persönliche Gründe. Die Familie habe seinen Bruder, der 1938 politisch verfolgt wurde, unterstützt und hätte auch ihm selbst, wenn notwendig, Beschäftigung und Brot gegeben. Seine Interventionen für Bohnenberger seien nicht nur Freundschaftspflicht, sondern auch eine Pflicht der Dankbarkeit.[88]

Am 10. September 1946 übersiedelte die Familie Bohnenberger von Wien nach Salzburg.[89] Hier stand sie im Schutz des Landeshauptmannes, während in Wien der Geschäftsmann besser bekannt war, gegen ihn wegen einer Arisierung ermittelt wurde, er vom 10. Oktober bis 8. November 1945 in Untersuchungshaft war, das Verfahren zwar eingestellt wurde, aber die Erhebungen in 5 Fällen weitergeführt wurden.[90] Am 25. Oktober 1946 erbat Landeshauptmann Hochleitner von Ferdinand Graft, den gesamten »Akt Bohnenberger« geschlossen dem Überbringer des Schreibens auszufolgen. »Ich glaube, dass die Angelegenheit von mir aus, der ich meine persönlichen Beobachtungen und Kenntnisse für die Gesamtbeurteilung heranziehen kann, leichter zu erledigen ist als für Dich.«[91] Am 26. Oktober 1946 versicherte Graf dem Landeshauptmann, dass das Innenministerium in der »Angelegenheit Bohnenberger« dem Ansuchen der Salzburger Landesregierung Rechnung tragen werde.[92] Letzte Instanz für die Einbürgerung war das Innenministerium. Tatsächlich teilte die Salzburger Landesregierung mit, dass Bohnenberger am 14. November 1946 die österreichische Staatsbürgerschaft erhalten habe. Begründung: Er war zehn Jahre in Österreich, die Polizeidirektion habe mitgeteilt, dass Bohnenberger politisch unbelastet sei. Das Strafverfahren gegen ihn sei in Wien eingestellt worden. Die Landesregierung wiederum erklärte, wegen der besonderen Schwierigkeiten des Falles sei ein Regierungsbeschluss veranlasst worden.[93] Das war der erste Teil des »Falles Bohnenberger«. Während normal mit der Bestätigung, dass die Einbürgerung der Person im Interesse der Republik Österreich sei, die Sache erledigt war, brauchte es in diesem Fall zahlreiche Interventionen. Der zuständige Beamte in der

88 Ebd.

89 Meldekarte, Stadtarchiv Salzburg.

90 Regierungsakt Friedrich Bohnenberger, Bundesministerium für Inneres Generaldirektion f. d. Öff. Sicherheit, Abteilung 2. 11. November 1946.

91 SLA, Präs. 681/46.

92 SLA, Präs. 935/46.

93 Raphael Steiner, Der »Fall Bohnenberger«, S. 100.

Landesregierung beschwerte sich später, dass im Land Salzburg die Befürwortung eine »Luftbestätigung« sei. Er forderte eine »absolut strengere Handhabung«.[94]

Wer war Friedrich Bohnenberger wirklich?

Das Bundesarchiv Berlin und das Stadtarchiv Salzburg erlauben eine Darstellung, die sich von der Darstellung des Landeshauptmannes weit unterscheidet.

Geboren am 24.2.1889 in Unter-Reichenbach/Württemberg, betrieb Bohnenberger in Stuttgart eine Verlagsbuchhandlung, die deutschnationale, nationalsozialistische, aber auch Lebenshilfebücher vertrieb. Seine Vertreter bearbeiteten das ganze Land Württemberg mit Methoden, die zahlreiche Beschwerden, Strafzahlungen und Anzeigen zur Folge hatten. Am 11. Dezember 1930 trat er in die NSDAP ein, Mitgliedsnummer 384.635. Bohnenberger war sicher kein ideologischer Nationalsozialist. Er nutzte seine Parteimitgliedschaft exzessiv für seine zahlreichen Geschäfte. Beispielsweise gaben seine Vertreter NS-Bücher bei Parteistellen ab, ohne dass sie verlangt waren, daher auch nicht bezahlt wurden, worauf der Verleger Anzeige erstattete. Bohnenberger prahlte mit seinen Beziehungen zu hohen NS-Funktionären (auch zu Hitler). Die Folge waren zahlreiche Betrugsanzeigen wegen unseriöser Geschäftemacherei.[95] Das Oberste Parteigericht der NSDAP hat am 13. Mai 1943 geurteilt: »Nach allem hat sich der Angeschuldigte all die Jahre hindurch in seinen verschiedenen Unternehmungen fortgesetzt höchst unlauterer Geschäftsmethoden bedient. Wiederholt hat er die Strafverfolgungsbehörden beschäftigt [...]«.[96]

Am 30. Dezember 1948 schrieb die Bundespolizeidirektion Salzburg an das Bundesministerium für Inneres einen Bericht über Bohnenberger. Darin heißt es: Am 21. März 1935 habe das Gaugericht Württemberg Bohnenberger aus politischen Gründen aus der NSDAP ausgeschlossen. Das war die Angabe Bohnenbergers.[97] Tatsächlich aber hat er gegen den Beschluss des Gaugerichts Württemberg beim Obersten Parteigericht Beschwerde eingelegt. Sein Parteibuch wurde an das Oberste Parteigericht geschickt.[98] Von politischen Gründen war bei den Verfahren keine Rede, es ging immer um seine unseriösen Geschäfte und seine Berufung auf die NSDAP. Ein Punkt war sein Rundschreiben an seine Mitarbeiter vom 19. Oktober 1934, ein Rundschreiben, das Bohnenberger zentral bei seinem Registrierungsverfahren in Salzburg 1947 hervorhob. Auch bei diesem Rundschreiben ging es um geschäftliche Angelegenheiten. »Die Bestellungen aus den Parteiformationen und auch der Hitler-Jugend müssen so rasch wie möglich eingestellt werden, weil man

---

94 SLA, Präs. 1006/47.

95 Bundesarchiv Berlin, R 9361-II/96392. R 9361-V/4247. Oberstes Parteigericht der NSDAP, Sache des Friedrich Bohnenberger I/40/42 Wien. Ich danke dem Stadtarchiv Salzburg für die Beschaffung der Akten, besonders Johannes Hofinger.

96 Ebd., S. 11.

97 Registrierungsakt, Stadtarchiv Salzburg.

98 NSDAP Gauleitung Württemberg, 18.6.36, Bundesarchiv Berlin, Bohnenberger.

jeden Tag mit einer Verfügung rechnen muss, in welcher den Parteidienststellen verboten wird, noch irgendwelche Rechnungen zu bezahlen. Wie wir dann unsere grossen Aussenstände, welche in die Hunderttausende gehen, hereinbekommen, ist noch eine andere Frage.« Die Bestellungen bei der NSDAP seien das »unsicherste Geschäft überhaupt«. Die Mitarbeiter sollen sich auf die Kriegsvereine konzentrieren.[99] Das war zwar eine harte Sprache über die Partei, aber kein politischer Protest. Bohnenberger kämpfte weiter um seine Parteimitgliedschaft. Auch als er bereits in Wien lebte, trat er als Nationalsozialist auf, was neuerdings am 2. März 1939 zu einem Verfahren führte.[100] Doch Bohnenberger ließ nicht locker. Am 19. Juni 1942 legte er Beschwerde beim Obersten Parteigericht gegen das Urteil des Gaugerichtes Wien vom 9. Juni 1942 ein. Die Hauptverhandlung fand am 13. Mai 1943 statt.[101] Bohnenberger gab an, er habe »die Partei und ihre Gliederungen schon vor der Machtübernahme mit Spenden unterstützt, sowie vor dem Anschluss der Ostmark nationalsozialistische Schriften dorthingebracht«.[102] In 12 Seiten jedoch wird die Ausnützung seiner Parteimitgliedschaft für seine unseriösen Geschäfte aufgezählt. »Er hat damit das Ansehen der Partei in der Bevölkerung schwer geschädigt.«[103]

Im Namen des Führers wird für Recht erkannt:
– Die Beschwerde wird zurückgewiesen.
– Der Angeschuldigte wird aus der NSDAP ausgeschlossen.[104]

Nach diesem Hinauswurf ist es durchaus möglich, dass Bohnenberger nach 1943 tatsächlich die NSDAP hasste, wie Landeshauptmann Hochleitner angab.

Nach dem Krieg drohte Bohnenberger als Deutschem die Ausweisung. Da seine Vermögenswerte in Wien und in der Schweiz lagen, war die österreichische Staatsbürgerschaft auch geschäftlich für ihn wichtig. Die Schwierigkeit lag in seiner NS-Vergangenheit. Schon Staatssekretär Ferdinand Graf verlangte eindeutige Belege für seinen Parteiausschluss und seine aktive Betätigung für die Befreiung Österreichs.[105] In Wien zweifelte man, ob die Einbürgerung wegen »gewisser Unstimmigkeiten der Unterlagen« berechtigt war.[106] Am 26. Oktober 1946 suchte Bohnenberger bei der Landeshauptmannschaft um die österreichische Staatsbürgerschaft an, die ihm in auffallend kurzer Zeit am 14. November 1946 verliehen wurde. Als österreichischer

---

99 Registrierungsakt, Stadtarchiv Salzburg.
100 Bundespolizeidirektion Salzburg, 30. Dezember 1948, Registrierungspakt, Stadtarchiv Salzburg.
101 Bundesarchiv Berlin, Oberstes Parteigericht, Friedrich Bohnenberger.
102 Ebd., S. 2.
103 Ebd., S. 12.
104 Ebd., S. 1.
105 SLA, Präs. 745/46.
106 Protokolle des Ministerrates der Zweiten Republik Österreich. Kabinett Leopold Figl, 1. Bd. S. 55, Anm. 80.

Staatsbürger musste sich Bohnenberger als ehemaliges Mitglied der NSDAP bei der Salzburger Registrierungsbehörde melden. Er wurde zunächst als »minderbelastet« eingestuft. Am 14. Oktober 1947 erhob sein Rechtsanwalt Dr. Reinhold Möbius Einspruch gegen diese Einstufung. Als Beweis führte er Bohnenbergers Rundschreiben an seine Mitarbeiter vom 19. Oktober 1934 an.[107] Bohnenberger selbst rechtfertigte sich so: Er habe nie einen »inneren Kontakt« zur NSDAP, sondern eine »gegnerische Einstellung« gehabt. Er sei lediglich aus wirtschaftlichen Gründen in die Partei eingetreten. Aus Gegnerschaft wollte er den Bruch mit der Partei.[108] Was er verschwieg, war, dass er seine Mitgliedschaft ständig für seine unseriösen Geschäfte ausnützte, dass er seinen Ausschluss aus der NSDAP bis zum Obersten Parteigericht anfocht.

Es folgten zahlreiche Interventionen für ihn, auch vom Landeshauptmann Hochleitner. Doch die Registrierungsbehörde spielte nicht mit. Am 3. Dezember 1947 schrieb sie an Vizebürgermeister Richard Hildmann: Bohnenberger wurde aus der NSDAP »wegen abwegigen Geschäftspraktiken« ausgeschlossen. »Es war also sein Ausschluß aus der NSDAP nicht aus politischen Gründen erfolgt [...].«[109] Auch Bürgermeister Anton Neumayr wurde am 2. Dezember 1947 in diesem Sinne informiert.[110]

Das Verfahren schleppte sich bis 1949 dahin, weil Bohnenberger auch hier Beschwerden einreichte. Am 2. März 1949 erfolgte die mündliche Verhandlung der Beschwerdekommission nach dem Verbotgesetz 1947 (Senat Salzburg). Sieben Juristen und Bohnenbergers Anwalt Dr. Reinhold Möbius waren anwesend. Möbius schilderte den Sachverhalt so: Bohnenberger sei wegen seines Rundschreibens vom Oktober 1934 im Jahr 1936 von der Reichsschriftungskammer ausgeschlossen worden. Ebenso von der NSDAP. »Bohnenberger legte gegen seinen Ausschluss keine Berufung ein.« (Was eindeutig falsch war.) Nur durch Geldspende an die Partei sei eine Einlieferung in ein KZ verhindert worden. (Dafür gibt es keine Belege). In Wien gab er sich neuerdings als Parteigenosse aus und wurde 1942 endgültig ausgeschlossen. Mehrfach war Bohnenberger in Wien inhaftiert.[111] Diese Erzählung folgte der Märchenerzählung Bohnenbergers. 1949 war die Entnazifizierung fast am Ende und Bohnenberger war ein »echter Österreicher«.

Dazwischen aber hatte sich der »Fall Bohnenberger« zu einem »Fall Hochleitner« entwickelt. In der zweiten Novemberhälfte 1947 berichteten die Zeitungen, dass Hochleitner von Bohnenberger für die Verleihung der österreichischen Staatsbürgerschaft 6000 Schweizer Franken und eine wertvolle Perlenkette erhalten habe.

107 Registrierungsakt, Stadtarchiv Salzburg.
108 Bohnenberger an die Registrierungsstelle, 21.6.1947. Stadtarchiv Salzburg.
109 Ebd.
110 Ebd.
111 Ebd.

Diese Informationen stammten mit großer Wahrscheinlichkeit von Bohnenbergers ehemaligem Geschäftsführer in Zürich, Herrn Metz, der mit Bohnenberger in Geldangelegenheiten im juristischen Streit lag und der auch deshalb ein Interesse hatte, dass sein ehemaliger Chef die österreichische Staatsbürgerschaft verliere.[112] Die Sache kam auch in den Nationalrat und nun mischte sich Bundeskanzler Leopold Figl ein und forderte apodiktisch den Rücktritt des Landeshauptmannes, zunächst intern, dann öffentlich. Vermutlich fürchtete der Bundeskanzler in einer Zeit der Ernährungskrise, die von der Bevölkerung der Regierung angelastet wurde, einen Korruptionsskandal, der die von der ÖVP geführte Regierung belasten könnte.[113] Jedenfalls verlangte Figl nach einer Rede in Braunau noch in der Nacht am 29. November 1947 in einem Telefonat mit Hochleitner ostentativ seine Demission. Am 30. November bot der Landeshauptmann dem Präsidenten des Salzburger Landtages Franz Hell die Demission an. Als Begründung nannte er: Die Presse hetze gegen ihn, das schade Österreich; trotz seiner »einwandfreien Haltung« wolle er »staatspolitische Konsequenzen vermeiden«. Das heißt: Auch Hochleitner verwies auf die staatspolitische Dimension: Gleichzeitig bat er um eine Untersuchung durch den Landtag.[114] In Salzburg herrschte offene Empörung sowohl in der ÖVP als auch in der SPÖ über Eingriffe des Bundes in Landesangelegenheiten.

Ich kürze hier Vorgänge ab und konzentriere mich auf die Analyse des Berichtes des »Verfassungs- und Verwaltungsausschusses«, der die Sache unter Heranziehung von Experten von außen untersucht hatte und am 29. April 1948 dem Landtag vorlegte.[115] Der Ausschuss konstatierte die völlige Unschuld des Landeshauptmannes. Lediglich bei der Devisenangelegenheit wird eingeschränkt, weil nur ein juristischer Fachmann die komplizierten Bestimmungen durchschauen könne.[116]

Aber es ergeben sich offene Fragen. Hochleitner weilte vom 20. bis 24. September 1946 in Begleitung seiner Frau und seines Sohnes in Zürich. Gefahren wurde mit dem Dienstwagen.[117] Warum? Ein Motiv könnte die Gründung der Zweigstelle »Österreichische Gesellschaft zur Pflege kultureller, wirtschaftlicher und sportlicher Beziehungen zur Schweiz« gewesen sein, deren Präsident der Landeshauptmann war.[118] Ein weiteres Motiv könnte die Anbahnung von Kompensations-Geschäften mit der Schweiz gewesen sein, die in Salzburg schon länger diskutiert wurde. Gleichzeitig

112 Raphael Steiner, Der »Fall Bohnenberger«, S. 105.

113 Franz Schausberger, Albert Hochleitner – ein Landeshauptmann für Freiheit, Brot und Arbeit, in Salzburger Geschichte und Politik, Nr. 1/2, 2018, S. 89–92.

114 Raphael Steiner, Der »Fall Bohnenberger«, S. 101.

115 Der Text, ebd., S. 101–107; weiters: Franz Schausberger, Im Dienste Salzburg, S. 174–177; Politik im Wandel, S. 407–410.

116 Raphael Steiner, Der »Fall Bohnenberger«, S. 106.

117 Ebd., S. 102.

118 Franz Schausberger, Albert Hochleitner, S. 91.

übernahm der Landeshauptmann von Metz 6000 Schweizer Franken, die er Bohnenberger überbringen sollte. Nicht als Bestechung, sondern als Darlehen. Denn Hochleitner schrieb am 26. September 1946 und 2. Oktober 1946 an Bohnenberger, dass er das Geld in Schilling zurückzahlen werde, sobald die Währung stabilisiert sein würde, längstens bis 20. Dezember 1950.[119] Hier stellen sich einige Fragen: Wozu brauchte Hochleitner so viel Geld in Schweizer Währung? War es das Misstrauen gegenüber dem österreichischen Schilling? Und die weitere Frage: War es ein Devisenvergehen, was der Bericht an den Landtag herunterspielte? Weitere Fragen: Welche Geschäfte betrieb Bohnenberger in der Schweiz, wie und wann konnte er einen Teil seines Vermögens in die Schweiz bringen? Aus welchen Motiven hatte Bohnenberger Wertsachen, unter anderem eine wertvolle Perlenkette, bei Hochleitner abgestellt, eine Verantwortung, die dem Landeshauptmann lästig war?[120]

Sehr merkwürdig war die Einschätzung des Herrn Bohnenberger bei der abschließenden Landtagssitzung am 29. April 1948, in der der Altlandeshauptmann völlig entlastet wurde und gleichzeitig auch Bohnenberger. Landtagspräsident Franz Hell sagte: Der Altlandeshauptmann habe aus eigenen Wahrnehmungen feststellen können, dass es sich bei Bohnenberger »um einen wirklichen Kämpfer gegen die nationalsozialistische Ideologie gehandelt habe, der zweifellos unter Einsatz seiner ganzen Person für die Idee, für unsere Idee, eingetreten ist«.[121]

4. Ein wichtiger Kern der Demokratie: Der Landtag

Der demokratisch gewählte Landtag sollte die wichtigste politische Institution auf Landesebene sein. Er wählt die Landesregierung, erlässt Gesetze und Verordnungen usw. 1945 allerdings war die demokratische Legitimation eingeschränkt.[122] Die ehemaligen Nationalsozialisten durften, notwendigerweise, nicht wählen, die US-Besatzungsmacht kontrollierte alle Gesetze und Verordnungen. Aber es war die Intention der Amerikaner, eine, zunächst beschränkte, liberale Demokratie aufzubauen. Allerdings musste Landeshauptmann Hochleitner dem kommandierenden Offizier, Oberst Lollar, erst beibringen, dass ein Landtagsabgeordneter Immunität genieße und nicht einfach verhaftet oder angehalten werden könne.[123] Zentral war der Rück-

---

119 Raphael Steiner, Der »Fall Bohnenberger«, S. 104.

120 Ebd., S. 105.

121 Ebd., S. 107.

122 Karl Ledochowski-Thun, Der Salzburger Landtag 1861–1961. Eine rechtsgeschichtliche Betrachtung, in: Hundert Jahre selbständiges Land Salzburg, Festschrift, Salzburg 1961, S. 148–187. Friedrich Steinkeller, Die Salzburger Landesregierung, in: Salzburg. Zwischen Globalisierung und Goldhaube, S. 335–361; Franz Schausberger, Der Salzburger Landtag, in: Ebd., S. 362–378.

123 SLA, Präs. 842/46.

griff auf die demokratische Phase der Ersten Republik. Das wichtigste Instrument waren die Landesverfassung von 1921 und die Geschäftsordnung (Sitzungen am 12. Dezember 1945, 18. Jänner 1946, 7. Februar 1946). Die Gesetzgebungsperiode 1945/1949 wurde auch als 5. Wahlperiode eingestuft und so an die Wahlperioden der Ersten Republik angeknüpft. Zum Landtagspräsident wurde Franz Hell (ÖVP) gewählt, ein Veteran der Angestellteninteressenvertretung, zunächst im deutschnationalen Segment, dann 1934 Sekretär der Salzburger Arbeiterkammer und Vertreter des Handels und des Verkehrs im Ständischen Landtag bis 1938. Die NS-Periode verbrachte er als Industriekaufmann in Salzburg. Er überlebte als Landtagspräsident politisch drei Landeshauptmänner von 1945 bis 1963.[124] In der ersten Sitzung des Landtages am 12. Dezember 1945 schilderte Hell die triste Lage des Landes: Es »blutet aus tausend Wunden, die ihm der vom Nationalsozialismus heraufbeschworene Krieg geschlagen hat. Das Land ist ausgeplündert, von Flüchtlingen übersät, das Wirtschaftsleben liegt vielfach noch in Agonie, die Ernährung unseres Volkes kann nur dank der Hilfe der Militärregierung gesichert werden.«[125] Doch seine Hoffnung formulierte er in dem pathetischen Satz: »Vorwärts immer, rückwärts nimmer!«[126] Und am Ende der ersten Legislaturperiode konstatierte er, dass die Zusammenarbeit der Parteien im Landtag hervorragend gelungen war, »im Geiste der neuen Demokratie, die wir in Österreich erleben und fortpflanzen wollen«.[127]

Die Absetzung vom Nationalsozialismus, der schwierige Wertewandel wird in einer symbolischen Geste deutlich: Die erste Sitzung des Landtages am 12. Dezember 1945 konnte nicht im traditionellen Sitzungssaal im Chiemseehof abgehalten werden, sondern musste in den Ständesaal der neuen Residenz verlegt werden, weil der Sitzungssaal im Chiemseehof voller NS-Symbole prangte. In der Praxis dominierte die Landesregierung den Landtag. Die meisten Gesetzesvorlagen und Verordnungen kamen von ihr. Im Landtag herrschten die politischen Parteien. In den Ausschüssen wurden die anstehenden Themen bearbeitet und dem Plenum bekannt gegeben. In den ersten Jahren wurde selbst der so wichtige Landeshaushalt – die Politik in Zahlen gegossen – im Finanzausschuss ausgehandelt und im Plenum nicht mehr diskutiert. Obgleich im Wahlvolk die Frauen die Mehrheit stellten, war nur eine Frau im Landtag: die unverwüstliche Sozialistin Maria Emhart aus Bischofshofen. Altersmäßig waren die Mandatare 1945 in den »besten Mannesjahren«. Der älteste Abgeordnete war 57, der jüngste 32 Jahre.

124 Richard Voithofer, Politische Eliten in Salzburg, S. 82, S. 276, S. 301.
125 Politik im Wandel, S. 380.
126 Zit. in: Franz Schausberger, Der Salzburger Landtag, S. 364.
127 Zit. in: Ebd., S. 366 f.

Tabelle 2: Die berufliche Herkunft

	ÖVP	SPÖ	KPÖ	Gesamt
Selbständiger	3	2	1	6
Bauer	8	1		9
Arbeiter	2	2		4
Angestellter	1	4		5
Beamter	2	3		5
Summe	16	12	1	29

Quelle: Nach Richard Voithofer, Politische Eliten in Salzburg.

Dass die Bauern die Mehrheit bildeten, erklärt sich aus der katastrophalen Ernährungslage, den größeren Anteil hatte die SPÖ bei den Beamten, weil hier die Lehrer eingerechnet werden. Im Kriegseinsatz für die Deutsche Wehrmacht standen sechs Abgeordnete, aber acht Abgeordnete erlitten in der NS-Zeit Aufenthalte im KZ oder Gefängnis oder Gauverweis. Mit einem Satz: Die Mandatare waren keine abgehobenen »Luftmenschen«, sie teilten die Erfahrungen der Menschen im Land. Es gab keine ehemaligen Nationalsozialisten im Landtag, wie in den folgenden Gesetzesperioden ab 1949. Etwas poetisch schilderte ein Journalist die Volksvertreter: »Männer in einfacher Straßenkleidung und mit schweren Schuhen waren von ihrer Arbeit weggeeilt und kehrten bald nach Beendigung dieser ihrer ersten öffentlichen Tätigkeit wieder an ihre Arbeitsplätze zurück.«[128]

Die Vorlagen im Landtag behandelten große und wichtige Vorhaben neben Kleinkram, der aber für das Alltagsleben der Menschen durchaus von Bedeutung war. In seiner großen Rede am 28. Jänner 1946 zählte Landeshauptmann Hochleitner die wichtigsten Vorhaben auf: Entnazifizierung, Ernährungssicherung und Wiederaufbau der Betriebsstätten und der teilbeschädigten Häuser. Aufgaben der Landwirtschaft: Erschließung neuer Produktionsgebiete durch Entwässerung und Bodenverbesserungen, Bau von Seil- und Güterwegen usw. Die Bauern ermahnte er, dass es ohne Zwangsmaßnahmen unmöglich sei, eine gerechte Verteilung der landwirtschaftlichen Produkte sicherzustellen. Die Lieferungsverpflichtung sei »eine sittliche Verpflichtung der Bauern gegenüber allen anderen Volksgenossen [sic!].«[129] Säumige Bauern müssen mit einer Strafe rechnen. Der Wiederaufbau der Häuser und Wohnungen sei deswegen so wichtig, weil neben dem Hunger »die psychische Haltung des Menschen nichts mehr zermürbt als unzulängliche oder unerträgliche

---

128 Zit.: Ebd., S. 365.
129 2. Sitzung, 28. Jänner 1946, Protokolle, S. 12.

Abb. 13: Landtag und Landesregierung 1945–1949.

Wohnverhältnisse.«[130] Die Schwierigkeiten allerdings lagen beim Arbeitermangel und Mangel an Baumaterialien. Um den Arbeitermangel zu verbessern, schlug der Landtag in einem Antrag den »Arbeitseinsatz der in den Anhalterlagern vorläufig festgehaltenen nationalsozialistischen Parteigänger für den wirtschaftlichen Wiederaufbau des Landes Salzburg« vor. Der Landeshauptmann wurde ersucht, neuerlich bei der amerikanischen Militärregierung dafür vorzusprechen.[131] Die Amerikaner lehnten den Vorschlag aus Sicherheitsgründen ab. Im Gegenteil: Oberst Lollar drohte mit Verhaftung, wenn das Landesernährungsamt nicht für eine bessere Lebensmittelversorgung bei dem SS-Lager in Hallein und bei dem Lager Marcus W. Orr sorge, »ohne Rücksicht, ob es gerecht« ist.[132] Der Lebenskampf der Menschen führte leicht zur Verachtung der Politik, weil man die Möglichkeiten des Landtages häufig falsch einschätzte. Auch der »goldene Westen« war in vieler Hinsicht ein »wilder Westen«.

---

130 Ebd.
131 Landtagssitzung am 28. März und 5. April 1946.
132 SLA, Präs. 874/46.

5. Ein Nachschlag. Die Marktgemeinde Rauris als Beispiel

Bisher hat sich die Darstellung auf die Ebenen des Landes und der Landeshauptstadt beschränkt. Das Land besteht auch aus den kleinen Städten, Marktgemeinden, Dörfern, Weilern. Zwar reichten die großen historischen Tendenzen in jedes Haus – Krieg, Besetzung, Demokratisierung usw. –, aber jede Einheit hat auch ihre individuelle Prägung. Als Beispiel wähle ich die Marktgemeinde Rauris im Pinzgau, in einem Seitental der Salzach gelegen. Der Ort hatte 1939 1955 Einwohner, davon 61 Prozent in der Landwirtschaft tätig.[133] Die Gemeinde war in den 1930er-Jahren aufgefallen, als bei der Landtagswahl 1932 die NSDAP einen Stimmenanteil von 47,05 Prozent erreichte.[134] Erklärbar ist dieser höchste Anteil in Salzburg durch die Agitation eines kleincharismatischen Parteiführers, des 38-jährigen Schmiedemeisters Franz Koweindl.[135] In dem Ort ist auch Landeshauptmann Albert Hochleitner im Familiengrab beerdigt. Seine Demission 1947 ist durch eingeklebte Ausschnitte aus den »Salzburger Nachrichten« im Dorfbuch dokumentiert.[136] Das Dorfbuch zeichnet sich durch eine penible Chronik der Dorfgeschichte in der ersten Hälfte des 20. Jahrhunderts aus. Geschrieben hatte sie der 1881 geborene Lehrer und Heimatforscher Siegmund Narholz, in den dreißiger Jahren ein ideologischer Nationalsozialist, was in der Chronik gelegentlich durchschlägt, aber angeblich kein Parteigenosse.[137] Die Chronik verzeichnet penibel Wetterkapriolen, Unglücksfälle, Feste, Todesanzeigen und das politische Geschehen.

Ende 1944 strömten zahlreiche Bombenflüchtlinge aus Wien in den Bauernort, Ende April 1945 deutsche Wehrmacht-Soldaten und Waffen-SS. Am 2. Mai 1945 heißt es: »Höchste Spannung u. Erregung in der Bevölkerung und der Wehrmacht. Das furchtbare Ende dieses Völkerringens ist in nächste Nähe gerückt.«[138] Am Tage des Kriegsendes (8. Mai) lieferte die Wehrmacht die Waffen ab. Kommentar: »Die Ablieferung der Waffen war wohl eine der rührendsten und traurigsten Szenen für die Soldaten und alle, die es sehen konnten. Mit zusammengebissenen Zähnen, bleichen Gesichtern, nassen Augen, aus denen teils Wut, innere Ergriffenheit, seelischer Schmerz, ab und zu wohl auch Gleichmut, Trotz u. Galgenhumor zu lesen waren, wurden die Waffen hingelegt. Unheimliche Stimmung, leise Flüche, geballte Fäuste – aus! Wehrlos, machtlos, alles umsonst!«[139] Diese Stimmung klingt nicht nach Befreiung. Sie reflektiert die Todesopfer der jungen Soldaten aus der Gemeinde. Das

---

133 Raurieser Dorfbuch, Rauris 2019, S. 278.
134 Ebd.
135 Ebd., S. 281 f.
136 Ebd., S. 223–225.
137 Biografie, S. 13, S. 276.
138 Ebd., S. 121.
139 Ebd., S. 121.

»Ehrenblatt der im Krieg 1939–1945 Gefallenen, zählt 87 Tote auf.[140] Diese Stimmung – von heute aus gesehen – blendet die NS-Diktatur aus, die Angriffskriege der Wehrmacht, die KZ-Lager – von den Judenmorden gar nicht zu reden. Es gab auch keine Juden in dieser Gegend.

Am 10. Mai treffen die amerikanischen Truppen ein. Die Bevölkerung musste ihre Waffen abgeben. Ein »Bauführer« (Aufseher) wird von den russischen Kriegsgefangenen erschlagen. Kriegsgefangene und Zwangsarbeiter ziehen ab. Merkwürdigerweise lassen die Amerikaner den NS-Bürgermeister im Amt. Erst am 30. Mai wird er abgesetzt und einen Tag später werden Ortsgruppenleiter und die übrigen Parteigenossen verhaftet.[141] Bislang waren 250 Besatzungssoldaten im Ort, im August 1945 ziehen sie ab. Nur eine Bewachungsmannschaft führte SS-Männer in den Wald zum Holzschlägern.[142]

Bei der Volksabstimmung am 10. April 1938 hatten die 931 Wahlberechtigten mit einer Ausnahme mit »Ja« gestimmt, bei der Nationalrats- und Landtagswahl am 25. November 1945 kehrte Rauris zur Normalität zurück: 684 Personen stimmten für die ÖVP, bemerkenswerte 191 für die Sozialdemokraten, die Kommunisten erhielten keine Stimme.[143]

Im Sommer 1946 beginnen auch in diesem Bauernort die Ernährungsschwierigkeiten, Schleich- und Schwarzhandel blühen. Nur die Bauern können halbwegs leben. Sie verkaufen Rinder im Schleichhandel um den 300-fachen Wert. Diebstähle und Einbrüche vermehren sich. Neben dem Schilling gelten Zigaretten als Währung.[144] Die Hausfrauen rösten Erbsen und Zuckerrüben als Kaffeeersatz.[145] Mit Bedauern wird angemerkt: Seit dem »Umbruch« müssen entlassene Nationalsozialisten ohne Pension und Unterstützung leben, die Jüngeren müssen Taglöhnerarbeit leisten.[146] Die Folge der Notsituation war im Herbst 1946: »Im Volk herrscht eine gedrückte Stimmung, die sich durch ständiges Kritisieren Luft macht.«[147]

Der Rückblick auf das Jahr 1946 bleibt verhalten: Enttäuschung der Hoffnungen, Sorge um die Kriegsgefangenen in fremden Ländern, Not an Lebensmitteln, Heizmaterial und Gebrauchsgütern. Immerhin – so das Ortsbuch – dank der Militärregierung dürfen Angehörige die Internierten im Lager Glasenbach besuchen! Aber letztlich rafft sich der Berichterstatter zu der Erklärung auf: »Und doch gehen wir wieder mit Mut und sehnsüchtigen Wünschen und Hoffnungen in ein neues

---

140 Ebd., S. 126–129.
141 Ebd., S. 184.
142 Ebd.
143 Ebd., S. 108, S. 185.
144 Ebd., S. 187.
145 Ebd., S. 189.
146 Ebd., S. 187.
147 Ebd., S. 190.

Jahr. Möge das Jahr 1947 das bringen, was uns das verflossene Jahr noch vorenthal-
ten hat.«[148] Doch die Lage verschlechterte sich im Jahr 1947. Glanzloses Dahinle-
ben, knurrende Mägen, das Gerücht verbreitet sich, dass bereits Hunde und Katzen
gegessen werden.[149] Hinzu kommt die politische Lage – der erhoffte Staatsvertrag
blieb aus. Kriegsgefangene und verhaftete Nationalsozialisten kehren in den Ort
zurück, aber auch Banditen treiben sich auf den Almen herum. So war auch das
Jahr 1947 ein Jahr der »größten Enttäuschungen«. »Die Stimmung der Menschen
gleicht einer Katerstimmung nach durchzechter Nacht.«[150] Trotz der ökonomischen
Misere, die Menschen treibt es zum Vergnügen. Der Fasching 1948 wurde ausgenützt – Unterhaltung reihte sich an Unterhaltung: Eisschießen, Maskenrummel,
im März Ski-Wettbewerbe.[151] Pinzgauer Hochzeiten werden als Volksfeste gefeiert,
170 Gäste müssen ernährt werden.[152] Düster hingegen war die politische Stimmung.
Die Machtergreifung der Kommunisten in der Tschechoslowakei löste die Angst aus,
dass die kommunistische Revolte auch auf Österreich übergreifen könne.[153] Nach
der Amnestie von 1948 war das Thema Nationalsozialismus abgehakt. Ins Zentrum
rückten die Heimkehrer aus dem Krieg. Am 1. August 1948 wurde »als Dank für die
glückliche Rückkehr aus dem Krieg« auf dem Gruberkopf ein Kreuz gesetzt. Die
Musikkapelle spielte bei der Feldmesse Schuberts Deutsche Messe.[154] Am 13. November 1948, bei der großen Heimkehrerfeier, marschierten 300 Männer auf, der
Pfarrer hielt die »stimmungsvolle Gedenkrede«, Ehrensalut, das Lied vom guten
Kameraden, Feierspiel, Festessen, Tanzen. Anwesend war auch Landeshauptmann
Josef Rehrl.[155] Der Vernichtungskrieg wurde in die Tradition aller anderen Kriege
eingereiht, der Krieg der deutschen Wehrmacht zum österreichischen Krieg umfor-
muliert, die Soldaten als Helden und Opfer gefeiert. Ein Höhepunkt dieser Umfor-
mung geschah 1951. Ein neues Kriegerdenkmal sollte gebaut werden. Der Entwurf
stammte von dem NS-Künstler »H. Prof. Thorak«. Einstimmig wurde es beschlossen. »Der Entwurf ist einzig in seiner Art, und die Ausführung sichert der Name
Thorak.«[156]
   Ein besonderes Genre der ländlichen Gesellschaft war das Gstanzl. Humorvoll
konnte darin Kritik geübt werden. Das Stilmittel war eine Art Galgenhumor. Im
Rauriser Dorfbuch sind einige Beispiele angeführt. Der Fremdenverkehr war noch

---

148 Ebd., S. 192 f.
149 Ebd., S. 193.
150 Ebd., S. 230.
151 Ebd., S. 232, S. 234.
152 Ebd., S. 235.
153 Ebd., S. 234.
154 Ebd., S. 244.
155 Ebd., S. 246.
156 Ebd., S. 266.

nicht bis Rauris gekommen, wohl aber die Lebensmittelknappheit. So klingt es in einem Gstanzl.

> Festwochn, Festspiele
> gibt's umadum viele,
> nur an ›Festaufruf‹
> – z'bleed! –
> den gibt's leider net!
> Für'n Fremdenverkehr
> gebn's zan Essen mehr her
> und da wa's halt hiaz fein
> a Ausländer z'sein![157]

Sehr ambivalent ist ein weiteres Gstanzl:

> Hawediener Herr Wiener!
> fahr af Palästiner:
> dös is do bekannt
> als gelobtestes Land […][158]

Die erfolglosen Verhandlungen über den Staatsvertrag werden kommentiert:

> Staatsvertragkommission
> hoaßt a Kreuzwegstation
> und hiaz frag i halt do:
> wiaviel kemman denn no?

---

157 Ebd., S. 206.
158 Ebd., S. 218.

V. Europa in Salzburg

Einheimische, Flüchtlinge, Displaced Persons (DPs)

1. Demografische Streiflichter

Alle Zahlen aus den ersten Nachkriegsjahren sind mit Vorsicht zu betrachten. Valide Zahlen gibt es erst bei der Volkszählung von 1951. Themen der Demografie sind: Einwohnerzahlen, Zahlen der Geburten und Sterbedaten, Bevölkerungspyramiden, Heirats- und Scheidungsverhalten, Berufstätigkeit, Ausbildung, Wohnverhältnisse, Migration usw.[1] 1951, bei der ersten großen Volkszählung nach dem Krieg, werden im Land Salzburg 327.232 und in der Landeshauptstadt 102.927 Einwohner gezählt.[2]

Tabelle 3: Gesamtzahl der Lebensmittelkarten.

Eine Zusammenstellung verschiedener Quellen		
	im ganzen Land	in der Landeshauptstadt
1946	303.414	91.175

Quelle: Landesregierung Salzburg. Amt für Ernährung Abt. Statistik. Fasz. Nr. 3/4. Für die Quelle danke ich Peter Kramml vom Stadtarchiv Salzburg.
Eine andere Quelle beziffert die Bevölkerung im Land Salzburg 1947 mit 332.715 Personen.[3]

Tabelle 4: Landeshauptstadt Salzburg.

	Ständige Bevölkerung	Gesamtbevölkerung
1945	84.383	98.530
1946	93.551	106.919
1947	99.344	116.608

Quelle: Statistisches Jahrbuch der Landeshauptstadt Salzburg 1954, S. 5.

---

1 Josef Ehmer, Bevölkerungsgeschichte und historische Demografie 1800–2000, München 2004; 200 Jahre Salzburg in Zahlen. Ein statistischer Streifzug 1816–2006, Landesdirektion (Hg.), Salzburg 2016.

2 200 Jahre Salzburg, S. 25.

3 Roland Floimair (Hg.), Vom Wirtschaftsaufbau zum Wirtschaftswunder. Ein Lesebuch zur Geschichte Salzburgs, Salzburg 1994, S. 101.

Tabelle 5: Bevölkerungskartei (ohne Lager) Landeshauptstadt Salzburg

	Ständige Bevölkerung	vorübergehende Bevölkerung
30. April 1945	83.278	94.333
28. Februar 1946	86.284	104.969

Quelle: Bericht von Bürgermeister Richard Hildmann, Archiv der Stadt Salzburg, 010/642.

1944/45 war keine gute Zeit des Gebärens, es war eine Zeit des Sterbens. Nach Anstieg der Geburten in den ersten Jahren der NS-Herrschaft gingen sie gegen Kriegsende stark zurück.[4]

Tabelle 6: Landeshauptstadt Salzburg 1945.

1102	Geburten (ein Viertel unehelich)
2444	Todesfälle
946	Trauungen

Quelle: Hildmannbericht, S. 6.

Zusammengefasst: Die Angaben der Bevölkerungszahlen in der Stadt Salzburg differieren stark, aber aussagekräftig ist die Tatsache, dass die vorübergehende Bevölkerung weitaus höher als die ständige Bevölkerung war. Rechnet man einige tausend US-Soldaten hinzu (genaue Angaben fehlen), so kann man sich ein Bild von der Überlastung der Stadt machen. Zu den Todesfällen muss man die ca. 10.000 gefallenen und vermissten Salzburger Soldaten des Zweiten Weltkrieges mitrechnen.[5]

Nach amerikanischen Angaben vom 7. August 1947 verlor die Stadt Wien von 1939–1946 21 Prozent der Bevölkerung, während Salzburg 48 Prozent dazugewann.[6]

Wohnsituation: Dem rasanten Anstieg der Menschen in der Landeshauptstadt stand eine zerstörte Wohnmöglichkeit gegenüber. Bei 15 Luftangriffen auf die Stadt Salzburg wurden 547 Menschen getötet. 3180 Gebäude wurden, nach offiziellen Angaben, beschädigt, davon 423 total. 7600 Wohnungen wurden zerstört oder beschädigt, das waren 32 Prozent des Bestandes.[7] 1946 mussten in ei-

---

4 Salzburg in Zahlen, S. 28.
5 Salzburg in Zahlen, S. 34.
6 SLA, Präs. 187/47.
7 Erich Marx (Hg.), Bomben auf Salzburg. Die »Gauhauptstadt« im »Totalen Krieg«, Salzburg 1995. (Schriftenreihe des Archivs der Stadt Salzburg 6), S. 24 f.

nem Wohnraum 3 Personen leben.[8] 26.000 Obdachlose mussten bei Verwandten oder Freunden, in Notschlafstellen oder in selbstgebauten Hütten unterkommen.[9] Die Signatur der Städte in Zentraleuropa 1945 prägten bombenzerstörte Stadtteile und die zahlreichen überfüllten Holzbaracken. Aber nicht nur in der Stadt Salzburg, auch im Land herrschte Wohnungsnot. Am 23. August 1946 schrieb der Bürgermeister von Tamsweg im Lungau an den Landeshauptmann: Der Ort hatte 1300 Einwohner 1938, aber 1877 im Jahr 1946 – viele Beamte, Flüchtlinge, allein der CIC belegte 50 Zimmer. Eine Familie mit 5 Kindern musste in einem kleinen Raum leben. In einem anderen Fall war ein Raum Küche, Wohn- und Schlafzimmer, obendrein Werkstatt.[10]

Eine weitere Belastung der Wohnsituation war die Einquartierung der Besatzungsmacht. In einem »streng vertraulichen« Bericht an Bundeskanzler Leopold Figl schrieb der Landeshauptmann am 25. Oktober 1946 über diese Zustände: Im Mai 1945 beschlagnahmten US-Soldaten willkürlich Wohnungen, räumten sie aus, zerstörten sie mutwillig. Mit vorgehaltener Pistole verlangte ein Soldat Alkohol. Andere Soldaten unterstützten Ausländer bei Raubzügen auf einzelne Gehöfte. Der Landeshauptmann räumte aber ein, dass die Militärregierung bestrebt war, solche Übergriffe zu vermeiden. Aber noch Ende 1946 hielt die U.S. Army eine große Anzahl von Zivilgebäuden besetzt. Es sei verständlich, dass die Soldaten und Stäbe untergebracht werden müssen, aber wo früher 4–5 Familien wohnten, hausen nun 2–3 Offiziere, wobei Einrichtungen und Bettwäsche der Vorgänger benützt werden. Dann zählte der Landeshauptmann die beschlagnahmten Liegenschaften (nicht nur von Nationalsozialisten) auf: 66 Privathäuser, 17 Einzelzimmer, 67 Zinshäuser, 45 Einzelhäuser, 7 Erholungs-Ferienheime, 58 Privathäuser für Familienunterkunft, 36 Zinshäuser für Familienunterkunft (1946 waren die Familien der Offiziere nachgekommen), 19 Gebäude für Unterbringung des Hauptquartiers und der Militärregierung. Der Landeshauptmann klagte auch, dass sich die Militärregierung noch immer in die unmittelbare Verwaltung einmenge, besonders in die Entnazifizierung. Dennoch hielt der Landeshauptmann am Schluss fest, dass sich höhere Stellen der Militärregierung im Verkehr mit der Landesregierung durchaus korrekt, wohlwollend und fürsorglich verhalten.[11]

---

8 SLA, Präs. 866/46.
9 Politik im Wandel, S. 432.
10 SLA, Präs. 827/46.
11 SLA, Präs. 978/46.

2. Ein Hauptproblem der Nachkriegszeit: Fremde Menschen in Salzburg

Seit einigen Jahren hat sich die Migrationsforschung – angeregt durch gegenwärtige Problemlagen, politisch, sozial, kulturell – zu einem eigenen Zweig der Geschichtsforschung entwickelt. Hochemotional besetzt, ist es schwierig, Gesinnungs- und Verantwortungsethik in eine Balance zu bringen. Die neue Forschung legt Wert darauf, nicht nur die zahllosen Probleme der Migration anzusprechen, sondern auch den Gewinn für die Einheimischen.[12] Die Begriffe sind schwankend, änderten sich nach 1945 auch ständig. In der deutschen Sprache ist meist von »Flüchtlingen« die Rede, in der englischen von »Displaced Persons«. Die Alliierten definierten 1944 »Displaced Persons« als »civilians outside the national boundaries of their country by reason of war«.[13]

Der Begriff war hier sehr weit gefasst: jüdische Holocaustüberlebende, Zwangsarbeiter, Kriegsflüchtlinge, Vertriebene, aber auch Nazikollaborateure. Nicht einbezogen waren Wehrmachtsangehörige, die entlassen oder verhaftet wurden, oder »Reichsdeutsche«, die auf Befehl der Alliierten nach und nach Österreich verlassen mussten.

1945 unterstanden alle DPs-Lager, ausgenommen die Lager der ehemaligen Feindstaaten, der »Displaced Persons Section« der Militärregierung. Einen Sonderstatus hatten alle rassisch, religiös oder politisch Verfolgten, besonders die Juden.[14] Definitionen, Zuständigkeiten und Anzahl der Flüchtlinge wandelten sich ständig. Einige Beispiele: Am 18. Juli 1946 informierte der Kommandant der Militärregierung, Oberstleutnant Richard L. Lollar den Landeshauptmann über neue Definitionen. Neue Flüchtlinge, Ausnahme Juden, unterstehen nicht mehr der Militärregierung, sondern der österreichischen Regierung. Personen, die seit 1. November 1945 nach Salzburg gekommen waren, werden nicht mehr als DPs anerkannt, sondern als »Ausländer« in Österreich angesehen. Alle DPs können in dringenden Fällen (z.B. Ernte) zur Arbeit angehalten werden, bei Weigerung verlieren sie die Lebensmittelkarte.[15] Später galt eine etwas andere Definition der DPs:
– Zwangsarbeiter
– Naziopfer

---

12 Philipp Strobl, Nicolaus Hagen, New Perspectives on Displaced Persons (DPs) in Austria, in: Zeitgeschichte 2/2020, S. 165–179.

13 Ebd., S. 167.

14 5. September 1946, Militärregierung an den Landeshauptmann: SLA, Präs. 768/46.

15 SLA, Präs. 560/46.

– Personen, die aus vernünftigen Gründen fürchten, wegen religiösen, rassischen oder politischen Gründen in ihrem Land verfolgt zu werden.[16] Das betraf vor allem Zwangsarbeiter oder Kriegsgefangene, die sich weigerten, in kommunistisch geführte Länder zurückzukehren. Für die Repatriierung der Angehörigen von Siegerstaaten waren eigene »Missionen« auch in Salzburg tätig. Obendrein differierten 1947 die Schätzungen der DPs in der US-Zone zwischen den Amerikanern und Österreichern. Aus österreichischer Sicht gab es 68.315 in den Lagern und 192.863 außerhalb der Lager, aus amerikanischer Sicht deutlich weniger: 60.834 in den Lagern, 114.806 außerhalb der Lager.[17]

Auch die Zahl der Lager und ihrer Bewohner änderte sich andauernd. Der Hildmannbericht vom 10. April 1946 nennt folgende Zahlen. Im Juli 1945 bestanden in der Stadt Salzburg 18 Flüchtlingslager (3 Schulen, 5 Kasernen, Hotel Europa, Müllner Bräustüberl und verschiedene Barackenlager). Dort waren 31.068 Personen untergebracht (Österreicher, Reichsdeutsche, Volksdeutsche und Ausländer). 35.800 Ausländer und Flüchtlinge lebten in Privatunterkünften. Insgesamt also 66.868 Menschen. In dem Bericht ist noch nicht von DPs die Rede, sondern undifferenziert von Ausländern.[18] Anfang 1946 werden in 18 Lagern 36.083 Ausländer, Flüchtlinge und DPs angeführt.[19] Die meisten waren Jugoslawen und Juden. Von der Herkunft her werden mehr als vierzig Länder angegeben.[20] Noch nie lebten kurzfristig so viele Nichtsalzburger in der Landeshauptstadt.

Aber nicht nur in der Landeshauptstadt waren Flüchtlinge untergebracht. Allein im Pongau waren es etwa 2000. Ein anderes Beispiel ist Puch, wo 940 Ausländer lebten.[21] Ein weiteres Beispiel ist St. Johann. Dort gab es ein Jugoslawienlager mit 1500 Soldaten. Lagerchef war ein junger General. Trotz der amerikanischen Überwachung konnten Offiziere ins Kaffeehaus gehen, der Schwarzhandel blühte.[22] Gesamtzahlen für das Land Salzburg sind schwierig zu erstellen. Die Schätzungen bewegen sich auf etwas mehr als 100.000.[23]

---

16 NARA, 1712.
17 International Refugee Organisation Austria (IRO) an die Displaced Persons Division, USAGA, 26. Februar 1948. NARA, 1712.
18 Hildmannbericht, S. 12.
19 Harald Waitzbauer, Displaced Persons in Salzburg 1945 bis 1955, in: Salzburg 1945 bis 1955, S. 140 f.
20 Statistisches Jahrbuch der Landeshauptstadt Salzburg 1950, S. 26.
21 SLA, Präs. 08/1945. Daniele Pabinger, Dieser Erinnerungsort sollte mehr Aufmerksamkeit bekommen, in: Salzburger Nachrichten, 24. Juli 2020.
22 SLA, Präs. 134/46.
23 Ernst Hanisch, Von den schwierigen Jahren der Zweiten Republik – Salzburg im Wiederaufbau, in: Salzburg und das Werden der Zweiten Republik (VI. Landes-Symposion am 4. Mai 1985), Salzburg 1985, S. 18.

Wer sorgte für die finanzielle und materielle Versorgung? Die Wohlfahrtsabteilung der Militärregierung, die Fürsorgeabteilung von Stadt und Land, Schweizer Rotes Kreuz, Internationales Rotes Kreuz, Amerikanisches Rotes Kreuz. Später die UNRRA (United Nations Relief and Rehabilitation Administration), ab 1947 die IRO (International Refugee Organisation). Für die Flüchtlingsbetreuung wurden 1945 von der Stadt Salzburg S 3.861.028 aufgebracht, wovon die Landesregierung S 1.700.000 und die Militärregierung S 982.409 ersetzte.[24] Prinzipiell musste die österreichische Regierung für die Unterbringung und Versorgung der Flüchtlinge aufkommen, erhielt aber finanzielle Zuwendung in Dollar von der IRO. Beispielsweise für die Periode 1. Juli 1947 bis 29. Februar 1948 allein 1.000.000 Dollar.[25]

Ein Lager ist bislang in der Stadt Salzburg genauer erforscht worden: das »Camp Hellbrunn«, früher eine Kaserne, heute ein Seniorenwohnhaus, damals umgeben von zahlreichen Baracken.[26] Im Sommer 1945 wurden in dem Areal 4000 Flüchtlinge unterschiedlicher Nationalität untergebracht. Nach dem Rücktransport der Zwangsarbeiter und Kriegsgefangenen blieben 1946 etwa 1000 Polen und 700 Ukrainer, 1947 dann 1427 Polen (Polenlager). Das Lager stand im Spannungsfeld zwischen dem kommunistischen Osten, der eine Repatriierung forderte, und dem antikommunistischen Westen, speziell der polnischen Exilregierung in London und ihrem militärischen Arm, dem 2. Korps, die es verhindern wollten. Als 1947 das Lager von der IRO übernommen wurde, entstand über die Versorgung ein Konflikt zwischen ihr und den österreichischen Behörden. Wie in vielen Lagern entwickelte sich eine spezielle nationale Kultur: Verlage, Bibliotheken, Theaterkreise, Chöre usw. Wenn man will, kann auch der Schwarzhandel zu dieser Lagerkultur gezählt werden. Dementsprechend war die negative Einstellung der einheimischen Bevölkerung. Zwar bemühten sich die Polen, ihre nationale Kultur der hiesigen Bevölkerung schmackhaft zu machen, aber sie waren keine Touristen mehr wie in der Vorkriegszeit, die Geld ins Land brachten, sondern lästige Ausländer, die Geld kosteten, auch wenn sie teilweise in den Arbeitsprozess eingebunden waren.

Nicht nur für die Österreicher, auch für die Amerikaner waren die DPs-Lager ein Dauerproblem. Eine Frage war: Darf die österreichische Polizei die DPs-Lager betreten? Anfänglich war es streng verboten. Am 9. Juli 1946 schrieb der »Area Commander« Richard L. Lollar an den Landeshauptmann (in deutscher Übersetzung):

Nach einer Konferenz mit verschiedenen Organisationen habe er als Gebietskommandant des Landes Salzburg entschieden:

---

24 Hildmannbericht, S. 49.

25 IRO an Bundeskanzler Figl am 26. Juni 1948, NARA, 91.

26 Gabriele Huber, Regina Thumser, Das Flüchtlingslager »Camp Hellbrunn«. Fremdsprachige Flüchtlinge im Salzburg der Nachkriegszeit, in: Hanns Haas u.a. (Hg.), Salzburg. Städtische Lebenswelt(en) seit 1945, Wien 2000, S. 75–99.

– »Die ganze österreichische Polizei hat das Recht, jeden Zivilisten zu verhaften,
 der die Gesetze übertritt, ohne Rücksicht auf seine Nationalität, mit Ausnahme
 eines amerikanischen Soldaten.«
– Österreichische Gerichte können solche verhafteten Personen verhören (Ausnahme GIs oder DPs der Alliierten Mächte).
– Österreichische Polizei darf in Begleitung der Military Police die Lager der DPs
 betreten und Verhaftungen vornehmen.
– DPs von Feindsoldaten (Bulgarien, Rumänien, Volksdeutsche) müssen arbeiten
 und wie Österreicher behandelt werden.[27]
 Einen Tag später erklärte Lollar sein Vorgehen dem Generalmajor Collins.
– Bislang kam die Military Police immer zu spät und weigerte sich, für die österrei-
 chischen Polizisten einzutreten, wenn sie von DPs angegriffen wurden.
– Gesetze müssen von allen Personen geachtet werden, ob DPs oder Österreicher.
– »Die Entschuldigung, die man machen könnte, daß man von den Nazis in den
 verflossenen Jahren verfolgt wurde, gibt ihnen nicht die Berechtigung, jetzt zu tun
 und lassen, wie ihnen beliebt.«[28]
– Wenn man ein solches Verhalten durchgehen lasse, sei die allgemeine Sicherheit
 bedroht.
– Die Military Police muss bei Betretung der DPs-Lager der österreichischen Polizei volle Unterstützung geben.[29]

Einen ausführlichen Bericht über das letzte Drittel des Jahres 1947 verfasste der Leiter der »Displaced Section« der Militärregierung Captain Elbert B. O'Keeffe (wohl
irischer Herkunft).
– Die Sektion kontrollierte zu diesem Zeitpunkt elf DPs-Camps (Beth Bialik, Rie-
 denburg, Hallein, Puch, Saalfelden, Mark Pongau (sic!), New Palestine, Lexen-
 feld, Parsch, Hellbrunn, Glasenbach). Nachdem die IRO am 15. Oktober 1947
 die Verantwortung für einige Lager übernommen hatte, konnte das US-Personal
 auf einen Kommandanten und zwei Assistenten reduziert werden.
– Die Versorgung der DPs-Camps sei besser als die Versorgung der durchschnitt-
 lichen Österreicher, weil die Lager auch von Wohlfahrtsorganisationen versorgt
 werden.
– Die Disziplin in den Lagern werde durch ein repräsentatives Komitee und die
 Lagerpolizei gewährleistet. Schwere Fälle werden an die Militärregierung oder an
 österreichische Gerichte abgegeben.

---

27 SLA, Präs. 1946, 3. Karton, ohne Nummer.
28 Ebd.
29 Ebd.

– Die allgemeine Sicherheit im Land leide unter dem Stress der Gefühle zwischen
  den Österreichern und den DPs. Der DP ist der Meinung, »that he is of a special
  class and should receive preferential treatment. There is continual strife between
  elements of the Jewish population, with a more or less united front being presen-
  ted to non-Jewish persons«.[30] (Der mögliche Antisemitismus wird in dem Bericht
  nicht angesprochen.)
– Die Berichte über den Schwarzmarkt in den Lagern seien glaubhaft – das ver-
  schärfe die Spannungen zwischen Flüchtlingen und Einheimischen.
– In allen Lagern gebe es Schulen mit Lehrern aus der Lagerpopulation.[31]

Mitten in der Hungerkrise ab Herbst 1946 beschwerte sich Generalmajor Collins
beim Landeshauptmann: Die Lebensmittelausgabe im DPs-Lager St. Johann sei
auf 950 Kalorien abgesunken. Die Landesregierung müsse sofort für eine Änderung
sorgen. Das Amt für Ernährung bei der Landesregierung rechtfertigte sich, dass
tatsächlich einzelne Lebensmittel nicht zur Verfügung standen – nicht nur für die
DPs-Lager, sondern auch für die österreichische Bevölkerung. Aufmüpfig schrieb
das Amt abschließend: »Reklamationen werde es immer geben, es sei denn 1. Daß
die DPs aus Österreich abtransportiert werden, oder 2. diese von den Besatzungs-
mächten (gleich den Judenlagern) geschlossen verpflegt werden, was seitens breiter
Bevölkerungsschichten schon längst gewünscht wird.«[32] Eine solche offene Kritik
war nicht ungefährlich, hatte doch die Militärregierung in der Verordnung 200 fest-
gelegt: Neben Verbrechen, die mit dem Tod bestraft werden, im Artikel II, auch ein
Verstoß gegen Verordnungen und Anordnungen der Militärregierung als strafbare
Handlung gewertet werden muss.[33]

Die österreichische Sicht auf das Flüchtlingsproblem unterschied sich von der
amerikanischen. Einen Einblick ermöglichen die Berichte der Sicherheitsdirektion,
die auf Informationen der Gendarmerieposten beruhen. Dieser Quellentypus kon-
zentriert sich hauptsächlich auf negative Vorkommnisse, spart aber positive Ereignisse nicht aus. Ein Schwerpunkt der Berichte sind immer die allgemeinen Sicher-
heitsverhältnisse. Ende November 1945 heißt es: »Freche Diebstähle zur Tages- und
Nachtzeit sind an der Tagesordnung. Die Täter sind fast ausschließlich Ausländer
[...]«. Die Bevölkerung sei erbost »über präpotentes und gemeingefährliches Verhalten der Ausländer in Stadt und Land.«[34] Aber bereits im Jänner 1946 konstatierte
der Bericht, dass die Raubüberfälle durch Ausländer aufgehört hätten. Ursache?

---

30 Displaced Person Sektion an Comanding Officer Land Salzburg, 29. Dezember 1947, NARA, 1652.
31 Ebd.
32 SLA, Präs. 1125/46.
33 Neues aus dem Westen. Berichte der Sicherheitsdirektion, S. 186.
34 Ebd., S. 47 f.

Collins hatte für die DPs ein Ausgangsverbot verhängt.[35] Aber nicht nur die Ausländer machten Österreichern und Amerikanern zu schaffen: Durchgehend werde
über »Exzesse amerikanischer Soldaten« geklagt. Doch schon im Frühjahr 1946 sind
es wieder die »Ausländer«, die keiner Beschäftigung nachgehen, sondern »durch
Diebstähle, Überfälle, Plünderungen, Schwarz- und Schleichhandel ihren Unterhalt
fristen.«[36] Die Sicherheitsdirektion verlangt die Abschiebung der »arbeitsscheuen
Elemente«. Eine Ausforschung sei nicht möglich, weil die Täter in DPs-Lager un-
tertauchen, und die österreichische Polizei dort keine Zugriffserlaubnis habe.[37] Einen Monat später, im Juli 1946, reagierte die Militärregierung mit der Erlaubnis,
die österreichische Polizei dürfe in Begleitung der Militärpolizei die Lager betreten.
Eine brisante Meldung erschien im Juni 1946: »Eine Hochburg des Schleichhandels
im Land Salzburg ist Badgastein, wo sich zahlreiche ehemalige nichtpolitische [sic!]
KZ-Häftlinge (meist Juden) mit dem Schleichhandel befassen«[38] (darüber später).
Man kann allerdings nicht feststellen, dass die Sicherheitsdirektion nur auf Ausländer
fixiert war. Im Mai 1946, als die strafbaren Handlungen um 90 Prozent gestiegen
waren, zeigte die Statistik, »dass die große Menge aller strafbaren Handlungen In-
ländern zur Last fallen.«[39]

Die Stimmung der Bevölkerung hing von den Kalorien ab. In der Hungerkrise
vom Herbst 1946 bis Frühjahr 1947 stieg auch der Hass auf die Ausländer auf einen
Höhepunkt. Wenn der Kuchen kleiner wird, werden die Verteilungskämpfe härter.
Die Zeitungen hetzten die Bevölkerung gegen die Ausländer auf. Besonders das kom-
munistische »Salzburger Tagblatt« nutzte die Hungerkrise, um in der Bevölkerung
Boden zu gewinnen. Ihr Ziel waren besonders DPs aus den ehemaligen Feindstaaten.
Am 20. Jänner 1947 schrieb der Landeshauptmann an die Obmänner der Parteien:
Der Militärregierung sei wiederholt aufgefallen, dass in der Tagespresse das Prob-
lem der DPs unrichtigerweise erörtert werde. Nicht berücksichtigt werde, dass ein
hoher Anteil der Ausländer in den Arbeitsprozess eingebunden sei »und wertvolle
Dienste leiste«. Die Obmänner der Parteien sollen ihre Zeitungen zügeln. Durch
solch negative Berichte, »werden unnötige Beunruhigung und begreifliche Mißver-
ständnisse in der Bevölkerung hervorgerufen«.[40] Am 13. Februar 1947 schrieb der
Landeshauptmann-Stellvertreter Franz Peyerl zurück. Er habe den Chefredakteur
des »Demokratischen Volksblattes« informiert. Dieser sei der Meinung, dass es die
Aufgabe der Presse sei, über die DPs zu berichten – im Interesse der »arbeitenden

---

35 Ebd., S. 81.
36 Ebd., S. 87.
37 Ebd., S. 116.
38 Ebd., S. 116.
39 Ebd., S. 111.
40 SLA, Präs. 118/47.

einheimischen Leute«, die häufig gegenüber den DPs benachteiligt seien. Auch der Chefredakteur kenne den Unterschied zwischen den »faschistischen DPs« und den »Volksdeutschen«, die allerdings auch »geschäftliche Betätigungen« betreiben, die nicht erwünscht sind.[41] Der Druck der Amerikaner veranlasste Landeshauptmann Albert Hochleitner, im Frühjahr 1947 eine Pressekonferenz einzuberufen, in der er gegen eine allgemeine Diskriminierung der DPs protestierte und darauf hinwies, dass die Hälfte der »versetzten Personen in Arbeit stehen und der Salzburger Wirtschaft wertvolle Dienste leisten«.[42]

Doch das Problem »Ausländer« schwelte weiter. Im Sommer 1947 meldete die Sicherheitsdirektion, dass ein großer Teil des Schleichhandels in den Händen der Ausländer oder Juden sei, »daher ist die Stimmung der einheimischen Bevölkerung gegenüber diesen nicht günstig.«[43] Beim Schleichhandel waren aber meist auch Salzburger beteiligt. Im April 1948 hatten Viehhändler 60 Stück Rinder aufgekauft und an Angehörige der DPs-Lager weiterverkauft, wo sie geschlachtet und dem Schwarzmarkt zugeführt wurden.[44]

Die Gründung des Staates Israel löste in der Bevölkerung ambivalente Gefühle aus. Im Mai 1948 formulierte ein Bericht: »Eine gewisse Sympathie für die arabischen Staaten ist bei weiten Bevölkerungskreisen unverkennbar, andererseits wird die Errichtung eines Judenstaates in Palästina begrüßt, da man daran die Hoffnung knüpft, dass zumindest die Hauptmasse der im Lande wohnenden und Geschäfte treibenden Juden abzieht.«[45] Während anfänglich auch die Volksdeutschen negativ bewertet wurden, hatte sich die Einstellung zu ihnen 1948 geändert: Eine solide Meinungsbefragung erbrachte das Ergebnis, dass 63 Prozent der Stadtsalzburger mit ihnen gut auskamen.[46]

2.1 Wieder (ungeliebte) Juden in Salzburg

Es war eine Ironie der Geschichte: Die Nationalsozialisten an der Macht riefen ein angeblich »judenreines Salzburg« aus, aber nach 1945 lebten kurzfristig Tausende Juden in Salzburg. Salzburg, in der amerikanischen Zone, war die Drehscheibe, die Sammelstelle, der Warteraum der illegalen Transporte nach Palästina.

Zahlen: Genaue Zahlen sind hier nicht möglich, nur Schätzungen gibt es. Dauernd änderte sich die Situation; manipulierte Zahlen, um eine bessere Versorgung

---

41 SLA, Präs. 119/47.
42 Ernst Hanisch, Salzburg in der Zweiten Republik, in: Geschichte Salzburgs. Stadt und Land, Bd. II/2, S. 1192.
43 Neues aus dem Westen, S. 171.
44 Ebd., S. 211.
45 Ebd., S. 209 f.
46 Kurt Tweraser, US-Militärregierung Oberösterreich, 1. Bd., S. 343.

zu erhalten, wurden angegeben. Nach Kriegsende waren 20.000 bis 30.000 befreite
jüdische KZ-Häftlinge in Österreich.[47] Von September 1945 bis April 1950 kamen
225.000 bis 250.000 Juden aus Osteuropa nach Österreich (Männer, Frauen, Kinder),
nach amerikanischen Angaben 193.500 in die US-Zone.[48] Aba Gefen, von 1945 bis
1947 Kommandant der Bricha in Salzburg, nennt etwa 120.000 jüdische Flüchtlinge,
die zwischen 1945 und 1948, illegal und unter großen Schwierigkeiten, von der Bricha über Salzburg Richtung Palästina weitertransportiert wurden.[49] Einige detaillierte Angaben: Ende Jänner 1946 lebten 5900 Juden in der US-Zone.[50] Dann
aber, im Sommer 1946, brach eine Panikflucht in Polen aus. Die Ursachen waren
die schlechte soziale Lage der Juden in Polen, der Antisemitismus, das schreckliche
Pogrom in Kielce am 4. Juli 1946; letztlich feuerte die aussichtslose Perspektive
eines jüdischen Lebens in Polen die zionistische Option an, von der Bricha organisiert.[51] Der Weg ging aus geografischen Gründen über Österreich, besonders über
Salzburg. 95.000 jüdische Flüchtlinge aus Polen und 14.000 aus Ungarn waren im
Laufe des Jahres 1946 in Österreich angekommen.[52] Diese enorme Zahl war eine
große Belastung für die US-Besatzungsmacht und für die österreichische Regierung.
Legal und illegal konnte ein großer Teil in die US-Zone nach Deutschland gebracht
werden.[53] Ein kleinerer Teil wurde von der Bricha illegal nach Italien geschleust. Im
Sommer 1946 mussten in Salzburg weitere sechs Lager für 15.500 Juden eröffnet
werden.[54] Ende 1946 blieben noch 30.000 jüdische Menschen in der US-Zone von
Österreich.[55]

Der Überlastung der Lager begegnete die US-Militärregierung am 21. April 1947
mit einer Aufnahmesperre für Flüchtlinge.[56] Dann, im Sommer 1947, rollte die zweite
Welle jüdischer Flüchtlinge an: die »Hungerflucht« aus Rumänien. Die Verstaatlichung der Wirtschaft dort entzog den kleinen jüdischen Geschäften die Lebens-
grundlage. Im August 1947 gelang es 4000, im September 1947 etwa 3600 Juden,

---

47 Thomas Albrich, Exodus durch Österreich. Die jüdischen Flüchtlinge 1945–1948, Innsbruck 1987,
    S. 12.

48 Thomas Albrich, Die zionistische Option. Israel und die Überlebenden des Holocaust in Österreich,
    in: Thomas Albrich (Hg.), Flucht nach Eretz Israel. Die Bricha und der jüdische Exodus durch Öster-
    reich nach 1945, Innsbruck 1998, S. 279.

49 Aba Gefen, Zwei Jahre als Bricha-Kommandant in Salzburg, in: Flucht nach Eretz Israel, S. 186.

50 Thomas Albrich, Exodus, S. 90.

51 Thomas Albrich, Zionisten wider Willen. Hintergründe und Ablauf des Exodus aus Osteuropa, in:
    Flucht nach Eretz Israel, S. 26–36.

52 Ebd., S. 36.

53 Thomas Albrich, Exodus, S. 108.

54 Ebd.

55 Thomas Albrich, Zionisten wider Willen, S. 36.

56 Kurt Tweraser, US-Militärregierung in Oberösterreich, 1. Bd., S. 369; Thomas Albrich, Exodus,
    S. 155.

in die US-Zone zu kommen.[57] Gleichzeitig verschwanden 4600 Juden im Mai 1947 und 6000 im Juli aus den Lagern.[58] Diese ständige illegale Ankunft und der illegale Abtransport ermöglichen keine exakten Zahlen.

Die Gründung des Staates Israel entspannte die Situation in der US-Zone. Jetzt war auch eine legale Auswanderung möglich. Doch bis Ende Mai 1948 lebten noch 20.000 jüdische DPs in der amerikanischen Zone.[59]

Die amerikanische Militärregierung und die Juden: Kurz nach Kriegsende wurden die Flüchtlinge von der U.S. Army nach Nationen aufgeteilt, auch die Juden, die den Holocaust überlebt hatten. Dabei konnte ein frommer polnischer Jude neben einem antisemitischen polnischen Zwangsarbeiter stehen. Auch die österreichische Regierung wollte die überlebenden österreichischen Juden nicht als Juden, sondern als Österreicher wie alle anderen Österreicher ohne Bevorzugung behandeln. Dieses Vorgehen empörte die zionistischen Juden, rief die Kritik der jüdischen Organisationen in den USA hervor, die bis zu Präsident Harry S. Truman drang. Im Sommer 1945 beauftragte er Earl Harrison mit einer Inspektion der DPs-Lager.[60] Sein Bericht war verheerend: »We appear to be treating Jews as the Nazis treated them except that we do not exterminate them.«[61] Der Bericht war zwar in Teilen übertrieben, löste aber eine große Erregung in der amerikanischen Öffentlichkeit aus, was die US-Militärmacht zwang, eigene Judenlager zu errichten und sie bevorzugt zu alimentieren. Das wiederum führte zu einem Konflikt mit der UNRRA (Gleichberechtigung der »Rassen«), mit den Briten, die als Mandatsmacht in Palästina die geforderten jüdischen Transporte dorthin ablehnten, weil sie zu Recht den Konflikt mit den dort lebenden Arabern fürchteten und ihr Konzept des »Einigen Palästina« unmöglich mache.[62]

Für die US-Zone allerdings war das Hauptproblem die überfüllten Lager und der dauernde Zustrom von Ostjuden. Die Lösung war: Die Militärregierung erlaubte stillschweigend die illegalen Transporte aus den Salzburger Lagern, ja half auch mit. Das Wichtigste war – »Out with the DPs«.[63] In der Militärregierung wurde ein »Jewish Affairs Desk« eingerichtet, der für Unterbringung und Verpflegung sorgte und kontrollierte. Der Leiter war Captain Stanley Nowinski, ein deklarierter Judenfreund (»Engel der Juden«). Sein Motiv: »Ich gehöre der 42. amerikanischen Division an, die das Dachau Vernichtungslager befreit hat. Ich war unter den ersten,

---

57 Thomas Albrich, Exodus, S. 152 f.
58 Ebd., S. 115 f.
59 Ebd., S. 162.
60 Ebd., S. 28.
61 Ebd., S. 29.
62 Ebd., S. 34–36.
63 Susanne Rolinek, Jüdische Fluchthilfe im Raum Salzburg. Das Netzwerk von Bricha und Betar 1945 bis 1948, in: Flucht nach Eretz Israel, S. 103.

die ins Lager eindrangen. Ich war erschüttert und zitterte, als ich das, was dort passiert war, sah, und ich habe beschlossen, den Überlebenden der Grausamkeiten auf jede mögliche Weise zu helfen.«[64] Weitere Ansprechpartner waren Jewish Chaplains (Rabbiner) und jüdische GIs.[65] Das war die eine Seite. Die andere Seite war, dass es auch in der U.S. Army Antisemiten gab, welche die Juden misstrauisch betrachteten.

Die jüdischen DPs wiederum hatten, als Ergebnis ihrer Erfahrungen mit den Verfolgungen, einen Widerstand gegen jede Autorität entwickelt. Das richtete sich auch gegen die Militärregierung.[66] Ein Beispiel: Als die Amerikaner im Frühjahr 1947 das Camp Herzl (Franz-Josef-Kaserne) schließen wollten, weigerten sich die Flüchtlinge, verbarrikadierten sich, traten in den Hungerstreik, trotzten den 200 Soldaten und gaben nach Tagen erst auf Anraten der Bricha ihren Widerstand auf.[67] Generell sahen die überlebenden Juden auch Eingriffe der Militärregierung als Verfolgung an.

Jüdische Institutionen: Eine so gigantische Fluchtbewegung Richtung Palästina brauchte Institutionen, die legal und illegal die Flucht organisierten und leiteten. Die wichtigste Organisation war die 1944/45 gegründete Bricha (= Flucht).[68] Sie stand zunehmend unter der Kontrolle des Mossad, der wiederum von der Hagana, der Untergrundarmee in Palästina, abhing.[69] Diese verschiedenen Einflüsse, verschiedenen Erwartungen der jüdischen Überlebenden führten auch zu Konflikten innerhalb der jüdischen Gemeinschaft. Nicht alle wollten nach Palästina, sondern in die USA oder in andere Länder. Die Bricha bevorzugte junge, gesunde Menschen. Kommandant der Bricha in Österreich war der in Wien geborene Asher Ben-Natan.[70] Alles, was im zivilen Leben verpönt war, war im Dienst der Rettung der Juden nach Palästina erlaubt. Es galt das »Gesetz der Notwendigkeit«, und man war nicht zimperlich. Aba Gefen hat die Methoden später ungeschminkt aufgezählt: falsche Uniformen,

---

64 Zit. nach: Aba Gefen, Zwei Jahre als Bricha-Kommandant in Salzburg, in: Flucht nach Eretz Israel, S. 183. Hans-Joachim Löwer, Flucht über die Alpen. Wie jüdische Holocaust-Überlebende nach Palästina geschleust wurden, Innsbruck 2021, S. 144–147.

65 Susanne Rolinek, Jüdische Fluchthilfe, S. 105; Susanne Rolinek, Der »andere« Besatzungsalltag. Die Erfahrungen eines jüdischen GIs in Salzburg, in: Hanns Haas u.a. (Hg.), Städtische Lebenswelt(en) seit 1945, Wien 2000, S. 67.

66 Wolfgang Jacobmeyer, Jüdische Überlebende als »Displaced Persons«. Untersuchungen zur Besatzungspolitik in den deutschen Westzonen und zur Zuwanderung osteuropäischer Juden 1945–1947, in: Geschichte und Gesellschaft 9(1983), S. 440.

67 Bernadette Lietzow, »Nächstes Jahr in Jerusalem«. Die Lager für jüdischen DPs und Flüchtlinge in Salzburg, in: Flucht nach Eretz Israel, S. 126.

68 Ebd., S. 7.

69 Susanne Rolinek, Jüdische Fluchthilfe im Raum Salzburg. Das Netzwerk von Bricha und Betar 1945 bis 1948, in: Flucht nach Eretz Israel, S. 93.

70 Asher Ben-Natan, »Kommandant der 5. Besatzungsarmee in Österreich«, in: Flucht nach Eretz Israel, S. 161–176.

gefälschte Papiere, manipulierte Zahlenangaben, Bestechungen usw.[71] Das notwendige Geld kam vom legalen *JOINT* (American Jewish Joint Distribution Committee) und der Jewish *Agency*, die von den amerikanischen Juden finanziert wurden.[72] Die Bricha besetzte Schlüsselpositionen in den jüdischen DPs-Lagern, organisierte die Transporte und war so überall tätig.[73]

Dann gab es das *Jewish Committee* (Jüdisches Komitee). In Salzburg befand es sich in der Merianstraße 7 und wurde von Marko Feingold geleitet. Am 18. Juni 1946 schrieb, damals noch Max Feingold, an Landeshauptmann Hochleitner: Er sei zum Präsidenten (sic) des Israelischen Komitees gewählt worden und sei auch in der Jüdischen Kulturgemeinde tätig. Er sei ermächtigt, die Interessen der Juden in Salzburg »zu wahren und zu vertreten«.[74] Am 2. August 1946 stellte er sich in einem weiteren Brief vor:[75] Er sei sechs Jahre (sic) in diversen Konzentrationslagern verhaftet gewesen und habe gesehen, wie Millionen seiner Glaubensbrüder von der Nazibarbarei ermordet wurden. Er habe sich vorgenommen, die Not dieser »so hart betroffenen Menschen« zu lindern. Er habe eine Großküche aufgebaut und bemühe sich, die Existenzfragen der österreichischen Juden außerhalb der Lager zu lösen. Dann zählte er die Beschwerden auf:

- Die Juden haben bislang keine Vorteile genossen, sondern sind im Gegenteil »ins Hintertreffen bei Entscheidungen gegenüber Nationalsozialisten gekommen«.
- Sie werden bei der Vergabe von Gewerbescheinen und bei der Wohnungsverteilung benachteiligt.
- Dann die Drohung: »Sollte in nächster Zeit keine entscheidende Wendung in diesen Angelegenheiten der um ihre Existenz kämpfenden österreichischen Juden eintreten, wäre ich gezwungen mich meiner sämtlichen Ämter entheben zu lassen.«[76]
- Er würde gern am Wiederaufbau Österreichs mithelfen, aber unter diesen Zuständen müsse er, wie viele andere österreichische Juden, das Land verlassen. Am 30. August 1946 kam es zu einer Unterredung zwischen dem Landeshauptmann und Feingold, bei der der Chef der Landesregierung versprach, die Rechte der Juden in Salzburg wie vor 1938 wiederherzustellen.[77] Doch schon am 15. September 1946 schrieb Feingold weitere Beschwerden.
- Die österreichischen Behörden machen Schwierigkeiten bei der Rückgabe des geraubten Eigentums der Juden.

---

71 Aba Gefen, Zwei Jahre als Bricha-Kommandant in Salzburg, in: Flucht nach Eretz Israel, S. 177–186.
72 Asher Ben-Natan, »Kommandant der 5. Besatzungsarmee, in: Flucht nach Eretz Israel, S. 172.
73 Thomas Albrich, Zionisten wider Willen, in: Flucht nach Eretz Israel, S. 28.
74 SLA, Präs. 836/46.
75 SLA, Präs. 840/46.
76 Ebd.
77 Ebd.

- »Wir österreichischen Juden stehen nicht auf dem Standpunkt, dass wir es heute zulassen sollen, dass ein Strich hinter d. Vergangenheit gesetzt werden soll, sondern dass wir vorerst in unsere bevorzugten Rechte eingesetzt werden, hernach machen wir einen Strich hinter das Vergangene.«[78]
- Wunsch und Recht der Juden sei es, dass das Land Salzburg zum Teil den Salzburger Juden das Gehabte zurückerstatte, den Rest aber den übrigen österreichischen Juden.

Der Wiener Jude Marko Feingold, ein Schulabbrecher und Handelsvertreter, der durch Schlauheit und einen unbändigen Lebenswillen vier KZ-Lager überlebt hatte, trat mit einem erworbenen Selbstbewusstsein und Beharrlichkeit auf.[79] Gewieft von seinen Lebenserfahrungen kombinierte er formale österreichische Höflichkeit mit harten Forderungen. Marko Feingold engagierte sich nicht nur für die österreichischen Juden, mit seiner Firma kaufte er Nahrungsmittel für die jüdischen DPs-Lager, beteiligte sich im Dienst der Bricha an den illegalen Transportern.[80]

Nach der Gründung des Staates Israel 1948 liefen legale und illegale Auswanderungen der jüdischen DPs nebeneinander. Dr. Daniel Kurt Lwin kam als offizieller Vertreter der Provisorischen Regierung Israels bei der US-Besatzung im August 1948 nach Salzburg, wo er gemeinsam mit dem Bricha-Kommandanten das zentrale israelische Einwanderungsbüro in der Getreidegasse leitete.[81]

Jüdische DPs-Lager: Die Zahl der Lager variierte. Aba Gefen nannte fünf in der Landeshauptstadt, drei auf dem Land.[82] Genauere Angaben über Errichtung und Schließung der Lager in der Stadt bietet Harald Waitzbauer.[83] Plausibel ist die Angabe von Norbert Ramp: zehn Lager im Bundesland, davon sechs in der Stadt Salzburg.[84] Alle Lager trugen einen israelischen und einen deutschen Namen. Die jüdischen DPs-Lager hatten eine Sonderstellung und wurden von der US-Besatzungsmacht bevorzugt behandelt, aber auch sie wurden überwacht. Die österreichischen Behörden hatten keinen Zutritt. Am 6. Jänner 1947 schrieb Generalmajor Collins einen harschen Brief an den Landeshauptmann: Er wird angewiesen, alle

---

78 Ebd.

79 Marko M. Feingold, Wer einmal gestorben ist, dem tut nichts mehr weh. Eine Überlebensgeschichte, Salzburg 2012.

80 Ebd., S. 241–255. Marko M. Feingold, Meine Tätigkeit bei der Bricha, in: Flucht nach Eretz Israel, 187–192.

81 Thomas Albrich, Die zionistische Option. Israel und die Überlebenden des Holocaust in Österreich, in: Flucht nach Eretz Israel, S. 260 f.

82 Aba Gefen, Zwei Jahre als Bricha-Kommandant, S. 180.

83 Harald Waitzbauer, Über die Berge – dem gelobten Land entgegen, in: Flucht nach Eretz Israel, S. 17 f.

84 Norbert Ramp, Auf der Durchreise, in: Salzburg. Städtische Lebenswelt(en) seit 1945, S. 104.

DPs-Lager – außer den Judenlagern – zu inspizieren und Bericht zu erstellen.[85]

Auch als der größte Schub der Juden das Land verlassen und seit 1. Juli 1947 die IRO die Verwaltung übernommen hatte, kontrollierten die Amerikaner das Lager Beth Bialik (Struberkaserne). Dort lebten nur mehr weniger als 200 Insassen, davon 26 Kinder bis 18 Jahre.[86] Der Report vom 6. Dezember 1949 hielt fest: Die Population komme aus Ungarn, Polen und der Tschechoslowakei. Die allgemeine Moral sei sehr gut. Dennoch mussten 18 Personen wegen fehlender Kooperation diszipliniert werden – sie wollten nicht arbeiten oder den eigenen Wohnraum reinigen. Es gab eine große Küche, ein Spital mit einem Arzt und 2 Schwestern, eine Schule, eine Synagoge. Der Kommentar hielt fest, dass nur 16 von 166 DPs eine Arbeit haben, die anderen handeln mit Geld auf der Straße. Die Verpflichtung der DPs, das

Abb. 14: Marko M. Feingold, 1946.

Lager zu reinigen, werde nicht erfüllt. Sie bezahlen auswärtige Personen für diese Arbeit. Abschließend verlangt der Berichterstatter aus dem Hauptquartier des »United States Forces in Austria« die Schließung des Lagers. »The main reason for the people wanting to stay in Beth Bialik is to use the camp as a hiding place where they know that the police can not easily find them«. Dieser achtseitige Bericht eines Amerikaners, der auch die Latrine besichtigte, gibt ein ungeschminktes Bild aus dem Jahr 1949. Ganz anders war die Situation 1946/47, wo die überfüllten Lager ein wesentlich schlechteres Bild zeigten. Damals war die Aufsicht weitaus strenger. Die Lagerkommission, die Lagerpolizei, die allgegenwärtige Bricha sorgten für eine interne strenge Disziplin.

Bislang ist das »Nobellager« in Badgastein am besten erforscht.[87] Im Oktober 1945 beschlagnahmte die Militärregierung große Hotels in Badgastein für die Un-

---

85 SLA, Präs. 38/47.

86 NARA, 1713.

87 Helga Embacher, Jüdische »Gäste« im Gasteinertal nach 1945, in: Robert Kriechbaumer (Hg.), Der Geschmack der Vergänglichkeit. Jüdische Sommerfrische in Salzburg, Wien 2002, S. 227–247.

Abb. 15: Lager für orthodoxe Juden in Hallein 1953.

terbringung von jüdischen DPs. Verwaltet wurden die Lager von der UNRRA.[88] Angeblich waren es 11 Häuser.[89] Im Vergleich zu den Kasernen und Baracken waren die Zimmer großzügig, wenn auch teilweise vorher als Soldatenlazarett benutzt. Dennoch gab es Beschwerden: »Die Fußböden und Wände waren bar aller Teppiche und Bilder, und die Bilder sahen trostlos und verlassen aus.«[90] Die Hotelbesitzer beschwerten sich wiederum über das »rücksichtslose und anspruchsvolle« Verhalten der Juden.[91] Obendrein gab es in der Gemeinde den Streit, welcher Hotelbesitzer ein ehemaliger Nationalsozialist war, kompliziert durch Mehrheitsbesitzer der Häuser. Für den weltbekannten Kurort war die Anwesenheit von mehr als tausend Flüchtlingen eine schwere Belastung. Der aufkommende Fremdenverkehr und beschlagnahmte Hotels lösten weitere Konflikte aus. Generalmajor Collins befürchtete, dass wegen der Lage in Palästina englische Gäste von jüdischen DPs angegriffen werden.[92] Der weiter grassierende Antisemitismus und reale Schwierigkeiten mischten

---

88 Kurt Tweraser, US-Militärregierung in Oberösterreich, S. 356.
89 SLA, Präs. 363/47.
90 Norbert Ramp, Auf der Durchreise, S. 107.
91 SLA, Präs. 13/46.
92 SLA, Präs. 365/47 am 14. März 1947.

sich. Eine Leiterin eines Kurhauses soll gesagt haben, dass in ein paar Jahren die »Saujuden« wieder ausgerottet werden. Und ein Jude will im Zug nach Badgastein gehört haben, dass die jüdischen DPs als »Hitlers Unvollendete« verhöhnt wurden.[93]

Auch in Gastein entfaltete sich ein jüdisches Leben. Ein Komitee wurde frei gewählt, eine Schule gegründet, ein internes Gericht etabliert, sogar eine Feuerwehr aufgebaut und Werkstätten errichtet, koschere Küchen geführt und der Sabbat sollte eingehalten werden.[94] Die Auflösung des Lagers – auch wegen des Drucks der Gemeinde (Fremdenverkehr) – im September 1947 löste bei den Bewohnern helle Empörung aus, die gleichzeitig die Sicht der jüdischen DPs auf die österreichische Bevölkerung zeigte: »Die ersten Verbündeten Hitlers [nicht die ersten Opfer Hitlers, wie die österreichische Legende lautete E. H.], seine treuesten Mitläufer, die Mörder von unseren Brüdern, Schwestern, Vätern und Müttern haben die Stirn zu verlangen, daß Badgastein ›judenrein‹ gemacht werden soll! Sie haben die gemeine Frechheit, die Auflösung des jüd. Lagers Badgastein zu verlangen, damit die blutigen und lichtscheuen Henker von Auschwitz, Mauthausen und Ebensee ungestört und frei von Furcht der Demaskierung einen Erholungsurlaub im Kurort nehmen können.«[95]

Solche pauschalen Vorurteile kontrastierten mit den Vorurteilen der österreichischen Bevölkerung, von der Judenvernichtung nichts gewusst zu haben. Diese Extreme übergehen die inneren Konflikte sowohl bei den Juden wie auch bei den Österreichern. Für die Geschichtswissenschaft sind Differenzierungen das Hauptgebot.

Ein Beispiel für den inneren Konflikt in den Lagern war die Beschwerde, dass das Lagerkomitee in Saalbach einige Personen diskriminiere und eine neues Lagerkomitee gefordert wurde.[96] Oder die Entschuldigung des Lagerkomitees von Hallein über das Verhalten einer jüdischen Frau. »We Jewish people of the camp Hallein herewith state that we feel very ashamed about the fact that it was possible, that a Jewish person showed such character and behaviour […].«[97] Solche alltäglichen Konflikte in den Lagern waren nur zu menschlich. Gravierender waren politische Konflikte, Zionisten versus Nichtzionisten, religiöse Konflikte: fromme versus nicht religiöse Juden.

Jüdische DPs und die österreichische Bevölkerung: Es ist naiv anzunehmen, dass ein jahrhundertealter Antijudaismus und ein jahrhundertealter aggressiver Antisemitismus in der österreichischen Bevölkerung mit einem Schlag aufhören könnten. Mentalitäten ändern sich nur sehr langsam. Die Judenvernichtung war noch nicht als

93 Helga Embacher, Jüdische »Gäste« im Gasteinertal, S. 231.

94 Norbert Ramp, Auf der Durchreise, S. 107–110, S. 115.

95 »Die DPs bezahlten alle Preise …«. Vorurteile und Konflikte zwischen Einheimischen und jüdischen DPs in Salzburg und Oberösterreich in: Flucht nach Eretz Israel, S. 153 f.

96 Jüdisches Zentralkomitee an das Hauptquartier Salzburg, 1. April 1948, SLA, NARA, 98.

97 Camp Hallein an Chaplain Lifschutz, 14. Juli 1948, SLA, NARA, 97.

Großverbrechen des 20. Jahrhunderts in das Bewusstsein der meisten Menschen gedrungen. Es brauchte eine weitere Generation. Die erste Reaktion der Bevölkerung, als so viele Juden in Salzburg auftauchten, war ein verlegenes Schweigen. Das illegale Verhalten eines Teiles der Juden, Schwarzhandel, Raubzüge, Beschimpfungen, eine zeitweise Besserstellung in der knappen Ernährungslage, schienen Vorurteile gegenüber Juden zu beweisen. Es ist ein Grundzug jedes Antisemitismus, das negative Verhalten einiger Juden allen Juden zuzuschreiben. Es fehlte jedes Bewusstsein der Mitverantwortung für den Nationalsozialismus in dieser und jener Art. Auf den Schock der militärischen Niederlage folgte die Antwort: Wir haben nichts gewusst. Regierung und Kirchen taten kaum etwas gegen den Antisemitismus, ja erklärten ihn für verständlich, gestützt durch den österreichischen Opfermythos. Das Ministerium des Inneren hielt im streng geheimen Lagebericht für den Jänner 1947 fest: Die Stimmung der Bevölkerung sei mehr und mehr hoffnungslos. Und über ihre Einstellung zu den Juden: »Es kann jedoch nicht übersehen werden, dass das vielfach anspruchsvolle und undisziplinierte Verhalten der jüdischen Flüchtlinge – und nur um diese handelt es sich – eine gewisse Abneigung der Bevölkerung gegen diese Flüchtlinge bedingt.«[98] Im Februar 1946 erklärte die katholische Kirche: Die Kirche bekämpfe nicht die Juden, sondern den jüdischen Materialismus; die Lösung des Judenproblems liege in der Bekehrung der Juden zum »wahren Glauben«.[99] Die Kirche hatte damals aus der Judenvernichtung noch nichts gelernt.

Für die Juden hingegen war Österreich ein »Feindesland«. Allein die deutsche Sprache erinnerte die polnischen Juden an das KZ und an die Ermordung der Angehörigen. Tief traumatisiert, von Alpträumen gepeinigt, Schuldgefühle als Überlebende, aber auch der Stolz, als »Sieger« im Land der Besiegten aufzutreten, das Bewusstsein, dass das Ziel der Nazis, alle Juden zu vernichten, gescheitert war, die Hoffnung, in Israel einen neuen Anfang zu machen und vieles andere mehr, leiteten die Einstellung der Juden. Für die österreichischen Juden war die Erinnerung an die Demütigungen in Österreich, die Beraubung von Hab und Gut bestimmend.

In den Jahren von 1938 bis 1945 hatte der Zivilisationsbruch jedes »bürgerliche« Verhalten gesprengt, nur so konnten auch die Juden überleben, die Juden, die aus den KZ-Lagern kamen, die Partisanen und Menschen aus den Wäldern, die Rückkehrer aus der Sowjetunion. Das erklärt auch die Ablehnung jeder Autorität und den zivilen Ungehorsam gegen amerikanische und österreichische Gesetze. Die Beteiligung am Schwarzmarkt war auch der Versuch, Geld für später zu haben.[100]

Die Einstellung zu den Juden in Österreich änderte sich langsam seit den 1960er-Jahren (Auschwitz-Prozesse in Frankfurt, Eichmann-Prozess in Jerusalem), die

---

98 SLA, Präs. 1947/07.1.
99 Thomas Albrich, Exodus, S. 94.
100 Kurt Tweraser, US-Militärregierung in Oberösterreich, S. 360.

Waldheim-Affäre und die Folgen in den 1980er-Jahren. In der österreichischen Erinnerungskultur löste das Bewusstsein der Mitverantwortung für den Holocaust (erst jetzt gab es diesen Begriff) die Opferthese ab.[101] Auch die katholische Kirche trennte sich im Zweiten Vatikanischen Konzil vom Antijudaismus. In der Jugend und in den gebildeten Schichten breitete sich ein »büßerischer Philosemitismus« aus. In anderen Bevölkerungsteilen schwelte aber der Antisemitismus weiter.

Zwei Beispiele für den Philosemitismus. Im Sommer 1947 blockierte die französische Besatzungsmacht die Fluchtroute über Tirol nach Italien. Die Bricha organisierte den gefährlichen, mühsamen Weg über den 2634 Meter hohen Krimmler Tauern.[102] Geführt von dem jüdischen Bergführer Viktor Knopf marschierten 5000 bergungeübte Männer, Frauen und Kinder aus dem jüdischen Lager Saalfelden (Givat Avoda) in mehreren Tranchen über den Krimmler Tauern nach Italien. Hilfreich war die Tauernhauswirtin Liesl Geisler, die später erzählte: »Es waren arme Menschen dabei, sie hatten nicht einmal einen Rucksack, da waren kleine Kinder, die hatten sie in einer Schachtel am Rücken, das Haus war oft voll.«[103] (Ich bin viele Jahre später über den Krimmler Tauern gewandert. Ich kenne das Gelände). 50 Jahre später, im Juni 1997, veranstaltete das Land Salzburg gemeinsam mit der Israelischen Kultusgemeinde (Präsident Marko Feingold) das wissenschaftliche Symposion »Salzburg-Drehscheibe des jüdischen Exodus 1945–1948«.[104] Zur Erinnerung wurde im Krimmler Tauernhaus eine Gedenktafel enthüllt. Vom 28. Juni bis 30. Juni 2007 fand in Saalfelden und Krimml eine großangelegte Gedächtnisfeier statt. Anwesend waren Zeitzeugen, Politiker, Wissenschaftler. Zentral war dabei ein »Alpine Peace Crossing«, eine Art »Wallfahrt« auf dem Weg der Flüchtlinge von 1947.[105] Dieser Gedächtnismarsch wurde dann öfters wiederholt. 2020 spielte ein Theater die Flucht der Juden nach. Gewidmet war es dem 2019 im Alter von 106 Jahren gestorbenen Marko Feingold, der die Flucht 1947 mitorganisiert hatte.[106]

Der Kult um Marko Feingold steigerte sich im Sommer 2020, als eine erregte Debatte um eine Straßenbenennung für den exemplarischen, jetzt sakralisierten Juden ausbrach. Nun anerkannte Politik und Öffentlichkeit seine jahrelange Tätigkeit als »Zeitzeuge«. Schließlich einigte man sich auf die Umbenennung des Makartsteges auf Marko-Feingold-Steg. Eine größere Ehrung konnte die Stadtgemeinde Salzburg nicht vergeben. Der Steg stand in der Nähe des sich flussaufwärts befindenden

---

101 Meinrad Ziegler, Waltraud Kannonier-Finster, Österreichisches Gedächtnis. Über Erinnerung und Vergessen der NS-Vergangenheit, Innsbruck 2016.
102 Über die Berge – dem Gelobten Land entgegen. Alpine Peace Crossing, Salzburg 2008. Hans-Joachim Löwer, Flucht über die Alpen, S. 116–219.
103 Harold Waitzbauer, Über die Berge – dem gelobten Land entgegen, Ebd., S. 21.
104 Gedruckt: Flucht nach Eretz Israel, Innsbruck 1998.
105 Das Programm in: Über die Berge – dem Gelobten Land entgegen, S. 102–104.
106 Salzburger Nachrichten, 22. Juni 2020.

Mozart-Steges.[107] Die Universität Salzburg richtete eine »Marko Feingold Visiting Professorship« ein.[108]

2.2 Deutschsprachige Flüchtlinge (»Volksdeutsche«)

Am 6. Februar 1964 schrieb der große jüdische Lyriker Paul Celan an Janko von Musulin: »[...], ›Volksdeutsche‹ – das Fortbestehen des Ausdrucks zeugt für das Fortbestehen der Mentalität(en) – [...]«.[109] In der Habsburgermonarchie galten die späteren »Volksdeutschen« als ethnisch Deutsche. Nach dem Zerfall der Monarchie lebten sie als Minderheit in der Tschechoslowakei, in Jugoslawien und Rumänien. In der NS-Zeit waren sie in den vom Großdeutschen Reich besetzten Gebieten die dominante Ethnie. Nach dem Zusammenbruch der NS-Herrschaft wurden sie vertrieben (Sudetendeutsche) oder flohen aus Südosteuropa, aus Angst vor der Sowjetarmee, in langen Pferde-Trecks bereits Ende 1944 in das zerfallene NS-Reich. Dort waren sie unbeliebt und als Flüchtlinge eine weitere Belastung für die alliierten Besatzungsmächte und für Österreich. Die österreichischen Behörden wollten sie nach Deutschland abschieben. In der Amtssprache hießen sie »Volksdeutsche«. Trotz der Belastung dieses Begriffes werde ich ihn, aus historischen Gründen, mit Anführungszeichen weiter verwenden. Der Vorteil der »Volksdeutschen« war, dass sie Deutsch sprachen, der Nachteil, dass sie anfänglich allein von den ohnedies überforderten österreichischen Behörden und von der Bevölkerung versorgt werden mussten.

Für die DPs gab es nach 1945 drei Optionen: Repatriierung (das kam für die vertriebenen oder geflohenen, »Volksdeutschen« nicht in Frage), Auswanderung (das war eine langwierige Prozedur), oder eben hierbleiben.[110] Die Mehrheit blieb. 1947 waren in Österreich 309.655 »Volksdeutsche«, davon 40.705 in Lagern.[111] In Salzburg lebten 1946 gezählte 13.597 deutschsprachige Flüchtlinge.[112] Die Mehrheit stellten die *Donauschwaben* aus Jugoslawien, Rumänien und Ungarn mit 5827 Menschen, es folgten 4134 Sudetendeutsche, weiters 2380 *Bukowinadeutsche* aus Vorkriegsrumänien und 1256 *Siebenbürger Sachsen* ebenfalls aus Rumänien.[113] Untergebracht wurden sie in Barackenlagern oder anderen Unterkünften. Brunhilde Scheuringer, die beste Kennerin der »Volksdeutschen« in Salzburg, hatte deren Lebenswelt in mehreren

---

107 Salzburger Nachrichten, 15. September 2020.

108 Salzburger Nachrichten, 24. August 2020.

109 Paul Celan, »etwas ganz und gar Persönliches«. Briefe 1934–1970, Berlin 2019, S. 662.

110 Dieter Bacher, Zwischen Bleiben, Rückkehr und Weiterwandern? Fremdsprachige Displaced Persons in Niederösterreich 1945–1955, in: Österreichische Zeitschrift für Geschichtswissenschaften 31(2020), S. 146.

111 Bundesministerium des Inneren, Lagerbericht Jänner 1947, Zahl 25.962–2/47.

112 Franz Roth, Die Volksdeutschen in Salzburg, in: Salzburg 1945–1955, S. 147.

113 Ebd.

Thesen festgehalten:[114] Fremdheitserfahrung in der Aufnahmegesellschaft. Fehlende Staatsbürgerschaft. Anfängliche Diskriminierung. Herausbildung eines eigenen Milieus. Schmerz über den Verlust der Heimat. Soziale Netzwerke zur gegenseitigen Hilfeleistung. Vereine und Landmannschaften zur Pflege des kulturellen Erbes. Konzentration auf die Wohnbautätigkeiten. Mit der Erlangung der österreichischen Staatsbürgerschaft schwächte sich das Gefühl der Fremdheit langsam ab. Soziale und ökonomische Integration. Bei der älteren Generation allerdings blieb die Erfahrung des Lebens in der alten Heimat, der Flucht, die Demütigung präsent. Wertschätzung der eigenen Volkskultur (Trachten), die auch mit Stolz in der Salzburger Öffentlichkeit gezeigt wurde. Auf der politisch linken Seite standen die »Volksdeutschen« im Verdacht, nationalistisch und nationalsozialistisch eingestellt zu sein, besonders die jungen Männer, die freiwillig oder gezwungen bei der Waffen-SS waren.

Neben den gemeinsamen Erfahrungen des Heimatverlusts gab es aber auch merkbare Unterschiede: sozial, ökonomisch und religiös. Die Sudetendeutschen kamen aus einer industriell hochentwickelten Gegend der Tschechoslowakei, waren gewerblich-industriell gut ausgebildet, wiesen eine hohe Anzahl von Akademikern auf, teilweise kannten sie Salzburg als Touristen in der Vorkriegszeit. Sie vor allem belegen die These, dass Flüchtlinge auch ein Gewinn für das Gastland sein können. Die Sudetendeutschen gründeten zehn Unternehmen in Salzburg.[115] Die Donauschwaben und Siebenbürger Sachsen waren eher bäuerlich-kleingewerblich geprägt, konnten so aber als Landarbeiter eingesetzt werden.

Während die katholische Kirche über die jüdischen Flüchtlinge schwieg, setzte sie sich aktiv für die »Volksdeutschen« ein, besonders für die katholischen Donauschwaben. Am 30. November 1949 schickte Fürsterzbischof Rohracher ein Memorandum an den Apostolischen Nuntius Erzbischof Johannes Dellepiane nach Wien.[116] 1947 lebten in der Erzdiözese Salzburg (einschließlich des Tiroler Anteils) 43.015 Flüchtlinge, davon 24.331 »Volksdeutsche«. Bemerkenswert ist, dass von diesen »Volksdeutschen« 1949 bereits 19.766 in Privatunterkünften untergebracht werden konnten. Die Erzdiözese zahlte 112.483 Schilling für die Flüchtlingshilfe. Es gab aber auch Konflikte. Am 16. Oktober 1946 beschwerte sich Erzbischof Rohracher bei der Landesregierung, dass im Frauenkloster Maria Sorg in Bergheim 500 Flüchtlinge untergebracht wurden. Es sei eine Störung des Alltages in einem frommen Frauenkloster, wenn dort so viele Männer wohnen, die obendrein den Wald schlägern. In einem aufwendigen Schriftverkehr verteidigten sich die Behörden, dass es keine Alternative gebe.[117]

---

114 Brunhilde Scheuringer, Das soziale Milieu der Volksdeutschen in der Stadt Salzburg nach 1945, in: Salzburg. Städtische Lebenswelt(en), S. 123–125.
115 Brunhilde Scheuringer, Das soziale Milieu; S. 140–148.
116 Salzburger Diözesanarchiv, 19/6. Ich danke Hans Spazenegger für die Kopie.
117 SLA, Präs. 36/47.

2018 erschien ein bemerkenswertes Buch von Dorothea Steinlechner-Oberläuter, Tochter und Enkelkind einer weitverzweigten donauschwäbischen Familie.[118] Der Autorin, 1959 in Salzburg geboren, gelang ein vielschichtiges, kritisches, aber auch liebevolles, persönliches Buch, das nichts verschweigt, aber auch die Tragik und das Leiden der Familie herausarbeitet, besonders auch der Frauen – Trauerarbeit ohne Revisionismus und »Opferkonkurrenz«.

In den deutschen Dörfern in der Batschka und im Banat war lange ein verhältnismäßig friedliches Zusammenleben zwischen den verschiedenen Ethnien möglich, bis der deutsche und serbische Nationalismus die Gegensätze aufheizten. Es folgte nach der deutschen Besetzung 1941 die Fanatisierung der Jugend, die Unterdrückung der Serben und Juden, Vertreibung und Ermordung, dann der Partisanenkrieg, die Flucht der Deutschen und die grausame Rache der Serben an den Zurückgebliebenen: Verlust der Häuser, Hungerlager, Liquidierungen mit Tausenden Toten.

Ich konzentriere mich auf einige aussagekräftige Dokumente aus dem Buch von Dorothea Steinlechner-Oberläuter:

Berichte der Tante: »[…] als der verführerische Glanz des glorreichen Reiches bis zu uns strahlte, waren viele Donauschwaben fasziniert, geblendet und in eine zukunftsträchtige Euphorie versetzt. Die ›Deitschländer‹, wie wir sie nannten, die plötzlich in unseren Dörfern erschienen, hätten sich für ihr Kommen keine bessere Zeit auswählen können! […] Viele junge naive Bürschchen fühlten sich durch die Anwesenheit der Deutschen aufgewertet und wiegten sich in einer trügerischen Sicherheit. In Kursen und Vorträgen wurde ihnen beigebracht, besser gesagt, eingebläut, daß sie zum Herrenvolk der Germanen gehören und daß sie, dank ihres wertvollen arischen Blutes, für eine Führerrolle über die Untermenschen des Balkans befähigt seien. […] In kleinen und größeren Gruppen marschierten die jungen Donauschwaben, angeführt von den ›Deitschländern‹, in schwarzen Stiefeln […] grölend und Hackenkreuzfahnen schwingend durch die Dörfer, was für jeden Serben oder Ungarn einer tödlichen Herausforderung gleichkam.«[119]

Ein Flugzettel des Volksgruppenführers Dr. Sepp Janko im Herbst 1944: Man sollte sich vorbereiten »auf eine kurze Zeit unsere Heimat zu verlassen«. »Unser Glaube und unser grenzenloses Vertrauen zum Führer hat sich auch in diesem Fall als richtig erwiesen. Der Führer vergisst und verlässt uns nie. Wir wissen auch, dass er niemals zulassen wird, daß das deutsche Volk untergeht und dass er alles daransetzen wird, den Sieg unserer Waffen zu erzwingen: […] Disziplin und Gehorsam sind das Gebot der Stunde. […] Wer sich nicht daran hält, ist ein Schädling unseres Volkes und wird von uns auch danach behandelt werden. […] Wer sich ohne Erlaubnis entfernt, wird

---

118 Dorothea Steinlechner-Oberläuter, Mein Donauschwabien. Wie ich nicht aufhören konnte, über meine Herkunft nachzudenken, Salzburg 2018.
119 Ebd., S. 83 f.

als Fahnenflüchtling vor ein Kriegsgericht gestellt«.[120] Doch der »Führer« hatte sich einige Monate später erschossen, die Donauschwaben waren auf einer unkontrollierten Flucht, die Hinterbliebenen der Rache der Sieger ausgeliefert.

Der Vater. Bruno Oberläuter: Nach der Matura zur Waffen-SS eingezogen, Kriegsgefangener, von 1946 an Landarbeiter in Österreich, 1948–1952 Studium in Innsbruck, Publizist und Geschäftsführer des Siedlungswerkes in Salzburg, ÖVP Lokalpolitiker.[121] Er arbeitete sich zu einer kritischen Sicht der Donauschwaben durch, für die er ein Leben lang tätig war, besuchte Auschwitz, schrieb bereits 1955 eine Glosse über den alten Juden Géza in seinem Dorf im Banat. »Géza, der alte Jude. Von ihm wußte man nur, daß er mit seiner Frau irgendwann von irgendwoher ins Dorf gekommen war, ein unscheinbares Haus in einer Nebenstraße erworben hatte, und daß er von Handel mit Alteisen, Lumpen und Abfallpapier lebte. Er hatte einen mageren Gaul und einen verlotterten Wagen, mit dem er durch die Dorfstraßen fuhr und seine ›Ware‹ einsammelte.« […] »Mit der ›großen‹ Zeit kamen auch ›große‹ Männer. Sie kamen aus dem Ausland, vereinzelt auch aus dem Dorfe. Sie stellten fest, daß Géza ›Volksschädling‹ sei, der bisher nichts getan, als seine Mitbürger betrogen habe. Er und seine Rassegenossen – ›Gibt es noch welche Juden in diesem Kaff?‹ fragte man. ›Leider nicht!‹ war die Antwort des ›Judenkommissärs‹, wobei sich das ›leider‹ auf Gézas Vermögen bezog – müßten enteignet und liquidiert werden. Nur wenige Monate später kam der Befehl ›von oben‹, wonach alle Juden zu enteignen und zu internieren wären. Damals machten sich zwei Ortsgewaltige mit Jagdgewehren auf den Weg, um Géza und seine Frau abzuholen. Widerspruchslos ließen sich die beiden abführen.«[122]

Der Intellektuelle und Historiker der Donauschwaben Adalbert Karl Gauß: Sein Sohn, Karl-Markus Gauß, beschrieb seinen Vater im Buch »Zu früh, zu spät. Zwei Jahre« als einen konservativen, katholischen Mann, »dessen Konservatismus und Katholizismus schon immer eine anarchische Tönung hatte […], eine Tönung, die mit den Jahren so stark wurde, dass sie den Charakter des alten Mannes selbst auszumachen schien.«[123] Adalbert Karl Gauß sah sich im Alter als gescheitert (sind es wir als Historiker nicht alle, zumindest teilweise?), doch der Text »Rückkehr auf ein Scheitern« beweist, in der kritischen Selbstreflexion, auch das Gegenteil. »Es war mein Wunsch, vielleicht auch mein Komplex, daß ich gerade den Donauschwaben, ehe sie endgültig abgetreten sein werden, beweisen wollte, daß ihr Untergang trotz allem ein unverdienter war und ein Verlust nicht nur für uns Donauschwaben selber. Darum habe ich mich jahrelang bemüht, sie vor ihrem Abgang in die Geschichte zu

---

120 Ebd., S. 102.
121 Ebd., S. 161.
122 Ebd., 205 f.
123 Karl-Markus Gauß, Zu früh, zu spät. Zwei Jahre, Wien 2007, S. 12. Siehe auch S. 268 f.

rehabilitieren und sie von der entsetzlichen Anklage – die die große Herausforderung meines Lebens war – zu befreien, daß sie als Handlanger des Faschismus, als Fünfte Kolonne Hitlers auch ihren eigenen Untergang verschuldet hat. So ging es anfangs – in der Not der ersten Nachkriegsjahre – darum, die sogenannte Freiwilligkeit der SS-Zugehörigkeit der Donauschwaben, mit der Enteignung, Vertreibung und all die Grausamkeiten begründet wurden, denen die Donauschwaben nach 1945 in Jugoslawien ausgesetzt waren, als verschleierte Zwangsrekrutierung zu entlarven und damit den Weg in die Auswanderung für viele im Elend lebenden Donauschwaben zu ermöglichen. Später aber, als die Vertriebenen von einst in die Prosperität ihrer neuen Heimatländer hineingewachsen waren, kam hinzu, daß mancher wirklich Freiwillige sich als Scharfschütze im Kalten Krieg übte und das eigene Leid dazu benutzt wurde, sich jeder Auseinandersetzung mit politischen Fehlentwicklungen und nazistischen Greueln schamhaft zu entziehen – und unversehens war in der Öffentlichkeit das Bild der Vertriebenen in ihrer Gesamtheit durch Unverbesserlichkeit, Unbelehrbarkeit und Revanchismus geprägt. [...] Als Nestbeschmutzer oder Verräter abgetan, wollte ich den Donauschwaben begreiflich machen, daß es ihre eigene Aufgabe, ihr eigenes Anliegen sein muß, ihre Geschichte kritisch zu studieren und sich von dem deutschnationalen Pathos, der Fixierung auf erlittenes Unrecht freizumachen. Eine solche Geschichte der Donauschwaben hätte geschrieben werden müssen – nicht zum geringen Teil habe ich deswegen nur Bausteine für eine solche Geschichte beitragen können, weil bei der älteren Generation kein Bedürfnis nach der Entromantisierung und Befreiung von alten Klischeebildern vorhanden war und ich bei der jüngeren, schon in den neuen Heimatländern geborenen Generation bereits eine Scheu entdecken mußte, sich für die Fragen der Heimatvertriebenen, die in der Öffentlichkeit am rechten Rand angesiedelt wurde, wirklich zu engagieren. [...] Die Kinder der Vertriebenen lernen heute nicht einmal mehr eine der vielen Sprachen, in denen die Großeltern in Belangen des Geschäftlichen, des Alltags und des Zusammenlebens fließend parlierten; daß sich die Donauschwaben in auffälligem Maße um die Probleme der Gastarbeiter gekümmert hätten, ist nicht bekannt;« [...]^124

   Im Rückblick kann man wohl feststellen, dass, trotz aller Schwierigkeiten und Verwerfungen, nach der Einbürgerung 1954 die Integration der »Volksdeutschen« gelungen war.

2.3 Kriegsheimkehrer und Kriegsinvaliden

1945 haben die Alliierten den Begriff »Kriegsopfer« verboten, weil er zu nationalsozialistisch klang. Ebenso verlangten sie die Auflösung aller Kriegsvereine und -ka-

---

124 Dorothea Steinlechner-Oberläuter, Mein Donauschwabien, S. 184 f.

meradschaften.[125] Dennoch wurde der Begriff in aller Öffentlichkeit benutzt, beispielsweise beim »Kriegsopferversorgungsgesetz« vom 14. Juli 1949. So gab es ein Komitee der »Kriegsopferumschulung« im Heimkehrerlazarett III.[126] Aber es gab auch das »Opfergesetz« für den österreichischen Widerstand und die politisch, religiös oder »rassisch« Verfolgten.[127]

Der »Opferbegriff« wurde sehr variabel verwendet. Auf der Staatsebene wurde ganz Österreich als »Opfer« dargestellt. Dann das individuelle Opfergefühl vieler Menschen: Die Mutter, die zwei Söhne im Krieg verloren hatte; die Soldaten, die gezwungen wurden einzurücken und in den Schlachten den Kanonen ausgesetzt waren (wie die Gegner auch); die schwerverwundeten Soldaten, die ein Leben lang behindert waren (ich erinnere mich an einen Mann, der noch in den 1970er-Jahren nahe der Staatsbrücke auf einem Brett ohne beide Füße saß, nur der Oberkörper war noch ganz, und der Lose für eine Heimkehrerlotterie verkaufte); die Soldaten, die, ohne Nachweis an Kriegsverbrechen der Deutschen Wehrmacht beteiligt gewesen zu sein, in den sowjetischen Lagern litten; die Familien, die jahrelang auf die Rückkehr der Verwandten warteten, und so weiter und so weiter. Wie viele Kategorien von »Opfer« gab es? Und die weitere Frage: Wie stark oder schwach waren diese subjektiven Kategorienträger mitverantwortlich für den Nationalsozialismus und seine Menschheitsverbrechen? Dass sich die inhaftierten Nationalsozialisten auch als »Opfer« sahen, ließ den Opferbegriff völlig ins Nebulöse ausdehnen und verwischte die historische Tatsache der Millionen in den Konzentrationslagern gequälten und ermordeten Menschen als Hauptopfer. Dahinter steckt auch der anthropologische Faktor, dass wir Menschen das eigene Leid hervorheben und das Leiden der anderen vergessen. Sicherlich litten auch die Familien der inhaftierten Nationalsozialisten, die ihre Wohnungen und Vermögen verloren, in der ersten Zeit an Not. Wie weit waren auch die Familien verstrickt in die Taten der Männer oder auch der Frauen? In seiner Weihnachtsansprache 1946 erinnerte Fürsterzbischof Andreas Rohracher an die »abgehärmten Frauen und verbitterten Kinder der Nationalsozialisten«. »Was haben doch die Frauen verbrochen, was haben die Kinder getan […]?«[128]

Die erste Aktion der U.S. Army im Frühjahr 1945 war, die besiegten deutschen Wehrmachtsoldaten und ihre Verbündeten zu entwaffnen und festzusetzen. Im Lungau beispielsweise waren im Mai und Juni 72.000 Soldaten in improvisierten Lagern gefangen. Im ganzen Land waren solche Kriegsgefangenenlager verteilt. Die meis-

---

125 SLA, Präs. 615/47.
126 SLA, Präs. 358/47.
127 SLA, LAD, Leg. Ref. 1948.
128 Oskar Dohle, Erzbischof Andreas Rohracher und Kriegsgefangene bzw. Zivilinternierte im In- und Ausland, in: Ernst Hintermaier u. a. (Hg.), Erzbischof Andreas Rohracher. Krieg Wiederaufbau Konzil, Salzburg 2010, S. 129.

ten Soldaten wurden nach einer kurzen Überprüfung entlassen, nur die höheren Stäbe, NS-Funktionäre und Angehörigen der Waffen-SS blieben in Haft.[129] Aber Tausende Soldaten waren in ganz Europa und darüber hinaus in Kriegsgefangenenlagern verhaftet.

Für viele Familien war die Sorge um die Angehörigen die drängende, belastende Frage. Leben sie noch? Wo sind sie gefangen? Wann werden sie heimkommen? Werden sie überhaupt freigelassen? Bis zum Sommer 1946 gelang es dem österreichischen Innenministerium, eine Postverbindung zu den Lagern herzustellen.[130] Zahlreiche Suchdienste waren tätig, einzelne Soldaten aufzuspüren: am wichtigsten das »Internationale Komitee des Roten Kreuzes« in Genf, dann Suchdienste der regionalen Rotes-Kreuz-Stellen, Suchdienste im Vatikan und der Caritas, das Radio Rot-Weiß-Rot, Zeitungen, Befragung von Heimkehrern usw. Erste Kriegsgefangene kehrten bereits 1945 zurück, meist Kranke und Invalide. Die Gefangenen bei den Westmächten waren bis 1946/47 heimgekehrt. Sie berichteten meist, dass sie relativ gut behandelt worden waren. Zahlen sind wieder unscharf. In den Verhandlungen des Salzburger Landtages am 12. Dezember 1946 wird festgestellt, dass bislang fast 12.000 Kriegsgefangene aus Salzburg eingetroffen sind, zirka 10.000 sind noch ausständig.[131] Etwas andere Zahlen finden sich in der »Chronik der Stadt Salzburg 1945–1955«: Bis Jahresende 1946 sind 10.958 Salzburger aus der Kriegsgefangenschaft zurückgekommen, 4937 waren damals angeblich noch ausständig, davon 1020 aus der Sowjetunion.[132]

Die Sorgen der Familien und der Politik konzentrierten sich ab 1947 auf die Kriegsgefangenen in der Sowjetunion. Am 13. September 1947 kamen 66 Salzburger, im ersten offiziellen vom Innenministerium betreuten Transport, aus der Sowjetunion am Hauptbahnhof an. Eine große Menschenmenge, Politiker von Stadt und Land begrüßten sie jubelnd. Im Laufe des September waren es 250 Kriegsgefangene, die in 5 Transporten eintrafen. In einigen Bezirken hatten sich für die Betreuung der ausgemergelten Soldaten Kommissionen der drei politischen Parteien gebildet.[133] Die Heimkehrer erhielten Entlassungsscheine, die ihnen einen Anspruch auf die Heimkehrerfürsorge ermöglichten. Bis Ende 1947 sollen 1738 Salzburger aus Russland heimgekehrt sein. Nach Angaben des Roten Kreuzes befanden sich noch 354 Salzburger Ende 1948 in Gefangenschaft.[134]

---

129 Ebd., S. 124 f.

130 Stefan Karner, Im Archipel GUPVI. Kriegsgefangenschaft und Internierung in der Sowjetunion 1941–1956, Wien 1995, S. 187.

131 Vom Wiederaufbau zum Wirtschaftswunder. Ein Lesebuch zur Geschichte Salzburgs, Salzburg 1994, S. 112.

132 Erich Marx (Hg.), Befreit und besetzt. Stadt Salzburg 1945–1955, Salzburg 1996, S. 250.

133 Berichte der Sicherheitsdirektion, S. 181.

134 Erich Marx, Kriegsgefangene – Heimkehrer. Schicksal einer Generation, in: Befreit und besetzt, S. 93.

Abb. 16: Heimkehrertransport am Salzburger Hauptbahnhof.

Die Kriegsgefangenen in der Sowjetunion hatte das härteste Los getroffen. Das Land hatte im Krieg gegen den »Faschismus« die größte Last getragen, das größte Opfer geleistet, das Land war zerstört. Die Wehrmachtsoldaten sollten beim Wiederaufbau mithelfen – allerdings unter unmenschlichen Bedingungen (wie viele verhaftete Sowjetbürger auch). Nach den Forschungen von Stefan Karner waren in den sowjetischen Lagern und Gefängnissen 156.681 Österreicher inhaftiert, 145.790 wurden repatriiert, 10.891 (ca. 7 Prozent) sind in den Lagern gestorben.[135]

In der Gefangenschaft hatten die Männer Wunschbilder aufgebaut, um so steiler der Sturz in die Realität. Die Rückkehrer waren schwer traumatisiert, die Bilder des Krieges und der Gefangenschaft ließen sie nicht los. Die Frauen hatten jahrelang allein für sich und die Kinder sorgen müssen. Sie hatten eine neue Selbstständigkeit erworben, vielleicht eine neue Partnerschaft mit einem anderen Mann aufgebaut. Für die Kinder, lange ohne Vater, war der ausgehungerte verwahrloste Heimkehrer ein fremder Mann, der nur Autorität gelernt hatte und selbst autoritär auftrat. Die Männer fühlten sich jetzt entwertet. Ihre Erfahrungen waren nun nichts wert, konnten nicht erzählt werden. Nur im Kreis der Kameraden, die ein gleiches Er-

---

135 Stefan Karner, Im Archipel, S. 79.

lebnis gemacht hatten, fühlten sie sich wohl. Das führte zu einer Überbetonung der
»Kameradschaft«, die unmittelbar in die politisch reaktionäre Haltung des Kame-
radschaftsbundes, der 1952 gegründet wurde, überging. Diese Haltung war nicht
kriegslüstern, aber kämpfte um die »Ehre« der Soldaten, um die »saubere Wehrmacht« und negierte die Kriegsverbrechen.[136]

Ein erschütternder Bericht über 10 Jahre in sowjetischen Lagern stammt von Alfred Plaichinger. Vor Berlin geriet er im Mai 1945 in die sowjetische Gefangenschaft.
1947 bereits im Heimtransport, wird er von Mitgefangenen angezeigt, weil er Tage-
buchaufzeichnungen mitführte. Wegen antisowjetischer Propaganda wurde er vom
Militärgericht zu 25 Jahren Arbeitslager verurteilt. In Sibirien muss er im Kohle-
bergbau arbeiten, im Winter bei – 52 °C Kälte. Nach einem schweren Arbeitsunfall
konnte er neun Monate nur auf Krücken gehen. 1954 erhielt er die Nachricht, dass
seine Ehefrau, wie er notiert, für ihn »verloren« sei. Nach dem Staatsvertrag 1955
wurde auch er frei. Seine Stimmung ist sehr ambivalent. Er schrieb in seinen Aufzeichnungen über die Trennung von den zurückbleibenden deutschen Kameraden:
»[…] ich weiß, was ich ihnen gegeben und was ich aus ihren Händen empfangen
habe: ein sinnvolles Ringen, eine Welt der Freiheit [sic!].«[137] Über die Erwartung
an die Heimat schrieb er düster: »Für die rechte Freiheit ist dort mehr zu bezahlen
als hier. Und ich meine, ich werde sie brauchen, sie alle: die Gefährten. Aber – ich
werde sie nicht haben.«[138] Offenbar waren in der Gefangenschaft die Kameraden
seine Familie, die er zuhause nicht mehr zu haben glaubte. Letztlich jedoch gelang
seine Integration, er wurde Gemeinderat und starb in Salzburg 1987.

Die Integration der Heimkehrer war ein dorniges Problem. Zahleiche Organisationen vom Staat, vom Land, von den Gemeinden, von den Kirchen, dem Roten
Kreuz, von den politischen Parteien bemühten sich darum. Die politischen Parteien
allerdings hatten auch einen Hintergedanken, sie warben um die Wählerstimmen
und den Parteieintritt unter den Heimkehrern. Beispiel ÖVP: Vor der November
Wahl 1945 schrieb die »Salzburger Volkszeitung« am 20. November 1945: Müde
und abgerissen kehrten die Heimkehrer zurück. »Freie und geheime Wahlen geben
euch jetzt Gelegenheit, endlich wieder einmal selbst euer Schicksal bestimmen zu
können«.[139] Die Parole laute – nie wieder Terror, nie wieder Diktatur! Und die ÖVP

---

136 Helga Embacher, »… daß die Ehre der Kameraden unangetastet bleiben müsse«. Die »Wehrmachts-
    ausstellung« und das Geschichtsbild des »Kameradschaftsbund«, in: Helga Embacher u. a. (Hg.),
    Umkämpfte Erinnerung. Die Wehrmachtsausstellung in Salzburg, Salzburg 1999, S. 96–132; Ös-
    terreichischer Kameradschaftsbund (Hg.), Kameraden in Feldgrau. Denkmal der Treue, Mahnung
    für alle, Wien o. J.; zur Mentalität der Heimkehrer: Harald Jäner, Wolfszeit. Deutschland und die
    Deutschen 1945–1955, Berlin 2019, S. 149–161.
137 Befreit und besetzt. Stadt Salzburg 1945–1955, S. 98–100.
138 Ebd., S. 100.
139 Vom Wiederaufbau zum Wirtschaftswunder, S. 112.

stellte sich so vor: »Wir sind die neue österreichische Partei! Wir sind die Partei des ganzen Volkes! Wir sind die soziale Partei ohne Vorurteil der Rasse, Klasse oder Konfession! Wir sind die demokratische Partei, die den klassenmäßigen Totalitätsanspruch ebenso bekämpft wie Nazismus und Faschismus!«[140] Bei einem solchen Programm hatten es die Heimkehrer wohl schwer, die ÖVP von den anderen Parteien zu unterscheiden.

Konkreter war die Resolution des Landesreferenten der Heimkehrerhilfe der ÖVP am Parteitag 1946:

– Die Familienunterstützung der Angehörigen von Kriegsgefangenen in Russland sei zum Sterben zu viel aber zum Leben zu wenig.
– Alle Ämter und Behörden müssen die Heimkehrer bevorzugt behandeln, nur so können sie sich als wertvolle Arbeitskräfte in den Wirtschaftsprozess eingliedern.
– Die Öffentlichkeit müsse auf die »besondere seelische und materielle Lage« der meisten Heimkehrer Rücksicht nehmen.
– »Die Heimkehrer betrachten sich als die Generation, die in erster Linie den neuen Staat zu bauen berufen ist [...]«.[141]

Die Heimkehrer traten dann, ab 1948/49, als eine eigene Formation auf, die ihre Kriegs- und Lagererfahrung in den sozialen und politischen Prozess einbrachten – eine Erfahrung, die »Leistung« hochhielt, aber auch ein autoritäres Verhalten zeigte.

Auch die SPÖ warb um die Stimmen der Heimkehrer. Das »Demokratische Volksblatt« schrieb am 27. Oktober 1945: Eine neue demokratische Gemeinschaft nehme sie auf. »Sie empfängt euch mit jener Achtung, die der Mann verdient, der ein hartes Schicksal tapfer und würdig ertragen hat, der sich nicht zerbrechen ließ von dem furchtbaren Erleben, das hinter jedem unserer Heimkehrer liegt. Die Heimat wartet auf eure Arbeitskraft, sie braucht eure Hilfe und Mitarbeit [...].«[142] Die SPÖ erinnert die Heimkehrer allerdings auch: »Wenn ihr Entbehrungen erleiden mußtet, wenn ihr Schaden an Gesundheit und Seele genommen habt – ihr seid Opfer des Nazismus und jener, die ihn herbei geführt, die unser Österreich Hitler zugespielt haben.«[143]

Im Alltag stritten sich dann aber die KZ-Opfer mit den Kriegsopfern um Arbeitsplätze und bevorzugte Behandlung.

Der Kriegsopferverband entwickelte mit der Zeit eigene kulturelle Rituale: Heimkehrer-Dankwallfahrten nach Maria Plain beispielsweise und Heimkehrer-Sommer-

140 Ebd., S. 114.
141 Protokolle der Landesparteitage des Salzburger Volkspartei, 1. Bd., 1945–1951, Franz Schausberger u.a. (Hg.), Salzburg 1986, S. 28f.
142 Vom Wiederaufbau zum Wirtschaftswunder, S. 107.
143 Ebd.

feste mit einem »Glückshafen«.[144] Am wirkungsvollsten war, weil hoch emotional besetzt, jährliches, militärisches Totengedächtnis am 1. November auf dem Friedhof.

Am traurigsten war das Schicksal der Invaliden und ihrer Familien. Der Körper der Invaliden war ein lebenslanger »Erinnerungsort« an den Krieg und seine Folgen. Die Aussage einer Frau: »Mein Leben war schrecklich neben diesem Mann, denn er litt auch psychisch sehr, oft war er blutig im Mund, wenn er sich im Traum in die Wangen gebissen hat, oder er schlug umher, immer wieder war er im Krieg und verzweifelt.«[145] Es brauchte oft lange Zeit, bis sie wieder Lebensmut gewannen und als halbwegs »normal« angesehen wurden. Eine Frau eines anderen Invaliden sagte: »Mit Arbeit und Fleiß haben wir unsere Armut und Not nach 1945 überwunden.«[146] Die Integration in den Arbeitsprozess hing ab von der »Versehrtenstufe«. Es gab 4 Stufen, nach denen auch die Invalidenpension bemessen wurde. Das Landesinvalidenamt war zuständig für die Betreuung. Bevorzugt wurden Tabaktrafiken an Invaliden vergeben.

1949 lebten noch 52.000 Kriegsinvaliden aus dem Ersten Weltkrieg in Österreich, 126.000 aus dem Zweiten Weltkrieg.[147] In der Erzdiözese Salzburg werden 1949 genau 8709 Kriegsversehrte angegeben.[148] Wie immer sind alle Zahlen mit Vorsicht zu betrachten.

---

144 Chronik der Stadt Salzburg 1945–1955, 11.11.1945, S. 219, 1.8.1948.
145 Ernst Hanisch, Männlichkeiten. Eine andere Geschichte des 20. Jahrhunderts, Wien 2005, S. 99.
146 Ebd.
147 Ebd. S. 101. Etwas andere Zahlen in: Salzburg 1945–1955, S. 175.
148 Brief an den apostolischen Nutzius vom 30. November 1949.

VI. Stotternde Wirtschaft

1. SOZIALE VERWERFUNGEN

Die heutige Konsumgesellschaft kann sich das Alltagsleben der Menschen in der unmittelbaren Nachkriegszeit kaum vorstellen. Das Vertrauen in die Demokratie war zunächst sehr gering. Das Tagebuch des pensionierten Regierungsrates Josef Hummel gibt einen gewissen Einblick.[1] Das Grundgefühl im Mai 1945 war: »Welch schwere, lange Zeit steht uns allen noch bevor?«[2] Die wichtigsten Lebensfragen waren: Wo können wir wohnen? Wo finden wir Essen, wenn fast alle Geschäfte geschlossen waren und die Ausgangssperre die Mobilität beschränkte? Der Regierungsrat findet die Hauptursache der Ernährungskrise in den Plünderungen der Vorratslager durch abziehende SA und SS.[3] Immerhin lieferten die Amerikaner bereits am 14. Mai fallweise »Natural-Verpflegsartikel«.[4] Mit hungrigem Magen beobachtete er das Frühstück der US-Soldaten: 2 tellergroße, dicke Omeletten mit Pflaumenkompott und Bohnenkaffee.[5] Trost fand der Regierungsrat in der Religion.

Mit der Zeit normalisierte sich das Leben, aber es blieb ein Zwiespalt – es gab ein normales Leben (so gut es ging), wo man Verordnungen und Gesetze beachtete, und ein chaotisches Leben jenseits der Gesetze, wo es ums Überleben ging (oder jedenfalls um ein besseres Leben). Der Schwarzhandel blühte. Es gab immer Verhaftungen, dennoch blühte er weiter. Wer es sich leisten konnte, ging auf den Schwarzmarkt. So gab es zwei Gruppen von Menschen, jene, die Geld und Wertgüter hatten, und jene, die kein Geld hatten. Dann waren private Beziehungen wertvoll. Einen Bauern zu kennen, verbesserte die Chance auf Lebensmittel. Freundschaft mit amerikanischen Soldaten war ein weiterer Vorteil.

Auflösung der sozialen Hierarchien: Der österreichische *Adel* hatte am Beginn der Ersten Republik seine politische Rolle und seinen Namenstitel verloren. Im autoritären Regime wurde er wieder aufgewertet. Die egalisierende Tendenz des Nationalsozialismus drängte den Einfluss des Adels zurück und baute in der SS einen neuen »Adel« auf. Der Adel in Salzburg hatte wenig politischen Einfluss im 20. Jahrhundert. Seine Domäne waren die Holzwirtschaft und die Jagd. Völlig verarmt waren die vertriebenen Adelsgeschlechter aus der Tschechoslowakei. Barbara Coudenhove-

---

1 Der Mai 1945 im Tagebuch des Josef Hummel, in: Befreit und besetzt, S. 23–34.
2 Ebd., S. 25.
3 Ebd., S. 29.
4 Ebd., S. 27.
5 Ebd., S. 31.

Kalergi, aus einer böhmischen Grafenfamilie stammend, später eine bekannte Journalistin, berichtet in ihren Erinnerungen:[6] Als Deutsche aus Prag vertrieben, kam die
Familie bettelarm in einer abenteuerlichen Flucht nach Salzburg – nur ihr Silberzeug
konnte sie mitnehmen, das sie nach und nach verkaufte. Ziel war das Jagdhaus des
Großvaters im Lungau. Das Überleben sicherte das Netzwerk der österreichisch-
ungarischen aristokratischen Hilfsbereitschaft. Das Kind Barbara aus Prag fühlte
sich im gebirgigen Land fremd. Die Mutter musste nun kochen, die vorher nie ein
Spiegelei machen konnte.[7] Der Vater fand eine Arbeit bei der Bezirkshauptmannschaft, weil er Englisch sprach. Als Schülerin bei den Ursulinen in der Stadt Salzburg
(Freiplatz), erlebte sie Salzburg als ein »spießiges Zwergenland«.[8] Als Erwachsene,
als linke, aber strikt katholische Journalistin, verliebte sie sich in den kommunistischen Chefintellektuellen Franz Marek und heiratete ihn.[9]

Der Adel hatte seine Privilegien verloren, aber gesellschaftlich hatte er noch immer einen Glanz. Einige höhere US-Offiziere hatten ein wahres Faible für die Aristokraten, imitierten auch ihren Lebensstil. So verlangte ein Oberst von der Landesregierung eine Liegenschaft mit einem Jagdrevier.[10] Mit der Zeit entwickelte sich
auch eine Freundschaft zwischen höheren Beamten und leitenden US-Offizieren;
mancher Offizier verliebte sich geradezu in Land und Stadt Salzburg. Eher »bür-
gerlich« war der Vorschlag der Militärregierung: Um eine engere gesellschaftliche
Verbindung zwischen der Besatzung und der Zivilbevölkerung herzustellen, soll den
US-Soldaten die Gelegenheit geboten werden, mit jungen Damen der Salzburger
Gesellschaft Tanzabende zu veranstalten. Damit aber »Zucht und Ordnung« bewahrt bleibe, sollten Frauen von Politikern und höheren Beamten als Gouvernanten
aufpassen. Obendrein sollte die Veranstaltung um 22 Uhr schließen.[11]

Das *Großbürgertum*, Großhändler, Industrielle und Bankleiter litten unter Mangel an Waren, Einschränkungen des Verkehrs und des erlaubten Geldflusses. Viele
Großbürger waren auch Nationalsozialisten und mussten zunächst ihre Unternehmen verlassen. Besonders viele Nationalsozialisten gab es unter den *Bildungsbürgern*,
freie Berufe, Rechtsanwälte, Techniker, Ärzte usw., ebenso höhere Beamte und Lehrer. Sie alle waren bis 1947 verhaftet oder »arbeitslos«. Besser gelang es dem *Klein-
bürgertum*, Handwerker, kleine Kaufleute usw., die schwere Zeit zu überstehen. Eine
Fülle von *Angestellten* war zunächst ohne Brotberuf. Am besten gelang es den *Bauern*,
Groß- und Kleinbauern, diese Jahre zu überleben. Sie fielen wörtlich auf die Butter-

---

6 Barbara Coudenhove-Kalergi, Zuhause ist überall. Erinnerungen, Wien 2013.
7 Ebd., S. 110.
8 Ebd., S. 117.
9 Ebd., S. 173.
10 SLA, Präs. 123/47.
11 SLA, Präs. 624/47.

seite. Sie waren systemrelevant, sorgten, legal oder illegal, für die Ernährung. Auch die *Arbeiter* wurden dringend für den Wiederaufbau gebraucht, aber es fehlten tüchtige Facharbeiter. Diese Einschätzung der Sozialstruktur unterscheidet sich von den amerikanischen Angaben über die NS-Registrierten 1947 in der US-Zone (Salzburg und Oberösterreich südlich der Donau).

Tabelle 7: Übersicht der registrierten Nationalsozialisten nach Berufen.

Salzburg und Oberösterreich (US-Zone)	
Land- und Forstwirtschaft	12.969
Industrie und Handwerk	14.084
Handel	6.395
andere Gewerbe	2.805
freie Berufe	5.165
Angestellte im öffentlichen Dienst	13.135
Privatangestellte	13.058
Arbeiter im öffentlichen Dienst	2.594
Arbeiter in der Privatwirtschaft	13.160
Hauspersonal	2.997
Pensionisten	3.342
Studenten	1.414
Haushalt	18.134
andere	2.485

Quelle: Geschichte der österreichischen Bundesländer seit 1945. Salzburg, S. 40.

Diese Daten berücksichtigen nicht die zahlreichen Einsprüche und Amnestien und vor allem: Ein Großteil der Registrierten war noch im Arbeitsprozess tätig, in der Wirtschaft und im Haushalt. Der relativ hohe Anteil in der Land- und Forstwirtschaft, die Bauern arbeiteten weiter auf ihren Höfen. Der höchste Anteil im Haushalt, meist Frauen, sorgte weiter für die Familien und half in den Betrieben mit.

Gleichsam als Sieger trat die *katholische Kirche* auf. Sie konnte sich als Opfer des Nationalsozialismus bezeichnen und hatte ihre Dogmen bewahrt. Viele »Gottgläubige« kehrten in den Schoß der Kirche zurück, aus Konjunkturgründen oder als wirklich Bekehrte. Auch wenn der Dom bombenzerstört war, die Residenz des Fürsterzbischofs von der Militärregierung besetzt war, die katholische Kirche in Salzburg kehrte auf ihren öffentlich angestammten Platz zurück und hatte politisch und gesellschaftlich einen beträchtlichen Einfluss. Besonders den Totenkult dominierte die Kirche. Auch wer am Sonntag nie zur Kirche ging, wollte einen Pfarrer am Grabe. Eine große religiöse Zeremonie, gleichzeitig ein Staatsakt, war das Begräbnis von Landeshauptmann ad. Franz Rehrl am 27. Jänner 1947. Dass er die Landesregierung nach 1945 heftig kritisiert hatte, war vergessen, schließlich war der »Baumeister« Rehrl ein Salzburger Monument. Den Kondukt führte nicht, wie zu erwarten wäre, der Fürsterzbischof Rohracher, sondern ein Franziskanerpater. Dem Sarg folgten nach der Familie die hohe und niedrige Geistlichkeit, Vertreter der Bundesregierung und der Militärregierung, der Landtag, der Bürgermeister und die Beamtenschaft, Schulen, Feuerwehr und Gendarmerie, zahlreiche Vereine und die Bevölkerung. Es war ein machtvoller Auftritt von Machtträgern und der katholischen Zivilgesellschaft. Begraben wurde Rehrl auf dem Friedhof in Morzg. Dort sprach auch ein Vertreter des KZ-Verbandes.

Wieder stehe ich vor dem Problem, dass für die Jahre 1945 – 1947 kaum Daten für die Sozialstruktur der Bevölkerung vorliegen. Wieder muss ich auf die Volkszählung von 1951 zurückgreifen, um überhaupt einen gewissen Eindruck zu gewinnen.

Tabelle 8: Bevölkerung im Bundesland Salzburg 1951.

Bundesland Salzburg	327.232
Salzburg (Stadt)	102.927
Hallein	34.263
Salzburg Umgebung	64.236
St. Johann im Pongau	53.072
Tamsweg	16.558
Zell am See	56.176

Quelle: Geschichte der österreichischen Bundesländer seit 1945. Salzburg, S. 139.

Für die Wirtschaft wichtig war die Altersgruppe.

Tabelle 9: Altersgruppe 1951.

Altersgruppe von bis	Absolut	In %
unter 14	80.999	14,75
14–18	16.790	5,13
18–65	202.066	61,75
65 und mehr	26.676	8,16
Unbekannt	701	0,21

Quelle: Geschichte der österreichischen Bundesländer seit 1945. Salzburg, S. 150.

62 Prozent der Bevölkerung waren theoretisch im erwerbsfähigen Alter. Tatsächlich jedoch waren es nur 47 Prozent.

Tabelle 10: Wohnbevölkerung und Erwerbsquote 1951.

Wohnbevölkerung zusammen	327.232
Berufstätige zusammen	152.859
Allgemeine Erwerbsquote	46,71 %

Quelle: Geschichte der österreichischen Bundesländer seit 1945. Salzburg, S. 160.

Tabelle 11: Die geschlechtsspezifische Erwerbsquote 1951.

Männliche Wohnbevölkerung	155.706
Männliche Berufstätige	96.144
Männliche Erwerbsquote	61,75 %
Weibliche Wohnbevölkerung	171.526
Weibliche Berufstätige	56.715
Weibliche Erwerbsquote	33,06 %

Quelle: Geschichte der österreichischen Bundesländer seit 1945. Salzburg, S. 161.

15.820 mehr Frauen als Männer lebten 1951 in Salzburg.

Die fast um die Hälfte geringere weibliche Erwerbsbeteiligung erklärt sich aus dem traditionellen Familienmodell: Der Mann verdient das Geld, die Frau arbeitet im Haushalt, versorgt die Kinder und hilft am Bauernhof, in der Werkstatt, im Büro. Für dieses Modell war die Heirat meist eine Voraussetzung. Die Eheschließungen sind 1938/39 stark angestiegen (ca. 4800). 1945/46 stark gesunken (ca. 1800).[12]

Für die geringere Erwerbsbeteiligung der Frauen 1951 sorgte auch ein anderes soziales Modell: Wenn die Männer im Krieg waren, mussten vielfach die Frauen für sie einspringen. Wenn die Männer aus dem Krieg zurückkehrten, verdrängten sie die Frauen wieder, waren die Frauen verpflichtet, für sie und die Kinder häuslich zu sorgen. Beide Modelle hatten allerdings in der Realität zahlreiche Lücken:

Das Los der Frauen. Erstes Beispiel: Die Salzburger Malerin Irma Raffaella Toledo, eine Jüdin, die mit einem »Arier« verheiratet war, konnte recht und schlecht überleben. (»Mischehen« zwischen männlichen »Ariern« und jüdischen Frauen waren eine Spur besser gestellt als »Mischehen« von jüdischen Männern und arischen Frauen.) Für sie war 1945 uneingeschränkt ein Jahr der Freiheit. »1945 begann für mich ein neues Leben. Ich tauchte aus dem Untergrund auf. Aus der Todesangst befreit, begann ich zu malen.«[13]

---

12 200 Jahre Salzburg in Zahlen, S. 41.

13 Erika Thurner u. a. (Hg.), Die andere Geschichte. Eine Salzburger Frauengeschichte des 20. Jahrhunderts, 2. Bd., 1996, S. 146.

Zweites Beispiel: Brieftagebuch von Frau N., 7. Mai 1945:

»Jeden Tag wurden reihenweise die Häuser geräumt, und Leute mußten oft in einer Stunde aus dem Haus – rein kamen die Amerikaner! Unsere stille Gegend ist ein Broadway geworden, jeder einzelne Soldat sitzt in einem eigenen Auto, und außerdem ›rattern‹ die Biere [...] 8. Mai 1945: Heute ist Friedensschluß! Es soll hier 2 Tage gefeiert werden! <u>Wie anders dachten wir uns das!</u> Die amerikanischen Soldaten haben herrliches Weißbrot, Fleisch und Orangen, daß einem das Wasser im Mund zusammenläuft. [...] 11. Mai 1945: Nebenan sollen die Leute raus aus ihrem Haus, es wurde aber dann rückgängig gemacht. Es kann auch uns täglich treffen. <u>Vielleicht werden wir uns nochmal nach den Bomben zurücksehnen.</u>«[14]

Drittes Beispiel: »Ich bin mit meiner Mutter im Ehebett vom Vater gelegen, denn der war ja eingerückt, und wir haben fünf Kinder gehabt daheim zum Versorgen, wir zwei praktisch. Ich habe mich so ungeschützt gefühlt. Es hat der Vater gefehlt, und ich habe ihn für meine Geschwister ein bißchen ersetzen müssen. Ich war 15 Jahre.«[15]

Die Frauen stellten die Mehrheit im Land und sie verstanden auch öffentlich (wenn auch nur eine Frau im Landtag vertreten war) ihre Anliegen vorzutragen. Ende 1946, am Höhepunkt der Hungerkrise, zog eine Frauendemonstration zur Landesregierung und überreichte eine Resolution, die auf das Elend der Arbeiterfamilien hinwies: Sie hungern, haben zu wenig Kleider und kein Heizmaterial.[16]

Für die allgemeine Wirtschaftsentwicklung war die Aufteilung der Berufstätigen von Bedeutung.

Tabelle 12: Berufstätige 1951.

	Personen	Anteil in Prozent
Nach Stellung im Beruf		
Selbstständige	25.447	16,6
Mithelfende Familienmitglieder	27.254	17,8
Angestellte		
Arbeiter/-innen	100.158	65,5
Lehrlinge		
Nach Wirtschaftsabteilungen		
Land- und Forstwirtschaft	47.894	31,3
Industrie und Gewerbe	58.245	38,1
Handel und Verkehr	22.242	14,6

---

14 Ebd., S. 148 f.
15 Ebd., S. 150.
16 Ebd., S. 154 f.

	Personen	Anteil in Prozent
freie Berufe		
öffentlicher Dienst	24.478	16,0
Haushaltung		
Unbekannt (ohne Betriebsangabe)		
nach Altersgruppen		
Bis 19 Jahre	25.279	15,4
20 bis 29 Jahre	39.539	24,1
30 bis 39 Jahre	34.679	21,1
40 bis 49 Jahre	27.310	16,6
50 bis 59 Jahre	27.414	16,7
60 bis 64 Jahre	6.537	4,0
65 und älter	3.301	2,0
unbekannt	33	0,0

Quelle: 200 Jahre Salzburg in Zahlen. Ein statistischer Streifzug 1816–2016, Salzburg 2016, S. 109.

Leider sind die Zahlen der Volkszählung von 1951 wenig differenziert, vor allem werden Angestellte und Arbeiter, Frauen und Männer zusammengezählt. Dass diese die Mehrheit der Berufstätigen stellten, war anzunehmen (65,6 Prozent). Bemerkenswert ist der hohe Anteil der mithelfenden Familienmitglieder (17,8 Prozent). Das verweist auf die noch sehr traditionelle Struktur in der Landwirtschaft, im Kleingewerbe und im Handel. Auch der noch hohe Anteil der Land- und Forstwirtschaft (31,3 Prozent) belegt es. Wenig aussagekräftig ist leider die Zusammenfassung von freien Berufen, dem öffentlichen Dienst und den Haushaltungen (16,0 Prozent). Anzumerken ist dabei auch, dass nach der NS-Amnestie zu diesem Zeitpunkt fast alle ehemaligen Nationalsozialisten wieder berufstätig waren. 1945/46 ist generell mit doch anderen Zahlen zu rechnen.

In einem Brief vom 22. Februar 1947 schrieb die Salzburger Landeswirtschaftskammer an das Bundesministerium für Handel und Wiederaufbau über die Schwierigkeiten der Bergbauern – häufig Elementarereignisse wie Erdrutsch, Vermurung, Hochwasser. Angeführt wird auch eine Statistik der Wirtschaftsabteilungen:
– Land und Forstwirtschaft 37 %
– Industrie und Handwerk 27 %
– Handel und Verkehr 10 %
– Öffentlicher Dienst 8 %
– Häuslicher Dienst 3 %
– Selbstständige und Berufslose 15 %[17]

17 SLA, Präs. 1009/47.

2. Der schwierige Anfang und der Aufbau der Interessenvertretungen

Die Zerstörungen in Salzburg waren geringer als in Ostösterreich; obendrein besetzten die reichen Amerikaner, nicht die armen Sowjets das Land. Geringer meint nicht, dass die Landeshauptstadt und die Bahnhofsorte nicht arg verwüstet waren. Zunächst musste aufgeräumt, der Schutt beseitigt werden. Dazu wurden auch nationalsozialistische Männer verpflichtet. Nichts funktionierte mehr in der Stadt: Elektrizität, Wasser, Gas fehlten, Straßen, Kanäle, Schienen mussten repariert werden. Es fehlte an Arbeitsgeräten, Transportmitteln und Fachkräften. Betriebs- und Geschäftsflächen waren unbrauchbar.[18] Dann eine Wohnungsnot wie nie zuvor. 7000 Gebäude in der Stadt waren beschädigt, Abertausende Menschen mehr als in normalen Zeiten suchten Unterkunft. Dazu kamen die Beschlagnahmungen von Häusern und Wohnungen für die amerikanischen Soldaten. Etwa 13.000 Menschen lebten im Herbst 1945 in Splittergräben, Scheunen, Ställen, Dachböden und Kellern.[19] Das Telefon funktionierte nicht, öffentliche Verkehrsmittel waren zerschlagen, der Postverkehr lahmgelegt. Eine wesentliche Erleichterung kam erst, als die Militärregierung die beschlagnahmten Fahrzeuge der Deutschen Wehrmacht freigab. Dr. Josef Kastner, 1945 Geschäftsführer in der Wirtschaftskammer, lobte in einem Interview Major Benson, den Leiter der Wirtschaftsabteilung in der Militärregierung, als eine »wunderbare Persönlichkeit«, die viel Verständnis für die triste Lage in Salzburg zeigte.[20] Aus militärischen Gründen bombardierten die amerikanischen Flugzeuge vor allem die Bahnknoten – Hauptbahnhof, Gnigl, Bischofshofen. Im Bereich des Salzburger Hauptbahnhofes waren 9645 Meter Gleis zerstört, Lokomotiven und Wagons unbrauchbar.[21] Erst im Herbst 1945 konnte ein unregelmäßiger Zugverkehr wieder Menschen und Waren transportieren. »Wiederaufbau« muss man so wörtlich verstehen: aufbauen, was schon einmal war. Am 31. Mai 1946 wurde im Landtag der Landeshaushalt beschlossen, den größten Brocken erhielt die Bauverwaltung: 2.074.000 Schilling.[22]

Um das Chaos zu bändigen, musste die Bürokratie her, eine Macht, die jedes politische System überlebte. Gebraucht wurden erfahrene Beamte. Das war die Chance für die »kleinen Nazis«, den Systembruch zu überstehen. Sie amtierten nach Vorschrift, was in dem herrschenden Chaos, wo Flexibilität erforderlich war, von den

18 Christian Dirninger, Der wirtschaftliche Wiederaufbau, in: Salzburg 1945–1955, S. 178–185.
19 Ebd., S. 189.
20 Wolfgang Maier, Die soziale und wirtschaftliche Situation in Salzburg 1945. Hausarbeit am Institut für Geschichte an der Universität Salzburg 1969. Gespräch mit Dr. Kastner am 7. Oktober 1969, S. 90. Den Hinweis verdanke ich Dr. Hans Spazenegger.
21 Befreit und besetzt, S. 120.
22 SLA, Präs. 1186/46.

Verwalteten als Schikane aufgefasst wurde. Hinzu kam die US-Bürokratie der Militärregierung, die eine andere Tradition hatte und oft mit, aber auch oft als Übermacht gegen die österreichischen Beamten amtshandelte. Die Notwendigkeit, die Kriegswirtschaft, jetzt ohne rassistische Grundlagen, als Bewirtschaftungssystem weiterzuführen, bedeutete, dass viele Ämter weiter gebraucht wurden. Demokratie bedeutete auch, dass sich die politischen Parteien häufig in das Amtshandeln einmischen konnten. Unzählige Ämter, Kommissionen, Beiräte waren entstanden: Landeswirtschaftsamt, Landesernährungsamt, Landesverkehrsamt, Landesarbeitsamt, Landesamt für Treuhandelswesen usw. Ähnliche Ämter gab es auch in der Landeshauptstadt.

Neben den Landes- und Stadtämtern, neben den politischen Parteien, waren die nach dem Vorbild der Ersten Republik errichteten *Interessenvertretungen* einflussreiche Akteure des Wirtschaftssystems. Die Kammern waren Körperschaften öffentlichen Rechtes mit Selbstverwaltung und Mitgliedspflicht, aber unter Aufsicht des Staates. Sie unterscheiden sich so von den freien, vereinsrechtlich organisierten Verbänden wie Industrieverbände und Gewerkschaften.

Handelskammer: Es entsprach der amerikanischen Ideologie der »freien Marktwirtschaft«, dass die Militärregierung bereits am 12. Mai 1945 einen Wirtschaftsausschuss erlaubte. Unter der Führung von Emil Funder, einem bereits in der Ersten Republik aktiven Wirtschaftsvertreter, wurden sofort Abteilungen für die einzelnen Wirtschaftsbereiche errichtet: Industrie, Handwerk, Handel, Gastgewerbe, Bank- und Versicherungswesen.[23] Wie auch sonst überall verschwanden die Leiter der NS-Gauwirtschaftskammer, aber die Bürokratie blieb. Auch der Stempel – nur das Hakenkreuz wurde herausgeschnitten. Ein aussagestarkes Symbol für die Mentalität der Bürokratie.

Das Handelskammergesetz 1946 straffte den hierarchischen Aufbau und gab der Bundeskammer die Priorität.[24] Das Sagen in der Wirtschaft hatte Julius Raab. Nun hieß die Kammer »Wirtschaftskammer Salzburg« – als klarer Anspruch auf die ganze Wirtschaft. So wurde auch die Industrie in die Kammer integriert. (In Salzburg gab es 1945 ca. 500 Industriebetriebe, meist Sägewerke, aber kaum eine Großindustrie).[25] War in der Arbeiterkammer die SPÖ, war in der Wirtschaftskammer naturgemäß die ÖVP dominant. Obendrein war der »Österreichische Wirtschaftsbund«, als Teilorganisation der ÖVP, eng mit der Wirtschaftskammer vernetzt. Sichtbar wurde diese Verschränkung, als im Juni 1946 der Multifunktionär, Kaufmann Josef Ausweger,

---

23 Christian Dirninger, Die Arbeitgebervertretung im Bundesland Salzburg. Studie über die Kammer der gewerblichen Wirtschaft nach 1945. Festschrift für Rudolf Friese (Salzburg Dokumentationen Nr. 84, Salzburg), 1984, S. 33.

24 Ebd., S. 50f.

25 Ebd., S. 48.

zum Präsident der Kammer aufstieg.[26] Er war bereits vor 1938 politisch aktiv, wurde von 1938 – 1940 ins KZ Dachau gesteckt, dann musste er zur Deutschen Wehrmacht einrücken. 1945 übernahm er die Position des Obmannes des ÖVP-Wirtschaftsbundes, war Präsident des damals noch überparteilichen KZ-Verbandes, war Mitglied des provisorischen Gemeinderates der Stadt Salzburg, war Abgeordneter des Landtages und dort Zweiter Landtagspräsident-Stellvertreter.[27] Die SPÖ besetzte die Position des Vizepräsidenten in der Handelskammer, ein Ausdruck des politischen Proporzes. Der »Österreichische Wirtschaftsbund« und die »Wirtschaftskammer« schrieben wohl die meisten Interventionen an die Landesregierung. Trotz seiner Position als Präsident des KZ-Verbandes trat Ausweger für eine milde Entnazifizierung ein. Im Dezember 1946 meinte er, »daß man den politisch unbelasteten ehemaligen Parteimitgliedern der NSDAP, die keine Funktionen ausgeübt haben, den Weg in das wirtschaftliche Leben unseres Landes nicht verschließen dürfe. Solche Mitläufer können daher in den Reihen des ÖWB (Österreichischen Wirtschaftsbundes) arbeiten und mitwirken, ohne allerdings vorläufig Funktionen bekleiden zu dürfen«.[28] Die Wirtschaftskammer stellte die Gewerbescheine aus. Das führte zu vielen Konflikten, weil zahlreiche Firmen sich in Salzburg ansiedeln wollten. Viel Streit gab es auch um die Freigabe von knappen Kraftfahrzeugen, für die zwar die Landesregierung zuständig war, aber die Kammer ihren Einfluss geltend machte. Das war auch ein Feld, wo der Neid ausbrach – warum bekommt der ein Auto, warum nicht ich? Eine Instinktlosigkeit war der Verstoß der Wirtschaftskammer am 17. Jänner 1947, für »Elemente«, die keinen Beschäftigungsnachweis haben, Schleichhändler und arbeitslose Elemente sollen Arbeitslager errichtet werden. Die Militärregierung allerdings lehnte diese Forderung ab: Das sei eine Nazimethode![29]

Landwirtschaftskammer: Der starke Mann, der Patriarch der Agrarwirtschaft war Bartholomäus Hasenauer, Stoffenbauer in Maishofen. In den dreißiger Jahren Staatssekretär, 1945 Landesparteiobmann der ÖVP, Präsident der Salzburger Landwirtschaftskammer, Obmann des österreichischen Bauernbundes Salzburg in der ÖVP, Landesrat in der Salzburger Landesregierung.[30] 1945 wurde er als kommissarischer Präsident mit dem Wiederaufbau der Landwirtschaftskammer betraut. Zum Kammeramtsdirektor wurde der Agrarfachmann Albert Hochleitner bestellt – der spätere Landeshauptmann.[31] Seine Aufgabe war es, den aufgeblähten NS-Reichsnährstand

---

26 Ebd., S. 61.

27 Richard Voithofer, Politische Eliten in Salzburg, S. 12.

28 Christian Dirninger, Arbeitgebervertretung, S. 40. Allgemein zu den Kammern: Salzburg-Kleinod von Österreich. 10 Jahre Aufbau 1945 – 1955, Salzburg 1955, S. 297 – 301.

29 SLA, Präs. 1947/03.3.

30 Richard Voithofer, Politische Eliten in Salzburg, S. 74.

31 Josef Lemberger, Interessenverbände im Bundesland Salzburg, in: Herbert Dachs u. a. (Hg.), Geschichte der österreichischen Bundesländer. Salzburg, Salzburg 1997, S. 307.

zu liquidieren. Die zentrale Rolle der Bauern 1945 spiegelte sich in dem offiziellen Namen: »Kammer für Landwirtschaft und Ernährung«. Der »Österreichische Bauernbund« war der stärkste Bund in der ÖVP. Die Verankerung in der Bauernschaft gelang durch die fünf Bezirksbauernkammern und durch die Ortsbauernführer (dann Obmänner des Ortsausschusses). Das Gewicht der Bauern ruhte auf drei Säulen: ÖVP-Bauernbund, Landwirtschaftskammer, Genossenschaft.[32]

In den 1940er-Jahren war der Bauernhof noch relativ autark. Das Lebensnotwendige wurde selbst erzeugt: Fleisch, Getreide, Kartoffeln, Sauerkraut, Milch, Butter, Brot, Wolle. Der Bauernstolz war von Eigensinn begleitet, das spürte auch die Kammer. Kritik an der Kammerbürokratie gab es häufig. Die Bauernmentalität hatte der Sozialhistoriker Ernst Langthaler präzise formuliert: »Die Vorstellung vom richtigen und guten Leben, die die Bauern zur Unterstützung Hilfesuchender verpflichtet, verbündet sich mit der Strategie, seinen Profit durch Schwarzgeschäfte zu steigern, zu einem für uns schwer entwirrbaren Geflecht: der gute und geizige Bauer sind nicht selten ein und die selbe Person.«[33] Auf der Kammerebene stritten sich Arbeiterkammer und Landwirtschaftskammer jahrelang redlich über die Ernährungslage. Die Arbeiterkammer beschuldigte die Bauern, lieber den Schwarzmarkt zu beliefern, als die vorgeschriebene Menge von Ernährungsgütern abzuliefern. Die Landwirtschaftskammer konterte, ohne die erforderlichen Betriebsmittel können die Bauern nicht mehr produzieren. Dazwischen stand der Landeshauptmann, der die Bauern aufforderte, die vorgeschriebenen Agrargüter tatsächlich zu liefern, der aber auch viel Verständnis für die schwierige Betriebssituation der Bauern hatte. Obendrein musste sich der Landeshauptmann gegen die Vorwürfe der Bundesregierung verteidigen: Das Land betreibe passiven Widerstand gegen die Anordnungen der Bundesregierung in der Ernährungspolitik, liefere keinen rechtzeitigen Bericht. Der weitere Vorwurf: Die Salzburger Bauern verwenden Getreide als Viehfutter.[34] Die Landwirtschaftskammer wiederum verteidigte die Bauern, dass sie aus wirtschaftlichen Zwängen Bedarfsartikel gegen Lebensmittel eintauschen müssen, denn legal bekommen sie keine Bedarfsartikel.[35] In einer Pressekonferenz in Wien am 10. März 1947 wies der Landeshauptmann darauf hin, dass auch wegen der Landflucht ein Arbeitermangel in der Landwirtschaft herrsche und Maschinen und Geräte fehlen.[36] Tatsächlich gab es im Land Salzburg 1946 erst 433 Traktoren, 352 Motormäher und 123 Melkmaschinen.[37]

---

32 Ernst Hanisch, Die Politik und die Landwirtschaft, in: Geschichte der österreichischen Land- und Forstwirtschaft im 20. Jahrhundert, Franz Ledermüller (Hg.), Wien 2002, S. 62.
33 Zit. ebd., S. 64.
34 SLA, Präs. 312/47.
35 SLA, Präs. 55/47.
36 SLA, Präs. 372/47.
37 Josef Lemberger, Die Salzburger Landwirtschaftskammer von 1945 bis 1992. Politik und Wirtschaft,

Die Landwirtschaft war tief »schwarz« eingefärbt. Der ÖVP war es auch gelungen, die Reste des deutschnationalen Bauernbundes zu integrieren. In der Ob-
männerkonferenz der Landwirtschaftskammer besetzten in der Funktionsperiode
1945–1950 sechs Mandate der ÖVP Bauernbund, nur ein Mandat hatte der SPÖ
Arbeitsbauernbund.[38] Eine Besonderheit in Salzburg war, dass Landarbeiter in einer
eigenen »Landarbeiterkammer« organisiert waren.[39]

1949 wurde der Kammername auf »Kammer für Land- und Forstwirtschaft in
Salzburg« erweitert. Immerhin waren 35 Prozent der Gesamtfläche in Salzburg von
Wäldern bedeckt. Der größte Waldbesitzer waren die Österreichischen Bundesforste
mit 42 Prozent, die kleinen Waldbesitzer hielten 44 Prozent, die großen 14 Prozent.[40] Holz war auch eine der wenigen Waren, die das Land für Kompensationsgeschäfte mit dem Ausland einsetzen konnte.

Kammer für Arbeiter und Angestellte: Wie auf bürgerlicher Seite trafen sich auch
im Mai 1945 Vertreter der früheren Gewerkschaften, um ihre zerschlagenen Organisationen wieder aufzubauen und eine Arbeiterkammer zu errichten. Wie in vielen
anderen Organisationen wurde auf die Erste Republik zurückgegriffen. Aber man
lernte auch aus den Erfahrungen der gescheiterten Republik. Nicht getrennte, zer-
strittene, parteipolitische Einzelgewerkschaften, sondern eine Einheitsgewerkschaft
(Österreichischer Gewerkschaftsbund ÖGB) wurde angestrebt. Zunächst lose, ohne
den Segen der Militärregierung. Was die Besatzungsmacht aber bereits am 23. Mai
1945 verlangte, war die Liquidierung der NS-Deutschen Arbeitsfront (DAF).[41] Erst
im Sommer 1945 konnte nach dem österreichischen Arbeitskammergesetz vom
20. Juli 1945 offiziell die »Kammer für Arbeiter und Angestellte für Salzburg« errichtet werden.[42] Die kommissarische Leitung war auch hier, wie bei vielen anderen
Einrichtungen, nach dem Proporzsystem aufgebaut: Hans Wesendorfer (SPÖ), Fritz
Rücker (ÖVP), Josef Kittl (KPÖ). Die Mandatsverteilung gab der SPÖ ein deutli-
ches Übergewicht: sie hielt 32, die ÖVP 10, die KPÖ 6 Mandate.[43] Im Gegensatz zu
den ÖVP-Organisationen war die der SPÖ stärker nach Wien ausgerichtet. Kammer
und Gewerkschaft waren eng ineinander verflochten, wobei die Gewerkschaft vor

---

in: Gerhard Ammerer u. a. (Hg.), Vom Feudalverband zur Landwirtschaftskammer, Schriftenreihe des
    Landespressebüros Nr. 106, Salzburg 1992, S. 316.
38 Ebd., S. 266.
39 Ebd., S. 297.
40 Ebd., S. 285.
41 Rudolf Erwin Wordian, Die Kammer für Arbeiter und Angestellte für Salzburg nach dem Zweiten
    Weltkrieg, in: Arbeitnehmervertretung im Bundesland Salzburg. Festschrift für Josef Brunauer, Salz-
    burg Dokumentationen Nr. 55, Salzburg 1981, S. 31.
42 Vom Wiederaufbau zum Wirtschaftswunder. Ein Lesebuch zur Geschichte Salzburgs, S. 38 f.; Josef
    Lemberger, Interessenverbände im Bundesland Salzburg, S. 194–296.
43 Rudolf Erwin Wordian, Die Kammer für Arbeiter und Angestellte, S. 33 f.

allem in den Betrieben tätig war, wo die SPÖ mit der KPÖ konkurrierte. Das Prinzip
der Zwangsmitgliedschaft bei den Kammern umfasste bei der Arbeiterkammer im
Juli 1946 96.500 Personen, der Anteil der Kammerzugehörigen an der Gesamtheit
der unselbstständig Beschäftigten betrug 71,6 Prozent.[44] Davon waren 70,2 Prozent
Arbeiter, 17,6 Prozent Angestellte, 12,2 Prozent Verkehrsbedienstete.[45] Die Kammer
war so wirklich eine *Arbeiter*kammer! Der ÖGB in Salzburg, ohne den Schutz der
Pflichtmitgliedschaft, hatte weit weniger Mitglieder:
- 1945: 16.453
- 1946: 33.746
- 1947: 47.899[46]

Die Aufgabe der Arbeiterkammer gab das Gesetz von 1945 vor: »die sozialen,
wirtschaftlichen, beruflichen und kulturellen Interessen der Dienstnehmer zu
vertreten.«[47] Das war ein weites Feld: Begutachtungen, Interventionen, Rechtshilfe,
Berufsbildung, usw. Nur ein Beispiel: Am 15. Oktober 1946 schrieb die Arbeiterkammer in Salzburg (Auerspergstrasse 13) an Landeshauptmann Hochleitner: Die
»gefertigte Kammer beehrte sich mitzuteilen«, dass die Existenz der Werktätigen
im höchsten Grade gefährdet sei. Die Menschen seien verbittert, dass anstatt der
versprochenen Besserung eine ständige Verschlechterung eingetreten sei. Der Ka-
loriensatz betrage nur mehr 900–1200. »Mutlosigkeit, beginnende Verzweiflung
und ein immer stärker werdendes Gefühl der Verlassenheit bemächtigt sich langsam
der Arbeiterschaft und neben den Äußerungen des Unwillens, der Empörung und
der Erbitterung werden Stimmen laut, eine Änderung der unhaltbaren Verhältnisse
auf radikalem Weg herbeizuführen.«[48] Ziel des Briefes war, dem Landeshauptmann
einen Vorschlag zur Kontrolle der Wirtschaft zu unterbreiten. Im Frühjahr 1947
folgte ein Memorandum mit dem Kern, dass hunderttausend Familien hungern, was
wohl etwas übertrieben war.[49]

3. TRISTE ERNÄHRUNGSLAGE

Im Herbst 1947 schrieb Landeshauptmann Hochleitner einen langen Brief an den
»Kommandierenden General US-Zonen Kommando Österreich, Generalmajor

---

44 Ebd., S. 47 f.
45 Ebd., S. 48.
46 Erika Thurner, »Nach '45 war man als »Rote/Roter« auch ein Mensch«, S. 298.
47 Rudolf Erwin Wordian, Die Kammer für Arbeiter und Angestellte, S. 37.
48 SLA, Präs. 1085/46.
49 SLA, Präs. 460/47.

Harry J. Collins, Mozartplatz 8« über die ungünstige Entwicklung der allgemeinen
Wirtschafts- und Ernährungslage in Salzburg.[50]

– Das Gebirgsland Salzburg könne zwar Fleisch, Milch und Fette aufbringen, aber
  mit Mehl und Brot könne sich das Land nur drei Wochen selbst versorgen, mit
  Kartoffeln nur drei Monate.
– Wegen des trockenen Sommers könne das Land die Milchlieferungen nach Wien
  nicht erfüllen (14.000 Liter täglich), selbst wenn die Bauern »im großen und ganzen« die Ablieferungsvorschriften einhalten. Nur mehr 1400 Kalorien können
  ausgeteilt werden.
– Ebenso ungünstig sei die Wirtschaftslage. Das Land verfüge an Rohstoffen nur
  über Holz und Salz. Vom Holz müssen 60.000 Tonnen nach Wien abgegeben
  werden. Für die Haushalte in der Stadt Salzburg bleibe nur ½ Festmeter für den
  Winter übrig. Die Industrie erhalte wegen der Kohlenot nur ein Drittel des Be-
  darfes. Eisen, Metalle und Textilstoffe fehlen. Katastrophal sei die Treibstoffver-
  sorgung. Große Teile der Baustoffe müssen nach Wien abgeliefert werden. So sei
  der Wiederaufbau im Land fast vollkommen zum Stillstand gekommen.
– Trotz der unbefriedigenden Verhältnisse von Ernährung und Wirtschaft habe die
  Bevölkerung bisher Ruhe und Ordnung bewahrt. »Wenn aber nicht bald eine
  grundlegende Änderung erzielt werden kann, besteht begründete Sorge, dass im
  Land mit sehr unangenehmen Situationen und Entwicklungen gerechnet werden
  müsste.«[51]

Der Tenor des Briefes besteht 1. aus einem Hilfeschrei an die Amerikaner, 2. aus dem
Hinweis auf Unordnung in der Bevölkerung, was der Militärregierung unangenehm
sein müsse, 3. aus der Kritik an der Bundesregierung.

Bereits vorher, am 16. Juni 1947, hatte sich der Landeshauptmann an Collins ge-
wandt.[52] Auch in diesem sechsseitigen Brief sticht die Beschwerde über Wien hervor.
Aus den umfangreichen Zahlenangaben verweise ich nur auf die Hilfe der Militärregierung: Von den fehlenden 51 Tonnen Hülsenfrüchte in einer Lebensmittelperiode
haben die Amerikaner 42 Tonnen Teigwaren zugeschossen; auch fehlende Kartoffeln
wurden von ihnen durch Teigwaren ersetzt.[53]

Einen Einblick in die katastrophale Lage in Österreich liefert das Pro-Kopf-Ein-
kommen. 1938 betrug es 2262 US-Dollar, 1947 nur 1375 Dollar.[54] Das Zauberwort
der Ernährung lautete – Kalorien! In der Stadt Salzburg betrug die Lebensmittel-

---

50 SLA, Präs. 793/47.
51 Ebd.
52 SLA, Präs. 793/47.
53 Ebd., S. 3.
54 Andreas Weigl, Von der Existenzsicherung zur Wohlstandgesellschaft, Wien 2020, S. 170.

zuteilung vor Kriegsende für den Normalverbraucher zwischen 1000 und 1600 Kalorien. Im Mai 1945 sanken sie für kurze Zeit auf 900 Kalorien. Erst im Juni, dank amerikanischer Hilfe, stiegen sie auf 1540 Kalorien. Das lag allerdings höher als in Ostösterreich. Die Jahre 1946 und 1947 waren aber auch in Salzburg Hungerjahre. Die ausgerufenen Angaben der Lebensmittelkarten konnten nicht erfüllt werden und im Juni 1946 war man in der Stadt wieder auf 1040 Kalorien angewiesen.[55] Und wieder waren es die USA und andere Hilfsorganisatoren, die aushelfen mussten. Die Care-Pakete aus Übersee waren kostbare, erfreuliche Geschenke. In den Dörfern allerdings dürfte die Ernährungssituation etwas besser gewesen sein.

Tabelle 13: Kalorien für Normalverbraucher.

September	1945	1400
Jänner	1946	1508
März	1946	1550
Juni	1946	1040
Jänner	1947	1285
Mai	1947	1332
Oktober	1947	1405
Dezember	1947	1678

Quelle: Ernst Hanisch, Geschichte Salzburgs. Stadt und Land, Band II/2, S. 1202.

In einem privaten Tagebuch heißt es:

»15. März 1946: Nun hatten wir geglaubt, mit der drohenden Hungersnot über den Berg zu sein, und stattdessen steht sie nun vor der Tür.

30. Mai 1946: Wir sind schon auf KZ-Rationen angelangt. [Wohl eine Übertreibung E. H.].

27. August 1946: Es geht überall abwärts und viele Leute wollen auswandern, da hier die Zukunftsaussichten miserabel sind.«[56]

Die trostlose Stimmung dauerte das ganze Jahr 1947 an. Die Bezirkshauptmannschaft Salzburg meldete im Februar 1947: »Der Glaube an einen Wiederaufbau ist geschwunden, weil es nicht aufwärts geht; die politischen Parteien sich gegenseitig Vorwürfe machen, keiner die Verantwortung tragen will und nur geredet, aber nichts getan wird.«[57]

---

55 Thomas Weidenholzer, Alles dreht sich um Kalorien, in: Befreit und besetzt, S. 46 f.

56 Zit. in: Ernst Hanisch, Salzburg in der Zweiten Republik. Der politische Wiederaufbau, in: Geschichte Salzburgs. Stadt und Land, Band II/2, Salzburg 1988, S. 1205.

57 Ebd.

Die Krise der Ernährung führte zu einer Krise des politischen Systems an der Basis. Die Sticheleien der ehemaligen Nationalsozialisten fanden Anklang: Der Nationalsozialismus war doch eine bessere Regierungsform. Der Bürgermeister von Eugendorf notierte am 10. März 1948: »Seit Kriegsende war das Volk nie so niedergeschlagen wie jetzt.«[58] Der zwielichtige Journalist Herbert Kraus, eine Zeit lang vom CIC gestützt, sagte 1946 im Sender Rot-Weiß-Rot: Österreich sei keine Demokratie, sondern ein Polizeistaat.[59]

Zahlreiche Ausschüsse, Ämter, die Interessenvertreter versuchten, die Lage in den Griff zu bekommen: Aufmärsche, Resolutionen, Drohungen setzten die Landesregierung unter Druck. Beispielsweise kam am 17. Juli 1947 eine Deputation von 50 Leuten zur Bezirkshauptmannschaft St. Johann. Eine Resolution verwies auf das große Leid der arbeitenden Bevölkerung, auf den Jammer der geplagten Hausfrauen, auf die großen Sorgen der Mütter: Es gebe keine Milch mehr, keine Textilien, keine Schuhe. Die vorgeschriebenen 1500 Kalorien werden nicht eingehalten, dazu kommen die Preissteigerungen. Die Frauen verlangten die Befreiung von den DPs-Schwarzhändlern, die die Nahrung wegessen und die Gegend unsicher machen.[60] Wie immer in Notzeiten suchte man Schuldige: die DPs, die Schwarzhändler, die Bauern und die Geschäftsleute, die Waren horten. Einbezogen waren auch die politischen Parteien. In einer Umfrage 1947 erklärten 53 Prozent der Befragten, dass sie mit den Parteien unzufrieden seien.[61] Am 7. Mai 1947 erließ Landeshauptmann Hochleitner einen leidenschaftlichen Aufruf an die Bauern: 1550 Kalorien seien auf Dauer völlig unzureichend für die arbeitenden Menschen. Die Bauernschaft müsse eine letzte Kraftanstrengung aufbringen, sonst komme es zu einem Zusammenbruch der Ernährungswirtschaft. Die Bevölkerung könne einen dauernden Hungerzustand nicht mehr ertragen. Hungerstreik und Aufruhr sei die Folge. Jetzt sei die »Stunde der höchsten Not, die Stunde der höchsten Gefahr.«[62]

Der Schleichhandel: Wenn in Notzeiten eine Bewirtschaftung der Güter notwendig war, dann entwickelte sich daneben ein Schleichmarkt mit hohen Preisen. »Organisieren« war eine Kunst, die kurzfristig einen Mann (und es waren meist Männer) schnell reich machen konnte. Die Waren stammten aus geplünderten NS-Lagern, aus dem Auslandsschmuggel, aus den gehorteten Beständen hiesiger Kaufleute, aus den Hilfsgütern der DPs-Lager, nicht zuletzt aus den illegal verkauften Lebensmitteln der Bauern. Roman Sandgruber schätzte, dass 15 bis 20 Prozent der Produk-

58 Ebd.
59 Neues aus dem Westen. Sicherheitsberichte, S. 135.
60 SLA, Präs. 954/47.
61 Geschichte der österreichischen Bundesländer. Salzburg, S. 46.
62 SLA, Präs. 605/47.

tion der Landwirtschaft 1946 auf dem Schwarzmarkt landeten.[63] Gehandelt wurde mit hohem Gewinn: Lebensmittel als Zubrot für die Einheimischen, Zigaretten – die heimliche Währung –, Gold und Silber, Zucker und Kaffee, Medikamente (Insulin und Penicillin), Schnaps und Wein usw.[64]

Als Schleichhändler galten hauptsächlich die Flüchtlinge, Juden und auch die GIs. Auf die beteiligten Österreicher wurde weniger geachtet. Zentren des »Schleichs« waren die Umgebungen der Lager, berüchtigt das Hotel Stein. Die Militärpolizei und die österreichische Polizei waren machtlos. Auch großangelegte Prozesse vor dem Militärgericht waren fruchtlos. Die Zeitungen schimpften lautstark, der Gewerkschaftssekretär Josef Horak forderte die Todesstrafe für Schleichhändler.[65] Doch der Schleichhandel war ein Elementarereignis! Wirtschaftskreise glaubten, durch den »Grauen Markt« – Lebensmittel sollten

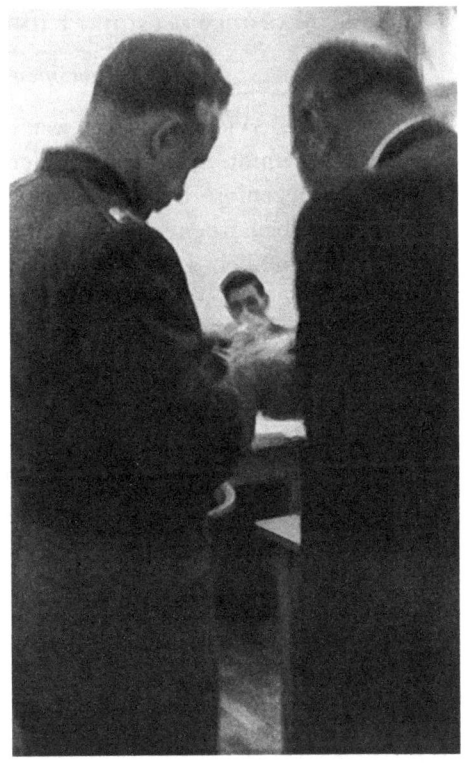

Abb. 17: Schleichhandel?

weiterhin reguliert werden, Produkte die darüber hinaus produziert werden, sollen zu höheren Preisen frei verkauft werden – die Lebensmittelsituation zu entlasten. Erst die langsame Aufhebung der Bewirtschaftung ab 1949 vertrocknete den Schwarzmarkt.[66]

63 Roman Sandgruber, Ökonomie und Politik. Österreichische Wirtschaftsgeschichte vom Mittelalter bis zur Gegenwart, Wien 1995, S. 448.
64 Thomas Weidenholzer, Schleichhändler – Profiteure des Mangels, in: Befreit und besetzt, S. 103–107.
65 Chronik der Stadt Salzburg 1945–1955, in: Befreit und besetzt, 13. Juni 1946, S. 234.
66 Thomas Weidenholzer, Schleichhändler, S. 106 f.

4. Mangelwirtschaft und langsame Konsolidierung

4.1 Entnazifizierung der Wirtschaft

Das Projekt des Wiederaufbaues war durch die notwendige Entnazifizierung der Wirtschaft gehemmt. Daraus entstanden zahlreiche Konflikte. Die Militärregierung drängte auf lückenlose Entnazifizierung. Gleichzeitig aber sollten die Betriebe für den Wiederaufbau arbeiten. Ein Ausweg war, dass das Eigentumsrecht dem Unternehmer erhalten blieb, aber die Geschäftsführung ein »öffentlicher Verwalter« übernahm.[67] Wo aber einen tüchtigen Verwalter finden? Für kleinere Geschäfte war es einfacher als für die Industrie. Am 1. Oktober 1945 waren in Salzburg 9037 Betriebe registriert.[68] Im Unterschied zu Wien und Linz hatten sich hier nur drei deutsche Betriebe nach 1938 niedergelassen.[69] Über zwanzig große und bekannte Firmen hatten ein NSDAP-Mitglied als Chef.[70]

Der bürokratische Vorgang der Entnazifizierung der Wirtschaft war höchst kompliziert. Akteure waren: die Militärregierung, die Landesregierung, eine »Politische Kommission« der Parteien, die Interessenvertreter. Beim Landesarbeitsamt war die Geschäftsstelle der »Wirtschaftssäuberungskommission« angesiedelt. Bei so vielen Akteuren mit unterschiedlichen Interessen war es klar, dass die Verfahren sehr, sehr lang dauerten. Es mussten Gutachten eingeholt werden. Die Wirtschaftskammer war dabei sehr langsam. Von 11. Jänner 1946 bis 7. Mai 1946 wurden von der Geschäftsstelle 126 Betriebe bearbeitet, für 12 Betriebe wurden öffentliche Verwalter vorgeschlagen, aber nur in einem Betrieb tatsächlich installiert.[71] Aus einer anderen Quelle geht hervor, dass bei 149 Betrieben 563 Personen entlassen, 54 Personen gekündigt wurden. 169 Gewerbeentziehungen wurden genannt. Dabei standen die Behörden vor dem Problem, dass es schwierig war, die »Illegalität« des Besitzers nachzuweisen.[72] Nicht wenige geschäftliche Streitigkeiten wurden mit dem Hinweis garniert, der Gegner sei ein Nationalsozialist gewesen. Zwischen der Landesregierung und der Militärregierung gab es zahlreiche Konflikte, weil die »Property Control« öffentliche Verwalter einsetzte, ohne genügend Kenntnisse der Sachlage zu besitzen. Hinzu kam der Unwille »seriöser Kaufleute«, den Job anzunehmen, weil er den Geruch der NS-Ariseure hatte.[73] So drängten sich häufig Konjunkturritter nach vorne. Ein Modell war, dass zwar ein Verwalter eingesetzt wurde, aber der Betriebs-

---

67 Roman Sandgruber, Ökonomie und Politik, S. 445.
68 Josef Lemberger, Interessenverbände im Bundesland Salzburg, in: Geschichte der österreichischen Bundesländer seit 1945, S. 298.
69 SLA, Präs. 589/46.
70 SLA, Präs. 341/46.
71 SLA, Präs. 341/46.
72 SLA, Präs. 1186/46.
73 SLA, Präs. 577/47.

inhaber tatsächlich die Geschäfte lenkte.[74] Ein anderer Trick war, dass ein fähiger Ingenieur, der wegen seiner NS-Vergangenheit aus dem öffentlichen Dienst entlassen wurde, wegen seiner Kompetenz beim Brückenbau wieder stillschweigend eingestellt wurde.[75] Ein besonders schwieriger Fall war das Nobelhotel Österreichischer Hof. Vor den Festspielen 1946 forderte der US-Theater- und Musikoffizier Otto de Pasetti die Entnazifizierung des Hauses. Den ausländischen Gästen und Journalisten sei eine nationalsozialistische Geschäftsführung nicht zuzumuten. Auch deshalb, weil das Hotel gern von NS-Potentaten besucht wurde. Das Haus war im Besitz von 11 Personen, von denen nur der Geschäftsführer ein Nazi war. Obendrein war der Österreichische Hof zwar von der Militärregierung beschlagnahmt, die konnte natürlich das Hotel mit 118 Angestellten nicht führen. Also schlug die Wirtschaftskammer Kommerzialrat Karl Wimmberger als öffentlichen Verwalter vor. Der aber wurde vom Betriebsrat abgelehnt. Das Ergebnis war ein dicker Akt, ohne dass ein Ergebnis sichtbar war.[76]

4.2 Sorgen der Wirtschaft

In seinem bereits genannten Brief an General Collins am 16. Juni 1947 verwies Landeshauptmann Hochleitner nächst der Ernährungslage auf die Kohlekrise.[77] Mit ausreichender Kohle stehe und falle die österreichische Wirtschaft. Ohne Kohle können auch keine Baustoffe, Zement, Kalk, Ziegel, erzeugt werden, dadurch aber werde der Wiederaufbau verhindert. »Die Industriebetriebe des Landes laufen daher nur mit einer Kapazität von 25–60 Prozent, je nach Wichtigkeit der Betriebe«.[78] Die Kohlenot war so arg, dass der Landeshauptmann den General bat, er solle helfen, Kohle aus den USA nach Österreich zu schicken.[79] Eine weitere Sorge war die Bekleidungsfrage. Weiters fehle es an Treibstoff: »Ohne die entsprechenden amerikanischen Zuweisungen an Treibstoff wäre es nicht einmal möglich, die für die Durchführung öffentlicher Aufgaben und Zwecke der Wirtschaft unentbehrlichen Kraftfahrzeuge mit dem nötigen Betriebsstoff zu versehen.«[80] Die Festschrift »Salzburg – Kleinod von Österreich« berechnet die Hilfestellung der Amerikaner für Salzburg von 1945–1948: Lebensmittel – 19 Millionen Schilling, Kohlen aus dem Ruhrgebiet – 11 Millionen Schilling, Öl und Benzin – 55 Millionen Schilling. Beutegüter der Deutschen Wehrmacht – (Kraftfahrzeuge und Kraftfahrzeugteile) 34 Millionen Schilling. Di-

---

74 SLA, Präs. 357/46.
75 SLA, Präs. 18/47.
76 SLA, Präs. 726/47.
77 SLA, Präs. 793/47.
78 Brief an Collins am 27.11.47. SLA, Präs. 793/47.
79 SLA, Präs. 713/47.
80 SLA, Präs. 793/47.

verse Güter – 8 Millionen Schilling.[81] Obendrein verzichteten die Amerikaner 1947 auf ihre Besatzungskosten.[82] Salzburg konnte, trotz aller Schwierigkeiten der Besatzungszeit, den USA wahrlich danken! Ein Dauerstreit mit der Bundesregierung entzündete sich wegen der Quote des Baumaterials. Der Landeshauptmann fürchtete die Stimmung der Bevölkerung: Die sei der Meinung, dass die Landesregierung sie an Wien verkaufe.

Als ein Ausweg aus der Wirtschaftsmisere galt der Versuch, Kompensationsgeschäfte einzuleiten. Schon 1945 wählte Landesrat und Großkaufmann Herbert Gross diesen Weg. Später brauchte man dann die Genehmigung der Bundesregierung und selbstverständlich der Militärregierung.[83] Salzburg hatte allerdings wenig anzubieten, nur Holz und Salz. Dennoch versuchte man Kompensationsgeschäfte mit anderen Bundesländern, mit der Schweiz und Italien einzuleiten, um im Austausch wichtige Wirtschaftsgüter zu erhalten.

Es war anfänglich auch ein gewisser Vorteil, dass die Salzburger Wirtschaftsstruktur aus kleinen und mittelgroßen Betrieben bestand. Sie konnte sich rascher umstellen und brauchte weniger Betriebsmittel. Ein Beispiel war die Bauwirtschaft. Sie konnte von 1945 bis 1947 beachtliche 3300 Wohnungen wieder herstellen oder neu bauen. 760 in der Landeshauptstadt, 2540 in den Bezirken.[84] Im Wohnungs- und Siedlungsbau mischten sich die politischen Parteien stark ein. Es galt der Proporz, 3 ÖVP und 2 SPÖ. Hier konnte man Wähler und Parteimitglieder gewinnen.[85] Die Industrie brauchte länger, bis sie in Schwung kam.

Tabelle 14: Industrie im Land Salzburg 1945–1947.

Salzbergwerk am Dürrnberg
Kupferbergbau am Mitterberg
Mitterberger Glashütte
Aluminiumfabrik in Lend
Eisenwerk Sulzau-Werfen
Bleckmann & Co.
Landwirtschaftliche Maschinenfabrik in St. Johann
Halleiner Papier- und Zellulosefabrik
Solvaywerk in Hallein

81 Salzburg – Kleinod von Österreich. 10 Jahre Aufbau 1945 – 1955, Salzburg 1955, S. 99.
82 Karl Bachinger, Herbert Matis, Der Österreichische Schilling. Geschichte einer Währung, Graz 1974, S. 182.
83 SLA, Präs. 876/46.
84 Salzburg – Kleinod von Österreich, S. 130.
85 SLA, Präs. 3574/46.

Salzburger Christalglaswerk in Hallein
Dentalwerk in Bürmoos
Kratzenfabrik in Saalfelden
Salzburger Zündwarenfabrik
Salzburger Süßwarenfabrik
Stieglbrauerei
Kaltenhauser Hofbräu
Georgenberger Handweberei In Kuchl
Automatenweberei in Grödig
Zementwerk in Gartenau
Zahlreiche Sägwerke

Quelle: Salzburg. Kleinod von Österreich. 10 Jahre Aufbau 1945–1955, Salzburg 1955, S. 325–348.

Eine Sonderstellung hatte das *Tauernkraftwerk Kaprun*: Schon im 19. Jahrhundert galt die Wasserkraft als eine wichtige Ressource für das Land Salzburg (Weißes Gold). 1920 wurde die »Salzburger Aktiengesellschaft für Elektrizitätswirtschaft« (SAFE) gegründet.[86] Landeshauptmann Franz Rehrl, der groß dachte, aber sich auch oft selbst im Weg stand, initiierte den Plan eines Großkraftwerkes in Kaprun. Die NS-Herrschaft griff den Plan auf und begann mit dem Bau. Tausende Zwangsarbeiter und Kriegsgefangene schufteten, schlecht genährt und schlecht gekleidet, im Hochgebirge. Zuständig für den Bau war die Alpen-Elektro-Werk AG (AEW). Trotz des Krieges war 1944 die Hauptstufe des Tauernkraftwerkes betriebsbereit.[87] 1945 stand der Bau still. Der Ort Kaprun erlebte das Schicksal vieler Orte im Land. Die hungrigen Zwangsarbeiter und Kriegsgefangenen plünderten. Es gab aber keine Gewalttaten. 86 Rinder, 10 Schweine, 102 Hühner sollen gestohlen worden sein.[88] Am 7. Mai rückten die Amerikaner ein. 15 Häuser wurden beschlagnahmt.[89] Nun übernahm die Militärregierung das Werk, wusste aber zunächst nicht, wie es weitergehen wird. 1945 blieb es bei Sicherheitsarbeiten. Die reichsdeutsche Belegschaft musste das Werk verlassen, nur einige Experten blieben. Der Vorstand Robert Steiner (NS-Mitglied) wurde von der Militärregierung zum »Beauftragten« für Sicherung des Kraftwerkbaues eingesetzt. Er und die Zentralfigur des Baues, Hermann Grengg, wurden im Sommer 1945 in das Lager Glasenbach gebracht.[90]

---

86 Salzburg – Kleinod von Österreich, S. 314.

87 Clemens M. Hutter, Kaprun. Geschichte eines Erfolgs, Salzburg 1994, S. 117.

88 So die Gendameriechronik. Zit. ebd., S. 119.

89 Ebd., S. 118.

90 Ebd., S. 133.

Das Kraftwerk war eindeutig »Deutsches Eigentum« und fiel somit in die österreichische Verstaatlichung der Großindustrie. Am 17. Juli 1946 übergaben die Amerikaner das Werk als Treuhand an die österreichische Verwaltung.[91] (Vorher war ein
»öffentlicher Verwalter« zuständig).[92] Bei der Übergabe sagte General Collins: »Es
ist der Wille der USA, Österreich beizustehen und alles Mögliche zu tun, dass wir
Ihrem schönen Land auf dem Weg zu Wohlstand und völliger Unabhängigkeit vorwärts helfen«.[93] Verantwortlich war jetzt das Ministerium für Vermögenssicherung
und Wirtschaftsplanung (Krauland-Ministerium). Das Land Salzburg hatte nun wenig Einfluss. Über den Betriebsrat allerdings mischten die politischen Parteien mit,
und für die Ernährung war das Land verantwortlich. Mit Recht erhielten die Kap-
runer Arbeiter als Schwerarbeiter einen etwas höheren Lohn, was aber den Neid der
anderen Arbeiter auslöste.

Die politische und ökonomische Kultur in Amerika und in Österreich waren unterschiedlich: freie Wirtschaft dort, Verstaatlichung und Korporatismus hier. Die
USA waren prinzipiell gegen eine Verstaatlichung. Aber das wichtigste Ziel der USA
war wirtschaftliche und politische Stabilität in Österreich. Der Kompromiss war
dann die Treuhandschaft. So konnte man sich von den Sowjets abgrenzen, die das
»Deutsche Eigentum« beschlagnahmten.[94]

4.3 Viel Papiergeld – wenig Waren. Die Auferstehung des Schillings

Österreich erbte von der NS-Herrschaft eine riesige Reichsmarkmenge. Die Menschen verarmten, hatten aber die Illusion, einen papierenen Reichtum zu besitzen.[95]
Der Geldumlauf betrug in Österreich nach dem Anschluss 1.2 Milliarden Reichsmark,
nach 1945 aber 8.9 Milliarden Reichsmark.[96] Aber die Gütermenge war 1945 stark
gesunken. Über Österreich lastete so eine »Geldwolke« (Franz Nemschak).[97] Obendrein musste der Alliierte Militärschilling akzeptiert werden. Erst im Sommer 1945
konnten die Kreditinstitute wieder den beschränkten Geschäftsverkehr aufnehmen.
60 Prozent der Einlagen waren gesperrt. Erwerbsunfähige Personen durften mo-
natlich 150 Reichsmark abheben.[98] Aus ökonomischen und politischen Gründen war

---

91 Ebd., S. 124.
92 SLA, Präs. 351/47.
93 Clemens M. Hutter, Kaprun, S. 124.
94 Kurt Tweraser, US-Militärregierung Oberösterreich 1945–1950, 2. Bd., Amerikanische Industriepolitik in Oberösterreich am Beispiel VOEST und Steyr-Daimler-Puch, Linz 2009, S. 11, S. 137.
95 Karl Bachinger, Herbert Matis, Der österreichische Schilling. Geschichte einer Währung, Graz 1974,
   S. 170 f.
96 Ebd., S. 171.
97 Ebd.
98 Ebd., S. 175.

die Reichsmark als Währung nicht mehr tragbar. Dem »Rückbruch« folgend, wurde der »alte« Schilling geboren. Das Schillinggesetz vom 30. November 1945 legte fest, dass die Reichsmark 1:1 in Schilling getauscht werden musste, aber eine »natürliche Person« nur 150 Schilling abheben durfte. Der Rest vom Konto und Sparbuch wurde als »Konversionsguthaben« gutgeschrieben.[99] Ein trauriges Geschenk für den Weihnachtstisch, und die Menschen fühlten sich um ihr Geld betrogen. Die Austrifizierung war dadurch zwar teilweise erreicht, aber das Missverhältnis zwischen Geld- und Gütermenge konnte nicht beseitigt werden. Das Gesetz wurde vielfach verletzt, zahlreiche Sonderbewilligungen sorgten für Unmut. Die Wirtschaft klagte, dass durch die Sperrguthaben bei den Banken der Wiederaufbau unmöglich werde.[100]

Eine Folge war die Flucht in Sachwerte. Reichere Sachwertbesitzer waren von dem Schillinggesetz 1945 weniger betroffen. Eine weitere Folge war die fortschreitende Entwertung des Schillings.[101] Zwischen 1946 und 1947 stieg der Lebenshaltungskostenindex um 100 Prozent.[102] »Eine Pensionistenfamilie verkauft zunächst den Schmuck, dann einen Anzug«.[103] Die Geschäftsleute horteten ihre Waren. Der Dollar wurde mit »Gold«, der Schilling aber mit »Mist« bewertet.[104] Eine Währungsreform« war notwendig. Die folgte Ende 1947 als »Währungsschutzgesetz«. Ziel war, die Notenflut einzudämmen und die Bankguthaben zu reduzieren, einen gerechten Lastenausgleich zwischen Geld- Und Sachwertbesitzern zu erzielen. Der Nennwert aller Schillingnoten sollte auf ein Drittel reduziert werden, bis auf 150 Schilling pro Kopf und Monat.[105] Die Altschillinge wurden aus dem Verkehr gezogen und durch neue Banknoten ersetzt. Die Bevölkerung schätzte die 150 Schilling als zum Sterben zu viel, aber zum Leben zu wenig. Die Devisennot konnte so nicht beseitigt werden. Auch die verlangten Sühneabgaben der ehemaligen Nationalsozialisten halfen wenig. Wenig half auch die »Salzburger Landeshilfe«, die durch Haussammlungen aufgebracht wurde. Für die arbeitenden Menschen wurde die Preis- und Lohnspirale die größte Sorge. Eine Erleichterung brachte erst das Preis- und Lohnabkommen vom Sommer 1947. Die Bundeswirtschaftskammer und der Gewerkschaftsbund beschlossen eine Regulierung der Agrarpreise, eine Regulierung der Handelsspanne und der Lebensmitteldetailpreise, eine Anpassung der Gehälter und Löhne.[106] Mit dem Lohn- und Preisabkommen begann der österreichische Weg der Sozialpartner-

---

99 Ebd., S. 178. Salzburger Nachrichten, 3. Dezember 1945.

100 SLA, Präs. 855/47.

101 Der österreichische Schilling, S. 180.

102 Ebd., S. 187.

103 Ebd.

104 Ebd., S. 190.

105 Ebd., S. 192 f.

106 Fritz Klenner, Die österreichischen Gewerkschaften. Vergangenheit und Gegenwartsprobleme. 2. Bd., Wien 1953.

schaft, auch Neokorporatismus benannt.[107] Doch erst der Marschallplan brachte die Hoffnung auf einen ökonomischen Aufschwung. Zwar griff er erst Mitte 1948, aber für Österreich gilt die Skepsis über die Wirkung des »European Recovery Program« (ERP) nicht. Hierzulande wurde der Aufschwung in den 1950er-Jahren wesentlich von diesem Hilfsprogramm getragen (auch wenn es von den USA teilweise als Waffe im Kalten Krieg konzipiert war).[108]

4.4 Fremdenverkehrsland?

Salzburg war ein Fremdenverkehrsland, getragen von der Dreieinigkeit: Landschaft – Mozart – Festspiele. Auch nach dem Zweiten Weltkrieg galt die These, Salzburg solle wieder ein Fremdenverkehrsland werden. Aber weil der Fremdenverkehr wenig krisensicher sei, solle auch eine moderate, sinnvolle Industrie aufgebaut werden. Was aber ist eine moderate Industrie? 1947 sollte in Zell am See eine Motorfabrik gebaut werden. Darüber entstand ein großer Konflikt zwischen Industrie und Fremdenverkehrswirtschaft. Das Ergebnis war, Zell am See blieb ein Fremdenverkehrsort, das Motorwerk wurde in Hallein gebaut.[109] 1945 gab es viele Fremde in Salzburg, aber keine Gäste. Der Verkehr war blockiert, die Hotels und Gasthäuser waren zerstört oder von der Besatzungsmacht und den Flüchtlingen besetzt, die Ernährungslage war katastrophal, die Zonensperre behinderte die Mobilität, das Land musste eine Sperre der Zuwanderung erlassen. Und dennoch: Schon 1945 wurde wieder das Landesverkehrsamt errichtet, der quirlige Hofrat Hans Hofmann-Montanus war wie vor 1938 der Leiter. Auch die Landeshauptstadt hatte wieder ein Verkehrsamt. In der Kammer der gewerblichen Wirtschaft gab es eine eigene Sektion für Fremdenverkehrsunternehmungen. Der Fremdenverkehrs-Förderungsfonds wurde wieder reaktiviert.[110] Die Festspiele 1946 und 1947 lockten Gäste und zahlreiche ausländische Journalisten an. Die Wiener Presseleute fühlten sich in Salzburg schlecht behandelt. Die Concordia als Interessenvertretung der Journalisten schickte einen geharnischten Brief nach Salzburg. Die Rede war von der »Bagatellisierung der Wiener Kritiker«, vom »Salzburger Diktat«, die Wiener wollten »nach ihrem Rang und ihrer Stellung« behandelt werden.[111]

---

107 Emerich Talos (Hg.), Sozialpartnerschaft. Kontinuität und Wandel, Wien 1993.

108 Günter Bischof, Dieter Stiefel (Hg.), »80 Dollar«. 50 Jahre ERP-Fonds und Marshall-Plan in Österreich 1948–1998, Wien 1999.

109 SLA, Präs. 830/47.

110 Georg Stadler, Von der Kavalierstour zum Sozialtourismus. Kulturgeschichte des Salzburger Fremdenverkehrs, Salzburg 1975, S. 303–306; Anna Hofstätter-Schmid, Die Entwicklung des Salzburger Fremdenverkehrs in der Zweiten Republik, in: Weltbühne und Naturkulisse. Zwei Jahrhunderte Salzburg-Tourismus, Hanns Haas u. a. (Hg.), Salzburg 1994, S. 134 f.

111 SLA, Präs. 1120/47.

Das Landesverkehrsamt entwarf gemeinsam mit dem Special Service der U.S. Army im Winter 1945/46 einen Prospekt über die Wintersportplätze in der amerikanischen Zone. Die »Ausländerhotelaktion« von 1947 bot für den Sommer ein Hotel mit 90 Betten, im Winter drei Hotels mit 164 Betten an. Die Gäste versorgten sich aus dem Heimatland. Der notwendige Bon war auf 4600 Kalorien pro Tag ausgerichtet.[112] Für die hungrige Bevölkerung und für die Gewerkschaft war das eine Provokation. Zum Hass auf die DPs kam der Hass auf die reichen Ausländer hinzu.[113] Obendrein gingen von den Subventionen des Landes drei Fünftel an die Festspiele.[114]

Eine Hoffnung des Fremdenverkehrs ruhte auf den Bergen, Wandern im Sommer, Skifahren im Winter. 1946 gab es allerdings erst drei Skilifte, in Badgastein, in Saalbach, auf der Gerlosplatte. Die Schmittenhöhebahn in Zell am See transportierte bereits 14.406 Personen 1945, 16.584 Personen 1946, 115.958 Personen 1947.[115] Das Landesverkehrsamt rechnete im Sommer 1947 mit 10.500 verfügbaren Betten.[116] Zahlreiche Anfragen bestürmten die Landesregierung um einen Kuraufenthalt in Badgastein. Ab 1947 konnte man mit einem langsamen Anstieg des Fremdenverkehrs rechnen. Die Übernachtungen stiegen im Sommer 1948 auf 109.993, im Winter 1948/49 auf 56.613.[117] Im Sommer 1947 bremste der Landeshauptmann den Elan. Er wies das Landesverkehrsamt an, die Ausländerwerbung einzustellen, weil weder Ernährung noch Hotels ausreichen.[118] Das Landesernährungsamt sprach von einem Ansturm von Urlaubern, Tagungen, Sportveranstaltungen etc., die versorgt werden müssen. Die Arbeiterschaft sei über die vielen Urlauber verärgert.[119]

»Wiederaufbau« war die Leitlinie, der Stolz des Landes und der Stadt, der Politik, der Wirtschaft, der Kultur. Zur Festspielzeit im Sommer 1948 wurde auf der Festung Hohensalzburg eine Ausstellung der Aufbautätigkeit eröffnet. Die Stadt Salzburg wollte besonders schlau sein. Um an Spenden aus dem kapitalkräftigen Ausland zu kommen, erfand sie Ehrentitel: Wer 1000 Dollar spendete, sollte zum »Gönner«, wer 5000 zahlte, zum »Förderer«, wer 10.000 Dollar einbrachte, zum »Stifter« ernannt werden. Ob diese Aktion erfolgreich war, ist nicht bekannt.[120] Über 100 Firmen finanzierten den Ausstellungskatalog und konnten darin Werbung betreiben.

---

112 Georg Stadler, Von der Kavalierstour zum Sozialtourismus, S. 304.
113 SLA, Präs. 1117/47.
114 Kleinod von Österreich, S. 107.
115 SLA, Präs. 664/47.
116 SLA, Präs. 865/47.
117 Richard Schmidjell, Salzburger Wirtschaft – gestern, heute, morgen, Salzburg 1974, S. 18.
118 SLA, Präs. 865/47.
119 SLA, Präs. 1117/47, 8. September 1947.
120 Salzburger Aufbautätigkeit. Führer durch die Ausstellung auf der Festung Hohensalzburg, 27. Juli bis 31. August 1948.

4.5 Versuchte Gutmachung: Rückstellungen von Liegenschaften

Zum Wirtschaftsleben der Nachkriegszeit gehörte auch die Rückgabe von »arisier-
ten« oder beschlagnahmten Gütern. Betriebe und Liegenschaften zu enteignen ging
in der NS-Diktatur leicht und schnell, die Rückstellung in der Demokratie brauchte
viel Zeit: Sei es, weil die ehemaligen Besitzer ermordet worden waren oder im Ausland lebten; sei es, weil die derzeitigen Besitzer sich weigerten, auf rechtmäßigen
Kauf beriefen oder ihre Aufwendungen geltend machten; sei es, weil die Verhandlungen bewusst in die Länge gezogen wurden. So dauerten die Verfahren bis in die
1950er-Jahre.

Die Rückstellungen und Entschädigungen der »Arisierungen« in Salzburg sind
von Albert Lichtblau ausreichend erforscht worden.[121] Der größte Teil der beschlagnahmten Liegenschaften, das Vermögen der katholischen Kirche, ist noch wenig
untersucht worden.[122] Grundlage der Verfahren war das Dritte Rückstellungsge-
setz, und sie wurden vor Gericht ausgetragen. Der Vermögensentzug bei den Juden geschah im ganzen Land Salzburg. Die Mehrheit der Fälle fand in der Stadt
Salzburg (312), in den Fremdenverkehrsorten St. Gilgen (70) und Badgastein (62)
statt. 641 Personen waren betroffen.[123] Nicht alle dieser Personen lebten vor 1938 in
Salzburg. Das Verfahren wurde aber vor dem Gericht in Salzburg geführt. Es waren
928 Verfahren anhängig.[124] 42,2 Prozent der Rückstellungsverfahren endeten mit
einem Vergleich, 17,7 Prozent wurden abgewiesen, 22,7 Prozent erfolgten im Sinne
der Antragsteller.[125] Zufrieden waren weder die Juden, die im Bann des Holocaust
und der vielfachen Demütigungen standen, noch die »Ariseure«, die kein Schuldge-
fühl hatten.

Von den Nichtjuden war die reiche Erzabtei St. Peter am stärksten von der Be-
schlagnahme der Nationalsozialisten betroffen. Mehr als 40 Rückstellungsverfahren
wurden bis 1955 geführt. St. Peter verhielt sich dabei keineswegs gierig, sondern
im Interesse der Allgemeinheit durchaus konziliant.[126] Ein besonderer Fall war das

---

121 Albert Lichtblau, »Arisierungen«, beschlagnahmte Vermögen, Rückstellungen und Entschädigungen
     in Salzburg, Wien 2004 (Veröffentlichungen der Österreichischen Historikerkommission. Vermö-
     gensentzug während der NS-Zeit sowie Rückstellungen und Entschädigungen seit 1945 in Öster-
     reich, Bd. 17).

122 Albert Lichtblau, Die Problematik der Rückstellungen von entzogenem Eigentum, in: Schweigen
     und erinnern. Das Problem Nationalsozialismus nach 1945, Alexander Pinwinkler u. a. (Hg.), Salz-
     burg 2016 (Die Stadt Salzburg im Nationalsozialismus Bd. 7), S. 182–219; Jutta Hangler, Schloss
     Fuschl. Beutegut des NS-Aussenministers, in: Robert Kriechbaumer (Hg.) Geschmack der Vergäng-
     lichkeit, Wien 2002, S. 259–280.

123 Albert Lichtblau, »Arisierungen«, S. 22 f.

124 Ebd., S. 148.

125 Ebd., S. 450 f.

126 Albert Lichtblau, Die Problematik der Rückstellungen, S. 198–204.

Eigentum von Altlandeshauptmann Franz Rehrl. Er war nicht nur der große »Unternehmer« im Dienst des Landes, er war auch ein »Unternehmer« im privaten Bereich. Beachtliche fünf wertvolle Liegenschaften, in der Stadt Salzburg, in Zell am See und in Thumersbach, hatte er in seiner Zeit als Landeshauptmann erworben.[127] Ihn hassten die Nationalsozialisten besonders – Vermögensentzug, Verhaftung, KZ. Krank und verbittert kehrte er nach Salzburg zurück. In zahlreichen scharfen Briefen an die Landesregierung lud er seinen Zorn ab. Die Landesregierung sei unfähig, verhindere die Wiedergutmachung und so weiter. Man solle endlich auf die Vermögen der NS-Bereicherer zugreifen.[128] (Eines seiner Häuser in Thumersbach gehörte im Krieg dem österreichischem Kriegsverbrecher Otto Wächter, der nie zur Verantwortung gezogen wurde und im Schoß der katholischen Kirche in Rom starb).[129]

---

127 Ebd., S. 187; Ernst Hanisch, Franz Rehrl – Sein Leben, in: Wolfgang Huber (Hg.), Franz Rehrl. Landeshauptmann von Salzburg 1922–1938, Salzburg 1975, S. 5–42.
128 SLA, Präs. 1129/46.
129 Philippe Sands, Die Rattenlinie. Ein Nazi auf der Flucht, Frankfurt am Main 2020, S. 116.

VII. Kultur – ein weites Feld

1. Komplexität des Kulturbegriffes

Die Kulturgeschichte hatte in den letzten Jahrzehnten einen rasanten, verwirrenden Aufstieg genommen.[1] Längst geht es nicht mehr nur um »Hochkultur«, um die Kultur der Ober- und Mittelschichten (Oper, Theater, Festspiele, etc.). Nach der Konjunktur der »Arbeiterkultur« kam die »Alltagsgeschichte«, die sich in die »historische Anthropologie« weiterentwickelte. Aus Frankreich setzt sich die einflussreiche »Mentalitätsgeschichte« durch: zum Beispiel die »Geschichte der Angst« – nach 1945 die Angst vor dem Kommunismus, die Angst vor der Atombombe, oder auch die Angst vor der amerikanischen »Negerkultur«. Auch die Religionsgeschichte konnte als »Mentalität« verstanden werden. Untersucht werden die Frömmlichkeitspraktiken im Laufe der Jahrhunderte, die Fronleichnamsprozession etwa, die aber auch als »politische Kultur« verstanden werden konnte, die in den USA entwickelt wurde. Ein Feld der »Neuen Kulturgeschichte« ist auch die Frage nach Kulturkontakten, in Salzburg nach 1945, der Einfluss der USA-Kultur, die Entstehung eines »Hybridcharakters« vor allem bei der Jugend. Völlig umgepflügt wurde die traditionelle »Volkskultur«. Nicht mehr nur das alte/neue Brauchtum steht im Zentrum, sondern allgemein die »Kultur der Unterschichten« mit dem »Eigensinn des Volkes« (Norbert Schindler) und seinen Ritualen.[2] Ein starkes Feld der Kulturgeschichte nahm die Geschlechtergeschichte ein. Auf den Nationalsozialismus bezogen waren die Frauen nicht nur »Opfer«, sondern auch »Täter«. Andererseits: Der Nationalsozialismus anerkannte die Leistungen der Frauen in der Familie, aber die Politik wurde von Männern gemacht. Dieses Modell blieb auch nach 1945 aufrecht. Aber kurzfristig gab es im Alltag eine Dominanz der Frauen. In der Hungerkrise sorgten sie für das Überleben der Familie, sei es, weil der Mann fehlte, sei es, weil der Mann vom Krieg gezeichnet, psychisch und körperlich verstört war.

Von Pierre Bourdieu stammt der Begriff »kulturelles Kapital«, die unterschiedlichen Distinktionen der sozialen Schichten. Das Bürgertum unterschied sich auch kulturell von der Arbeiterklasse: in der Kleidung, in der Schulbildung, im Leseverhalten, in der Bevorzugung eines bestimmten Musikstils usw. Sehr spät entdeckte die

---

1 Terry Eagleton, Was ist Kultur?, München 2001; Ute Daniel, Kompendium Kulturgeschichte. Theorie, Praxis, Schlüsselwörter, Frankfurt am Main 2001; Joachim Eibach, Günther Lottes (Hg.), Kompass der Geschichtswissenschaft, Göttingen 2002; Doris Bachmann-Medick, Cultural Turns. Neuorientierungen in den Kulturwissenschaften, Reinbek 2009.

2 Hermann Brausinger, Volkskultur in der technischen Welt, Frankfurt am Main/New York 1986; Utz Jeggle u. a. (Hg.), Volkskultur in der Moderne. Probleme und Perspektiven empirischer Kulturforschung, Reinbek 1986.

Geschichtswissenschaft die »Erinnerungskultur« als Forschungsthema. In diesem Feld trennten sich die Geister besonders. In der Erinnerung an den Nationalsozialismus unterschieden sich die ehemaligen Nationalsozialisten klarerweise deutlich von den KZ-Häftlingen. Aber auch in der Bewertung der Jahre 1934–1938 entstand ein Konflikt zwischen ÖVP und SPÖ. Einen breiten Konsens gab es bei der Erinnerung an die Kriegsopfer (Heldendenkmäler, Heimkehrerwallfahrten), ohne Unterschied zwischen Waffen-SS und Widerstandsopfern. Die Erinnerung an die Konzentrationslager war diffus, die Ermordung der Juden, der Roma und Sinti und der »Ostvölker« blieb lange ausgesperrt. Im Wiederaufbau in den 1950er-Jahren rückte auch die Erinnerung an den Nationalsozialismus in den Hintergrund. Die »Opferthese« war ein bequemes Bett, um die österreichische Gesellschaft von der Mitverantwortung für den Nationalsozialismus zu schützen. Die Globalisierung der Erinnerung an den Holocaust begann erst ab den 1980er-Jahren.

Wie kann man den Begriff »Kultur« bei so vielen Feldern allgemein definieren? Zwei einflussreiche Definitionen: Max Weber: »Kultur ist ein vom Standpunkt des Menschen aus mit Sinn und Bedeutung betrachteter endlicher Ausschnitt aus der sinnlosen Unendlichkeit des Weltgeschehens«.[3] Clifford Geertz: Kultur » bezeichnet ein historisch vermitteltes und in Symbolen verkörpertes Bedeutungssystem, ein System vererbter Vorstellungen, die durch symbolische Formen ausgedrückt werden, durch welche Menschen ihr Wissen und ihre Einstellungen über das Leben mitteilen, bewahren und entwickeln«.[4] Kurz und in meiner Sprache gesagt: Kultur ist die Form, wie die Menschen versuchen, symbolisch ihrem Leben einen Sinn zu geben (Religion, Kunst, Bildung, Ideologien, Familien, Sport, Feste, Arbeit usw., usw.).

2. Ein Hochamt der Kultur: Die Salzburger Festspiele

> Herr, gib uns unser
> tägliches Barock
> (Karl Kraus)

Kritik der Festspiele gab es seit dem Beginn: ordinär antisemitisch von den radikalen Rechten, gemäßigt antisemitisch von einigen Katholiken, ätzend sprachdonnernd von Karl Kraus, intellektuell differenziert, aber deutlich negativ waren zwei Bücher von 1990 und 2014.[5] Der Vorwurf von Michael P. Steinberg lautet: Das Bekenntnis

---

3 Zit. in: Utte Daniel, Kompendium Kultur, S. 449.
4 Zit. in: Kompass der Geschichtswissenschaft, S. 198 f.
5 Michael P. Steinberg, The Meaning of the Salzburg Festival. Austria as Theater and Ideology 1890 1938, Cornell University Press 1990. Deutsch: Michael P. Steinberg, Ursprung und Ideologie der Salzburger

der Gründer der Festspiele, Hugo von Hofmannsthal und Max Reinhardt, zum österreichischen Barock und zur »Dekorationskunst« grenzte jede kritische Moderne
aus. Der Drang zur »Totalität« verleugnet die Zerrissenheit der Kunst nach dem
Ersten Weltkrieg. Die Festspiele waren weltbürgerlich und nationalistisch, aufkläre-
risch und gegenaufklärerisch, barock und völkisch, katholisch und jüdisch, ohne sich
auf die Vielfalt und Mehrdeutigkeit einzulassen.[6] (Frage: Bezeichnet diese Aufzählung nicht gerade eine Vielfalt?). Dann der ungeheure Satz in der deutschen Übersetzung: »Der Hang zur kulturellen Totalität und Abwehr von Fragmentierung und
Mehrdeutigkeit [...] erweisen sich als gemeinsamer Nenner zwischen Barock und
Faschismus, zwischen dem Salzburger großen Welttheater [...] und dem politischen
Theater des Nürnberger Reichsparteitags von 1934«.[7]

Norbert Christian Wolf legt die teilweise widersprüchlichen Konzepte für die
Festspiele von Hugo von Hofmannsthal frei. Diese Dekonstruktion der Gründungs-
texte, die bis heute gern zitiert werden, ohne auf die Widersprüche zu achten, zielt
gleichzeitig auch auf eine zentrale Kritik der Ideologie der Festspiele insgesamt. Bemerkenswert ist der Hinweis, dass Hugo von Hofmannsthal und Max Reinhardt ihre
eigenen Werke als Dichter und Theatermacher aufwerteten und so die Festspiele
prägten. Als Historiker wird man allerdings anmerken müssen, dass in beiden Büchern eine solide Analyse der zeitgeschichtlichen politischen und gesellschaftlichen
Kontexte fehlte, dass die Musik, die doch die Festspiele so wesentlich prägt, kaum
vorkommt, wohl weil sie in diese Kritik kaum hineinpasst. An Mozart zerschellt ohnedies jede Ideologie. Die Phase von 1934–1938, mit Arturo Toscanini als Zentral-
stern, mit der internationalen Aufwertung, mit der antinationalsozialistischen Aus-
richtung, zeigt wohl eine andere »Ideologie« der Festspiele.[8] Nach 1945 versuchte
man besonders an diese Tradition anzuknüpfen. Eine ganz andere Kritik begleitete
die Festspiele seit 1920 bis zur Gegenwart: Die Festspiele seien eine elitäre Veranstaltung für die reichen Ausländer und für das Bildungsbürgertum. Das einfache
Volk finanziere mit seinen Steuerabgaben zwar die Festspiele mit, könne sich aber die
hohen Preise selbst nicht leisten.

2.1 Das schier Unmögliche: Festspiele 1945

Festspiele in einem Land, das nicht einmal eine gewählte Regierung hatte, einem
Land, das vom US-Militär besetzt war, einem Land, in dem das Chaos herrschte –

Festspiele 1890–1938, Salzburg 2000; Norbert Christian Wolf, Eine Triumphpforte österreichischer
Kunst. Hugo von Hofmannsthals Gründung der Salzburger Festspiele, Salzburg 2014.

6   Michael P. Steinberg, Ursprung, 213 f.
7   Ebd., S. 214.
8   Stephen Gallup, Geschichte der Salzburger Festspiele, Wien 1989, S. 124–154.

Hunger und Wohnungsnot, die Infrastruktur zerstört –, dennoch wagte dieses Land Salzburg, ein paar Monate nach einem verheerenden Krieg, Festspiele auszurichten. Die Motive waren: Sehnsucht nach Normalität, der Versuch, an die Zeit vor 1938 anzuknüpfen und Salzburg als Kunstland zu positionieren, ein österreichischer Patriotismus von oben und wohl auch das Bedürfnis, Kunst zu erleben, als Lebensnotwendigkeit und wohl auch als Flucht aus dem tristen Alltag und vor der Verantwortung für den Nationalsozialismus.

Paradoxerweise waren es die Sowjets, die den Anstoß gaben. Sofort nach dem Einmarsch in Ostösterreich öffnete die Sowjetmacht Theater, Kinos und Konzertsäle.[9] Die amerikanische Besatzungsmacht hingegen wollte zuerst die Entnazifizierung der Künstler durchführen, kam aber durch den sowjetischen Vorstoß in Zugzwang. Zuständig auf der amerikanischen Seite war der »US-Information Services Branch« (ISB) mit seinen 13 Abteilungen, speziell die Theater und Musikabteilung.[10] Es begab sich damals, dass die leitenden Offiziere österreichische Emigranten, freiwillig oder gezwungen, waren: Henry Alters, Otto de Pasetti, Ernst Lothar. Diese Austroamerikaner waren ständig hin- und hergerissen zwischen der Entnazifizierung und ihrer Liebe für die Kunst und die Künstler. Diese Männer widerlegten die Meinung vieler ehemaliger Nationalsozialisten, dass die zurückgekehrten Emigranten nur ihren Hass auslebten. Otto de Pasetti stammte aus einer österreichischen Beamtenfamilie, ein Jurist, der sich auch als Sänger versuchte, bereits in den 1930er-Jahren in die USA ausgewandert und nun als amerikanischer Offizier für die Salzburger Festspiele zuständig war. Pasetti beauftragte den Festspielpräsidenten vor 1938, Baron Heinrich Puthon (so wurde er auch offiziell genannt), mit der Organisation der Festspiele. Puthon, »ein typischer österreichischer Kavalier« (Ernst Lothar), war 1938 von den Nationalsozialisten als Festspielpräsident abgesetzt worden, durfte aber als Hausleiter für das Festspielhaus bleiben.[11] Eine weitere treibende Kraft war Egon Hilbert, ein Beamter im »Ständestaat«, deswegen fünf Jahre im KZ Dachau inhaftiert, kurze Zeit Leiter des Salzburger Landestheaters, dann Chef der Bundestheaterverwaltung.[12]

Die Schwierigkeiten waren enorm. Das Festspielhaus war für die amerikanische Truppenbetreuung beschlagnahmt (Varieté Roxy), die bekannten Sänger/innen und Schauspieler/innen waren als Nationalsozialisten oder als Aushängeschild des NS-Regimes gesperrt. Bei den »Wiener Philharmonikern«, dem Stammorchester der Festspiele, galten 50 Prozent als Nazis.[13] Berühmte Dirigenten waren im Exil (Bruno

9 Stephen Gallup, Festspiele, S. 177.

10 Robert Kriechbaumer, Salzburger Festspiele von 1945 bis 1960, Salzburg 2007, S. 29.

11 Ebd., S. 34.

12 Stephen Gallup, Die Geschichte der Salzburger Festspiele, S. 184.

13 Oliver Rathkolb, Wiener Philharmoniker 1842. https://wph-live.s3.amazonaws.com/media/filer_public/ of/f3/off3170c-ff94-4849-944b-fcb874260039/ns_rath_ehrungen_de_v05.pdf (abgerufen 17.2.2023).

Walter) oder NSDAP-Parteimitglieder (Herbert von Karajan) oder Günstlinge der
NS-Diktatur (Wilhelm Furtwängler). Ausländische Gäste waren schon wegen der
Grenzsperre nicht zu erwarten. So konnte nur ein Notprogramm mit Künstlern vor
Ort und zweiter Reihe realisiert werden. Als Spielstätte standen nur das Landestheater, das Mozarteum, die Felsenreitschule, der Dom ohne Kuppel zur Verfügung.
Dafür füllten die GIs die Säle. Vielfach zum ersten Mal hörten sie klassische Musik,
manche mit sehr gemischten Gefühlen. Ausgelastet war das Mozarteum-Orchester.
Das Programm umfasste immerhin drei Druckseiten.[14] Der Eröffnungsabend am
12. August 1945 nutzte den Stadtsaal des Festspielhauses für die Reden. Landeshauptmann Adolf Schemel betonte, dass das Festspiel für alle Welt bestimmt sei (sic),
aber jetzt nur ein bescheidener Anfang möglich sei. Ausgesprochen politisch war die
Ansprache des Oberkommandierenden der US-Streitkräfte in Österreich General
Mark W. Clark, der kurz vorher aus Italien nach Salzburg gekommen war. Er be-
zeichnete dieses Festspiel als Wiederaufleben einer österreichischen Tradition, als
Wiederbelebung der österreichischen Freiheit. Er bezog sich auf die Moskauer De-
klaration vom 1. November 1943, welche die österreichische Unabhängigkeit postuliert hatte, verschwieg aber nicht, anders als die österreichische Regierung, dass das
österreichische Volk mitschuldig war am »Anschluss« und so in die Front der Feinde
in den Krieg eingetreten war. Die Vereinigten Nationen können diesen Faktor nicht
vergessen. Österreich müsse sich selbst entnazifizieren und die Deutschen ausweisen.
Schon früher seien Amerikaner Gäste der Festspiele gewesen, jetzt aber seien sie als
Befreier und Berater gekommen. Der Festspielpräsident Heinrich Puthon dankte
den USA als »gnädigem Gönner«, beschwor das Genie Mozart, die schöne Heimatstadt Salzburg und unser neues Vaterland Österreich.[15] Am Ende der Festspiele
feierte Otto de Pasetti, dem die Festspiele 1945 wesentlich zu verdanken waren, den
Erfolg, der den »Ruf und den Namen Österreich wieder in die Welt trug.« Der
Amerikaner, der Österreich von jeher als einen von Hitler zu Unrecht okkupierten
und überrannten Staat ansah, stellte mit Freuden fest, dass dieses Land im Begriff
war, dort anzuknüpfen, wo es 1938 stehen geblieben war. Man dürfe aber die sieben
Jahre der NS-Diktatur nicht vergessen. Der Redner in seiner Begeisterung unter-
schlug die »österreichische Diktatur« von 1934–38. Voller Stolz hieß es dann: Dass
dieses Unglaubliche eines Festspieles 1945 möglich war, »wird immer ein Ehrenblatt
der österreichischen Kultur bleiben«.[16] Ob allerdings die US-Administration, die
mit der Entnazifizierung beschäftigt war, diese Reden gutierte, ist offen.

---

14 Josef Kaut, Festspiele in Salzburg. Eine Dokumentation, Taschenbuch München 1970, S. 120–122.
15 Salzburger Nachrichten, 13. August 1945.
16 Salzburger Nachrichten, 4. September 1945.

2.2 *Entnazifizierung und Erinnerung an Max Reinhardt: Festspiele 1946*

Die Entnazifizierung der Künstlergesellschaft war ein besonderer Bereich. Nicht so sehr die Parteimitgliedschaft musste bewertet werden als prominente Auftritte, die Nähe zu Parteigrößen und der Antisemitismus. Es gab eine »schwarze Liste« für Auftrittsverbote und ein Punktesystem für die Einordnung der Künstler. Drei Instanzen waren tätig: der Alliierte Rat, die »Hurdes-Kommision« bei der Bundesregierung und ein Komitee in Salzburg.[17] Die Festspielleitung wollte möglichst viele der großen Künstler freibekommen, um das Niveau der Festspiele zu sichern. Mit und zwischen diesen Stellen mussten die US-Theater und Musik-Offiziere agieren. Ernst Lothar kehrte im Sommer 1946 aus der Emigration zurück und löste Otto de Pasetti als Zuständigen für die Festspiele ab. Er hatte eine besonders diffizile Position. Als ehemaliger Leiter des Theaters in der Josefstadt vor 1938 kannte der Hofrat die meisten Schauspieler, war hin- und hergerissen zwischen seiner Liebe zur österreichischen Kunst und seiner Erfahrung mit den Künstlern beim »Anschluss«. In seinen Erinnerungen fasste er seine Erfahrungen mit der Entnazifizierung so zusammen: »Erzielt wurde: eine schematische unkonsequente Vergeltung, andauernd von Ausnahmen durchlöchert, die das Vertrauen in die Korrektheit, Informiertheit oder Voraussicht der Säuberer erschütterten.«[18] An einer anderen Stelle verglich er die Entnazifizierung mit einem Staubsauger.[19] Seine Bindung an Salzburg hatte auch einen persönlichen Grund: Er verlangte von der Landesregierung 1946 sein Haus in Anif, Flurweg 9 zurück.[20]

Der Fall Herbert von Karajan: Als ein Beispiel greife ich Herbert von Karajan auf. Der Salzburger hatte seine große Karriere in NS-Deutschland begonnen. Kein ideologischer Nationalsozialist, aber ein frühes Parteimitglied. Wie viele Parteigenossen log er nach 1945. Otto de Pasetti glaubte ihm zunächst und erlaubte einen Auftritt mit den Wiener Philharmonikern. Dann tauchten neue Informationen über seine Vergangenheit auf. Zahlreiche Befragungen folgten. Karajans Rechtfertigung blieben in einem Punkt immer gleich: Er sei in erster Linie Musiker und im Grunde interessiere ihn überhaupt nichts anderes.[21] Im März 1946 erhielt er wieder eine Auftrittserlaubnis. Das Festspieldirektorium war glücklich und er sollte 1946 zwei Mozartopern dirigieren. Auch Karajan war glücklich und stürzte sich mit seiner üblichen Energie in die Probenarbeit. Doch dann, Mitte Juni, kam ein neues Auftrittsverbot des Alliierten Rates. Ratlosigkeit bei der Festspieldirektion. Den Ausweg fand

17 Robert Kriechbaumer, Salzburger Festspiele, S. 32.
18 Ernst Lothar, Das Wunder des Überlebens, S. 322 f.
19 Ebd., S. 302.
20 SLA, Präs. 737/46.
21 Ausführlich: Robert Kriechbaumer, Salzburger Festspiele S. 43–49. Hier S. 42.

Ernst Lothar. Sein Bericht über ein langes Gespräch mit Karajan fasste er in einem »Memo« zusammen: Der Dirigent habe sein Parteimitgliedschaft nicht verleugnet. Allerdings das Horst-Wessel-Lied, das er bei einem Konzert in Paris dirigierte, spielte er als »Routinevorgang« herunter. Lothar fasste seinen Eindruck so zusammen: »Es handelt sich um einen fanatischen Menschen, dessen Fanatismus der Musik gilt, die ihm die Existenz bedeutet.«[22] Im Interesse der Festspiele, schrieb Lothar, »sei es geboten, Herrn von Karajan, der sich bereits seit Wochen ihrer Vorbereitung widmete, daran nicht zu hindern, sondern ihm einen politisch unbelasteten Musiker von Rang zur Seite zu geben, der nominell als Dirigent erscheint.«[23] So geschah es. Diese »Maskerade« (Otto de Pasetti) gelang. Die unbelasteten Hans Swarowsky und Felix Prohaska dirigierten und Karajan saß im Souffleurkasten und gab den Ton an. Bis zum 17. Oktober 1947 musste er auf eine öffentliche Freigabe warten.[24] Einen Monat später war Herbert von Karajan wieder der Alte. Am 13. November 1947 schrieb Puthon, der alles für den Dirigenten getan hatte, einen kritischen Brief. Karajan war bereits Mitglied der künstlerischen Leitung und verlangte für sich, zwei Opern und zwei Konzerte 1948 zu dirigieren. Freundlich, aber bestimmt schrieb Puthon an den »Lieben Herrn v. Karajan«. »Sie sind, wenn ich mich so ausdrücken darf, Hausherr. Halten Sie es mit Ihrer Stellung als künstlerischer Leiter für vereinbar, die beste, stärkste und am meisten erfolgversprechende Tätigkeit sich selbst, dem Hausherrn, zuzuteilen?«[25] Am 17. November 1947 schrieb Karajan einen vierseitigen Brief an den »Hochverehrten, lieben Baron Puthon« zurück.
- Er habe immer einen gewissen Einfluss auf die künstlerische Linie verlangt.
- Er verzichte für Salzburg auf manche Tätigkeit im Ausland und erleide so einen finanziellen Schaden.
- Er beabsichtige, gemeinsam mit dem genialen Bühnenbildner Caspar Neher und Oskar Fritz Schuh, einen neuen, typischen Salzburger Stil aufzubauen.
- Auch Toscanini habe in Salzburg vor 1938 sogar mehr als zwei Opern und zwei Konzerte dirigiert.
- Er verlange die »Klarheit und Gewähr«, seinen Plan für Salzburg »nun auch unbeeinflusst von irgendwelchen persönlichen oder organisatorischen Veränderungen durchführen zu können«. Aber er wolle sich nicht den Salzburger Festspielen aufdrängen.

---

22 Ernst Lothar, Das Wunder des Überlebens, S. 316.
23 Ebd., S. 316.
24 Robert Kriechbaumer, Salzburger Festspiele, S. 47; Stephen Gallup, Die Geschichte der Salzburger Festspiele, S. 185 f.
25 SLA, Präs. 1585/47.

– Diesen Brief schickte er auch als eine Kopie an den Landeshauptmann Albert Hochleitner. [26] Einen Teil seiner Forderungen hatte er bereits 1948 erreicht und der Kampf der Eitelkeit zwischen Furtwängler und Karajan ging weiter. Keine Chance in Salzburg hatte Clemens Krauss. Als Nachfolger von Bernhard Paumgartner, der nach Italien und in die Schweiz ausweichen konnte, in der Leitung des Mozarteums, als Generalintendant der Salzburger Festspiele in der Nazizeit war er hier Persona non grata. Dafür sorgte schon Paumgartner.

1946 kehrte der »Jedermann« nach Salzburg zurück. Die Ankunft von Helene Thimig, der Frau von Max Reinhardt, aus Amerika wurde als Staatsfeier inszeniert. Regie der Aufführung führte vorerst Heinz Hilpert. Die Magie der Domfassade bei Sonnenuntergang, auch wenn die Kuppel des Domes fehlte, wirkte wieder. Die dröhnende Stimme von Ewald Balser als »Jedermann« konnte die Zuhörer erschüttern. Hugo von Hofmannsthals »Der Tor und der Tod« ergänzte den »Rückbruch«. [27] Reinhardt und Hofmannsthal stiegen erst jetzt zu den »Heiligen« der Salzburger Festspiele auf – nun ohne öffentlichen Antisemitismus. Die Kritik allerdings richtete sich gegen die »Grabschrift«, gegen die »Mumifizierung« der Festspiele. [28]

2.3 Tradition und vorsichtige Moderne: Festspiele 1947

Die Rede von Landeshauptmann Albert Hochleitner zur Eröffnung der Festspiele preist Salzburg als »Zentrum der Musik und der Kultur«, verspricht die Festspiele wieder zu »jener höchsten künstlerischen Vollendung zu bringen, die sie einst besonders ausgezeichnet und damit ihren großen internationalen Ruf begründet haben.« [29] Noch allerdings leide Salzburg unter der Wohnungsnot, unter Ernährungs- und Verkehrsschwierigkeiten, noch sei die Stadt von den Spuren des vergangenen Krieges gezeichnet, noch fehlen alle »genussreichen Annehmlichkeiten«. Angesichts der anwesenden Generäle der U.S. Army lobte der Landeshauptmann die Hilfe der Besatzungsmacht, überging die Schwierigkeiten mit ihr, und erklärte sie als die »besten Propagandisten für Salzburg in ihrer Heimat, den Vereinigten Staaten von Amerika.« [30] Eine Erleichterung für die Festspiele war es auch, dass die Militärregierung am 1. Jänner 1947 das Festspielhaus an Stadt und Land übergeben hatte. [31] Schon am 10. Februar 1947 brachte sich der Architekt des Festspielhau-

---

26 Ebd.
27 Josef Kaut, Festspiele in Salzburg, S. 122–125.
28 Robert Kriechbaumer, Salzburger Festspiele, S. 80.
29 SLA, Karton 14/1947.
30 Ebd.
31 SLA, Präs. 147/01.

ses, Clemens Holzmeister, wieder in Stellung.[32] Auf das Programm eingehend, hob der Landeshauptmann hervor, dass neben den klassischen Werken erstmalig auch eine Welturaufführung einer modernen Oper geboten werde. Besonders pries er die Regieführung des »Jedermann« von Frau Helene Thimig-Reinhardt. So werde der Name ihres verstorbenen Gatten unlöslich mit den Salzburger Festspielen verbunden bleiben. Die Damen und Herren der Presse ermahnte der Landeshauptmann zur »objektiven Kritik«, aber auch zur Berücksichtigung der schwierigen Verhältnisse. Einen Einblick in den elitären Charakter der Festspiele gibt die Gästeliste zum Empfang.[33] Generäle und Oberste der Besatzungsmacht, Mitglieder der Bundes-, Landes- und Stadtregierung, Repräsentanten der Kirchen und der Universität, Künstler und Manager der Festspiele, natürlich Hofrat Ernst Lothar, einige Aristokraten, 50 Journalisten. Neben diesen Honoratioren sticht ein Name hervor: Fräulein Gehmacher. Warum? Sie war die spätere Ehefrau von General Collins.

Die Bevölkerung war von den Festspielen weniger begeistert. Der Gegensatz von oben und unten war zu deutlich. Ein ironisches »Gebet« von 1947 drückte diese Diskrepanz sehr deutlich aus:

»Ich glaube an den Alliierten Rat, Schöpfer Österreichs und seiner Vierteilung, an das allmächtige Theater seines Sohnes, Figl, unserem Herrn, der empfangen ist von der heiligen Einfalt, geboren auf dem Lande, gelitten unter Adolf Hitler, eingefahren nach Wien, sitzend zu rechten Hand Renners, des allmächtigen Großvaters, von dannen seine Befehle kamen, zur verwirren die Lebendigen und die Toten.

Ich glaube an die Demokratie, an die Briefzensur, an die Umbenennung der Straßen und Plätze, wie unter den Nazis, an die Eintracht der Vereinigten Nationen. Amen.«[34]

Auf der Ebene der Kunst bemühte sich die Festspielleitung um die Welturaufführung der Oper »Die Liebe der Danae« von Richard Strauss. 1944 hatte Joseph Goebbels nur eine einmalige öffentliche Generalprobe erlaubt. Nun legte sich Landeshauptmann Hochleitner ins Zeug und schrieb einen Bittbrief an Richard Strauss. Der aber lehnte am 19. Februar 1947 ab. Er wollte, »dass das Werk erst dann aufgeführt werde, bis wieder Festspiele in früherem Stil, vor dem normalen Publikum Strauss'scher Uraufführungen gewährleistet werden könne [...]«.[35] Ein Nebenmotiv war wohl auch, dass er Clemens Krauss als Dirigent wollte, der aber noch gesperrt war. Der Landeshauptmann ließ nicht locker. Er versuchte einen Umweg. Am 4. Oktober 1947 schrieb er einen Brief an a. o. Gesandten und bev. Minister Heinrich Schmid in London mit der Bitte, er möge einen Brief an Strauss weitergeben, der in

---

32 SLA, Präs. 398/47.
33 SLA, Präs. Karton 14/47.
34 Robert Kriechbaumer, Salzburger Festspiele, S. 128 f.
35 SLA, Präs. 5/47.

London ein Konzert gebe. In dem Brief an Strauss ging es wieder um die Aufführung der geplanten Oper »Die Liebe der Danae«. Es sei von größter Wichtigkeit, weil für 1948 die Aufführung geplant sei. In dem beigelegten Brief machte der Landeshauptmann einen Kotau, um den Komponisten gnädig zu stimmen. Er habe »das absolute Empfinden, dass durch die Aufführung Ihrer Oper Ihr Name neuerlich durch die Welt gehen würde, was mir persönlich und uns allen, die wir Sie so sehr verehren, zur besonderen Freude sein würde.«[36] Ohne Erfolg! Erst 1952 wurde die Uraufführung möglich. Und wer war der Dirigent – Clemens Krauss![37] Neu bei den Festspielen 1947 war: Zum ersten Mal wird eine moderne Oper aufgeführt, »Dantons Tod« von Gottfried von Einem, ein durchaus politisches Thema. Es war sicherlich von Vorteil, dass er Mitglied der künstlerischen Leitung war. Neu war auch, dass der entnazifizierte Wilhelm Furtwängler ein Orchesterkonzert mit den »Wiener Philharmonikern« leitete.

Künstlerisch waren die Festspiele 1947 ein großer Erfolg, hinterließen aber finanziell ein riesiges Defizit. Zum Erfolg gehörte auch die Rückkehr ausländischer Besucher. Das Publikum setzte sich aus 50 Prozent Österreichern, 38 Prozent amerikanischen Soldaten und 12 Prozent Ausländern zusammen.[38] Der Erfolg stärkte auch das Selbstbewusstsein der Österreicher, kulturell gehören wir wieder zur Weltspitze!

3. Nationsbildung von oben

Österreich ist eine junge Nation. Seit dem 19. Jahrhundert stand das deutschsprachige Österreich zwischen dem Deutschtum und dem Österreichertum, mit vielen Nuancen – politisch, sozial, kulturell. 1945 erfolgte der Bruch mit der deutschen Geschichte. Die Alliierten forderten die Ausweisung der Deutschen aus Österreich, was sich allerdings hinschleppte, mit vielen Ausnahmen. Die Opferthese (die nicht ganz falsch war) ermöglichte die Abschiebung der Verantwortung für den Nationalsozialismus auf Deutschland. Die Opferthese war allerdings ein Projekt der politischen Eliten, im Volk wurde sie weniger geglaubt, es sei denn, man konnte sie für sich bei der Entnazifizierung nutzen. Glaubhaft war die Opferthese nur beim österreichischen Widerstand.[39] Die österreichische Nationsbildung von oben folgte den typischen Pfaden von Nationsbildungen:

---

36 SLA, Präs. 1300/47.
37 Josef Kaut, Festspiele in Salzburg, S. 147.
38 Stephen Gallup, Die Geschichte der Salzburger Festspiele, S. 198.
39 Ernst Hanisch, Österreichische Identität und der Widerstand gegen den Nationalsozialismus, in: Catherine Bosshart-Pfluger u. a. (Hg.), Nation und Nationalismus in Europa. Kulturelle Konstruktion von Identitäten. Festschrift für Urs Altermatt, Frauenfeld 2002, S. 282–298.

– Die Schaffung von Feindbildern, von denen man sich absetzte (die Preußen).
– Die Erfindung der eigenen Geschichte (Tausendjähriges Österreich). Nicht alle
  Elemente der Geschichtserfindung waren falsch. Sie wurden nur in einen neuen
  Kontext gestellt, einige Faktoren stark hervorgehoben, andere vernachlässigt.
– Der Nationalismus als »Denksystem zur Legitimation von Herrschaft« (Hans-
  Ulrich Wehler) ging der Nationsbildung voraus. Dieser Österreichische Nationalismus war durchaus rassistisch getönt. Der ideologische Chefarchitekt der
  österreichischen Nation, Alfred Missong, sprach von der »rassisch-anthropolo-
  gischen Sonderentwicklung« des österreichischen Volkes. Paradoxerweise war
  dieser österreichische Nationalismus im Anschluss an die Habsburgermonarchie
  und an den Reichspatriotismus »übernational« ausgerichtet. Leopold Figl nannte
  Österreich einen »Kleinstaat mit übernationalem Ethos«.[40] In den »25 Thesen
  über die österreichische Nation« heißt es in der 18. These: Schon am Anfang seiner Geschichte war Österreich eine bunte Rassenmischung. »Illyrische, keltische,
  römische, slawische, magyarische und germanische Blutelemete« formten den
  österreichischen Rassentypus.[41] Diese Geschichtsspekulationen gehörten zum
  »Goldenen Österreichmythos«, der nach 1945 zu blühen begann. Dieser Mythos
  griff auf die Habsburgermonarchie und, bei der ÖVP, auf die Dollfuß-Diktatur
  zurück. Die Monarchie wurde zur Mutter vieler Völker aufgewertet.

Vereine sollten das Österreichbewusstsein in das Volk tragen. So der »Österreichische Kulturbund«, dessen Präsident Landeshauptmann Hochleitner war, oder das
»Österreich Institut«, das sich als »Herold des Österreichertums auf einer höheren
geistigen Ebene« verstand. Josef August Lux in Anif wollte eine Zeitschrift gründen, welche die »Weltgeltung Österreichs in der abendländischen Völkerfamilie«
aufzeigt.[42]

Eine Aufzählung versuchte den österreichischen »Reichtum« anzugeben: einma-
lig schöne Landschaft, Bodenschätze, Heilbäder und Kurorte, Wintersportplätze,
ursprüngliches Volkstum, Theater und Musik.[43]

Die Bundesparteileitung der ÖVP gab »Kulturpolitische Informationen« heraus.
Eine Redeschulung betonte das christliche Glaubensbekenntnis und die Erhaltung
des Bürgertums. Der SPÖ wurde vorgeworfen, kein Österreichbewusstsein zu ha-

---

40 Ernst Hanisch, Der Beginn des Nationalstaatsparadigmas in Österreich nach 1945 – der Unterschied
   zu Deutschland, in: Hans Peter Hye u. a. (Hg.), Nationalgeschichte als Artefakt. Zum Paradigma »Nationalstaat« in den Historiographien Deutschlands, Italiens und Österreichs, Wien 2009, S. 294.
41 Werner Suppanz, Österreichische Geschichtsbilder. Historische Legitimationen im Ständestaat und
   Zweiter Republik, Wien 1998, S. 64; allgemein: Ernst Bruckmüller, Nation Österreich. Kulturelles
   Bewußtsein und gesellschaftliche-politische Prozesse, Wien 1996.
42 SLA, Präs. 550/46.
43 SLA, Präs. 1272/47.

ben. Die christlich-abendländische Kultur müsse in den Alltag getragen werden. Ohne Gott sei keine Kultur zu denken. Im Mai 1947 wurden 30 österreichische Gedenktage aufgezählt, Bücherempfehlungen gegeben (Rudolf Henz vor allem). Die atonale Musik wurde dezidiert abgelehnt. Der Komponist Professor Joseph Marx verlangte von einem österreichischen Komponisten, dass in seiner Musik die österreichische Landschaft herauszuhören sein muss: der rauschende Bach, das wogende Ährenfeld.[44]

Ein Höhepunkt der Nationsbildung war das Jubiläum »950 Jahre Österreich« im Herbst 1946.[45] Die erste Nennung des Namens wurde zur Gründungslegende aufgewertet und groß gefeiert, in Salzburg blieb die Feier eher bescheiden. Vorher hatte man das Fest »700 Jahre Lungau bei Salzburg« ausgerichtet. Am 20. Oktober fand dann die Landesfeier im Festspielhaus statt. Der Besuch war überschaubar. Die Festmusik gestaltete der vielseitige Domorganist Joseph Messner, die Rede hielt Landeshauptmann Albert Hochleitner. Nach der Aufzählung der Großtaten der österreichischen Kultur stellte er die rhetorische Frage: »Welches Land hat so viel beigetragen, das kulturelle Antlitz Europas zu formen wie gerade Österreich?« Die österreichische Wiedergeburt heiße nichts anderes, als werden, was man von Haus aus sei, man müsse sich nur der »Größe unserer Vorfahren« würdig erweisen, »Haß und Gemeinheit« bekämpfen und an ihrer Stelle das österreichische Menschtum leben – über alles aber die Liebe.[46] Distanziert verhielten sich die »Salzburger Nachrichten« – die ganze Angelegenheit sei etwas künstlich aufgezogen und gewollt.[47]

Träger der Österreichideologie waren die ÖVP und die KPÖ. Die KPÖ hatte bereits vor 1938 eine österreichische Nation postuliert, als Sperre gegen den »Anschluss«, wie viele Monarchisten auch. Die SPÖ zögerte, fürchtete, dass mit der österreichischen Nation Dollfuß aufgewertet werde. Die ÖVP würdigte den Widerstand gegen den Nationalsozialismus als »österreichischen Widerstand«. Josef Rehrl 1945: »Zehntausend Österreicher sind in den Kerkern und Konzentrationslagern Hitlers gestorben, nur deshalb, weil sie Österreicher waren und sonst nichts.«[48] Gleichzeitig wurde damit Engelbert Dollfuß von der ÖVP in diese Opfererzählung einbezogen, seine Rolle als Zerstörer der Demokratie heruntergespielt. Aber Dollfuß war, nicht zu leugnen, auch ein Opfer des Nationalsozialismus.[49] Sein Nationalbewusstsein war allerdings österreichisch-deutsch ausgerichtet. Das Dilemma der Demokratie

44 SLA Karton 14/1947.

45 Stefan Spevak, Das Jubiläum »950 Jahre Österreich«. Eine Aktion zur Stärkung eines österreichischen Staats- und Kulturbewusstseins im Jahre 1946, Wien 2003.

46 Ebd., S. 213.

47 Ebd., S. 214.

48 Hanns Haas, Nationsbewußtsein und Salzburger Landesbewußtsein, in: Salzburg und das Werden der Zweiten Republik. VI. Landes-Symposion am 4. Mai 1985, Salzburg 1985, S. 36.

49 Ebd.

in der Dollfußzeit versuchte die ÖVP aufzulösen, indem sie die Geschichtslegende erfand: »Wir waren Demokraten, weil wir Österreicher waren von eh und je.« (Josef Rehrl).[50] Die ÖVP bezog in die Nationsbildung auch den autoritären »Ständestaat« ein, gleichzeitig aber war ihre demokratische Gesinnung nach 1945 unbestreitbar. Die SPÖ suchte ihre historische Legitimität im »Roten Wien« der 1920er-Jahre zu finden. Die Geschichtsbilder der beiden Parteien unterschieden sich, aber der Wille zur Zusammenarbeit war letztlich stärker. Und die Bevölkerung? Wie eine mikrohistorische Studie gezeigt hat, war »Österreich« bei der Bevölkerung in den Jahren von 1945 bis 1949 lediglich eine »volkspädagogische Norm mit beschränkter Reichweite«.[51] Kein Wunder bei der Lebenssituation der Menschen in dieser Zeit.

Der Ansatz zur Nationsbildung sollte in den Schulen beginnen. Die Jugend sollte zu begeisterten Österreichern erzogen werden. Als im Herbst 1945 der Schulbeginn anlief, fehlte es an Klassenzimmern, an Lehrern und Schulbüchern. Viele Lehrer waren Parteigenossen, einige gefallen, andere in der Kriegsgefangenschaft. Ältere Schüler kamen aus der Hitlerjugend. Lehrerinnen gab es noch wenige. Alle waren, mit Ausnahmen, »deutsch« erzogen. Kommissionen versuchten tragbare Lehrer auszufiltern. Politische und lokale Verhältnisse mussten berücksichtigt werden. Nach der Entnazifizierung waren die Lehrer verängstigt, nur ja keinen Fehler zu machen und die eigene Haltung möglichst zu verbergen. Es gab in Salzburg 1946/47 zwar 197 Volksschulen und 21 Hauptschulen, aber nur fünf allgemeinbildende höhere Schulen, fast alle in der Landeshauptstadt.[52]

Ein Beispiel für die Schwierigkeiten waren die Schulbücher. Die Militärregierung forderte die Überprüfung der Schulbücher.[53] Neue Schulbücher waren nicht so schnell verfügbar, obendrein fehlte es an Papier. Die Lösung war, NS-Schulbücher zu austrifizieren, beispielsweise das »Erstlesebuch für Schulanfänger«. Man nahm das Lesebuch von 1942, reinigte es von NS-Relikten und ersetzte diese durch österreichische Bilder und Texte.[54] Wo ein HJ-Bub mit braunem Hemd zu sehen war, wurde es blau gefärbt, wo die NS-Jugend marschierte, steht die österreichische Jugend stramm im Alltagskleid; die Winterhilfe wird durch den Nikolo ersetzt; Adolf wird im Text zu Adele; wo ein NSDAP Ortsgruppenleiter im Namensschild eines Hauses aufschien, zeigt ein Pfeil zum Hausbesorger. Dann der Höhepunkt:

---

50 Ebd., S. 37.

51 Ernst Langthaler, Österreich vor Ort. Ein Weg in die kollektive Identität der Zweiten Republik, in: Österreichische Zeitschrift für Geschichtswissenschaften, 13(2002), S. 55.

52 Josef Thornhauser, Die Entwicklung im Bildungsbereich, in: Geschichte der österreichischen Bundesländer seit 1945. Salzburg, S. 564.

53 SLA, Präs. 1114/46.

54 WIR LERNEN LESEN, Ein Erstlesebuch für Schulanfänger von H. Kolar und J. F. Pöschl, Wien 1942. FROHES LERNEN. Ein Lesebuch für Schulanfänger. Herausgegeben von einer Arbeitsgemeinschaft unter Leitung von Dr. Ludwig Battista, Wien 1948.

Abb. 18: Der Führer feiert Geburtstag.

Der Führer feiert Geburtstag. Die Kinder sollen stolz sein, dass er in ihrer Heimat geboren wurde. Er rettete das deutsche Volk aus der Not und machte es froh und glücklich. »Wir danken unserem Führer von ganzem Herzen dafür. Jeden Tag denken wir an ihn. Wir wollen brave, tüchtige Menschen werden und ihm nur Freude machen. Gott erhalte uns den Führer noch viele, viele Jahre gesund und froh«. [55] In der nächsten Seite wird das Soldatenleben gefeiert, aber es gibt 1942 keinen Krieg im Schulbuch. Auch im österreichischen Lesebuch wird ein Fest gefeiert – das Vaterland Österreich. Ein kleines, aber schönes freies Land (1948?). Darum dann das Versprechen: »Wir wollen gute Österreicher sein und unserem Vaterland stets Ehre machen!«[56] Auf der nächsten Seite sind es nicht Soldaten, die österreichische Fahne und das Wappen werden gefeiert. Der größte Teil des NS-Lesebuches konnte übernommen werden.

---

55 WIR LERNEN LESEN, S. 80.
56 FROHES LERNEN, S. 82.

Abb. 19: Österreich.

Die Figuration, Österreich als übernationale Nation, sollte sich in den Schulen bei Fremdsprachen ausdrücken, die gelernt wurden. An der Spitze stand die Weltsprache Englisch, gefolgt von Französisch. Weit hinten standen die slawischen Sprachen. (Ich erinnere mich, als ich 1950 in Waidhofen an der Thaya die erste Klasse des Realgymnasiums besuchte, war ein Jahr vorher Tschechisch in der Schule abgeschafft worden). Parteipolitisch waren die Schulen eine Domäne der ÖVP. Um aufzuholen, verlangte die SPÖ 1947 einen zweiten Landesschulinspektor – ohne Erfolg.[57] Die Dominanz der ÖVP drückte die Schulbehörde auch im Landesbewusstsein bereits 1945 aus: Es sei eine unbestreitbare Tatsache, dass Salzburg das zweite Kulturzentrum in Österreich sei. Voller Stolz wird ausgeführt, dass in Salzburg 400 Maler und Bildhauer und 150 Schriftsteller leben.[58]

Während das Nationsbewusstsein prekär und brüchig war, war das Salzburger Landesbewusstsein seit Jahrhunderten stabil. Es passte sich an die Monarchie, an die Erste Republik, an den Nationalsozialismus und an die Zweite Republik an. In Salzburg war man stolz, dass Salzburg als selbstständiger Staat bis ins Mittelalter zu-

57 SLA, Präs. 863/47.
58 SLA, 01/1945.

rückreichte, dass das Land älter als »Österreich« war und erst im 19. Jahrhundert zu Österreich kam. Seit dem 19. Jahrhundert aber verstanden sich die Salzburger zugehörig zum deutschen Volk. Ihr Volkstum – so die Meinung – war blutmäßig reiner als im übrigen Österreich. So war auch der Bruch mit der deutschen Geschichte schwieriger. Aber das Landesbewusstsein richtete sich sofort auf den österreichischen Staat ein, was allerdings die Landesregierung nicht hinderte, in zahlreiche Konflikte mit der Bundesregierung zu geraten.[59] Ein englischsprachiger Journalist, der 1947 nach Salzburg kam und viele Gespräche führte, schrieb poetisch über seinen Eindruck: »Viele Salzburger sagen, sie würden lieber die zweite Geige in ihrem Provinzorchester spielen als die erste Geige in der Hauptstadt Österreichs. Vielleicht ist das der Grund, weshalb, trotz der vielen Nazis, in Salzburg das Orchester so gut klingt.«[60]

4. Rückzug in die Volkskultur

Volkskultur war die bäuerlich eingefärbte regionale Kultur, die alte Elemente aufgriff, aber von bürgerlichen Kreisen im 19. Jahrhundert auch neu erfunden und ausgebaut wurde. Der Gegner, gegen den ideologisch Front gemacht wurde, war die internationale *Massenkultur*: moderne Musik (Schlager), die modische Konfektionskleidung, modische Tänze, Massensport, neue Medien (Radio, Film), die aber rasch auch von der Volkskultur genutzt wurden, nach 1945 die Amerikanisierung. Diese Volkskultur war vielfach ausgefaltet: Tracht, Volkslieder und Volksmusik, die Blasmusik bei allen möglichen Festen, Volkstanz, Heimatvereine, Schützen, Bauerntheater usw. Die Form der Volkskultur war anfänglich mit der katholischen Kultur vermischt: Sonntagsgottesdienst, Feiertage, Wallfahrten, Prozessionen usw. Seit dem Aufkommen der deutschnationalen und antirömischen Bewegungen geriet die Volkskultur in Distanz zur katholischen Kirche, teilweise in einen scharfen Gegensatz. Der Antisemitismus bewirkte die Ausgrenzung der jüdischen Volkskulturenthusiasten.[61] Bei all ihrer Ideologie, bei aller Gegnerschaft zur modernen Massenkultur darf die Analyse das utopische Element der Volkskultur nicht aussparen: die Sehnsucht nach Stabilität, die Selbstbehauptung, der Stolz auf die regionale Identität – im Dorf, im Gau –, die spontane Freude der Musiker und Tänzer. Heimat mag ein »geschundenes Wort« (Helga Schubert) sein, es löst auch starke Emotionen aus – im Guten und im Schlechten.

---

59 Hanns Haas, Nationsbewußtsein und Salzburger Landesbewußtsein, S. 27–45; Hanns Haas, Bilder vom Heimatland Salzburg, in: Robert Kriechbaumer (Hg.), Liebe auf den Zweiten Blick. Landes- und Österreichbewußtsein nach 1945, Wien 1998, S. 149–201.

60 SLA, Präs. 1026/47.

61 Ernst Hanisch, Salzburger Volkskultur: Pflege – Traum – Kommerz, in: Geschichte der österreichischen Bundesländer nach 1945, S. 417–442.

Eine zentrale Stellung nahmen die amtlichen Volkskulturpfleger ein. Sie zeigten die Grenzen an, sie entwickelten neue Formate, sie waren meist ideologisch aufgeheizt. Diese Volkskulturenthusiasten gerieten in den 1930er-Jahren in Panik. Beispiel Tracht: Kuno Brandauer, ein früher Nationalsozialist und Antisemit, wetterte gegen den sommerlichen Trachten-Tohuwabohu, gegen die »Maskerade«, gegen die »städtischen sommerfrischen Gschaftelhuber«. 1935 entwarf er eine »Neusalzburger Trachtenmappe«, die auch einen offiziellen Charakter hatte.[62]

1938 wurden die zahlreichen Heimatvereine aufgelöst und in die »Kraft und Freude« Organisation der DAF (Deutsche Arbeitsfront) eingegliedert. Die rassistische Tendenz verstärkte sich, und den Juden wurde das Tragen der Tracht verboten. Die Parteiuniform verdrängte zunächst die Tracht. Als aber der Eroberungskrieg ins Stocken geriet, die Deutsche Wehrmacht im Rückzug war, wurde die »Heimatfront« mobilisiert. Ende 1942 gründete Gauleiter Scheel das »Heimatwerk Salzburg«: als Zentrum der ganzen Volkskultur. Ziel war nun, die Heimat gegen den »Juden-Bolschewismus« zu verteidigen. Gauleiter Scheel: »Wer die Kräfte seiner Heimat fördert, wer seine Heimat fördert, wer seine Heimat liebt, wer für seine Heimat arbeitet und kämpft, dient auch dem ewigen Deutschen Reich« und der nationalsozialistischen Weltanschauung.[63] Geschäftsführer wurde Kuno Brandauer, Tobi Reiser leitete die Volksmusik. Beide dominierten die Salzburger Volkskultur auch nach 1945. Der eine war Landesbeamter und Theoretiker, der andere ein umtriebiger Praktiker. Kuno Brandauer war bereits 1931 in die NSDAP eingetreten, ein scharfer Antisemit, wurde er 1945 aus dem Landesdienst entlassen und in das Lager Marcus W. Orr inhaftiert. 1948 wurde er wieder in den Landesdienst aufgenommen und leitete die »Landesdienststelle für Heimatpflege«.[64] Tobi Reiser war ein begnadeter Musiker und ein glühender Nationalsozialist.[65] Er glitt ohne große Schwierigkeiten in die Zweite Republik und wurde bereits im November 1945 Geschäftsführer der »Salzburger Heimatwerks-Genossenschaft bäuerlicher Handwerker«. Nun war das Heimatwerk keine »kulturelle Waffe im Krieg«, sondern eine biedere österreichische Genossenschaft, die Patschen und Kochlöffel produzierte. Im Advent 1946 »mitten in der Not und Armut« veranstaltete Tobi Reiser eine kleine Adventfeier. Das war der Anfang einer späteren großen Adventfeier im Festspielhaus. In einem privaten Brief definierte Tobi Reiser die neue Funktion der Volkskultur: »Nur mit unserem Volkslied und

---

62 Salzburger Landesfest 1990. 100 Jahre Brauchtumspflege, Salzburg 1990, S. 28–30.

63 Ernst Hanisch, Salzburger Volkskultur, S. 421 f.

64 Johannes Hofinger, Kuno Brandauer, in: Die Stadt Salzburg im Nationalsozialismus. Biografische Recherchen zu NS-belasteten Straßennamen der Stadt Salzburg. URL: https://www.stadt-salzburg.at/ns-projekt/ns-strassennamen/kuno-brandauer/ (abgerufen 8.12.2022).

65 Johannes Hofinger, Tobias Reiser, in: Die Stadt Salzburg im Nationalsozialismus. Biografische Recherchen zur NS-belasteten Straßennamen der Stadt Salzburg. URL: https://www.stadt-salzburg.at/ns-projekt/ns-strassennamen/tobi-reiser/ (abgerufen 8.12.2022).

Volksmusik können wir am ehesten die Wunden heilen, die dieser Krieg angerichtet hat.«[66] Der Krieg also, nicht der Nationalsozialismus! Das Volkslied also: Lieder, das gemeinsame Singen, ist ein hochemotionaler Vorgang. Sie schaffen Gemeinschaft – »Volksgemeinschaft« im Nationalsozialismus, oder Heimatverbundenheit in der Zweiten Republik. So konnten die ehemaligen Nationalsozialisten, besonders die Frauen, sagen: Sie haben im Krieg nur Volkslieder gesungen. »Feinsein beinander bleiben, Treu sein, net außigran« konnte vieles ausdrücken, vor allem auch die Gemeinschaft der ehemaligen Nationalsozialisten.

Das Landesfest 1946 als Salzburger Heimatwoche war ein Begleitprogramm zu den Salzburger Festspielen. Am Sonntag, den 25. August 1946 fand vor 10.000 Besuchern ein Volkstanz-Wettbewerb statt. Der Sozialist Franz Peyerl, in der Landesregierung zuständig für die Volkskultur, verkündete das politische

Abb. 20: Abschied von General Mark W. Clark in der geschenkten Landestracht neben Landeshauptmann Albert Hochleitner und Bürgermeister Anton Neumayr.

Programm der »Volkstumarbeit«: Sie diene dem Wiederaufbau von Salzburg und Österreich, daher müsse sie überparteilich geführt und die Arbeiter eingegliedert werden. Eine Eisenbahnerkapelle nahm daran teil. Tobi Reiser vergab die Preise. Die amerikanischen Besatzungssoldaten schauten neugierig zu.[67] Volkskultur gab es nicht nur bei den Österreichern. Auch die DPs zeigten gelegentlich ihre Volkskultur. Auch die Juden. Es war gleichsam eine Protestveranstaltung, als am 5. Jänner 1946 im Mozarteum ein »Jiddischer Liederabend« veranstaltet wurde. Eine Persiflage auf Hitlers »Mein Kampf« beendete den Abend.[68] Mehr eine Maskerade war, als General Mark W. Clark zum Abschied von Österreich im Mai 1947 eine Trachtenjacke samt Hut geschenkt bekam. Verlegen stand der großgewachsene General neben dem kleinen Landeshauptmann Albert Hochleitner.[69]

---

66 Ernst Hanisch, Salzburger Volkskultur, S. 424.
67 Ernst Hanisch, Salzburger Volkskultur, S. 426.
68 Befreit und besetzt, S. 224.
69 Ebd., S. 260.

5. Selbstbewusste katholische Kirche

Salzburg war durch und durch katholisch: in den Festen und Feiertagen, in den Kirchen, Kapellen und Marterln. Die Kreuze zierten die Bergspitzen und die Friedhöfe. Die Glocken schlugen die Stunden, auch wenn es längst Uhren gab und der Lärm der Automobile sie oft übertönte. Seit Jahrhunderten war die Kirche Trägerin der Volkskultur. Auf dem Land grüßten die Kinder den Priester mit »Gelobt sei Jesus Christus«. Die politische Herrschaft der geistlichen Fürsten war längst vorbei, aber der Fürst-Erzbischof war noch immer ein Machtfaktor. Fürsterzbischof Andreas Rohracher nützte diese Macht, die auch von der Militärregierung respektiert wurde, um in vielen Bereichen zu intervenieren.

Der Nationalsozialismus versuchte die katholische Kultur rassistisch neu zu definieren oder zu verbieten, aber er konnte den Kern der Kirche nicht brechen. Nach 1945 konnte sie ihre Machtstellung, an die Zeit angepasst, wieder ausspielen. Ihre Rolle beim »Anschluss« wurde übergangen. Sie konnte aber mit Recht auf die zahlreichen Priester hinweisen, die verhaftet oder ermordet wurden, auf die beschlagnahmten Gebäude, auf den Versuch der Nationalsozialisten, die Kirche in die Sakristei zu verbannen. In der Erzdiözese Salzburg waren 1938–1942 von ca. 346.000 Katholiken 17.150 Menschen aus der Kirche ausgetreten (rund 5 Prozent). 1945/46 kehrten 4173 wieder in den Schoß der Kirche zurück – aus Überzeugung oder aus Berechnung. Die Zahl der Katholiken in Salzburg betrug 1934 noch 97 Prozent, 1945 nur noch 89 Prozent.[70] Trotz dieser Verluste war Salzburg formell noch immer ein katholisches Land. Die aktiven Katholiken, die jeden Sonntag zur Messe gingen, waren weit weniger. Doch in der bäuerlichen Gesellschaft war der Besuch des Gottesdienstes soziale Pflicht. Anders in den »aufgeklärten« bürgerlichen Kreisen. Aber auch sie nutzten die Kirche für Taufen, Firmungen und Begräbnisse: Eine Reihe von katholischen Kindergärten und Schulen sorgte für den Nachwuchs.

Drei wichtige Entscheidungen des Nationalsozialismus galten auch in der Zweiten Republik: der Kirchenbeitrag, das Recht der Eltern, ihre Kinder vom Religionsunterricht abzumelden, die Möglichkeit von Geschiedenen, wieder staatlich zu heiraten. 1945 proklamierten die Bischöfe den Grundsatz: »Eine freie Kirche im neuen Staat«.[71] Diese Freiheit bedeutete, dass Priester kein politisches Mandat annehmen dürfen, aber auch die Erwartung, wie Erzbischof Rohracher schrieb, von

---

70 Hans Spazenegger, »Kirche in der Freiheit«. Die Aufbaujahre 1945–1948, in: Salzburg und das Werden der zweiten Republik, S. 60; Wolfgang Neuper, Kirchlicher Wiederaufbau in der Erzdiözese Salzburg 1945–1968, in: Hans Paarhammer u. a. (Hg.), Kirchlicher Wiederaufbau in Österreich, Frankfurt am Main 2016, S. 85.

71 Annemarie Fenzl, 1945/1955 – Kriegsende – Freiheit – Geschenk und Auftrag – der Beitrag der Kirche zur Zweiten Republik, in: Kirchlicher Wiederaufbau, S. 492.

den »Baumeistern des neuen Österreich, dass sie dem Herrgott das erste Hausrecht einräumen«. Und weiter: »Wer die Kirche in der Freiheit ihrer Arbeit und Seelsorge hindert, schadet in Wirklichkeit dem Volk selbst«.[72] Über den religiösen Bereich hinaus beanspruchte die Kirche ein Wächteramt über den »sittlichen« Zustand des Volkes. Was aber »sittlich« war, darüber gab es ständigen Streit. So beschwerte sich das Seelsorgeamt am 8. März 1947, dass der Presseball in der Fastenzeit abgehalten werde und obendrein der Landeshauptmann das Protektorat übernommen habe. Das beleidige die katholische Empfindung. Als aber Dozent Ferdinand Holböck in einer Predigt den Landeshauptmann angriff, der empört den Dom verließ, musste sich Holböck, auf Befehl des Erzbischofs, beim Landeshauptmann entschuldigen.[73] Die Kirche mischte sich bei der Besetzung der Lehrerposten ein, protestierte gegen einen konfessionslosen Lehrer im Lungau.[74] Die Kirche wollte auch bei der Hochschule Mozarteum gehört werden. Beim Streit um das Gebet in den Volksschulen gelang es ihr, in Salzburg ein kurzes Gebet durchzusetzen.[75] Die Teilnahme an religiösen Übungen allerdings wurde freigestellt.

Weder die Kirche noch die Sozialisten wollten einen Kulturkampf wie in der Ersten Republik, aber das Verhältnis zwischen den beiden blieb prekär. Im Juni 1945 kam es zu einer Aussprache zwischen Erzbischof Rohracher und den Sozialisten Landeshauptmann-Stellvertreter Anton Neumayr und Landesrat Franz Peyerl. Auf die Frage von Neumayr, ob ein Katholik Sozialist sein könne, antwortete der Erzbischof: »Dies sei nur möglich, wenn der Sozialist die materialistische und marxistische Einstellung aufgebe, alles Kulturkämpferische und Kulturfeindliche beiseite lasse und sich der Glaubens- und Sittenlehre unserer Kirche füge.«[76] Kurz, wenn er sich der Macht der Kirche beuge. Auf einer Wahlrede vor der Nationalratswahl 1945 definierte Anton Neumayr die Haltung der Sozialisten zur Kirche: »Und nun ein ernsthaftes Wort zu unserem Verhältnis zur Religion. Wir Sozialisten sind nicht glaubenslos. Für uns ist das Wort Goethes wesentlich: Edel sei der Mensch, hilfreich und gut. Wir fragen keinen, der gesonnen ist, mit uns für die irdischen Ziele des Sozialismus zu kämpfen, welcher Glaubenslehre er anhängt. Wir fragen nur, ob er ehrlich und aufrichtig bereit ist, mit uns dafür zu kämpfen, dass das Gebot der Bergpredigt erfüllt werde.«[77] Das war eine geschickte Antwort auf die Position des Erzbischofs.

---

72 Hans Spatzenegger, »Kirche in der Freiheit«: Die Aufbaujahre 1945–1948 in: Salzburg und das Werden der zweiten Republik, S. 59.

73 SLA, Präs. 383/47; 519/47.

74 SLA, Präs. 753/47; 893/47.

75 SLA, Präs. 899/47.

76 Alfred Rinnerthaler, Von der religiösen Wiederaufbaueuphorie zum »Neuen Kirchenkurs«. Kirchliches Leben in Salzburg 1945–1995, in: Geschichte der österreichischen Bundesländer seit 1945. Salzburg, S. 489.

77 Robert Kriechbaumer, Salzburger Festspiele 1945/1960, S. 72.

Zunächst gab es zwischen der katholischen Kirche und den Sozialisten eine Art »Burgfrieden«, aber bald zeigte sich, dass die Kirche doch der ÖVP näherstand, obgleich sie auch mit dieser Partei unzufrieden war. Das Hauptproblem zwischen der Kirche und den Sozialisten war das Konkordat von 1933/34, welches der Kirche zahlreiche Privilegien einräumte. Dieser Konflikt war verbunden mit der Sicht auf den »Anschluss« von 1938. Der Vatikan, die Kirche und die ÖVP vertraten die Okkupationstheorie – als Völkerrechtssubjekt bestand Österreich weiter, daher gelte auch das Konkordat, die Sozialisten vertraten die Annexionstheorie – Österreich sei als Völkerrechtssubjekt untergegangen, daher gelte das Konkordat nicht mehr. Damit waren auch die kirchlichen Privilegien (Schule, Ehe, Kirchenfinanzierung) nicht mehr in Geltung.[78]

Dieser Konflikt zog sich bis weit in die Zweite Republik.

Die Kirche konnte sich nicht allein auf die Priester stützen (374 in der Erzdiözese), sie musste auch die Laien mobilisieren. Dazu diente der Diözesan-Ausschuss, wo auch der Rechtsanwalt Josef Klaus, der spätere Landeshauptmann und Bundeskanzler, tätig war, und die katholische Aktion (KA). Eine besondere Aufmerksamkeit galt der Jugend. Schon in der NS-Zeit gab es in den Pfarren eine illegale katholische Jugendbewegung, die der HJ entgegenarbeitete. Nun konnte sie öffentlich auftreten. Am Christkönigsfest 1946 nahmen 7000 Jugendliche teil.[79] Weit über den engeren Bereich der Kirche wirkte die Caritas. Die Caritas-Haussammlung 1946 erbrachte 167.839 Schilling.[80]

Die Bahnhofsmission versorgte täglich 1000 Hilfsbedürftige.[81] Die Caritas betrieb einen Suchdienst nach Kriegsgefangenen, setzte sich für die »Volksdeutschen« ein, vermittelte Wiener Kinder zur Erholung bei Salzburger Bauern usw.[82] Innerhalb des Klerus gab es eine stillschweigende Kluft: 14 Priester waren im KZ, 10 überlebten, aber 110 Priester und Theologen dienten in der Deutschen Wehrmacht, 23 starben, 20 gerieten in die Kriegsgefangenschaft. Diese unterschiedlichen Erfahrungen wurden nie laut, aber sie waren doch prägend.[83]

Ein Hirtenbrief der österreichischen Bischöfe, gegeben am 21. September 1945 in Salzburg, behauptete: »Keine Gemeinschaft hat in diesen Jahren [NS-Zeit E. H.] mehr Opfer an Hab und Gut, an Freiheit und Gesundheit, an Blut und Leben brin-

---

78 Stefan Schima, »Wiederaufbau« auf rechtlicher Ebene: Die Behandlung der Frage der Weitergeltung des Konkordates seit dem Jahre 1945 unter besonderer Berücksichtigung des Vermögensvertrages von 1960, in: Kirchlicher Wiederaufbau in Österreich, S. 324.

79 Hans Spatzenegger, »Kirche in der Freiheit«, S. 65.

80 Alfred Rinnerthaler, Von der religiösen Wiederaufbaueuphorie zum »Neuen Kirchenkurs«, S. 486.

81 Hans Spatzenegger, »Kirche in der Freiheit«, S. 67.

82 Ebd., S. 66 f.

83 Ebd., S. 60.

gen müssen als die Kirche Christi«.[84] Von heute gesehen ist das ein empörender Satz. Niemand kann die Opfer der Kirche leugnen, aber auch nicht die 6.000.000 Toten der Juden. In keiner seiner Reden, Briefe und Schriften hatte Erzbischof Rohracher (in dieser Zeit) je an die Juden erinnert. Aber noch schlimmer: Als Weihbischof in Klagenfurt verstieg er sich bei einer Haupt-Andacht am 21. März 1942 zu dem Satz: »Christen, ist es nicht ein Anschauungsbild davon, wie wenig Christentum und Judentum innerlich und wesentlich verbunden sind. Damals hat man genau gewußt, daß Judentum mit dem Heidentum gemeinsam Todfeinde des Christentums sind.«[85] Diese zwei Sätze bedürfen einer Interpretation.

– Andreas Rohracher ist im katholischen Antijudaismus erzogen worden.
– Es war eine Predigt in der Karwoche, in der die Christen an den Tod Jesus erinnern und die Schuld den Juden zuschreiben (Gottesmörder).
– Die Sätze fallen in der Abwehr der nationalsozialistischen Ansicht, dass die christliche Religion nur eine Abart der jüdischen Religion sei.[86]
– Die Sätze werden 1942 gesprochen, wo der Holocaust bereits im Gang war. Das wusste er wahrscheinlich nicht, aber er musste von der Judenverfolgung, von den November-Pogromen, von den Deportationen wissen.
– Mit dem »Heidentum« konnte auch der Nationalsozialismus gemeint sein.

Liest man heute diese Sätze, mit dem Wissen über die Judenmorde, läuft es einem kalt über den Rücken! Erst im Zweiten Vatikanischen Konzil wurde diese Sicht auf die Juden radikal beseitigt. Auch Erzbischof Rohracher war hier mittätig. Kurz nach dem Zweiten Weltkrieg allerdings war noch der katholische Antijudaismus wirksam. Das Misstrauen galt auch der evangelischen Kirche. Im August 1945 beschwerte sich Rohracher über das Verlangen der Amerikaner, dass bei der Radioübertragung des Gottesdienstes von St. Peter auch der protestantische und der jüdische Religionsdiener zu Wort kommen sollten.[87]

Erzbischof Andreas Rohracher war ein Kirchenfürst in seinem Selbstbewusstsein und seinem Auftreten, ein begabter Prediger, politisch ehrgeizig, ein gewiss frommer, aber auch strenger Hüter der Herde. Aber er besaß kein Palais. Dort residierte zunächst die SS, dann die US-Militärmacht, dann Teile der Landesverwaltung. Nur mit vielem Aufwand konnte er in das Haus des Bischofs zurückkehren. Seine Kirche, der Dom, war ohne Kuppel, erst 1949 konnte er am Hochaltar die Messe feiern – ein starkes Symbol für den Wiederaufbau, nicht nur für die Katholiken, sondern für das

---

84 Ernst Hanisch, Der politische Bischof. Seine Beziehungen zur US-Besatzungsmacht, S. 142.
85 Peter G. Tropper, Das Pastorale Wirken des Erzbischofs Rohracher als Kapitularvikar von Gurk, in: Erzbischof Andreas Rohracher. Krieg, Wiederaufbau, Konzil, S. 84 f.
86 Ebd., 84.
87 Ernst Hanisch, Der politische Bischof, S. 150.

ganze Volk, das großzügig gespendet hatte. Rohracher war zwar ein Kirchenfürst, aber seine Post wurde überprüft, zunächst von der Militärregierung, dann von der österreichischen Zensurbehörde.[88]

Die katholische Kirche war nicht nur eine Religionsgemeinschaft, sie war auch Trägerin der Kunst, ein Wirtschaftsfaktor – 1946 betrugen die Gesamtausgaben 1.594.758 Schilling, davon aus eigenen Mitteln 277.351 Schilling, von Kirchenbeiträgen 1.317.406 Schilling.[89] Die Kirche besetzte auch das Feld der Wissenschaft. Salzburg hatte keine Universität, nur eine Theologische Fakultät, die im Herbst 1945 wieder aktiv wurde. Aber der Traum einer katholischen Universität in Salzburg blühte weiter. Die »Salzburger Hochschulwochen«, die bereits im Oktober 1945 wieder veranstaltet wurden, hielten diesen Traum wach. Das Thema »Das christliche Abendland, seine Vergangenheit, Gegenwart und Zukunft« war ein Fahnenwort in konservativen Kreisen zu dieser Zeit. Die deutschen Katholiken durften allerdings nicht anreisen.[90] Die politische Dimension der Kirche zeigte sich besonders scharf bei dem unermüdlichen Einsatz des Erzbischofs für die ehemaligen Nationalsozialisten.

Parteilicher Anwalt für ehemalige Nationalsozialisten

Was damals vielfach als couragierter Einsatz für die ehemaligen Nationalsozialisten galt, wird heute als Schande für die Kirche bewertet. Das erzbischöfliche Palais wirkte als Postamt für die Ausgabe von »Persilscheinen« für die ehemaligen Nationalsozialisten. Mehr als tausend Bittbriefe erreichten Rohracher, die mindestens 500 Personen betrafen.[91] Formell unterschied er zwischen Kriegsverbrechern und einfachen Parteimitgliedern, in der Praxis verwischten sich die Kategorien. Ein Drittel der Bittsteller gehörten der Gestapo, SS, Waffen-SS, SD an oder waren KZ-Wächter.[92] Er intervenierte auch mehrfach für Gauleiter Gustav Adolf Scheel. Sein Stehsatz lautete: »Ich kenne den Genannten in keiner Weise, weiß auch nicht, was er sich zu schulden kommen ließ. Trotzdem möchte ich auf Grund meines feierlichen Weiheeides, mich für alle Bedrängten und Leidenden einzusetzen, auch in diesem

---

88 SLA, Präs. 988/46.
89 Rechnungsabschluss der Finanzkammer Salzburg 1946. Die Unterlage verdanke ich Hans Spatzenegger.
90 Franz Padinger, Geschichte der Salzburger Hochschulwochen, in: Christliche Weltdeutung. Salzburger Hochschulwochen 1931–1981, Paulus Gordan (Hg.), Graz 1981, S. 37.
91 Eva Maria Kaiser, Hitlers Jünger und Gottes Hirten. Der Einsatz der katholischen Bischöfe Österreichs für ehemalige Nationalsozialisten nach 1945, Wien 2017, S. 225.
92 Ebd., S. 229.

Falle Gnade vor Recht erbitten.«[93] Ein weiterer Stehsatz war die Berufung auf »Gerechtigkeit« für die Täter, die Gerechtigkeit gegenüber den Opfern blieb allerdings aus. Er scheute auch nicht den Konflikt mit der Bundesregierung. Zu Ostern 1946 schickten die österreichischen Bischöfe eine Eingabe an die alliierte Militärkommission. Ihre Sorge war, »daß wirklich Gerechtigkeit geschehe und nicht viele, bloß wegen ihrer politischen Überzeugung allein lange in Haft gehalten werden […] Viele Parteigenossen wären mit einer kleinen und klug bemessenen Strafe leichter für immer zu bekehren gewesen, als mit langer Haft in Lagern, wo sie unter ihresgleichen oft wieder von ihrem anfänglich guten Willen abgebracht werden«.[94] Erzbischof Rohracher ging allerdings über diese verständliche Forderung hinaus. Er konnte hoch emotionale Reden halten, so zu Weihnachten 1946: »Ich sehe im Geiste eine große Zahl abgehärmter Frauen und verbitterter Kinder, die gerade heute an irgendein Anhaltelager denken, in dem der Mann, der Vater, ein Sohn in Sehnsucht nach der Familie vergehen […] Was haben doch die Frauen verbrochen, was haben die Kinder getan, wer kann die Verantwortung dafür übernehmen, daß die Kinder heranwachsen müssen ohne die starke Hand des Vaters in einem Lebensabschnitt, in dem diese Vaterhand so notwendig wäre.«[95] Ebenso emotional antwortete ein ehemaliger KZ-Häftling: »Wer da von Amnestie oder Nachsicht redet, ist in meinen Augen ein Verräter an unseren Toten! Jedes Mitglied dieser Mörderpartei, ob gezwungen oder nicht, ist dafür verantwortlich!!! […] Wenn dieses Gesindel gesiegt hätte, wären Sie auch Fürsterzbischof von Salzburg?«[96] Anfang Jänner 1947 besuchte Rohracher das Camp Marcus W. Orr und hielt eine Messe. Die Inhaftierten nutzten diese Gelegenheit, um ihre Beschwerden nach draußen zu tragen. Vergessen wird, dass er vorher auch im ehemaligen KZ Mauthausen eine Messe gefeiert hatte.[97] Seine Rede in Innsbruck am 7. März 1947, in der er scharfe Kritik an dem Nationalsozialistengesetz 1947 vortrug, sorgte für Aufregung. An dem Text arbeiteten Josef Klaus und der zwielichtige Herbert A. Kraus, der von den Amerikanern geschätzt und mit Misstrauen beobachtet wurde, mit.

Margit Reiter hat meine Beurteilung von Erzbischof Andreas Rohracher als zu »milde« kritisiert. Das gehört zum wissenschaftlichen Geschäft. Völlig daneben allerdings ist ihre Behauptung, dass Rohracher aus einem »deutschnationalen El-

---

93 Hans Spatzenegger, Die Katholische Kirche von der Säkularisation (1803) bis zur Gegenwart, in: Geschichte Salzburgs, Band II, 3. Teil, Salzburg 1991, S. 1496.

94 Alfred Rinnerthaler, Von der religiösen Wiederaufbaueuphorie, S. 486 f.

95 Oskar Dohle, Erzbischof Andreas Rohracher und Kriegsgefangene bzw. Zivilinternierte im In- und Ausland, in: Erzbischof Andreas Rohracher: Krieg, Wiederaufbau, Konzil, S. 128 f.

96 Ebd., S. 129.

97 Hans Spatzenegger, Die katholische Kirche von der Säkularisation (1803) bis zur Gegenwart, S. 1496; Oskar Dohle, Erzbischof Andreas Rohracher und Kriegsgefangene, S. 130.

ternhaus« stammte – sein Vater war konservativer Reichsratabgeordneter aus Lienz, damals nicht gerade ein Hort des Deutschnationalismus.[98]

Ein anderer Bereich, wo die katholische Kirche und alle anderen Einrichtungen sehr schlecht aussehen, ist 2013 bearbeitet worden: die Fürsorgeerziehung in Salzburg nach 1945. In einem Satz zusammengefasst: »ein schier unglaubliches Maß an menschenverachtender Erziehungs- und Disziplinierungsstrategien in den Heimen, Gewalt bis zur schweren Körperverletzung, psychische Demütigung, sexueller Missbrauch, wirtschaftliche Ausbeutung [...]«[99].

Auf die übrigen Religionsgemeinschaften in Salzburg kann ich nicht eingehen. Es fehlen die soliden Forschungen.

6. Kontrollierte Medien

Im Mai 1945 beanspruchte die U.S. Army das Informationsmonopol. Nicht kontrollieren konnte sie die Gerüchte, die in Stadt und Land herumschwirrten. Die letzte Nummer der nationalsozialistischen »Salzburger Zeitung« erschien am 3. Mai 1945. Die Befehle der Besatzungsmacht konnten anfänglich nur durch Aushänge, Lautsprecher, in den Dörfern durch den Gemeindetrommler und am Sonntag durch die Predigt der Pfarrer der Bevölkerung verkündet werden.

Die Rote Armee, die früher Ostösterreich besetzt hatte, war auch schneller bei den Zeitungen. Bereits am 15. April erschien die »Österreichische Zeitung« als Frontzeitung der Roten Armee, am 23. April das »Neue Österreich« als Medium der österreichischen polnischen Vertreter.[100] In der amerikanischen Zone dauerte es länger. Aber auch hier lassen sich drei Phasen erkennen: 1. ein totales Verbot österreichischer Medien; 2. Besatzungszeitung; 3. Zulassung österreichischer Medien.[101] Das Ziel war eine Umerziehung, Ausrotten des rassistischen Denkens, Entnazifizierung und Entgermanisierung, eine Demokratisierung nach dem amerikanischen Muster.

Zuständig war die Presseabteilung des »Information Services Branch (ISB)«. Die erste Zeitung erschien am 7. Juni 1945 als Besatzungszeitung. Der Name: »Salzburger Nachrichten«. War der Name ein Anklang an die nationalsozialistische »Salzburger Zeitung«, welche die Bevölkerung als einzige Zeitung gewohnt war? Die erste

---

98 Ernst Hanisch, Der politische Bischof, S. 157; Magrit Retter, Die Ehemaligen. Der Nationalsozialismus und die Anfänge der FPÖ, Göttingen 2019, S. 58.

99 Ingrid Bauer, Robert Hoffmann, Christina Kubek, Abgestempelt und ausgeliefert. Fürsorgeerziehung und Fremdunterbringung in Salzburg nach 1945, Innsbruck 2013, S. 437.

100 Michael Schmolke, Medien, in: Geschichte der österreichischen Bundesländer seit 1945, S. 443.

101 Wolfgang Mueller, Informationsmedien in der »Besatzungszeit«. Tagespresse, Rundfunk, Wochenschau 1945–1955, in: Matthias Karmasin u. a. (Hg.), Österreichische Mediengeschichte. Band 2: Von Massenmedien zu Sozialen Medien (1918 bis heute), Wiesbaden 2019, S. 80.

Lizenz als österreichische Zeitung erhielten die ebenfalls sogenannten »Salzburger Nachrichten« am 20. Oktober 1945. Das verschaffte ihnen einen Vorteil von Anfang an. Der Untertitel lautete »unabhängige demokratische Tageszeitung.«[102] Nicht ein Herausgeber-Gremium von weltanschaulich verschiedenen Lagern, wie anfangs von den Amerikanern gedacht, sondern zwei eher konservative Männer bekamen das Permit. Max Dasch und Gustav A. Canaval.[103] Der eine war Leiter der Salzburger Druckerei in der Bergstraße, die dem »Katholischen Pressverein« gehört hatte, nun aber bis 1949 unter Treuhandverwaltung stand, Treuhandträger war Max Dasch.[104] Der andere wurde Chefredakteur der SN, vor 1938 der Zeitung »Telegraf«, mit einem scharf antinationalsozialistischen Kurs.[105] Dafür musste er 7 Jahre im KZ Dachau büßen. Die »Salzburger Nachrichten« firmierten als »unabhängige« Zeitung, korrekter war die Bezeichnung »Nicht-Partei-Zeitung« (Michael Schmolke). Parteizeitungen waren den Amerikanern fremd, aber eine österreichische Tradition. Obendrein brauchten die Parteien Medien für die Nationalratswahlen im November 1945. So beugte sich der US-Presseoffizier dem österreichischen Wunsch. Ab 20. Oktober 1945 erschien auch die »Salzburger Volkszeitung (ÖVP)«, das Permit erhielt Josef Rehrl, der bald versuchte, den Vorsprung der SN (auch bei der Papierzuteilung) zu unterminieren. Gleichzeitig erschien das »Demokratische Volksblatt (SPÖ)«. Hier war das Problem, dass die SPÖ seit 1934 keine eigene Druckerei hatte, die Zeitung wurde im Haus Kiesel gedruckt, und die SPÖ bewegte alle Hebel, um diese Druckerei, deren Eigentümer nationalsozialistisch belastet waren, zu besitzen. Darüber später. Die KPÖ publizierte das »Salzburger Tagblatt«. Neben dem Misstrauen der Amerikaner, der Bevölkerung und der anderen Parteien litt das Blatt an dem Fehlen von geschulten Journalisten. Die Daten, die Namen der Herausgeber und der Journalisten der Zeitungen finden sich in dem Buch von Waltraud Jakob »Salzburger Zeitungsgeschichte«.[106] Der IBS behielt die Kontrolle. Mit dem Permit war auch die Drohung verbunden, dass bei Ungehorsam die Zeitung jederzeit verboten werden könne. Das Telefon der Redaktionen wurde abgehört. Es gab keine Vorzensur, sondern eine Nachzensur. Erst im Sommer 1947 ging offiziell die Zensur an die Bundesregierung, aber der IBS passte weiter auf. Zahlreiche Ermahnungen schickte der Presseoffizier Albert van Eerden, ein gebürtiger Holländer, katholisch und konservativ, an die Redaktionen.[107] Die »Salzburger Nachrichten« wurden zunächst geschont. Auch,

---

102 Michael Schmolke, Das Salzburger Medienwesen, in: Heinz Dopsch u.a. (Hg.), Geschichte Salzburgs Stadt und Land Band II. 3. Teil, Salzburg 1991, S. 1986.

103 Michael Schmolke, Medien, in: Geschichte der österreichischen Bundesländer seit 1945, S. 452.

104 Ebd.

105 Julius Pupp, In Memoriam Dr. Gustav Adolf Canaval, Salzburg 1965, S. 76f.

106 Waltraud Jakob, Salzburger Zeitungsgeschichte, Salzburger Dokumentationen (Nr. 39), Salzburg 1979.

107 Wolfgang Mueller, Informationsmedien, S. 86; Waltraud Jakob, Salzburger Zeitungsgeschichte, S. 264.

dass 6 von 13 Redakteuren, wie Fritz Hausjell behauptet, eine nationalsozialistische oder »faschistische« Vergangenheit hatten, wurde hingenommen. Erst als die SN im Jahr 1947 gegen das Nationalsozialistengesetz donnerten und die Bundesregierung massiv angriffen, wurde die Zeitung allein im Oktober 1947 angebliche 22-mal beanstandet.[108] Was die Amerikaner besonders aufregte, war die Kritik der SN an den GIs, besonders an den schwarzen GIs. Diese Kritik sei nicht nur antiamerikanisch, sondern auch antidemokratisch. Die SN gerate so in ein gefährliches Fahrwasser.[109]

Die »Salzburger Nachrichten« waren nicht nur die wichtigste Zeitung im Land Salzburg, sie hatten auch eine Zeit lang eine ungewöhnliche Struktur. Im Salzburger Landesarchiv finden sich zwei interessante Dokumente. Aufgrund amerikanischer Vorstellungen wurde im April 1946 ein »Kuratorium der Salzburger Nachrichten« gegründet.[110] Das erste Dokument ist die Satzung des Kuratoriums als Verein.[111] Zweck des Vereins sei: »Die Mitwirkung an der Erziehung des österreichischen Volkes zur Austragung politischer und weltanschaulicher Gegensätze in sachlicher und sauberer Art, mit ausschließlich geistigen Mitteln und im Geiste gegenseitiger Duldung und Achtung: der Verein bekämpft undemokratische, nationalsozialistische, faschistische und anti-österreichische Gedanken und Tendenzen in publizistischer Form.«[112] Zweitens, die Förderung des kulturellen Lebens, des Wiederaufbaus, des Fremdenverkehrs und der Festspiele. Soweit die Ansage. Bemerkenswert ist, dass in diesem Katalog der »Kalte Krieg« noch nicht durchgeschlagen hat. Konkreter wird ein weiterer Punkt: Überwachung der »Salzburger Nachrichten« nach den Bestimmungen des Vertrages. Mit den jährlichen »Subventionen« der SN an den Verein, laut Vertrag, kann frei verfügt werden. Nach den weiteren vereinsrechtlichen Bestimmungen folgte eine Mitgliederliste des Kuratoriums. Hier treten die Machtträger des Landes auf – aber ohne politische Parteien direkt. Präsident war Landeshauptmann Albert Hochleitner, Vizepräsident der Bürgermeister der Stadt Salzburg Anton Neumayr. Dann: die Kirche, die Festspiele, die Kammern, die Finanzdirektion, die Musikhochschule Mozarteum, das Verkehrsbüro, der Chef-Metteur der SN und ein Journalist.

Das zweite Dokument war der Gesellschaftsvertrag zwischen Gustav A. Canaval und Max Dasch.[113] Die frommen Grundsätze des Gesellschaftsvertrages wiederholen den Text aus dem Kuratorium. Zentral ist die Aussage: »Die Zeitungen und Druck-

---

108 Fritz Hausjell, Braune Flecken, Die Zeit, 8. Dezember 2005, S. 15.

109 Reinhold Wagnleitner, Der kulturelle Einfluß der amerikanischen Besatzung in Salzburg, in: Salzburg und das Werden der Zweiten Republik, S. 49.

110 Michael Schmolke, Medien, in: Geschichte der österreichischen Bundesländer seit 1995, Salzburg, S. 459.

111 Präs. 264/47.

112 Ebd.

113 Ebd.

schriften müssen daher vollkommen objektiv, frei von jeder Parteibindung und frei von feindlichen Einstellungen gegen Ideen oder Personen mit dem Ziel redigiert werden, die verschiedenen Meinungen und Anschauungen auszugleichen«.[114] Weiters heißt es: Die Leitung und leitenden Angestellten dürfen in keiner Partei tätig sein. Von den zahlreichen Bestimmungen des Gesellschaftsvertrages ist der Paragraf 8 von historischer Bedeutung. Dort wird die Gewinnverteilung fixiert:

– 25 Prozent des Reingewinns werden als Reserve der Gesellschaft und für Betriebsanlagen verwendet.
– 25 Prozent des Reingewinns werden den Angestellten und Arbeitern der Gesellschaft zur Verfügung gestellt.
– 50 Prozent des Reingewinns werden jährlich dem Kuratorium zur Verfügung gestellt, das über die Verteilung bestimmen kann. Dem Kuratorium wird eine beschränkte Aufsicht zugebilligt.

Der Knackpunkt war, dass die Gewinnverteilung erst dann ausbezahlt werden dürfe, wenn die Reserve über 300.000 Schilling betrug.[115] Ob tatsächlich diese einmalige Konstruktion in Kraft trat, ist bisher nicht bekannt. Jedenfalls löste sich das Kuratorium 1951 auf.[116]

Ein gescheitertes Zeitungsprojekt war der Versuch von Herbert Kraus, eine österreichische »Länder-Zeitung« zu gründen. Ein »Persilschein« von Landeshauptmann Karl Gruber vom 11. Juli 1945, der sich als Organisationsleiter der Widerstandsbewegung in Tirol bezeichnet, bezeugte, dass ihn Herbert Kraus seit 1940 in dem Kampf gegen den Nationalsozialismus unterstützt habe. Kraus habe der Widerstandsbewegung wichtige politische und militärische Geheiminformationen verschafft. Damit war sein Zugang zu den amerikanischen Dienststellen offen.[117] An sie richtete sich sein Zeitungsprogramm. Er stilisierte sich als »Antifaschist«, der sich in der NS-Zeit bereits für ein neues Österreich vorbereitet hatte. »Wenn man in den Besitz einer lang entwöhnten Freiheit gelangt, empfiehlt es sich, diese mit Maß zu genießen. Es wird daher noch manches zu unterdrücken sein, was uns Österreichern auf der Zunge brennt.«[118] Die Absicht der »Länder-Zeitung« sei es, auf die Politik der Alliierten Bedacht zu nehmen, weil man sie als »wahre Anwärter unserer Interessen« erkannt habe: Als Ziel der Zeitung nannte Kraus: Erstens, das Interesse von ganz Österreich und zweitens die objektive Gerechtigkeit und Menschlichkeit zu

---

114 Ebd.
115 Ebd.
116 Michael Schmolke, Medien, in: Geschichte der österreichischen Bundesländer seit 1945, Salzburg, S. 478, Anmerkung 64.
117 NASA 2991.
118 Ebd.

vertreten. Das Stichwort »Gerechtigkeit« wird er auch später als Fahnenwort gegen die Entnazifizierung benutzen. Die Zeitung wolle ganz Österreich und die politische Mitte vertreten, eine »kleinliche Kirchtumspolitik« lehne sie ab. Der Weltöffentlichkeit müsse nun endlich mitgeteilt werden, wie viele Tausende von Österreichern für die Freiheit ihr Leben gelassen oder in Gefängnissen geschmachtet haben. Ebenso wichtig sei es, Österreich von dem geistigen Erbe des Nationalsozialismus zu befreien. Die Zeitung brauche die Mitarbeit der Besten auf allen Gebieten. Sie soll mehr konservativ als liberal sein, sie soll die junge Generation vertreten. Kraus verstand sich als Antinazi, aber drückte auch sein Mitleid für die »kleinen« Nazis aus, die jetzt am »Boden« liegen.[119] Die Amerikaner aber bissen nicht an. Die »Salzburger Nachrichten« waren schneller. Als Ersatz gründete Kraus 1946 ein Forschungsinstitut und gab eine Wochenschrift »Berichte und Informationen« heraus, zunächst eine seriöse, mit vielen Statistiken angereicherte Zeitschrift, verschärfte sie ihren Ton gegen die Bundesregierung (Proporz, Korruption) und gehörte zur Spitze der Kritik gegen das Nationalsozialistengesetz von 1947. Schließlich wurde er mit Viktor Reimann der Parteigründer des »Verbandes der Unabhängigen« (VdU), ein Sammelpunkt der Unzufriedenen und der ehemaligen Nationalsozialisten.

Jahrelang zog sich der Fall »Kiesel« dahin. Der Verlag und die Druckerei produzierten seit dem 19. Jahrhundert die auflagenhöchste und einflussreichste Tageszeitung »Salzburger Volksblatt« – erst liberal, dann deutschnational, vor 1938 verdeckt nationalsozialistisch. Eigentümer war die Familie Glaser. Den Hauptanteil hielt Hans Glaser der Ältere (49 Prozent), die weiteren Anteile besaßen seine drei Söhne.[120] Ein Problem war, dass die Söhne NS-Parteimitglieder waren, der Vater aber nicht. Im Februar 1946 wurde das Haus »Kiesel« von der Militärregierung unter Vermögenskontrolle gestellt und ein öffentlicher Verwalter ernannt. Das war das zweite Problem, die Verwalter wechselten mehrfach. Der Kampf um das Haus »Kiesel« hatte dann viele Akteure: die Besatzungsmacht, die Bundes- und Landesregierung, die Familie Glaser, die SPÖ und die ÖVP im Bund und im Land, die Verwalter und den Betriebsrat. Ein weiterer Faktor war, dass die Parteizeitungen der SPÖ und der KPÖ im Haus gedruckt wurden. Die Druckerei »Graphia« der SPÖ wurde 1934 beschlagnahmt, die Maschinen verschleudert. Die Partei verlangte eine Restitution. Wie die Lage nun einmal war, war ihr Ziel der Verlag »Kiesel«. SPÖ und ÖVP, welche die Beute in einem Vertragsentwurf aufgeteilt hatten, stellten an das Bundesministerium des Inneren den Antrag, die Druckerei »Kiesel« nach dem Verbotsgesetz zu behandeln und die Familie Glaser als Kollaborateure einzustufen, was Vermögensverfall bedeutete.[121] Doch die ÖVP sprang ab und der Fall »Kiesel«

---

119 Margit Reitter, Die Ehemaligen, S. 77–85.
120 SLA, Präs. 9/49.
121 SLA, Präs. 526/47. 11.8.47.

blieb ungeklärt.[122] Das Tagebuch von Hans Glaser sen. gibt einen Einblick in die Sicht der Familie.[123]

»15.6.1946: Die Sozialisten haben ein Interesse an Kiesel.

27.9.1946. 24.10.1946: Der Sohn Reinhard Glaser wegen Kriegshetze verhaftet. Wird bereits am 22.12.1946 enthaftet.

24.1.1947: Der Tod von Altlandeshauptmann Franz Rehrl wird so kommentiert: »Ich weine ihm keine Träne nach, denn das Kesseltreiben gegen Kiesel ist von seinem Haus aus dirigiert worden.«

6.5.1947: Landeshauptmann Albert Hochleitner erklärt Glaser, »nach der Meinung der Bevölkerung sei die Fa. Kiesel schwer belastet, insbesonders durch das Volksblatt, das als Schrittmacher des Nationalsozialismus gelte«.

19.9.1947: Die Sozialisten haben in Wien Anzeige gegen Kiesel wegen Hochverrats gestellt. Das sei aber nur eine Drohgeste, die SPÖ will mit 20 Prozent bei Kiesel beteiligt werden.

3. Oktober 1947: Die KPÖ sei bereit, sich für Kiesel einzusetzen, wenn die Druckauflage erfüllt wird.

13. April 1948: Das Innenministerium hat entschieden, die Familie Glaser sei schuldig der Mitarbeit an der Erreichung der Ziele des Nationalsozialismus. Sie wurde als belastet eingestuft. Landeshauptmann Josef Rehrl, Landeshauptmann-Stellvertreter Franz Peyerl, Präsident der Wirtschaftskammer Josef Ausweger sind empört darüber. [Merkwürdig in dieser Liste ist der Sozialist Peyerl. Gab es einen innerparteilichen Konflikt zwischen Wien Salzburg?]

17. April 1948: »Heute habe ich mich feierlich als ›Kollaborateur‹ registrieren lassen.«

15. Mai 1948: Landeshauptmann Josef Rehrl verspricht, alles zu unternehmen, um der Familie Glaser ›Kiesel‹ zu erhalten.«

»To sell America« oder Rot-Weiss-Rot. Der Rundfunk

Das populärste Medium war wohl das Radio. Die bäuerliche Familie las kaum Zeitungen (außer den katholischen »Salzburger Volksboten«), wo es Elektrizität gab, wurde Radio gehört. Die Nationalsozialisten nutzten dieses Medium und die Besatzungsmacht ebenfalls. Die Mischung aus Propaganda, Information, Unterhaltung, Werbung und wesentlich – Musik, war unschlagbar. Das wussten auch die Offiziere

---

122 SLA, Präs. 526/47. 1. August 1947.

123 Hier einige Notizen, die ich mir vor vielen Jahren gemacht habe: Ernst Hanisch, Die Salzburger Presse in der Ersten Republik 1918–1938, in: Mitteilungen der Gesellschaft für Salzburger Landeskunde, 128(1988), S. 345–364. Jetzt: Tagebücher von Hans Glaser, Stadtarchiv Salzburg, PA 24.

des ISB. Schon im frühen Juni 1945 wurde der Sender »Rot-Weiß-Rot« (RWR) geboren. Das Studio befand sich im Landestheater, dann im Franziskanerkloster. Als Signet wählte man die ersten Takte von »Oh du mein Österreich«.[124] Im August 1945 wurde von den Festspielen Mozarts »Die Entführung aus dem Serail« mit enormem Erfolg übertragen. Der Name, das Signet, die Festspiele – das waren deutlich österreichische Signale. Aber der Rundfunk war in der Hand der amerikanischen Besatzungsmacht mit österreichischen Mitarbeitern. Die Eröffnungsrede hielt Generalmajor Walter Robertson: »Ich bin besonders erfreut über die Wiedereröffnung dieses Senders, weil dadurch die Besatzungsbehörde die Gelegenheit hat, direkt zu Ihnen zu sprechen; Ihnen zu sagen, was wir benötigen und wie Sie am besten an der Lösung unserer Aufgabe mit uns zusammen arbeiten können – der Aufgabe nämlich, alle Spuren des Nazismus auszutilgen und sofort eine tatkräftige lokale Regierung zu errichten. Es ist eine der ersten Bedingungen einer demokratischen Regierungsform, daß das Volk freien Zugang zu der Kenntnis der Tatsachen hat: denn nur ein freies Land von gut unterrichteten Menschen ist fähig, seine Regierung zu kontrollieren.«[125] Es war die wohlwollende Rede des heiligen Nikolaus, der den Krampus hinten versteckt.

Leiter des RWR war Major Hans R. L. Cohrssen, ein Deutscher, der bereits in den 20er Jahren in die USA übersiedelt war, der den österreichischen Mitarbeitern ein relativ freies Arbeiten erlaubte, und deshalb ständig in Konflikt mit seinen Vorgesetzten kam, welche dieses österreichische und salzburgerische Programm wenig goutierten. Die Nachrichten wurden allerdings streng kontrolliert. Aber der ISB wollte mehr: »Our job is to sell Amerika«.[126] Cohrssen verlor seinen Job und wurde pikanterweise von dem österreichischen Emigranten Ernst Haeussermann ersetzt.[127] Im Gegensatz zur RAVAG in Wien sorgte RWR für ein modernes Programm, die Propaganda war weniger plump: Moderne Tanzmusik, Einbeziehung der Hörer, ihre Fragen werden beantwortet, Diskussionsrunde »Bürger für Bürger« (hier hatte Herbert Kraus seine Auftritte), Hörerbefragung, Suchdienstmeldungen für die besorgten Familien. Die Sendung »Du holde Kunst« am Sonntagmorgen diente als »Messe« für gebildete Nicht-Kirchengänger.[128] Kurz: Es war ein Aufbruch der Provinz contra Metropole und gleichzeitig war der Sender eine Waffe im beginnenden Kampf gegen die Sowjetunion. Die Bundesregierung hatte andere Ziele. Sie wollte die Rückgabe der Besatzungssender an Österreich, auch eine Verstaatlichung wurde

---

124 Rundfunk in Salzburg 1945 bis 1955, in Salzburg 1945–1955, S. 239.
125 Norbert P. Feldinger, Nachkriegsrundfunk in Österreich. Zwischen Föderalismus und Zentralismus von 1945 bis 1957, München 1990, S. 29 f.
126 Michael Schmolke, Medien, in: Geschichte der österreichischen Bundesländer, Salzburg, S. 461.
127 Ebd.
128 Rundfunk in Salzburg 1945 bis 1955, S. 239.

angedacht. Josef Rehrl hingegen entwarf einen Gesetzentwurf, der zwei Rund-
funkgesellschaften fixieren sollte, eine in Wien, eine in Salzburg. Beide Initiativen
scheiterten.[129] Allerdings hatte die Sendergruppe Rot-Weiß-Rot einen Ableger in
Linz und Wien. Der aufflammende Kalte Krieg mit der Sowjetunion veranlasste die
Amerikaner in der Jahreswende 1946/47, die Nachrichtenabteilung nach Wien zu
verlegen, aber zwei Drittel des Programms wurden weiter in Salzburg produziert.[130]

7. Kunst nach der Zeit der »Entarteten Kunst«

Kunst ist heute das, was ein Künstler macht.[131] Wer aber ein Künstler oder eine
Künstlerin ist, darüber gehen die Meinungen auseinander. Jedenfalls hat sich der
Kunstbegriff in der Moderne und Postmoderne weit ausgedehnt. Seit dem Rückzug der Religion hat sich eine Art »Kunstreligion« ausgebildet. Die Anhänger müssen große Kenntnisse erwerben, um mitreden zu können. Die ständige Gier nach
dem Neuen hat auch die Kategorie des »Schönen« aufgelöst. An seine Stelle ist
die »Kreativität« des Künstlers getreten. Die Kunst spricht nicht mehr für sich, sie
braucht den Kommentar, um überhaupt verstanden zu werden.[132] Daher überzieht
die Rhetorik die ganze radikale Moderne. Während die klassische Moderne (Expressionismus) noch an der ästhetischen Erfahrung festhielt, löste diese sich in der radikalen Moderne auf. Dadurch erweiterte sich auch die Kluft zwischen der radikalen
Moderne und der Bevölkerung noch weiter und gegen die radikale Moderne entstand die Antimoderne. In der Provinz war diese Kluft besonders tief. Hier in Salzburg erschien im Otto Müller-Verlag 1948 das Buch von Hans Sedlmayr »Verlust der
Mitte«, 90.000 Exemplare wurden verkauft.[133] Diesen vehementen Angriff, auf hohem, aber lesbarem Niveau, auf die Moderne verband der Autor mit einer religiösen
katholischen Grundhaltung: »Die Maske hat der Surrealismus abgeworfen. Offen
und schamlos schmäht er Gott und die Menschen, die Toten und die Lebenden, die
Schönheit und Sittlichkeit, die Struktur und die Gestaltung, die Vernunft und die
Kunst.«[134] Sedlmayr gehörte zu den österreichischen, katholischen Deutschnationalen, dann Nationalsozialisten in den 1930er-Jahren. Er war damals und später ein

---

129 Norbert P. Feldinger, Nachkriegsrundfunk, S. 65–72.
130 Rundfunk in Salzburg 1945 bis 1955, in: Salzburg 1945–1955, S. 239.
131 Rudolf Burger, Ptolemäische Vermutungen. Aufzeichnungen über die Bahn der Sitten, Lüneburg
　　2001, S. 79.
132 Ebd., S. 75.
133 Hans Sedlmayr, Verlust der Mitte. Die bildende Kunst des 19. und 20. Jahrhunderts als Symptom und
　　Symbol der Zeit, Frankfurt am Main 1985.
134 Ebd., S. 135.

vehementer Verteidiger der »schönen Landschaft«.[135] Diese Mischung von Antimoderne und Landschaftsschutz fand in Salzburg viele Anhänger.

7.1 Die »schöne« und die »kritische« Literatur

Die autoritäre Ständestaat-Diktatur hatte die linke Literatur zensuriert, die NS-Herrschaft, noch schärfer, verbot die konservative-katholische-österreich-bewusste Literatur. In Salzburg wurden am 20. April 1938 öffentlich die Bücher von linken, jüdischen, katholisch-antinationalsozialistische Autoren verbrannt. 1945 erschien eine Liste von gesperrten Autoren und Büchern. Die Naziautoren waren inhaftiert oder untergetaucht. Eine Reihe von Intellektuellen floh bei Kriegsende nach Salzburg. In Salzburg wiederum entstand die Ambition, hier eine zweite Kulturhauptstadt neben Wien aufzubauen. Bereits am 1. Juni 1945 wurde die Stadtbücherei im Schloss Mirabell geöffnet, wo 14.000 Bücher als nationalsozialistische Literatur entfernt wurden (manche tauchten nach 1948 wieder auf). Am 12. Oktober folgte die Studienbibliothek.[136] 1937 gab es drei Verlage in Salzburg, 1948 aber 29, davon fünf Musikverlage. Alle Verlage brauchten natürlich die US-Lizenz vom ISB. Der Katalog der Ausstellung auf der Festung Hohensalzburg im Sommer 1948 nennt die wichtigsten:[137]
- Anton Puset/Styria
- Otto Müller-Verlag
- Kiesel-Verlag
- Igonta-Verlag (Buchreihe »Geistiges Österreich«)
- Festungsverlag (Zeitschrift »Alpenjournal«)
- Pallas-Verlag
- Verlag »das silberboot«
- Salzburger Jugendverlag
- Österreichischer Kulturverlag
- Dr. Kraus-Verlag (»Berichte und Informationen«)
- Salzburger Verlag für Wissenschaft und Kultur
- Mirabell-Verlag
- Ried-Verlag
- Jedermann-Verlag
- Friedensverlag

---

135 Alexander Pinwinkler, Univ.-Prof. Dr. Hans Sedlmayr, in: Die Stadt Salzburg im Nationalsozialismus. Biografische Recherchen zu NS-belasteten Straßennamen der Stadt Salzburg. https://www.stadt-salzburg.at/index.php?id=59676 (abgerufen 17.2.2023).

136 Hildemar Holl, Literaturgeschichte Salzburgs von 1945 bis zur Gegenwart, in: Geschichte der österreichischen Bundesländer seit 1945. Salzburg, S. 673.

137 Salzburgs Aufbautätigkeit. Führer durch die Ausstellung auf der Festung Hohensalzburg. 27. Juli bis 31. August 1948, Salzburg 1948.

Literarisch am wichtigsten war »das silberboot«, herausgegeben von dem Literatur-
redakteur im Sender RWR Ernst Schönwiese. Die Auflage mit 1000–1500 Exem-
plaren war klein, aber der Inhalt groß. Denn hier wurde das Publikum mit der ton-
angebenden modernen Literatur konfrontiert, die in der NS-Zeit ausgesperrt war:
Robert Musil, Hermann Broch, Franz Kafka, James Joyce, usw. Auf ein breiteres
Publikum ausgerichtet war die Zeitschrift »Alpenjournal« (Auflage 20.000 Stück),
geleitet von Wolfgang Schaffler. Er gründete 1956 den »Residenz-Verlag«, der später zum Zentrum der jungen österreichischen Literatur wurde. Historisch interes-
sant war die Wochenzeitschrift »Die Woge«. Herausgegeben wurde sie von Viktor
Reimann, stellvertretender Chefredakteur der »Salzburger Nachrichten«, 1948
Mitgründer des VdU, 1946 aber noch auf einem strikt antinationalsozialistischen
Kurs.[138] Möglich waren die reichen Publikationen, weil die Papierknappheit, die zu
Konflikten zwischen den Verlagen (wer bekommt mehr und wer weniger) geführt
hatte, durch die Halleiner Papierfabrik, die wieder in Gang gebracht wurde, über-
wunden werden konnte.[139] Nach der Entnazifizierung verschwand auch der moderne
literarische Aufbruch. Was die Bevölkerung nach dem Krieg wollte (und brauchte),
waren Trost und Lebenshilfe. Nach dem Krieg war Vergessen angesagt: von den
Leiden des Krieges, bei den Soldaten, von dem Schrecken der Kanonen, der im
»Heldentod« mystifiziert wurde, vor allem, von den Verbrechen der NS-Herrschaft.
Nur die Opfer konnten nicht vergessen. Bei Anderen mündeten ihre Erfahrungen in
eine radikale Skepsis – auch gegenüber der Demokratie. Die Skepsis verbreitete sich
auch bei einem Teil der »Ehemaligen«. Der »Gott« Hitler hatte sie enttäuscht. Das
Ergebnis war Misstrauen gegen jede Politik. Angesagt war auch Flucht in die »In-
nerlichkeit«. 1948 konnten auch ehemalige NS-Autoren wieder publizieren. In Salzburg war es der »Pilgram-Verlag«, der von dem NS-Funktionär Hermann Stuppäck
geführt wurde. Dort erschienen Bücher von Mirko Jelusich und Bruno Brehm.[140]
Bemerkenswert war auch, dass ein NS-Verfolgter wie Otto Müller ehemalige NS-
Parteigenossen wie Josef Nadler, Hans Sedlmayr und – Karl Heinrich Waggerl verlegte.[141] Selten, und sehr spät, schrieb ein Salzburger Autor (Gerhard Amanshauser).
»Als dann […] das ›Tausendjährige Reich‹ zusammenbrach, schämte ich mich, daß
ich daran geglaubt und diese geschickt inszenierten, im Grund doch primitiven Um-
triebe fast bis zum Ende des Krieges nicht durchschaut habe.«[142]

---

138 Hildemar Holl, Literaturgeschichte Salzburgs, S. 675–677.
139 Salzburgs Aufbautätigkeit, S. 44.
140 Hildemar Holl, Literarisches Leben in Salzburg 1945–1955, in: Befreit und besetzt, S. 164.
141 Ebd., S. 165.
142 Zit. in: Josef Donnenberg, Salzburger Literatur im 19. und 20. Jahrhundert, in: Geschichte Salz-
    burgs. Stadt und Land Band II/3, Salzburg 1991, S. 1768.

Natürlich mischte sich die Politik in den Kulturbetrieb ein. Typisch war 1946 der Einspruch der Landesleitung der ÖVP gegen den Kulturreferenten des Landes Dr. Bichler (sic!). Er sei Marxist und so verliere die ÖVP den Einfluss auf die Kultur. Als Gegenvorschlag wurde der stockkonservative Dr. Eduart Seifert vorgeschlagen.[143] Gut erforscht ist die Studienbibliothek Salzburg in der ersten Hälfte des 20. Jahrhunderts, die größten Buchsammlung des Landes.[144] Der Leiter, Ernst Frisch, von 1919 bis 1946, ist ein Beispiel, wie ein tüchtiger, in der Gesellschaft angesehener Mann, in den politischen Verwerfungen in seiner Position überleben konnte, ohne sich allzu sehr zu verbiegen. Frisch war ein Deutschnationaler, aber kein NS-Parteigenosse, auch wenn er den »Anschluss« enthusiastisch begrüßt hatte und nationalsozialistische Anklänge zeigte. Auch eine jüdische Großmutter führte zu keiner Enthebung von seiner Position nach 1938. In den Machtkämpfen der einzelnen Parteiinstanzen um die Raubbücher hatte er allerdings wenig Chancen. Als Bibliotheksleiter versuchte er jedoch, möglichst viele solcher Bestände für seine Institution zu sichern.[145] Sein Nachfolger, Josef Hofinger, war ein CVer, bestens vernetzt in der ÖVP und der Kirche. Nach 1945 mussten die großen Bestände des »Katholischen Universitätsvereins«, die beim »SS Ahnenerbe« gelandet waren, an den Eigentümer zurückgegeben werden. Andere Raubbücher blieben zunächst bei der Studienbibliothek. Die »Literaturreinigung« von NS-Büchern wurde in Salzburg nicht durch Vernichtung erfüllt, die Bücher wurden in getrennten Räumen eingesperrt. Die allgemeine Mentalität der Nachkriegszeit formulierte Ernst Frisch geradezu klassisch: »Für die wünschenswerte Erziehung zur Demokratie und Humanität dürfte ausländische antifaschistische Literatur, die doch auch wieder politische Kampf-Literatur ist, weniger geeignet sein als ernste wissenschaftliche Literatur und ›klassische‹ Belletristik im weitesten Sinne, durch die das Augenmerk des Lesers von dem Elend des Alltages auf das Schöne und Nützliche abgelenkt wird.«[146]

Zwei Zeiten, zwei Formen der Literatur: Karl Heinrich Waggerl und Thomas Bernhard

Beide Autoren hatten eine arme Kindheit, beide waren lungenkrank, beide gingen in der Stadt Salzburg zur Schule, beide spielten als Schüler mit dem Selbstmord,

---

143 SLA, Präs. 994/46.

144 Buchraub in Salzburg. Bibliotheks- und NS-Provenienzforschung an der Universitätsbibliothek Salzburg, Ursula Schacher-Raber u. a. (Hg.), Salzburg 2012.

145 Andreas Schmoller, »Der glücklichste Bibliothekar«. Biografische Skizzen zu Ernst Frisch, Ebd., S. 20–35.

146 Zit. in: Monika Eichinger, Nationalsozialistisches Erbe und Neubeginn. Die Studienbibliothek Salzburg 1945–1955, in: Ebd., S. 118.

beide waren sehr erfolgreiche Schriftsteller, der eine bei der ganzen Bevölkerung, der andere eher bei den Gebildeten. Was sie unterschied war das Lebensdatum – Waggerl 1897 geboren, Bernhard 1931 – und damit andere Erfahrungsräume und andere politische und historische Einstellungen. Der kulturelle Bruch erfolgte in den 1960er-Jahren, literarisch, der Beginn der »schwarzen« Heimatliteratur und die scharfe Kritik am Nationalsozialismus.

Karl Heinrich Waggerl war nicht der einfältige »Heimatdichter«. Er muss differenzierter beurteilt werden, als seine Freunde und seine Gegner glaubten. Es gab Brüche in seinem Leben. Der Nihilist und Pazifist nach dem Ersten Weltkrieg. »Ich nehme Partei für den unbekannten Soldaten. Man öffne sein Grab! Man lasse ihn reden – ich will für immer stumm sein und zu ihm in die Grube steigen, wenn sein erstes Wort nicht lautete: Krieg dem Krieg!«[147] Der Nationalist, der den »Anschluss« begeistert begrüßte, dabei meinte, dass in Wahrheit erst 1938 der große Krieg zu Ende gegangen sei, der Adolf Hitler »die hinreisende, die befreiende Kraft einer wahrhaft großen Menschlichkeit« zuschrieb.[148] In Wahrheit bereitete der »Friedensfürst« einen noch schrecklicheren Krieg vor. Waggerl, der fast bei allen NS-Kulturveranstaltungen auftrat, der als Salzburger Landesobmann der Reichsschrifttumskammer wirkte, wenn auch schlampig, weil er in ganz Großdeutschland auf zahlreichen Lesereisen war. Waggerl, der als Hauptmann der Reserve beim Generalkommando XVIII in Salzburg Wehrpropaganda betrieb, der am 20. April 1944, zum 55. Geburtstag von Adolf Hitler, neben Gauleiter Scheel, ein Bekenntnis zum »Führer« aussprach.[149] In seinem Werken allerdings war er kein typischer Nazi-Schriftsteller. Heimat ja, aber keine Verherrlichung der Partei. Es sind keine kriminellen politischen Handlungen bekannt. Waggerl war sicherlich kein ideologischer Nationalsozialist, er war ein Profiteur der NS-Herrschaft, er gehörte zum politischen »Zuhältertum« (ein Begriff den Waggerl selbst benutzte, aber nicht für sich, sondern für die Anpassler nach 1945).[150] Er trat auch nicht aus der katholischen Kirche aus, wie von einem wahren Nationalsozialisten vorausgesetzt wurde. Nach 1945 verleugnete er seine Parteimitgliedschaft, suchte Ausreden, wie viele Ehemaligen berief er sich auf die Legalität der NS-Herrschaft, polemisierte gegen seine Kritiker. Nach einer kurzen Verhaftung wurde er im Mai 1946 als »Minderbelasteter« eingestuft und konnte bald wieder auftreten.[151]

---

147 Gertrud Fussenegger (Hg.), Das Waggerl Lesebuch, Salzburg 1984, S. 45.

148 Zit. in: Karl Müller, Karl Heinrich Waggerl, Salzburg 1997, S. 214.

149 Johannes Hofinger, Karl Heinrich Waggerl, in: Die Stadt Salzburg im Nationalsozialismus. Biografische Recherchen zu NS-belasteten Straßennamen der Stadt Salzburg. URL: https://www.stadt-salzburg.at/ns-projekt/strassennamen/karl-heinrich%20waggerl/ (abgerufen 8.12.2022).

150 Waggerls Brief vom 18. Jänner 1946 an die »Salzburger Nachrichten«, Zit. in dem apologetischen Buch, Ernst Pichler, Karl Heinrich Waggerl. Eine Biografie, Innsbruck 1997, S. 284.

151 Johannes Hofinger, Karl Heinrich Waggerl, S. 22.

Der Trostspender: Karl Heinrich Waggerl schaffte es, in allen drei politischen Systemen (atoritärer »Ständestaat«, NS-Herrschaft, Zweite Republik) hohe Kulturpreise zu erhalten. Er war wohl der erfolgreichste österreichische Autor. Bis Anfang der 1960er-Jahre wurden zwei Millionen Bücher verkauft.[152] Seine einfache, aber doch literarische Sprache, seine Hinwendung zu den kleinen Leuten, sein sonorer Sprachton bei seinen Lesungen und beim Adventsingen, sein Humor, seine Pflanzenmythologie, kurz: er war auch ein Medienstar – im Rundfunk und Fernsehen.

Seine frühen Romane waren keine triviale Dorfidylle, die Gier nach Besitz und Ehre sind ständig präsent. Die Passage über das »unsterbliche Geschlecht der Magdkinder« ist ein Stück scharfer Sozialkritik: »In Armut werden sie geboren, die Schande steht ihnen Gevatter, und schon das Stroh, auf dem die Mutter blutet, ist ein Almosen«.[153] Gleichzeitig aber mythologisierte er den »ewigen Bauern«, verteufelte er die Stadt. Seine »grüne« Pflanzenliteratur konnte als Ausweg von der Not der Zeit gelesen werden, konnte aber auch als Trost und Lebensmaxime angesichts des Todes verstanden werden. Die Lehre der Pflanzen für den Menschen heiße: »einfach da zu sein, mutig und geduldig, und Abschied zu nehmen ohne Klagen.«[154]

Nach dem Ende der NS-Diktatur war der Schriftsteller selbst trostbedürftig. Seine Schreibarbeit war kurzzeitig gestoppt. 1946 veröffentlichte er nur eine entnazifizierte Version der »Pfingstidylle an der Reichsautobahn« von 1941, nun schlicht »Pfingstreise« genannt. Eine Art Autobiografie ist »Ein Mensch wie ich« von 1963.[155] Seinen Lebenslauf stilisierte er ins Kautzige. Seine Verstrickung in den Nationalsozialismus ließ er völlig aus. Dafür stand eine Lebensmaxime: »Man muss wie ein braver Ochs im Joch gehen, voll des Glaubens, daß auch der mühsamste Weg am Ende wieder zu Stall und Futtertrog führt.«[156] Gegen Kritiker, die ihn nicht kalt ließen, setzte er die Suche nach dem »Zeitlosen«, die Verachtung der ganzen modernen Literatur und schonte auch seinen Mitparteigenossen Martin Heidegger nicht, sondern parodierte ihn (»Seienheit des Seienden«).[157] Oder er klagte, dass »jeder, der sich dagegen auflehnt, Kunstwerke wie Börsenkurse blindlings anerkennen zu müssen, wird schonungslos geächtet«.[158] Er hingegen bleibe lieber ein »rechtschaffener Handwerker« und begnüge sich mit dem Zuspruch seiner Leser/innen. Noch in den 1970er-Jahren

---

152 Ebd., S. 23.
153 Karl Heinrich Waggerl, Sämtliche Werke, 1. Bd., Salzburg 1997, S. 425. Ernst Hanisch, Im Knotenpunkt zeitgeschichtlicher Diskurse, in: Karl Müller (Hg.), »Nichts Komplizierteres heutzutage als ein einfacher Mensch«. Beiträge des Internationalen Karl-Heinrich-Waggerl-Symposions 1997, Salzburg 1999, S. 23–36.
154 Sämtliche Werke, 2. Band, S. 705.
155 Ebd., S. 671–703.
156 Ebd., S. 676.
157 Ebd., S. 685.
158 Ebd., S. 687.

gaben bei einer Umfrage in dem ländlichen Siedlungsgebiet Salzburgs 91 Prozent an, dass sie ein Buch von Waggerl besitzen.[159]

DER PROVOKATEUR : THOMAS BERNHARD
(»ICH BIN IMMER DER STÖRENFRIED GEBLIEBEN«)

Im literarischen Sektor war Thomas Bernhard das genaue Gegenteil von Karl Heinrich Waggerl. Seine Kindheit war allerdings noch trister als die von Waggerl, und hier muss die historische Interpretation ansetzen. Schon der Name Bernhard war irgendwie »falsch«. Es war der Name des ersten Mannes seiner Großmutter Anna. Sie verließ Karl Bernhard und lebte mit Johannes Freumbichler zusammen. Offiziell trug sie den Familiennamen ihres ersten Mannes. Ihre uneheliche Tochter von Johannes Freumbichler namens Herta erbte diesen Namen und gab ihn an ihren unehelichen Sohn Thomas weiter. Die wichtigste Person im Leben von Thomas Bernhard war sein Großvater, als Jüngling ein Burschenschaftler, dann ein Anarchist, jahrzehntelang ein erfolgloser Schriftsteller, der sich von seiner Lebensgefährtin und seiner Tochter aushalten ließ. Ein großer Egoist, aber auch ein origineller Denker, der die bürgerliche Gesellschaft verachtete und nur die großen Philosophen gelten ließ. Er war der einzige »Lehrer« von Thomas Bernhard und gab sein Denken an ihn weiter.[160] Die trostlose bürgerlichferne Situation der Familie steigerte sich in der Weltwirtschaftskrise. Am Höhepunkt der Krise 1931 wurde Thomas Bernhard in den Niederlanden geboren, wo seine Mutter als Dienstmädchen und Köchin besser als in Österreich verdient hatte, aber von Arbeitsplatz zu Arbeitsplatz wechselte. Thomas Bernhards Vater, ein Tunichtgut, scherte sich nicht um seinen Sohn, zahlte keine Alimente. Thomas Bernhard wird ihn nie kennenlernen. Die Vaterstelle übernahm der Großvater. Zu seiner Mutter Herta Bernhard (nach ihrer Heirat Herta Fabjan) hatte ihr Sohn zeitlebens ein gespaltenes Verhältnis.[161] Als Baby musste Thomas Bernhard von einer Kinderbewahrungsstelle zur anderen gebracht werden. Das war sicher kein guter Anfang für ein schönes Leben. Weitere Ortswechsel folgten. Im Herbst 1931 kam das Kind nach Wien, 1935 nach Seekirchen, sein »Paradies«, die beste Zeit seiner Kindheit, 1937 nach Traunstein im nationalsozialistischen Bayern, 1944 nach Salzburg in ein nationalsozialistisches Schülerheim.[162]

---

159 Walter Hömberg, Karlheinz Rossbacher, Lesen auf dem Lande, Salzburg 1977, S. 63.
160 Ich stütze mich hier auf die akribische Biografie von Manfred Mittermayer, Thomas Bernhard. Eine Biografie, Wien 2015, S. 19–28.
161 Ebd., S. 42.
162 Ebd., S. 35–65.

1975 veröffentlichte Thomas Bernhard seine Autobiografie »Die Ursache. Eine Andeutung« über seine Salzburger Kindheit im Salzburger Residenz Verlag.[163] Das Jahr ist wichtig. In der Literatur hatte sich der »goldene Österreichmythos« in den »schwarzen Österreichmythos« verkehrt. Thomas Bernhard war bereits ein berühmter Dichter, der den Skandal liebte und gierig nach Ruhm strebte. In dieser Autobiografie mischt sich literarische Fiktion mit genauen realen Berichten. Es ist ein später Rückblick auf seine schreckliche Erfahrung als Kind in Salzburg, nicht unkritisch über sich selbst, seine seitenlangen Sätze, seine musikalische Sprache gleiten immer über seine Erfahrung hinaus in die Fiktion. Er provozierte mit Genuss und erreichte in Salzburg den Skandal – bis zu einem Prozess.

Das Salzburg-Bild, eine barocke Strafpredigt à la Abraham a Sancta Clara. Verkürzt und ohne den literarischen Sog von Bernhard reihe ich hier die Kernaussagen trocken aneinander.

– Zwei Menschenkategorien leben in Salzburg: Geschäftemacher und ihre Opfer (S. 7).
– Krankmachende Wetterverhältnisse (S. 7).
– Mit großer Gemeinheit und Niederträchtigkeit begabte Einwohner (S. 7).
– Geborene oder hergezogene Salzburger: borniere Eigensinnigkeiten, Unsinnigkeiten, brutalen Geschäften und Melancholie nachgehend (S. 8).
– Weltberühmtheit wie eine perverse Geld- und Widergeld produzierende Schönheit, (S. 8).
– Die Stadt habe seine (Bernhards) Liebe nicht verdient, sie habe ihn in allen Fällen bis zum heutigen Tage zurückgewiesen (S. 9).
– Der Autor habe das besondere Wesen und die absolute Eigenart seiner Mutter- und Vaterlandschaft aus (berühmter) Natur und (berühmter) Architektur lieben dürfen, aber die kopflos multiplizierenden schwachsinnigen Bewohner haben diese Liebe immer gleich abgetötet. (s. 10 f.).
– Alles in dieser Stadt sei gegen das Schöpferische, ihre größte Leidenschaft ist die Geistlosigkeit. Salzburg sei eine perfide Fassade hinter der das Schöpferische verkümmere. (S. 11).
– Seine Heimatstadt sei in Wirklichkeit eine Todeskrankheit, in welche ihre Bewohner hineingeboren und hineingezogen werden, und durch diesen menschenfeindlichen architektonisch-erzbischhöflich-stumpfsinnig-nationalsozialistisch-katholischen Todesboden sie zugrunde gehe. (S. 11).
– Die Bewohner dieser Stadt seien durch und durch kalt und ihr tägliches Brot sei die Gemeinheit und die niederträchtige Berechnung sei ihr besonderes Kennzeichen. (S. 59).

---

163 Thomas Bernhard, Die Ursache. Eine Andeutung, Salzburg 1975.

– Die Schönheit dieses Ortes und dieser Landschaft, von welcher alle Welt spricht, ist genau jenes tödliche Element auf diesem tödlichen Boden, wo die Menschen erdrückt werden. (S. 64).

Naturgemäß (ein Lieblingswort von Bernhard) sind diese Texte kein sozialwissenschaftlicher Befund. Ohne den Sound von Bernhards Sprache sind sie schlicht falsch, wenn auch nicht ganz. Sie sollen das Bürgertum der Stadt treffen. Die Verallgemeinerung machte diese Texte besonders angreifbar. Der gewollte Skandal war so perfekt. Das war 1975. Das Salzburg-Bild in den 1950er-Jahren, als Bernhard, nach einer schweren Lungenkrankheit, als Journalist und angehender Schriftsteller in die Öffentlichkeit trat, war nicht weit von Karl Heinrich Waggerl entfernt. Er lobte die die Leserfreude der Salzburger: »Mann sieht auch in Salzburg viele Leute durch die winterlichen Straßen und Gassen gehend, die ein Buch unter dem Arm haben. Manche tragen es auch mit Zwiebeln und Schweinskoteletts vereint in den Einkaufstaschen, aber das spielt keine Rolle. Wichtig ist, daß es da ist, das Buch.«[164] Ein geplanter Band »Salzburger Sonette« kam nicht zustande. Er würdigte den NS-nahen Dichter Josef Weinheber.[165] Er schrieb für Zeitungen politisch links oder rechts oder katholisch.[166] Er schwärmte vom Salzburg Advent und von der Volkskultur. »Mehr denn je ist heute das Brauchtum in unserem schönen Land notwendig. Auch der Städter könne nur bestehen, wenn er neben dem Neuen immer wieder auch das Alte pflegt […] Und wie uns das Adventsingen ergreife, so sollten wir uns auch in diesen Wintermonaten wieder der alten Bräuche überhaupt erinnern. […] Ich liebe die Salzburger Christkindlzeit.«[167] Ein Gedicht hieß »Die Königin der Städte« und enthielt den Vers »Du schönste Stadt am Salzachfluss / Ich schloss dich an mein Herz«.[168] Thomas Bernhards Texte als Journalist sind dann allerdings auch eine scharfe Sozial- und Literaturkritik. Doch die Distanz zwischen den Texten 1975 und in den 1950er-Jahren ist doch erstaunlich.

Schüler in Salzburg: Es war der geliebte Großvater, der ihn in diesen »Kerker« stieß. Der Großvater seinerseits wollte, dass der hochbegabte, aber zügellose Thomas eine geregelte Ausbildung in der Knabenhauptschule in Salzburg (Haydnstraße) erhalte. Da die Familie zu dieser Zeit, im April 1944, noch in Bayern lebte, wurde Bernhard in das schulnahe NS-Schülerheim (Schrannengasse 4) gesteckt. Zwei Ängste plagten den Zögling: Die Angst vor dem Leiter der Anstalt, SA-Offizier Leo-

---

164 Zit. in: Harald Waitzbauer, Thomas Bernhard in Salzburg. Alltagsgeschichte einer Provinz 1945–1955, Wien 1995, S. 137.

165 Manfred Mittermayer, Das Salzburg des Thomas Bernhard, Berlin 2017.

166 Ebd., S. 32.

167 Ebd., S. 34, Hans Spatzenegger, Mein Blick zurück, Dahoam. Das Magazin der Salzburger Nachrichten, 4/2021.

168 Manfred Mittermayer, Thomas Bernhard, S. 88.

pold Grünkranz, ein sturer Nationalsozialist und gefürchteter Prügler, und die Angst
vor dem Krieg »in Form von Hunderten und Tausenden [?] tagtäglich den klaren
Himmel verdüsternden und verfinsternden, dröhnenden und drohenden Flugzeu-
gen [...]«.[169] Der Individualist musste mit 30 bis 40 Zöglingen in einem stinkender
Schlafsaal leben, die im Waschraum »wie die Tiere an den Barren stürzen [...], die
Kräftigeren stießen die Schwächen immer weg«.[170] Der Schüler mussten stehend im
Tagraum die Sondermeldungen über den Kriegsverlauf anhören, sie mussten an den
Sonntagen in HJ-Uniformen die HJ-Lieder singen.[171]

Dieser »Kerker« löste bei Bernhard Selbstmordgedanken aus. Seitenlang fanta-
sierte er in dieser Autobiografie über Selbstmorde in Salzburg. Seine Zahlenangaben
sind allerdings, wie immer bei ihm, eher literarisch als real.[172] Die Darstellungen
der Verzweiflung der Jungen trieb den Erwachsenen 1975 zu einer grotesken An-
schuldigung an die Menschheit. Ein Beispiel: »Es gibt überhaupt keine Eltern, es
gibt nur Verbrecher als Erzeuger von neuen Menschen, die mit ihrer ganzen Unsin-
nigkeit und Stumpfsinnigkeit gegen diesen neuen von ihnen erzeugten Menschen
vorgehen und in diesem Verbrechertum von den Regierungen unterstützt werden
[...].«[173] Eine ganz andere Qualität haben die Beschreibungen der realen Situation
in Salzburg in den letzten Kriegsmonaten. Es sind lebendige Berichte eines Zeitzeugen: Die täglichen Fliegeralarme, die Gerüche des Totalen Krieges, die auch von
Zwangsarbeitern unter unmenschlichen Bedingungen in die beiden Stadtberge getriebenen Luftschutzstollen, die Stadtbevölkerung, die in diese finsteren Höhlen in
Angst und Schrecken hineinströmte, die tödlichen Szenen, die sich drinnen abspiel-
ten, die Zerstörung der Wohnhäuser und öffentlichen Gebäude.[174] Der schlimmste
Tag war der 16. Oktober 1944. Eindrucksvoll beschreibt Thomas Bernhard den aufgerissenen Dom: »eine riesige Staubwolke lag über dem fürchterlich aufgerissenen
Dom, und dort, wo die Kuppel gewesen war, war jetzt ein ebenso großes Loch, und
wir konnten schon von der Slamaecke aus direkt auf die großen, zum Großteil brutal
abgerissenen Gemälde auf den Kuppelwänden schauen: sie ragten jetzt, angestrahlt
von der Nachmittagssonne, in den klarblauen Himmel; wie wenn dem riesigen, das
untere Stadtbild beherrschenden Bauwerk eine entsetzlich blutende Wunde in den
Rücken gerissen worden wäre, schaute es aus.«[175] Bernhard berichtet auch von einer
gewissen »Faszination« bei dem Anblick der Zerstörungen als eine Folge des Totalen
Krieges. Jetzt sah er auf einem Schutthaufen »direkt in die Menschenverzweiflung

---

169 Die Ursache, S. 29.
170 Ebd., S. 13, S. 68.
171 Ebd., S. 68.
172 Ebd., S. 19–25.
173 Ebd., S. 88–93.
174 Ebd., S. 29.
175 Ebd., S. 36 f.

und in die Menschenerniedrigung und
in die Menschenvernichtung hinein«.[176]
Am Ende des Krieges gingen nur mehr
»grauenhaft zugerichtete und nur mehr
noch verstörte und ausgehungerte Menschen« durch die Stadt.«[177]

*Vom nationalsozialistischen zum katho-
lischen Schülerheim:* Im Herbst 1945
kehrte Thomas Bernhard wieder nach
Salzburg zurück. Nun war das Schülerheim »streng katholisch« geführt. Leiter
war der Priester Franz Wesenauer (On-
kel Franz), aber die Macht hatte ein Jesuit
als Präfekt und war »genau so gefürchtet
und gehaßt wie der Grünkranz.«[178] Wesenauer spielte den Nikolaus, der Präfekt den Krampus, wobei der Nikolaus
den Krampus nie zurechtwies. Wesenauer war »gutmütig«, aber verschanzte
sich hinter dem Präfekten, der bei jeder
Nachlässigkeit zuschlug. »Im Grunde
hatte es gar keinen Unterschied zwischen dem nationalsozialistischen und

Abb. 21: Klaffende Wunde des Domes.

dem katholischen System im Internat gegeben […].[179] Jetzt pilgerten die Zöglinge
in die Kapelle, um die Messe zu hören und die Heilige Kommunion zu empfangen,
wo das Hitlerbild hing, war nun ein Kreuz, gesungen wurden keine Nazilieder wie
›Die Fahne Hoch‹, sondern ›Großer Gott, wir loben dich‹«.[180] Für Bernhard sind
es die gleichen »Erziehungsverbrecher«, die sich auf eine außerordentliche Persönlichkeit stützen, sei es Hitler oder Jesus.[181] Diese Gleichsetzung von Hitler und Jesus
musste bei katholischen Lesern als eine ruchlose Blasphemie gelten. Die Erfahrung
des autoritären Erziehungsstils im Nationalsozialismus und im Katholizismus in der
Nachkriegszeit ist nachvollziehbar, aber die ideologischen Inhalte waren völlig ver-
schieden. Thomas Bernhard steigerte sich in eine Raserei, in einen Furor hinein, der

---

176 Ebd., S. 82.
177 Ebd., S. 87.
178 Ebd., S. 95.
179 Ebd., S. 107 f.
180 Ebd., S. 96.
181 Ebd., S. 110.

jede Vernunft aussparte, wenn auch in einem glänzenden Sprachsog. »Der Geist dieser Stadt ist also das ganze Jahr über ein katholisch-nationalsozialistischer Ungeist,
und alles andere Lüge.«[182] Oder: »[...] zwischen Katholizismus und Nationalsozialismus sind wir aufgewachsen und schließlich zerquetscht worden zwischen Hitler
und Jesus Christus als volksverdummenden Abziehbildern.«[183] Auch die Sozialisten
haben hier »nationalsozialistische Züge.«[184]

Man stelle sich vor, wie diese Aussagen auf die katholischen Opfer des Nationalsozialismus wirken müssen, die aus dem KZ zurückgekehrt waren, auf die Familien
der Ermordeten. Die jüdische Tragödie übergeht Bernhard genauso wie die Allgemeinheit damals. Ein anderes »Opfer« des Schriftstellers war das Staatsgymnasium
in der Altenuniversität, das er damals besuchte. Hochintelligent, aber arrogant scheiterte er. Die Rache folgte 1975 in der »Ursache«. »Die Professoren waren nur die
Ausführenden einer korrupten und im Grunde immer nur geistfeindlichen Gesellschaft und deshalb ebenso korrupt und geistfeindlich [...]«, der Wissenschaftsstoff
war »schon Jahrhunderte abgestanden«, eine »Geisteskrankheit«, die Schule eine
»Geistesvernichtungsanstalt«.[185] Als Schüler zunächst ängstlich, dann abwehrend,
dann teilnahmslos. Zu den Mittelschülern hatte er keinen Kontakt, sie stammten aus
bürgerlichem Herkunftsmilieu, das ihm fremd war.[186] Scheiterte er auch als Schüler, so war er ein schlauer Schmuggler. Da seine Eltern noch in Bayern lebten, die
Grenze zwischen Österreich und Deutschland gesperrt war, musste er fintenreich mit
verbotenen Waren hin- und herlaufen.[187] Aus dieser Erfahrung stammte eine richtige
Diagnose dieser Zeit: »Die Zeit war angefüllt mit Unheimlichkeit und Unzurech-
nungsfähigkeit und mit fortwährender Ungeheuerlichkeit und Unglaublichkeit.«[188]

Berührend ist die Beschreibung eines verkrüppelten Schülers und eines kleinen,
glatzköpfigen Lehrers, die der Mittelpunkt des Hohnes und Spotts aller Mitschü-
ler und Professoren waren.[189] »Die Gemeinschaft als Gesellschaft findet immer den
Schwächsten und setzt ihn skrupellos ihrem Gelächter und ihren immer neuen und
immer fürchterlicheren Verspottungs- und Verhöhnungstorturen aus [...].«[190]

---

182 Ebd., S. 112.
183 Ebd., S. 113.
184 Ebd., S. 116.
185 Ebd., S. 118 f.
186 Ebd., S. 120.
187 Ebd., S. 121–127.
188 Ebd., S. 120.
189 Ebd., S. 146–157.
190 Ebd., S. 150.

7.2 Im Schatten der Festspiele. Das Landestheater

Das Landestheater hatte Glück, das Gebäude wurde nicht, wie das nahe Mozart-Wohnhaus, völlig zerbombt, aber es fehlte an Inventar und Kostümen.[191] Das Haus wurde zunächst von der US-Militärverwaltung beschlagnahmt, eine Revue im Herbst 1945 zeichnete den Weg der »Rainbow Division« von New York bis Salzburg nach.[192] Zwei aus Dachau zurückgekehrte KZ-Häftlinge wurden als Hausverwalter eingesetzt. Auch der kommissarische Intendant kam aus dem KZ: Egon Hilbert. Er wird dann auch bei den Festspielen mitregieren. Zahlreiche Künstler waren in Salzburg gestrandet: Hans Moser, Albin Skoda, Alexander Trojan, Magda Schneider, Susi Nicoletti usw.[193] Bereits in der Spielzeit 1945/46 konnten 25 Inszenierungen geboten werden – Schauspiele, Operetten, Opern.[194] Im September 1946 besuchten 17.950 Personen das Landestheater, im Dezember 1947 schon 27.079 Menschen.[195] Im Sinne der Nationsbildung wurde Wert auf ein sehr österreichisches Programm gelegt, gelegentlich wurde auch ein modernes Schauspiel aufgeführt. Ein Problem war der rasche Wechsel der Intendanten. Auf Hilbert folgte Johannes van Hamme, der wurde von den Amerikanern abgesetzt und Alfred Bernau eingesetzt, 1947 kehrte Hamme zurück.[196] Die Landesregierung sorgte sich wegen der Finanzen. Alfred Bernau hatte für sein dezidiertes österreichisches Programm zu viel Geld ausgegeben. Auf diese Vorwürfe drohte er mit der Auflösung seines Vertrages.[197] Als seinen Nachfolger hatte der Landeshauptmann bereits Ferdinand Skuhra vorgesehen, als der Plan scheiterte, drohte der Aspirant mit dem Rechtsanwalt.[198] Die Konflikte mit dem Intendanten gingen weiter. Neben den Festspielen, neben dem Landestheater bot das »Marionettentheater« einen Einstieg in die klassische Kunst – für Kinder, Erwachsene und die amerikanischen Soldaten.[199]

Im Programm des Landestheaters sticht ein Solitär hervor. Am 15. Mai kündete Dr. Arthur Alexander Becker in den »Salzburger Nachrichten« die Uraufführung seines KZ-Stückes »Der Weg ins Leben« (als Buch dann »Mauthausen«) an. Von der amerikanischen Seite protektioniert, fand die Aufführung im Rahmen einer Festvorstellung unter dem Ehrenprotektorat des »Landesverbandes ehemaliger politisch

---

191 Salzburgs Aufbautätigkeit, S. 36.

192 Lutz Hochstraate (Hg.), 100 Jahre Haus am Markatplatz. Salzburger Landestheater, Salzburg 1993, S. 105.

193 Ebd.

194 Salzburger Aufbautätigkeit, S. 38.

195 Ebd., S. 39.

196 100 Jahre, S. 106; SLA, Präs. 676/47.

197 SLA, Präs. 940/47; 1473/47.

198 SLA, Präs. 127/47.

199 Aufbautätigkeit, S. 40 f.

Verfolgter« am 16. Mai 1946 im Landestheater statt.[200] Über die Zuseher ist wenig
bekannt. Das »Ehrenprotektorat« lässt die Vermutung zu, dass wohl wenige bürgerliche Salzburger Theaterbesucher gekommen waren. Die linke Presse reagierte
positiv, die bürgerliche eher verhalten.[201]

Das Schauspiel war ein typisches Thesenstück, was die Personenangabe klar erkennen lässt. Die »Leidenden« sind politische Häftlinge; die »Zwingherren« sind
die SS-Führer; die »Lagerinsassen« sind die Funktionshäftlinge – der Blockälteste,
ein Zuhälter und Massenmörder, ein anderer Blockältester ein krimineller Häftling,
der Lagerälteste ein Halunke.[202] Die Handlung spielt in den letzten Wochen des
Krieges im KZ-Mauthausen. Dass die SS als »große Verbrechergesellschaft« dargestellt wird, entspricht den Tatsachen. Von Interesse ist die Charakterisierung der
Häftlinge. Auf der einen Seite der innere Zusammenhalt und Hilfsbereitschaft, auf
der anderen Seite die Mittäterschaft der Blockältesten. Einer von ihnen, Richard,
definierte seine Position: »[…] ich bin Blockältester, Herr über Leben und Tod.
Ich kann euch quälen, prügeln, totschlagen – zum Vergnügen der SS […]. Weigere
ich mich und spiele ich den anständigen Kerl, dann hängen sie mich früher oder
später.«[203] Und an einer anderen Stelle heißt es lapidar: »Ich will leben, also müssen
die anderen sterben, oder soll ich etwas anderes tun?«[204] Emotional ist das Rachegefühl eine Stütze fürs Überleben: »Diese SS-Hunde […] es wäre eine Lust, ihnen die
Hand an die Gurgel zu legen! Weißt du, so ganz langsam! So hundsfötisch grausam,
wie sie unsere Kameraden erwürgt haben.«[205] Die Gegenfigur ist der Intellektuelle,
der edle Dulner Streiff, ein politischer Häftling. Er denkt nach vorne: »Die Welt
soll erzittern vor der Kunde von den Schandtaten, die in diesem Lager begangen
wurden. Eingehämmert soll ihnen die Wahrheit werden zu allen Zeiten«.[206] Das
Schauspiel endet mit dem Satz: »Wo bleibt denn da die Gerechtigkeit?«.[207] Literarisch ist das Stück trivial, mit einigen berührenden Stellen. Der Autor war auch
kein erfahrener Dramatiker, er war ein Laie, der weiter nichts mehr schrieb. Wer
also war der Verfasser? Dr. Arthur Alexander Becker war auch kein Doktor, sondern
ein geschickter, intelligenter Hochstapler, Dieb und Scheckbetrüger. Seine kriminelle Energie mit anarchistischen Zügen erstreckte sich auf sein ganzes Leben.[208] Als

---

200 Arthur Alexander Becker, Mauthausen! Schauspiel in drei Aufzügen (vier Bilder) Christina Angerer,
    Andreas Kranebitter (Hg.), Wiener 2021., S. 152 ff.
201 Ebd., S. 155.
202 Ebd., S. 16.
203 Ebd., S. 25.
204 Ebd., S. 26.
205 Ebd., S. 20.
206 Ebd., S. 108.
207 Ebd., S. 109.
208 Ebd., S. 112–142.

»Gewohnheitsverbrecher« und »Sicherungsverwahrter« wurde er am 27. Mai 1943 in das härteste KZ-Lager im Reichsgebiet (Mauthausen) eingeliefert, dann in das Außenlager Wien-Schwechart gebracht, um den letzten Monat vor der Befreiung wieder im KZ Mauthausen zu verbringen.[209] Becker kannte so die Situation, die in seinem Theaterstück »literarisch« verarbeitet wurde. Im Mai von der U.S. Army befreit, trat er in ihren Dienst als »Special Investigator«.[210] In dieser Funktion sprach er mit seinen Mithäftlingen und konnte weiter Erfahrungen für sein Theaterstück gewinnen. Diese Ambivalenz des Autors – Krimineller und KZ-Häftling – verfolgte ihn auch in seinem weiteren Leben. Er erhielt keine Entschädigung und blieb der Kriminelle. Die KZ-Haft wurde quasi als »normales« Gefängnis gewertet.

7.3 Eine Hochschule in Salzburg (widerrechtlich). Das Mozarteum

In der NS-Zeit wurde das Mozarteum aufgewertet, aus dem Konservatorium wurde 1939 eine »Hochschule für Musik«, 1941 sogar eine »Reichshochschule«. Gleichzeitig erhielt die Hochschule eine klare, dreiteilige Struktur: Hochschule, Fachschule und Musikschule für Jugend und Volk.[211] Direktor wurde Clemens Krauss, als Intendant der Staatsoper in München hatte er wenig Zeit für Salzburg. Als geschäftsführender Direktor leitete Eberhard Preußner real die Hochschule. Diese merkwürdige Konstellation kehrte nach 1945 zurück.

Der Direktor des Konservatoriums Bernhard Paumgartner wurde 1938 als Repräsentant des »Ständestaates« abgesetzt. Zehn Mitglieder seines Lehrkörpers klagten ihn an. Nach einem hin und her zwischen Salzburg und Wien wurde er pensioniert und mit einem Forschungsauftrag nach Florenz, relativ weit von Salzburg, abgeschoben.[212]

Die politische Einstellung der Lehrenden war seit Jahrzehnten deutschnational, in den 1930er-Jahren teilweise nationalsozialistisch. Ein jüdischer Künstler hatte hier keine Chance. Nachdem man Paumgartner weggetrieben hatte, konnten alle anderen weiter lehren.[213] Als Mitglieder des neuen »Mozarteum-Orchesters« wurde ihre Position weiter aufgewertet. Eine zwielichte Rolle spielte Joseph Messner: Priester, Domkapellmeister und Komponist, diente er sich den Nationalsozialisten an, nach

---

209 Ebd., S. 116, S. 118, S. 125.

210 Ebd., S. 127.

211 Karl Wagner, Das Mozarteum. Geschichte und Entwicklung einer kulturellen Institution, Innsbruck 1993, S. 224–227; Julia Hinterberger, »Gottbegnadete Künstler« und »volksverbundene« Kunst. Musikkultur zur Zeit des Nationalsozialismus, in: Peter F. Kramml, Christoph Kühberger (Hg.), Inszenierung der Macht. Alltag – Kultur – Propaganda, Salzburg 2011, (Die Stadt im Nationalsozialismus 2. Bd.), S. 299.

212 Karl Wagner, Das Mozarteum, 217 f.; Julia Hinterberger, »Gottbegnadete Künstler«, S. 294–296.

213 Julia Hinterberger, »Gottbegnadete Künstler«, S. 322.

1945 wirkte er als Nichtparteigenosse der NSDAP an einer »Entnazifizierungs-Kommission« mit.[214] Bernhard Paumgartner, der sich vor Kriegsende in die Schweiz abgesetzt hatte, kehrte nach Salzburg zurück, nun als »Generalintendant für Musik, Theater und Festspiele«. Doch von Paumgartner war bekannt, dass er gern reprä-sentierte, aber die harte Alltagsarbeit scheute, so setzte er sofort einen persönlichen Vertreter ein. Das Leben in der Schweiz war 1945–1948 wesentlich leichter als im armen Österreich.[215] Der Landeshauptmann selbst rügte Paumgartner in einem Sch-reiben, dass er mehr in der Schweiz lebe als in Salzburg.[216]

In Salzburg tobte inzwischen ein wahrer Hexenkessel der Intrigen. Die Amerika-ner schauten zu. Doch bereits 1947 hatte Eberhard Preußner, wie in der NS-Zeit, die Fäden in der Hand. Er war kein NS-Parteigenosse und ein fähiger Organisator.[217] Neben dem inneren Streit entstand ein jahrelanger Konflikt zwischen Salzburg und Wien. Die Bundesregierung anerkannte die Rangerhöhung als Hochschule nicht, die Landesregierung beharrte auf diesem Titel. Es war ein typischer Konflikt zwischen der Metropole und der Provinz. Aus rechtlichen Gründen musste Salzburg schließ-lich nachgeben. Der neue Name war ein Kompromiss: »Mozarteum in Salzburg«.[218]

Unabhängig von diesen Intrigen und politischen Konflikten funktionierte der Lehrbetrieb und das Mozarteum blieb eine anerkannte, wertvolle Institution – auch für die Festspiele. Aber nur zögernd öffnete sich das Mozarteum der modernen, zeit-genössischen Musik. Für die amerikanischen Soldaten unterrichteten die Lehrer des Mozarteums in einer »Music School«. 1947 konnten die »Internationale Sommer-akademie« eröffnet werden, mit Paul Hindemith als Gastlehrer.[219]

7.4 Von der Hitler-Büste zur Heiligen-Statue. Die bildende Kunst

Salzburg war in der ersten Hälfte des 20. Jahrhunderts eine typische Provinz. Ein schwaches Bürgertum; eine geringe Industrialisierung, die Dominanz des agrari-schen Sektors waren schlechte Voraussetzungen für die moderne Kunst. Dennoch hatte der »Salzburger Landesverband der Berufsvereinigung bildender Künstler

---

214 Ebd., S. 284 f., S. 344.
215 Karl Wagner, Das Mozarteum, S. 237.
216 SLA, Präs. 889/47. Schreiben vom 25.8.1947. In einer neuen Studie wird die zentrale Rolle von Al-fred Heidl hervorgehoben. Christoph Großpietsch, Rückgaben, Rückblicke und Rolle Alfred Heidl für den Neubeginn der Internationalen Stiftung Mozarteum nach Kriegsende, in: Die Internationale Stiftung Mozarteum und der Nationalsozialismus, Alexander Pinwinkler, u. a., (Hg), Salzburg 2022, S. 410.
217 Karl Wagner, Das Mozarteum, S. 239–241.
218 Ebd., S. 241 f.; SLA, Präs. 788/46; 931/47.
219 Karl Wagner, Das Mozarteum, S. 243.

Österreichs« 360 Mitglieder im Jahr 1945.[220] Seit Jahrhunderten war die katholische Kirche die wichtigste Auftraggeberin. So war auch 1844 Friedrich Fürst von Schwarzenberg, Erzbischof von Salzburg, der Initiator des hiesigen Kunstvereins.[221] Ein, wenn auch nur schwacher, Höhepunkt der katholischen Kunst war im 20. Jahrhundert im »Christlichen Ständestaat«. Aber bereits am 20. April 1933 (Hitlers Geburtstag) prangte im Festspielhaus ein monumentaler Hitlerkopf des Bildhauers Sepp Piffrader, Leiter des »Kampfbundes für Deutsche Kunst«.[222]

Die Hauptwerke der Salzburger Künstler fallen in den Bereich der traditionellen, realistischen Darstellungen: Landschaft, Stadtbilder, Blumen, Porträts, Ausschmückungen der Hausfassaden usw. Nach dem Ersten Weltkrieg versuchte die Gruppe »Der Wassermann« (Anton Faistauer, Felix Albrecht Harata) mit gemäßigtem Expressionismus einen Schritt in die Moderne. Selbstbewusst heißt es im Katalog: »Die Künstler ahnen das Große voraus.«[223] Die Laien sollen ihnen folgen. Und die letzten Sätze lauten: »Die geistige Jugend der Stadt träumt von einer europäischen Kulturstätte, von einem geistigen Sammelpunkt. Sollen die Träume wahr werden, darf Salzburg nach dem Krieg nicht mehr die Stadt der Bier- und Kunstphilister heißen.«[224] Der Autor Josef Mühlmann wird 30 Jahre später zum Kunsträuber in Polen, Holland und Paris werden. Die radikale Moderne (Mit dem Ziel, das Neue durch das nächsten Neuen zu überholen) vertrat damals in Salzburg eine Frau: Erika Giovanna Klien. 1900 im Trentino geboren, verbrachte sie eine Zeit als Kind in Salzburg, studierte in Wien bei Franz Čižek, der unter dem Einfluss des Kubismus und Futurismus den Wiener Kinetismus kreierte, den Versuch, Bewegungen in Kunst zu verwandeln.[225] 1925 wirkte sie als Lehrerin an der »Duncan-Schule« im Schloss Kleßheim, wo ein moderner Tanz gelehrt wurde (bloßfüßig).[226] Von Salzburg schickte sie »Kleßheimer Sendboten« als Bildbogen nach Wien. Ein Blatt »Skandal-Nachrichten«, Salzburg, 12. Februar 1927, thematisiert den Kampf der Kunstschulen: Sie selbst als »Jungfrau von Salzburg« wird von den Konservativen mit einem riesigen Bleistift angegriffen. Ihr Schild trägt die Devise »Es lebe das Leben«, der Angreifer hält ihr die Devise »Es lebe das ehrliche Können« entgegen. Sechs Män-

---

220 Ausstellung Aufbautätigkeit, S. 42.

221 Christa Svoboda, Zur Geschichte des Salzburger Kunstvereins, in: 150 Jahre Salzburger Kunstverein. Kunst und Öffentlichkeit, Salzburg 1994, S. 15 f.

222 Gert Kerschbaumer, Kunst im Getriebe der Politik 1933–1938–1945, in: 150 Jahre Salzburger Kunstverein, S. 145.

223 Josef Mühlmann, Vorwort zur Ausstellung 1919, in: Sabine Breitwieser (Hg.), Anti:modern. Salzburg inmitten von Europa zwischen Tradition und Moderne, Salzburg 2016, S. 211.

224 Ebd., S. 212.

225 Beatrice von Bormann, Von Außenseitern und Exilanten. Erika Giovanna Klier und Oskar Kokoschka, in: Ebd., S. 157, S. 160.

226 Ebd., S. 163.

*Abb. 22: Erika Giovanna Klien, Klessheimer
Sendbote: Skandal-Nachrichten.*

ner kämpfen gegen die Jungfrau, die allein bleibt. Sie liegt besiegt am Boden,
stößt den Satz aus »Habst mich gern. Es
lebe das Leben« und resigniert: »Was
bleibt ist die Einsamkeit«.[227]

1929 übersiedelt sie in die USA. Faszi-
niert von New York hatte sie anfängliche
Erfolge, lässt sich von der indianischen
Kunst inspirieren, um dann auch in den
USA zu vereinsamen. Sie starb 1957.[228]

Nach dem Zweiten Weltkrieg fehlte
ein starker Neuanfang in der Kunst. Es
gab die Kunstvereine, die sofort Ausstellungen veranstalteten, Albert Urban
schlug vor, die Jahresausstellungen zu
teilen: Zuerst die naturalistisch-realisti-
sche Kunst, dann Neoimpressionismus,
dann Expressionismus und zuletzt Surrealismus.[229] Gab es diese Kunsttenden-
zen tatsächlich in Salzburg? Klar war allerdings, dass eine breite Kluft zwischen
dem Publikum und der Moderne bestand, was bei der gegebenen Sozialstruktur,
nach »Christlichem Ständestaat« und NS-Herrschaft, auch kein Wunder war. Die
Notsituation erlaubte aber auch keinen Kulturkampf. Viel wichtiger war damals die
Frage, wer ist ein/e Künstler/in? Wer bekommt eine Lebensmittelkarte, wer darf
Farben etc. kaufen? Dürfen die zugewanderten Künstler aus Deutschland in Salzburg bleiben? Der Satz von Barbara Novak 1945, »Kunst ist heute modern, oder
sie ist überhaupt nicht«, ist gut gemeint, aber verfehlt die reale Situation.[230] Realis-
tischer war der Satz des Malers Josef Schulz: »Unsere Arbeit war in der ersten Zeit
eine Feuerwehr-Arbeit.«[231]

Ein zentraler Punkt der »Genossenschaft bildender Künstler« war: »Ausmer-
zung [sic!] der NS-Kulturauffassung«;[232] Entfaltung aller Kunstrichtungen ohne
Achtung von Rasse, Religion, Nationalität; keine Verherrlichung des Krieges! Der

---

227 Ebd., S. 165.
228 Ebd., S. 166–168.
229 Gottfried Goiginger, Toleranz als Programm. Der Salzburger Kunstverein nach 1945, in: 150 Jahre
    Salzburger Kunstverein, S. 179.
230 Salzburger Nachrichten 15.10.1945, Zit., ebd., S. 171.
231 Ebd., S. 172.
232 Ebd., S. 174.

kulturelle Wiederaufbau soll im Zeichen Österreichs geschehen: »Zum Wohle unserer schönen Heimat und zur Ehre unseres geliebten Vaterlandes Österreich.«[233] Die zentrale Figur im Künstlerschaften nach 1945 war Rigobert von Funke: ein Maler und Kunsterzieher, Direktor des zerstörten Museums Carolino Augusteum, Präsident der »Berufsvereinigung der bildenden Künste Salzburg«, Ehrenpräsident des Salzburger Künstlerhauses und – bemerkenswert – Präsident der Österreich-Sowjetischen Gesellschaft in Salzburg (eine Position, die auch Landeshauptmann Hochleitner angetragen wurde, der aber ablehnte).[234] Landes-Kulturreferent war der politisch umstrittene Schauspieler, Jurist, Journalist Gustav Pichler.[235] Er verteilte die mageren Subventionen des Landes an die Künstlerschaft. Und die NS-Künstler? Sie duckten sich weg, versuchten durch eindeutige Lügen ihre Harmlosigkeit zu beweisen. Der größte Profiteur der NS-Zeit, von Hitler und Goebbels hoch geschätzt, war Josef Thorak. Ein Parteigenosse, aber kein ideologischer Nationalsozialist. Er verlor 1945 sein beträchtliches Vermögen und zog sich nach Großgmain/Bayrisch Gmain zurück. Seine Entnazifizierung zog sich bis in die 1950er-Jahre. Ein schlauer Schachzug war, dass Thorak einen als Juden geltenden Rechtsanwalt, Valentin Gelber, als Rechtsvertreter wählte. Wie andere NS-Künstler arbeitete er für die katholische Kirche (Heilige Ursula, Taufe Christi, Madonna mit dem Kind usw.). In Salzburg hatte Thorak hohes Ansehen, bereits 1950 konnte er hier ausstellen, seine Ehrung mit einem Straßennamen sorgte jahrelang für Kontroversen. Den Namen gibt es bis heute.[236] Im Vergleich zu Thorak waren andere Salzburger NS-Künstler arme Schlucker. Führerbilder und Hitler-Büsten gab es genug. Karl Reisenbichler, der durch seine Neograffiti-Technik in Salzburg bekannt war, stieg 1942 zum Salzburger Landesleiter der »Reichskulturkammer für bildende Künste« auf. Über seine Tätigkeit gibt es keine Informationen. Nach 1945 verarmte er und zog für einige Jahre von der Stadt Salzburg weg.[237] Alois Lidauer wurde Kulturreferent der HJ, trat aus der katholischen Kirche aus, um nach dem Krieg wieder ein-

233 Ebd., S. 175.

234 Roswitha Juffinger, Gerhard Plasser, Salzburger Landessammlung 1939–1955, Salzburg 2007, S. 271f.

235 Ebd., 277f.

236 Johannes Hofinger, Josef Thorak, in: Die Stadt Salzburg im Nationalsozialismus. Biografische Recherchen zu NS-belasteten Straßennamen der Stadt Salzburg. URL: https://www.stadt-salzburg.at/fileadmin/landingpages/stadtgeschichte/nsprojekt/strassennamen/biografien/thorak_josef_v2.pdf (abgerufen 8.12.2022).

237 Johannes Hofinger, Karl Reisenbichler, in: Die Stadt Salzburg im Nationalsozialismus. Biografische Recherchen zu NS-belasteten Straßennamen der Stadt Salzburg. URL: https://www.stadt-salzburg.at/fileadmin/landingpages/stadtgeschichte/nsprojekt/strassennamen/biografien/reisenbichler_karl_v2.pdf (abgerufen 8.12.2022).

zutreten und religiöse Werke zu schaffen.[238] Soweit bekannt, war kein NS-Künstler nach 1945 in Haft.

Der Fall Friedrich Welz: Er war ein Autodidakt, der beträchtliche kunstgeschichtliche Kenntnisse erworben hatte, er liebte die moderate Moderne in der österreichischen Kunst der ersten Hälfte des 20. Jahrhunderts, ein schlauer Geschäftsmann mit vielen Kontakten zur Salzburger Politik und Gesellschaft.[239] Seit der Eröffnung seiner Galerie 1937, mit Ausnahme seiner Verhaftung von 1945–1947, war sie ein wichtiger Sammelpunkt der bildenden Kunst in Salzburg. Als Nationalsozialist knüpfte er enge Kontakte zu den NS-Machthabern in Salzburg. Der Sicherheitsdienst der SS allerdings charakterisierte ihn 1942: »Welz ist in erster Linie Geschäftsmann, der in politischer Hinsicht als Konjunkturritter zu bezeichnen ist, der es immer verstanden hat sich jeweils dem bestehenden System anzuschließen, und sich so für sein Geschäft Vorteile zu sichern«.[240] Die Verwischung von öffentlichen Aufträgen mit den privaten Interessen war sein Markenzeichen. Er arisierte die Kunsthandlung Würthe in Wien und schaffte so auch dort einen Standort.[241] Im Zuge der Entprovinzialisierung in der ersten Phase der NS-Herrschaft sollte eine Landesgalerie aufgebaut werden. Der Sieg in Ost- und Westeuropa schuf die Gelegenheit zu einem gigantischen Kunstraub. Mittendrin die Salzburger Mühmann-Brüder. Salzburg allerdings konnte dabei eher wenig profitieren. Friedrich Welz, als Leiter der geplanten Landesgalerie, musste nach Paris fahren, wo ein riesiger Kunstmarkt auf günstige Einkaufsmöglichkeiten wartete. Es war dort nicht kostenlose Raubkunst zu holen, wenn auch die Pariser Händler unterbezahlte jüdische Besitztümer anboten, man musste die Kunstware kaufen und bezahlen. In 5 Fahrten 1940/41 nach Paris kaufte Welz 300 Kunstwerke bei 42 Kunsthändlern für die Landesgalerie, für Ministerien und – nicht zuletzt – für sein Geschäft.[242] Zu den Spitzenwerken hatte er allerdings keinen Zugang, die waren für die NS-Staatsspitze reserviert. Ende 1942 war der Stern von Welz im sinken. Die prekäre Kriegslage, der Gauleiterwechsel von Friedrich Rainer zu Gustav Adolf Scheel, das Misstrauen des Gaukämmerers Robert Lippert wegen der Geschäftsmethoden von Welz beendeten seinen Einfluss, aber nicht seine Geschäftstätigkeit.

---

238 Johannes Hofinger, Alois Lidauer, in: Die Stadt Salzburg im Nationalsozialismus. Biografische Recherchen zu NS-belasteten Straßennamen der Stadt Salzburg. https://www.stadt-salzburg.at/fileadmin/landingpages/stadtgeschichte/nsprojekt/strassennamen/biografien/lidauer_alois_v2.pdf (abgerufen 8.12.2022).

239 Gert Kerschbaumer, Meister des Verwirrens. Die Geschäfte des Kunsthändlers Friedirch Welz, Wien 2000; Fritz Koller, Das Inventarbuch der Landesgalerie Salzburg 1942–1944, Salzburg 2000, S. 11–43; Rowitha Juffinger, Gerhard Plasser, Salzburger Landessammlungen 1933–1955, Salzburg 2007, S. 20–22, S. 50.

240 Zit. in: Fritz Koller, Das Inventarbuch, S. 12.

241 Roswitha Juffinger, Landessammlungen, S. 92–95.

242 Fritz Koller, Inventarbuch, S. 14–22.

Von 9. November 1945 bis 14. April 1947 war er im Camp Marcus W. Orr (Glasenbach) inhaftiert.[243] Seine Briefe an den Maler Anton Steinhart, den er immer gefördert hatte, aus dem Lager 1946 geben einen Einblick in seine Stimmung. Er ist verzweifelt, fühlt sich diffamiert für eine Leistung, »die, objektiv gesehen, doch irgend einen Dank verdient« (18. Juni 1946).[244] Er spielt mit dem Gedanken an Selbstmord, ist empört, dass er von den »Gleichgesinnten« im Lager entfernt wurde: »Hier gibt es keine Gleichgesinnten. Fast durchwegs ehemalige KZ-Wachen, SS-Leute besonderen Schlags, durchwegs Landsknechte. Vielleicht wirklich Mörder!« (16. Dezember 1946). Das ist eine mentalitätsgeschichtlich interessante Aussage. Er, der sein ganzes Leben der Kunst gedient hat, hat mit diesen »Landsknechten« nichts gemeinsam. Dass diese erst eine Situation geschaffen hatten, in der der Kunstraub möglich war, kann er nicht denken. Er, und nur er, ist das Opfer. Er steht vor einer »Mauer des Hasses«. »Es scheint wirklich aller Ehrbegriff und alle Menschlichkeit ihr Ende gefunden zu haben.« (16. Dezember 1946).[245]

Im April 1947 wurde er entlassen (mit Einschränkungen) und konnte sich um seine Galerie kümmern. Diese war von Fritz Höfner als öffentlichem Verwalter weitergeführt worden. Weil Höfner aber neben der anvertrauten Führung des Geschäftes von Welz ein eigenes Geschäft aufbaute, wurde er im Juli 1947 von der Landesregierung entfernt. Höfner vermutete wohl zu Recht, dass Welz dahinterstand, und zeigte ihn als »Großariseur« beim Volksgerichtshof in Linz an.[246] Das Verfahren gegen ihn wurde im Jänner 1950 eingestellt. Mit den Opfern seiner Arisierungen konnte er sich einigen und in den 1950er-Jahren war die Galerie Welz wieder ein angesehener Standort Salzburger bildender Kunst.

Aber noch ein Profiteur der NS-Kunstpolitik tauchte nach 1945 in Salzburg auf, der Berliner Kunsthändler Wolfgang Gurlitt. Trotz seiner teilweise jüdischen Herkunft, trotz Beobachtung durch die Gestapo, konnte er mit beschlagnahmten Kunstgegenständen ein lukratives Geschäft machen. Vor dem Ende des Krieges zog er mit seinem Kunstbesitz nach Bad Aussee. Auch mit Friedrich Welz trat er in Geschäftsbeziehungen. 1946 machte er Landeshauptmann Hochleitner den Vorschlag, er wolle auf der Festung Hohen Salzburg eine Galerie errichten.[247] Am 19. Dezember 1947 beschwerte sich Gurlitt beim Landeshauptmann Hochleitner, dass sein Plan keine Unterstützung in Salzburg finde. »Dabei ist es sicherlich ohne Zweifel, daß das, was ich Ihnen und Salzburg bringen wollte wichtig und wesentlich war, um-

---

243 Ebd., S. 35.
244 Roswitha Juffinger, Landessammlungen, S. 351.
245 Ebd., S. 353.
246 Fritz Koller, Inventarbuch, S. 36; SLA, Präs. 754/47.
247 SLA, Präs. 438/46. 3. Juli 1946.

Abb. 23: Albert Birkle, Blick auf Salzburg mit Selbstbildnis, 1945, privat © Bildrecht, Wien 2023.

somehr als die Dinge der Bildenden Kunst notwendig neue Impulse benötigen.«[248] Der Landeshauptmann habe ihm zwar geholfen, die österreichische Staatsbürgerschaft zu erwerben, aber keine Initiative für die Galerie in Salzburg gezeigt. Der Briefschreiber wollte »Schönes« bringen, »während man sich in Salzburg mit den schwächsten und die Kultur Österreichs wenig repräsentierenden Ausstellungen im Künstlerhaus wortlos begnüge.«[249] Gleichzeitig allerdings verhandelte er bereits mit Linz, wo er dann tatsächlich eine Galerie moderner Kunst eröffnete.[250]

Die Amerikaner wussten natürlich von dem Kunstraub. In der Militärregierung wurde eine »Property Control and Restitution Section« mit Unterabteilungen eingerichtet.[251] Die Experten der Militärregierung standen vor einer schier unmöglichen Aufgabe. Die Kunstwerke von Stadt und Land waren wegen des Luftkrieges aufs Land gebracht worden. Sie wurden wieder in die Stadt transportiert, es gab

---

248 SLA, Präs. 81/47.
249 Ebd.
250 Daniela Elmauer, Michael John, Regina Thumser, »Arisierungen« beschlagnahmter Vermögen, Rückstellungen und Entschädigungen, Wien 2004.
251 Fritz Koller, Inventarbuch, S. 37; Roswitha Juffinger, Landessammlungen, S. 47f.

aber wenige Unterlagen – wie sollten die Experten zwischen gekaufter und geraubter Kunst unterscheiden? Wie sollten sie sich im Dschungel der Ansprüche zurechtfinden? Eine hochrangige Expertin, Eve Tucker, brachte das Problem auf den Punkt: »Yess …, I am a frustrated woman.«[252] Einfacher war die Arbeit der französischen Restitutionskommission, die 1947 nach Salzburg kam. Über die Käufe von Welz in Paris gab es Unterlagen. Obgleich diese Kunstwerke formell gekauft waren, wurden davon rund zwei Drittel zurückgegeben.[253]

Zum Abschluss dieses Kapitels über die bildende Kunst sei eine Kohlezeichnung von Albert Birkle »Blick auf Salzburg mit Selbstbildnis« von 1945 gestellt. Ein düsteres Bild vom Kapuzinerberg, eine dunkle Stadt, ein schwarzer, blätterloser Baum, ein alter Mann mit Stock, ein jüngerer Mann, der sich weit über das Geländer beugt (wird er springen?), vorne das Selbstbildnis des Künstlers, ein skeptischer Blick, aber ohne Verzweiflung.[254]

7.5 Die amerikanische Kultur: Propaganda – Information – Sehnsüchte im Alltag

Das Amerikabild, das die US-Besatzungsmacht verbreiten wollte, sah ungefähr so aus: Amerika, ein Land der Hoffnung, der Freiheit, der Demokratie. »Die verschiedenen Ethnien leben friedlich nebeneinander. Die Männer und Frauen sagen ihre Meinung frei heraus – und bleiben doch Patrioten.«[255] Die First Nation, die Indianer, und die schwarzen Amerikaner zeichneten wohl ein anderes Bild ihres Landes.

In meiner Bibliothek finde ich das Buch »Das Amerika Buch für die Jugend. Die Vereinigten Staaten von Amerika in Berichten, Erzählungen, Aufsätzen, Versen und Briefen mit über 500 Zeichnungen und Photographien«.[256] Ich weiß nicht mehr, wann und woher dieses Buch zu mir kam. Ich habe sicher nicht das ganze Buch gelesen, aber seit Jahrzehnten hat sich ein Bild in meinem Kopf eingenistet: Ein Junge mit Jeans, bloßen Füßen und Strohhut sitzt auf einem Stein nahe dem Wasser und fischt angespannt. Daneben steht der Text: Angeln gehöre zu den Lieblingsbeschäftigungen richtiger Jungen.[257]

Das also war Amerika! Die Einleitung des Buches endet mit dem Satz: »Unter der Haut sind alle Menschen gleich« – ob weiß oder braun, ob reich oder arm. Beschworen werden die christlichen Werte, Frieden, Freiheit und Gerechtigkeit. Tatsächlich werden in dem Buch eine Fülle von Informationen geboten, allerdings immer ge-

252 Zit. Fritz Koller, Inventarbuch, S. 37.
253 Ebd., S. 38.
254 Anton Gugg, Die Moderne in Salzburg. Kunst nach 1945, Salzburg 1988, S. 18.
255 Reinhold Wagnleitner, Der kulturelle Einfluß, in: Salzburg und das Werden der Zweiten Republik, S. 47.
256 Das Amerika Buch für die Jugend, ²Köln, 1953.
257 Ebd., S. 177.

Abb. 24: »Ob er anbeißt?«

schönt: Kreuz und quer durch die Staaten; Geschichte und Geschichten; Leben in den USA; Sport; Erziehung, Kunst, Kultur; Technik und Verkehr; Wissenschaften. Zwei Beispiele: Der Cowboy, eine Figur, die auch bei der männlichen europäischen Jugend zündete. Leben in der Natur, immer fröhlich und glücklich, mutig und treu, ein harter Arbeiter und am Sonntag singt er Cowboy-Lieder (ein Beispiel wird angeführt: »All day long on the prairies I ride«).[258] Etwas kritischer ist der Beitrag »Die schwarzen Bürger der USA. Vom Leben der amerikanischen Neger«. Die Geschichte der Schwarzen, ihre Sklaverei im Süden der USA wird aus der Sicht des Nordens realistisch geschildert: der tödliche Transport aus Afrika, die »skrupellosen Geschäftemacher«, die harte Arbeit auf den Baumwollplantagen, die weitere entrechtete Lage der Schwarzen im Süden nach dem Bürgerkrieg, die Lynchjustiz, der Ku-Klux-Klan usw. Dann werden die Erfolge der Schwarzen aufgezählt: 650.000 farbige Amerikaner haben eine Hochschule besucht, viele Schwarze sind wohlhabend und in den Mittelstand aufgerückt, im Militär sind sie gleichgestellt mit weißen Soldaten (?). In spätestens einer Generation werden die Schwarzen vollständig den Weißen gleichgestellt sein. Welch ein Irrtum![259]

---

258 Ebd., S. 41–43.
259 Ebd., S. 66–69.

Was die Leser aber faszinieren musste, waren die zahlreichen zivilisatorischen Erfolge der USA: der Reichtum der natürlichen Ressourcen, die überlegene Technik in der Industrie und im Haushalt für die Frauen, die fortschrittlichen Wissenschaften, die Freiheit des Denkens und Handeln, die sozialen Aufstiegsmöglichkeiten … Diese Erfolge des »Amerikanischen Jahrhunderts« sollen für Europa ein Vorbild sein! In der Zeit von 1945 bis 1947 nach diesem mörderischen Krieg, war Europa, war Salzburg noch weit davon entfernt.

Es war die Aufgabe des Information Services Branch (ISB) mit seinem 13 Sektionen, die österreichische Kultur und Kunst zu entnazifizieren und die amerikanische Kunst in Österreich zu verankern.[260] Diese Mischung von Information und Propaganda gelang nur teilweise. Im Radio war sie erfolgreich, doch der verzweifelte Versuch der US-Kultur-Offiziere, die amerikanische »Hochkultur« im Theater und in der Oper zu verankern, hatte nur einen geringen Erfolg. Vor allem die Salzburger Festspiele wehrten sich entschieden. Allgemein war die Meinung in Österreich, die Amerikaner hatten militärisch den Sieg gewonnen, sie hatten auch einen zivilisatorischen Fortschritt; was sie nicht hatten, war eine klassische »Hochkultur«. Dieses Vorurteil war nicht zu brechen. Auch der Versuch, das autoritäre Schulsystem zu modernisieren, scheiterte. Fest verankert in den Erinnerungen waren die Schulausspeisungen der US-Armee – im Bundesland Salzburg wurden 1946 bereits 18.400 Kinder versorgt.[261] Die englische Sprache erreicht im Fremdsprachenunterricht Priorität. (Englisch wurde übrigens auch in der NS-Zeit unterrichtet). Einige englische Brocken konnten fast alle Leute. Ein großer Erfolg war das in Salzburg am 3. Juli 1945 eröffnete »Amerika-Haus«. Auch dort war die Mischung von Information und Propaganda prägend. 1946/47 besuchten 14.768 Menschen das Salzburger Amerika-Haus.[262] Die Vielfalt der Angebote erklärt die Anziehungskraft: Leihbibliothek, Leseraum, Zeitungen und Zeitschriften, Sprachkurse, Konzerte, eine Galerie, Kino usw.[263]

Salzburg Seminar in American Civilization: Durch die Straßen der Stadt Salzburg zogen nicht nur die oft rauen GIs, im Schloss Leopoldskron zog 1947 auch die Universität Harvard ein. Es waren drei Studenten der Universität Harvard, die ein großes Experiment wagten: An der Spitze Clemens Heller, ein Wiener aus einer hochkulturellen Familie, die 1938 in die USA flüchtete, wo der Sohn dann auf der Harvard-Universität studierte. Mitarbeiter waren zwei weitere amerikanische Harvard-Studenten, Scott Elledge und Richard Campbell. Clemens Heller wird spä-

260 Reinhold Wagnleitner, Coca-Colonisation und Kalter Krieg, Wien 1991, S. 84–87.

261 Ebd., S. 189.

262 Reinhold Wagnleitner, Der kulturelle Einfluß der amerikanischen Besatzung in Salzburg, in: Salzburg und das Werden der Zweiten Republik, S. 53.

263 Reinhold Wagnleitner, Coca-Colonisation und Kalter Krieg, S. 159–173.

Abb. 25: Die Gründer: Clemens Heller, Scott Elledge und Richard »Dick« Campbell Jr., 1947.

ter als genialer Wissenschaftsmanager auch eine wichtige Rolle bei der berühmten Annales-Schule in Paris übernehmen. Es war Helene Thimig, Witwe von Max Reinhardt, der Heller zufällig in der New Yorker Untergrundbahn begegnete, wo er ihr von seinem Plan erzählte und sie spontan Schloss Leopoldskron anbot, das arisierte Schloss von Reinhardt, das seine Witwe wieder zurückbekommen hatte.

Kern des Projekts war, die europäische Jugend zusammenzuführen zu einem Dialog mit erstklassigen Professoren der Harvard-Universität. Nicht Propaganda, sondern Information war der Grundsatz des kühnen Planes. Schüler aus ganz Europa mit verschiedenen Erfahrungen im Krieg, verschiedenen Ideologien sollten zu einem Disput zusammengeführt und mit der amerikanischen Wissenschaftskultur vertraut gemacht werden.[264] Am 15. Juli 1947 zogen mehr als 100 Studierende (82 Männer, 18 Frauen) aus 13 europäischen Ländern in Leopoldskron ein. Schwierigkeiten gab es zu Hauf. Das Schloss war in keinem guten Zustand und musste repariert werden, Lebensmittel aus Italien und der Schweiz herbeigeschafft werden, es trafen Menschen zusammen, die im Krieg Feinde gewesen waren: Ein KZ-Häftling, ein Jude, der Auschwitz überlebt hatte, ein österreichischer Soldat, der in den US gefangen war, die militärischen

---

264 Timothy W. Ryback, Salzburg Seminar – Eine Welt im Gespräch, in: Schloß Leopoldskron, Salzburg 2017, S. 155–164.

Nachrichtendienste vermuteten eine zu linke Agitation. Heller zweifelte, dass die Militärregierung ein ideales Instrument für die Förderung der Demokratie sei. Er wurde verhört und durfte nicht mehr nach Salzburg kommen.[265] Tatsächlich bestand der Lehrkörper aus liberalen Forschern, aus keinen »Kalten Kriegern«. Man konnte an die Gesprächsrunden anknüpfen, die Max Reinhardt in den 1930er-Jahren im Schloss zusammengebracht hatte. Der offene Stil der amerikanischen Lehrenden unterschied sich von dem autoritären Gehabe der europäischen Professoren.

Der Report von Margaret Mead hob hervor: die Schönheit der Landschaft, den Weiher neben dem Schloss, wo die Studenten schwimmen konnten, die Salzburger Festspiele, aber auch die zerbombte Stadt, die amerikanischen Besatzer, die vielen ehemaligen Nationalsozialisten in Österreich, die strikte Unabhängigkeit des Seminars von jeder US-Propaganda, aber die Möglichkeit, die amerikanische Kultur in ihrer Komplexität, in ihren demokratischen Strukturen vorzuführen. Zusammengefasst schrieb Margaret Mead: »A Pilot Experiment« war gelungen. Das Experiment wird auch jahrzehntelang weitergeführt.[266]

Amerikanische Populärkultur versus österreichische Volkskultur: In der ersten Zeit kontrollierte die U.S. Army auch die österreichische Volkskultur – Faschingsveranstaltungen, Bälle, religiöse Prozessionen, Kirtage und Jahrmärkte.[267] Bald aber brauchte es keine Kontrolle mehr, der »American Way of Live« setzte sich von selbst bei der Jugend durch. Im armen, hungernden Salzburg war der amerikanische Soldat »reingewaschen und vollgefressen«.[268] Er roch auch anders, er nutzte eine andere Seife. Zu den unvergessenen Erinnerungen ehemaliger Kinder gehörten DDT-Entlausungen, geschenkte Schokoladen der Soldaten, die Schulausspeisungen, die Weihnachtsfeier im Festspielhaus mit Kakao und Kuchen samt einer Filmvorführung, der lässige Gang der Soldaten mit Kaugummi im Mund.[269] Die älteren Jugendlichen faszinierten die dicken, glänzenden Autos, Blue Jeans (der erste Schüler in meiner Klasse, der eine Jeans trug, war ein beneideter Held, wohl keine Kleidung hatte sich bei Jung und Alt, bei Frauen und Männern so durchgesetzt), T-Shirts, Comics und natürlich die populäre Musik.[270] Für die älteren Menschen waren es die Zigaretten,

265 Ebd., Timothy W. Ryback, Salzburg Global Seminar, in: Schloss Leopoldskron Geschichte und Gegenwart. 75 Jahre Salzburg Global Seminar, Wien 2022, S. 178 f.

266 https://www.salzburgglobal.org/fileadmin/user_upload/Documents/General_SGS_Documents/1947 _MeadArticle.pdf (abgerufen 26.1.2023)

267 Reinhold Wagnleitner, Coca-Colonisation und Kalter Krieg, S. 89.

268 Inge Seikmann, Salzburg – Goldenstein und zurück, in: Friederike Goldschmidt u. a. (Hg.), Jugend in Salzburg 1945 bis 1969. Zeitzeugen erzählen, Salzburg 2009, S. 82. Eine anschauliche Zusammenfassung: Christian Lunzer, Süßer Vogel Jugend, in: Ebd., S. 9–14.

269 Jugend in Salzburg, S. 124.

270 Reinhold Wagnleitner, Der kulturelle Einfluß der amerikanischen Besatzung in Salzburg, S. 52. Jugend in Salzburg, S. 9.

eine Währung, die von den Soldaten nur kurz angeraucht und dann weggeworfen wurden (ein Sammelobjekt für Raucher und Nichtraucher). Mit Staunen wurde das Essen der GIs angeschaut: Weißes Brot, Bohnenkaffee, Orangen.[271]

Der Erfolg der amerikanischen populären Kultur: Was einen Teil der Jugend faszinierte, Jazz und die wilden Tänze (Boogie-Woogie), war aus der Sicht der Lehrer und älteren Menschen ein Kulturverfall, das Eindringen des Urwaldes. Es brach eine Art Kulturkampf zwischen der »Heimatkultur«, dem Volkstanz und der »Hottentottenmusik« aus. Jazz, als Musik der Schwarzen, setzte ganz offen einen Rassismus frei, bei einem Teil der Jugend hingegen war es der Einzug der modernen Zeit. Zwischen 1945/46 bis 1955 wies die Stadt Salzburg acht Jazz-Clubs auf, dort spielten auch ehemalige Wehrmachtsmusiker mit.[272] Bei den Konservativen wirkte die NS-Ansicht nach, Jazz sei eine jüdische Erfindung, bei den Linken galt Jazz als ein Verschleierung der tatsächlichen Rassenunterdrückung in den USA. Aber alles Gezeter konnte den Siegeszug der amerikanischen populären Kultur nicht aufhalten.

Ein besonderes Problem warfen die »Ami-Bräute« auf. Bereits die Schimpfnamen zeigen die Verachtung in der Bevölkerung: Ami-Huren, Chokolade-Girls, Salzach-Geishas, Dollarflitscherl.[273] Zwischen Prostituierten und Verliebten wurde dabei nicht unterschieden. Der Zorn richtete sich nicht so sehr gegen die GIs, sondern gegen die österreichischen Frauen (Männer sind nun einmal so!). Die Frauen hingegen verletzten die »österreichische Ehre«, demütigen die österreichischen Männer (von denen es kriegsbedingt weniger gab), lassen die Geschlechtskrankheiten ansteigen (immerhin hatten die Amerikaner Penicillin).

Eine Steigerung der Verachtung traf jene Frauen, die sich mit schwarzen Soldaten einließen. Schwarze Männer in Salzburg waren bislang unbekannt. Ihr Anblick war ein Kulturschock. Der konnte naiv sein: Ein Kind fuhr mit seinem Vater im gelben Obus der Linie A, gegenüber saß ein schwarzer GI, der Knabe fragte unbekümmert »Bist du ein Neger?« Der Farbige lachte und nickte mit dem Kopf.[274] Die 5 bis 6 Prozent schwarzer Soldaten in der U.S. Army galten als kinderfreundlich, die weißen Freundinnen der schwarzen Soldaten hingegen traf der Bannstrahl – »Rassenschande«. Die Kinder dieser Beziehungen fielen in ein soziales Loch.[275]

---

271 Leonhard Hollweger, in: Das war unsere Zeit. Eine Generation in der Stadt Salzburg erinnert sich …, Salzburg 2018, S. 118.

272 Eugen Sensenig, Jazz in Salzburg der Nachkriegszeit, in: Salzburg 1945–1955, S. 237.

273 Erika Thurner, Nationale Identität und Geschlecht in Österreich nach 1945, Innsbruck 2000, S. 65.

274 Jugend in Salzburg, S. 61.

275 Ingrid Bauer, Post-World War II, Interracial Relationships, Mother of Black Occupation Children, and Prejudices in White Societies: Austria in Comparative Perspective, in: Zeitgeschichte 48/2021, S. 91–112.

Zusammengefasst: Die amerikanische populäre Kultur hatte sich in den österreichischen Alltag eingeschrieben. Zumindest in den Städten, weniger zunächst auf dem Land. Dort wirkten jedoch die 4-H-Clubs (Haupt, Herz, Hände, Heilsam), der erfolgreiche Versuch, die bäuerliche Jugend mit der amerikanischen modernen Landwirtschaft vertraut zu machen.[276] Auf der anderen Seite soll man nicht vergessen, dass mit der Zeit auch der »Salzburg-Mythos« bei der U.S. Army einwirkte.

8. Massenvergnügen : Kino und Sport

8.1 »Poesie des Volkes im 20. Jahrhundert« (Béla Balázs)

Im Kino kehrten Mythen und Märchen, Hoffnungen und Ängste, Helden und Schurken, Pathos und Humor auf den bewegten Bildern zurück. Aber das Kino war auch ein Medium der Propaganda, offen oder verdeckt. Im Kinosaal trafen sich alle sozialen Schichten, Alte und Junge, Frauen und Männer. Von den 1930er- bis zu den 1950er-Jahren dauerte die Hohe-Zeit des Kinos.

1907 wurde das erste dauerhafte Kino im großen Saal des Hotel Pitter in Salzburg eröffnet – »eine neue Stätte modernen Vergnügens« wie das »Salzburger Volksblatt« schrieb.[277] 1937 gab es im Land Salzburg 24 Kinos (davon 6 in der Landeshauptstadt), 1947 hingegen 29 (in der Stadt Salzburg 7).[278] In jenen Orten, wo es kein Kino gab, zog ein Wanderkino von Wirtshaus zu Wirtshaus. 1942 wurden in Salzburg 1.490.625 Kinokarten verkauft, pro Kopf der Bevölkerung wurden 22,6 Besuche 1943 registriert.[279] Nur die katholische Kirche konnte bei den Messen mit diesen Zahlen mithalten. Die NS-Herrschaft nutzte die Kinobegeisterung der Bevölkerung. Joseph Goebbels war aber schlau genug, reine Propagandafilme einzubremsen: »In dieser Zeit stärkster Anspannung sollen Film und Rundfunk dem Volk Entspannung geben. Die gute Laune muss erhalten bleiben. Denn ein Krieg von diesem Ausmaß kann nur mit Optimismus gewonnen werden.«[280] Nur etwa 14 Prozent waren darum Propagandafilme, die Mehrheit waren heitere Filme.[281] Auch nach 1945, in jenen tristen Zeiten, war Ablenkung vom Alltag angesagt, aber auch Spott und Verachtung für die Politiker konnte durchbrechen. Aus Neumarkt-Köstendorf wurde am

---

276 Reinhold Wagnleitner, Coca-Colonisation und Kalter Krieg, S. 330.

277 https://www.sn.at/wiki/Kinogeschichte_in_Salzburg (abgerufen 26.1.2023).

278 Christian Strasser, Die totale Illusion. Film und Kino in Salzburg in der NS-Zeit, in: Inszenierung der Macht. Alltag – Kultur – Propaganda, S. 381.

279 Ebd., S. 386.

280 Ebd., S. 359.

281 Ebd.

6. Jänner 1947 berichtet, als Bundeskanzler Leopold Figl auf der Leinwand erschien, ertönte höhnisches Gelächter.[282]

Am 19. Juli 1945 durften die »Filmtheater« wieder aufmachen. Der erste Film war ein Kulturfilm – »Der Junge Edison«. Zuständig war die Filmsektion des IBS in Salzburg. 20 Angestellte belieferten die Filme für Stadt und Land.[283] Der erste Filmoffizier war Eugen Sharin, ein Vertreter von Hollywood.[284] Mit ihm arbeitete der deutsche Filmmanager Guido Bagier, eine zentrale Figur in Salzburg und im österreichischen Filmgeschäft.[285] Salzburg wollte zur Filmstadt werden, gegen und mit Wien. Eine Reihe von Filmgesellschaften wurden gegründet, die sich auflösten und neu formierten, stets aber von dem Konflikt zwischen Salzburg und Wien begleitet.[286] Bis in den Mai 1945 wurden in Salzburg Filme produziert. Zahlreiche Filmstars waren im Raum um Salzburg gestrandet. Unter schlechtesten Bedingungen, mit unzureichenden Ausrüstungen, aber mit viel Fantasie wurde weitergearbeitet.

Der ISB übernahm die Verwertung der unverfänglichen deutschen Filme.[287] Zwar wurden schon ab 1942 in den USA Spielfilme für die Nachkriegszeit, von deutschsprachigen Emigranten synchronisiert und produziert, aber zunächst konnten sie nicht nach Europa transportiert werden.[288] Immerhin, die ISB Wochenschau »Welt im Film« konnte die Interessen der USA durchsetzen. Dann aber überschwemmte Hollywood die Kinos. Das Publikum war nach der NS-Zeit dankbar für diesen neuen Stil der Filmkultur: Western, Zeichentrick, Filme, die den »American Way of Live« zeigten, Gangsterfilme usw. Der große Andrang reaktivierte den Schwarzmarkt, der Kinokarten anbot.[289] Der sowjetische Film hatte in der US-Zone keine Chance. So wurde am 19. September 1947 der russische Film »Es leuchtet ein weißes Segel« verboten.[290] Ein Problem für den ISB und die Landesregierung war der Streit um die Kinolizenzen, denn hier waren gute Geschäfte zu machen.

Salzburg und Umgebung waren attraktiv, um harmlose, leichte Filme zu drehen. Eine Reihe von bekannten Filmstars waren in dieser Gegend gestrandet. Nach dem Filmlexikon von Christian Strasser wurden hier von 1930–1938 acht Filme,

---

282 SLA, Präs, 167/47.

283 Reinhold Wagnleitner, Coca-Colonisation, S. 308.

284 Michael Schmolke, Medien, in: Geschichte der österreichischen Bundesländer. Salzburg, S. 465; Christian Strasser, Klein-Hollywood aus Schutt und Asche. Film und Kino in Salzburg 1945 bis 1955, in: Salzburg 1945–1955, S. 241.

285 Christan Strasser, The Sound of Klein-Hollywood. Filmproduktion in Salzburg – Salzburg im Film, Wien 1993, S. 90 ff.

286 Ebd.

287 Ebd., S. 86.

288 Christan Strasser, Klein-Hollywood, in: Salzburg 1945–1955, S. 254.

289 Ebd.

290 Befreit und besetzt, S. 270.

1938–1945 achtzehn Filme, 1945–1948 elf Filme gedreht.[291] 1948 wurde sogar das Festspielhaus zum Filmatelier umgebaut. Der unermüdliche Filmmanager Guido Bagier definierte bei der Eröffnung den Kern des Filmes: »Der Film, diese jüngste und durch ihre rasche Entwicklung vielleicht bedeutendste Mitteilungsform des Menschen, ist ein besonders kompliziertes Gebilde, da es sich hier um drei Begriffe handelt, die, einander verflochten, als Ganzes das Wesen des bewegten Bildes ausmachen. Es ist dies die Technik, die Wirtschaft und die Kunst […]«.[292] (In dieser Reihe steht die Kunst an der letzten Stelle!)

Ein Solitär der Filmgeschichte war der KZ-Film »Todesmühlen«. Am 26. April 1946 meldeten die »Salzburger Nachrichten«: »Bei der Wiener Erstaufführung des amerikanischen offiziellen KZ-Filmes ›Todesmühlen‹ hielt Stadtrat Matejka eine Ansprache, in der er forderte, daß alle Nationalsozialisten diesen Film sehen müßten, damit sie wüßten, wofür sie in Wahrheit gekämpft hatten.«[293] Am gleichen Tag meldete die Zeitung kurz: Im Non-stop Lifka-Kino in Salzburg werde am Sonntag, den 28. April 1946 die neue Wochenschau mit Bildern von dem Nürnberger- und dem Mauthausenprozess gezeigt. Der amerikanische Dokumentarfilm »Todesmühlen« laufe zum Hauptprogramm anstatt der Wochenschau. Der 22 Minuten lange Dokumentarfilm zeige Filmaufnahmen von den großen Vernichtungs- und Konzentrationslagern, welche die Alliierten bei der Befreiung der Lager gedreht hatten. Ziel war es, die deutschsprachige Bevölkerung mit den Verbrechen des Nationalsozialismus zu konfrontieren: Über die Reaktion der Bevölkerung in Salzburg gibt es keine relevanten Quellen. Es ist zu befürchten, dass nur die »Antifaschisten« den Film sahen, die ehemaligen Nationalsozialisten und die Mitläufer aber den Film als Fälschung und Propaganda der Sieger ablehnten.

Ein anderer, nun österreichischer Dokumentarfilm, »Sturmjahr« (Alternativtitel »Der Leidensweg Österreichs«), versucht, die damalige »Opfertheorie« zu popularisieren. Der Text ist unerträglich sentimental. »In harter Arbeit ringt der österreichische Bauer dem Boden der Heimat das tägliche Brot ab, treusorgend für das Gedeihen und für das Wohl des Volkes. (Glockenläuten).«[294] Nicht der Leichtsinn, wie in vielen Filmen, sondern »Fleiß, Ausdauer und Arbeitswille« zeichne den Österreicher aus. Über den »Anschluss« 1938: »Österreich ruft um Hilfe! Doch die Welt hört nicht […][295]«. »Österreich ist das erste Opfer der nationalsozialistischen Aggression«.[296] »Nicht alle jubelten, nur eine irregeleitete Jugend, die in der Schule

---

291 Christan Strasser, Klein-Hollywood, S. 554–558.

292 Ebd., S. 98.

293 »Salzburger Nachrichten«, 26. April 1946.

294 Elisabeth Büttner, Christian Dewald, Anschluss an Morgen. Eine Geschichte des österreichischen Films von 1945 bis zur Gegenwart, Salzburg 1997, S. 25.

295 Ebd., S. 28.

296 Ebd.

nicht gelernt hatte, was Österreich ist.«[297] Im Krieg entstand die österreichische Widerstandsbewegung, gejagt und verfolgt: »Der Einsatz ist hoch, das Ziel aber das
höchste. Das Ziel ist Österreich!«[298] 1945: »Endlich läuten die Glocken den Frieden ein […] Österreich ist wieder frei!«[299] Das österreichische Volk atmet glücklich
auf. Die Männer des Widerstandes gehen mit »freudigen und starken Herzen« an
die Arbeit, »getragen von dem Bewußtsein, daß die Leistung der österreichischen
Partisanen von der ganzen Welt bewundert und anerkannt wurde.«[300] Schritt für
Schritt wurde die Demokratie aufgebaut. Trotz Ruinen, Hunger und Not wisse jeder
Österreicher, dass der Wiederaufbau gelingen werde. Es geht aufwärts. Mit Hilfe
der Roten Armee werden in Wien neue Brücken gebaut. In neuer Schönheit werde
»Österreichs Ruhm durch alle Welt getragen.«[301]

Heute kann man über diesen Film nur lächeln, aber 1946, als der Film gemacht
wurde, war es ein Teil der österreichischen Nationsbildung. Die Geschichtsfälschung
wurde in Kauf genommen. Der Wiener Sozialist und »Antifaschist« Frank Ward
Rossak montierte Material aus dem Jahr 1937 in den Film und ergänzte es mit neuen
Texten aus der NS-Zeit und Nachkriegszeit. 1947 kam der Dokumentarfilm unter
dem Titel »Der Leidensweg Österreichs« in die Kinos.[302] Auch hier wissen wir nicht,
wie der Film vom Publikum aufgenommen wurde. Sicherlich war es für viele Menschen nur ein Propagandafilm, der die reale Situation 1945/47 nur wenig widerspie-
gelte.

8.2 Sport – in allen (politischen) Jahreszeiten

Der Sport erlebte im 20. Jahrhundert einen enormen Aufstieg. Die Technisierung
und Bürokratisierung der Arbeitswelt reduzierten den Körpereinsatz, die Verkürzung
der Arbeitszeit, das Recht auf einen Urlaub ermöglichten auch den Unterschichten,
Sport zu betreiben, der Rückgang der Religiösen machte den ganzen Sonntag frei
für sportliche Tätigkeiten. Die politische Lagerbildung seit dem 19. Jahrhundert
allerdings zog auch den Sport in ihre Sphäre. Der Sport im 20. Jahrhundert war
eine wichtige Ressource – individuell, ökonomisch, kulturell und politisch. Er schuf
»Helden« und Symbolfiguren, er nahm teil an der Nationsbildung – im komplexen
Feld der österreichischen Nationsbildung zwischen dem Deutschen und Österreichischen. Teilweise passte der Sport sich an die politischen offiziellen Vorgaben an – in

---

297 Ebd.
298 Ebd., S. 29.
299 Ebd., S. 30.
300 Ebd., S. 33.
301 Ebd., S. 32.
302 Ebd., S. 22–24.

der Ersten Republik, im Autoritären Regime, in der Zweiten Republik –, ein anderer Teil opponierte, je nach der eigenen politischen Lagerbildung. In der NS-Zeit allerdings war der Sport einhellig nationalsozialistisch ausgerichtet. Dabei ist auch zwischen der politischen Sportführung und den weiblichen und männlichen Sportlern, die nur Sport betreiben wollten und sich um die politische Einstellung der Führung wenig kümmerten, zu unterscheiden. Der Sport bildete auch ein eigentümliches Milieu, mit Werten wie Leistung, Körperbildung, Wettbewerb, Kampfbereitschaft usw., teilweise gehörte auch der Wehrsport dazu. In den Wehrverbänden der Ersten Republik, im Autoritären Regime, vor allem in der NS-Zeit war der Sport auch eine Vorbereitung für den Kampf, für den Bürgerkrieg und für den Großen Krieg. In der Zweiten Republik allerdings fehlte glücklicherweise dieser zivile Wehrsport.

In der Ersten Republik hatten die drei politischen Lager auch ihre eigenen Sportvereine. In Salzburg war der »Deutsche Turnerbund« (Rassenreinheit, Volkseinheit, Geistesfreiheit – contra Religion) wohl der wichtigste Verein. Einflussreich auch der antisemitische deutsche und österreichische Alpenverein, aufstrebend der »Skiverband«. Direkt in die sozialdemokratische Partei eingebunden war der »Arbeiterbund für Sport und Körperkultur« (ASKÖ). »Katholisch/deutsch-österreichisch«, ebenfalls antisemitisch, waren die christlichen Sportvereine.[303] Die österreichische Diktatur 1934–1938 versuchte in der »Österreichischen Sport- und Turnfront« (ÖSTF), den Sport zu zentralisieren und zu kontrollieren. Die sozialdemokratischen und direkt nationalsozialistischen Vereine wurden aufgelöst. Mit dem »Turnerbund« und dem »Alpenverein« spielte die Polizei eine Katz-Maus-Politik, einzelne Ortsvereine wurden aufgelöst, dann wieder zugelassen. Tatsächlich jedoch waren viele dieser lokalen Vereine Tarnorte für die illegalen Nationalsozialisten.[304] Der Nationalsozialismus räumte mit dieser Halbherzigkeit auf. Der Sport wurde wie alle anderen Bereiche gleichgeschaltet und im »Nationalsozialistischen Reichsbund für Leibesübungen« (NSRL) in Berlin zentralisiert. Ideologisch wurden die »Leibesübungen« gezielt aufgewertet – auch in den Schulen und bei der weiblichen Jugend. Das zeigte sich in Salzburg, wo Gauleiter Friedrich Rainer auch Sportführer war.[305] Organisatorisch wurde ein Gausportamt eingerichtet. 1943 stieß der frühe Parteigenosse Erwin Niedermann zum Sportführer auf. Er wird später in der Universität Salzburg wieder eine führende Rolle bei der Sporterziehung der Studierenden übernehmen.[306] Der

---

303 Ernst Hanisch, Politik und Sport in der Ersten Republik, in: Dimitriou Minas (Hg.), Salzburgs Sport in der NS-Zeit zwischen Staat und Diktatur, Salzburg 2018, S. 17–28.

304 Alfred W. Höck, In der Sportwelt radikale Ordnung schaffen. Sport im »Ständestaat«, in: Salzburgs Sport in der NS-Zeit, S. 41–64; Siegfried Göllner, »Illegale« – Sportliche Überläufer und Grenzgänger, in: Salzburgs Sport in der NS-Zeit, S. 73–85.

305 Andreas Praher, Sportführer Friedrich Rainer und seine sportpolitischen Ambitionen, in: Ebd., S. 153–169.

306 Andreas Praher, SportlerInnen für den Krieg – KriegerInnen für den Sport, in: Ebd. S. 259–263.

Skilauf hatte in den 1930er-Jahren einen enormen Zulauf erhalten (»Das Wunder in Weiss« Hermann Amanshauser 1929). Die Galionsfigur in der NS-Zeit wie in der Nachkriegszeit war der Weltmeister im Skispringen, Medienstar, illegale National-sozialist Josef (Bubi) Bradl.[307]

In der zweiten Hälfte des 20. Jahrhunderts verlor das Turnen an Bedeutung, Bergsteigen nahm zu, ebenfalls Skifahren, Fußball, Radsport, Motorradrennen usw. Zunächst jedoch, nach dem Einmarsch der U.S. Army, hatte die Bevölkerung andere Sorgen. Die Besatzungsmacht verbot den öffentlichen Sport. Die Vereine wurden aufgelöst, die Sportstätten beschlagnahmt, die NS-Sportführer verhaftet. Erst im Herbst 1945 konnten wieder einige Sportveranstaltungen stattfinden.[308] Nun wurde auch die Landesregierung aktiv. Ein Sportsekretariat wurde gegründet, wie in ande-ren Sektoren eine Dreierkommission eingerichtet (ÖVP, SPÖ, KPÖ). Eine zentrale Position hatte der Journalist Karl Iser (ÖVP), gleichzeitig Pressesprecher der Lan-desregierung.[309] Auf staatlicher Ebene entstanden zwei Dachverbände: die »Öster-reichische Turn- und Sportunion« (ÖTSU) – ÖVP nahe, und der »Arbeiterbund für Sport und Körperkultur« (ASKÖ) – SPÖ nahe.[310] Der »Deutsche Turnerbund« hatte wegen seiner NS-Belastung in der Nachkriegszeit vorerst keine Chance. In Salzburg gab es 1946 eine organisatorische Veränderung, als der Landessportrat und der Landessportbeirat eingesetzt wurden. Den politischen Kräfteverhältnissen folgend hatte die ÖVP fünf Mitglieder, die SPÖ vier, die KPÖ nur ein Mitglied.[311] 1947 folgte ein Landessportgesetz, das den Sport im Land Salzburg regeln sollte. Vor allem die finanzielle Sportförderung war hier von Bedeutung. Das Sportres-sort unterstand wie die Volkskultur dem sozialistischen Landeshauptmann-Stell-vertreter Franz Peyerl. Zuständig für die Vereinsgründung war die Sicherheitsdi-rektion, kontrolliert von der Militärregierung. Nationalsozialisten durften keinem Verein beitreten. Rund 250 Vereine in 17 Fachverbänden zeigten die Popularität des Sportes.[312] Die Entnazifizierung des Sportes folgte dem allgemeinen Schema, die NS-Sportführer wurden inhaftiert, die NS-Mitglieder mussten sich registrieren lassen. 1947/48 waren die meisten rehabilitiert. Ein Teil der Funktionäre fand Un-terschlupf bei der Sportunion (ÖVP), der Spitzensportler Josef Bradl beim ASKÖ

---

307 Ebd., S. 267–272.

308 Andreas Praher, Vergessen und Verdrängen – Salzburgs Sport in Nachkriegsösterreich, in: Ebd., S. 357–382.

309 Die Aufbauleistungen des Landes 1945–1955. Salzburg-Kleinod von Österreich, Salzburg 1955, S. 110; Ulrike Feistmantl, Entnazifizierung und Wiederaufbau des Salzburger Sportwesens, in: Salz-burgs Sport in der NS-Zeit, S. 346.

310 Ebd., S. 346.

311 Ebd., S. 351.

312 Die Aufbauleistung des Landes 1945–1955. Salzburg-Kleinod von Österreich, S. 110.

Abb. 26: Bubi Bradl auf der Zistel 1947.

(SPÖ).[313] Er war wohl der erfolgreichste Sportler aus Salzburg – von 1930 bis in die 50er-Jahre. In ärmlichen Lebensumständen aufgewachsen, war er bis 1947 im US-Internierungslager »Glasenbach« inhaftiert, aber es gelang ihm, seine sportlichen Erfolge im Nationalsozialismus als Siege für Österreich auszugeben, was zwar in Österreich geglaubt wurde, aber nicht im Ausland. Trotz Interventionen von Wien und Salzburg durfte er bei den Olympischen Winterspielen in St. Moritz 1948 nicht antreten.[314]

Die U.S. Army hatte großes Interesse, ihre Soldaten fit zu halten. Sie brachte auch neue Sportarten (Basketball) nach Salzburg. Andererseits war der Skisport in den USA wenig verbreitet. Die Berge in Salzburg verlockten die Soldaten, Skifahren zu lernen. Hierbei drehte sich das Verhältnis um, die Skilehrer waren die Chefs, die Soldaten die Schüler, egal ob die Lehrer Wehrmachtssoldaten oder NS-Mitglieder gewesen waren.[315]

---

313 Andreas Praher, Politisch belastet, sportlich frei – Salzburgs Sport nach 1945, in: Schweigen und erinnern. Das Problem Nationalsozialismus nach 1945, S. 350–386.
314 SLA, Präs. 481/47. Andreas Praher, Vergessen und verdrängt, S. 369.
315 Ebd., S. 374–376.

Ausklang

An Stelle eines Nachwortes soll an die Grundsätze der Geschichtswissenschaft erinnert werden. Gerade die Zeitgeschichtsforschung neigt dazu, den hohen Ton der Moral anzustimmen (ich nehme mich nicht aus).

DAS CREDO DER GESCHICHTSWISSENSCHAFTEN:

- Die Geschichte ist keine Religion, sie kennt keine Dogmen.
- Die Geschichte ist keine Moral. Der Historiker lobt und verdammt nicht, er erklärt.
- Die Geschichte folgt nicht dem Diktat der Aktualität. Der Historiker stülpt der Vergangenheit nicht ideologische Schemata der Gegenwart über und misst vergangene Ereignisse nicht an den Stimmungen der Gegenwart.
- Geschichte ist nicht Erinnerung. Der Historiker vergleicht die Erinnerungen der Menschen miteinander, stellt sie Dokumenten und anderen Quellen gegenüber, und stellt so Tatsachen fest.
- Geschichte hat mit Gedächtnis zu tun, sie geht aber nicht darin auf.
- Die Geschichte ist nicht Angelegenheit der Gerichte. Die Definierung historischer Wahrheit ist nicht Sache des Staates oder der Gerichte. Auch die von den besten Absichten geleitete Politik des Staates kann nicht Geschichtspolitik sein.

Französische Historiker 2005 (Zit. Nach: Berthold Unfried, Vergangenes Unrecht, Göttingen 2014, S. 241.

Abbildungsnachweis

Abb. 1   Fotoreproduktion aus den 1990er Jahren vom Salzburg Museum, Original unbekannt. Salzburg Museum Signatur: 45477.

Abb. 2   Salzburg Museum Signatur: 41450.

Abb. 3   Salzburg Museum Signatur: 45476.

Abb. 4   Ernst Hintermaier (Hg.), Erzbischof Andreas Rohracher. Krieg, Wiederaufbau, Konzil, Salzburg 2010.

Abb. 5   Stadtarchiv Salzburg, Fotosammlung. 1209.0693.

Abb. 6   Privatbesitz H. E., Linz, abgedruckt in Joseph Hiess, Glasenbach. Buch einer Gemeinschaft, Wels 1956.

Abb. 7   Quelle unbekannt.

Abb. 8   Hanisch, Ernst, Gau der guten Nerven. Die nationalsozialistische Herrschaft in Salzburg 1938–1945, Salzburg 1997.

Abb. 9   Stadtarchiv Salzburg, Fotosammlung. Abb_010_Fu_07_01_4_01a.

Abb. 10   Stadtarchiv Salzburg, Fotosammlung. 1216.0159.

Abb. 11   Boltzmann Institut – Steinacher Fonds.

Abb. 12   Salzburg. Geschichte und Politik. Mitteilungen der Dr. Hans Lechner-Forschungsgesellschaft, 28. Jahrgang 2018, Landeshauptmann Albert Hochleitner 1945–1947.

Abb. 13   Der Salzburger Landtag, Hundert Jahre selbstständiges Land Salzburg, Salzburg 1961.

Abb. 14   Marko M. Feingold, Wer einmal gestorben ist, dem tut nichts mehr weh. Eine Überlebensgeschichte, Salzburg 2012.

Abb. 15   Vom Wiederaufbau zum Wirtschaftswunder. Ein Lesebuch zur Geschichte Salzburgs, Salzburg 1994.

Abb. 16   Fotoreproduktion aus den 1990er Jahren vom Salzburg Museum, Original unbekannt. Salzburg Museum Signatur: 45478.

Abb. 17   Salzburg 1945–1955. Zerstörung und Wiederaufbau, Jahresschrift des Salzburger Museums Carolino Augusteum 40/41, Salzburg 1995.

Abb. 18   Wir Lernen Lesen, Ein Erstlesebuch für Schulanfänger von H. Kolar und J. F. Pöschl, Wien 1942.

Abb. 19   Frohes Lernen. Ein Lesebuch für Schulanfänger. Herausgegeben von einer Arbeitsgemeinschaft unter Leitung von Dr. Ludwig Battista, Wien 1948.

Abb. 20   Stadtarchiv Salzburg, Fotosammlung. 1209.0737.

Abb. 21   Stadtarchiv Salzburg. Fotoarchiv Franz Krieger. 586_A5_566-1.

Abb. 22   Sabine Breitwieser (Hg.), Anti:modern. Salzburg inmitten von Europa zwischen Tradition und Moderne, Salzburg 2016.

Abb. 23   Anton Gugg, Die Moderne in Salzburg, Kunst nach 1945, Salzburg 1988.

Abb. 24   Das Amerika Buch für die Jugend, ²Köln,1953.

Abb. 25   Schloss Leopoldskron Geschichte und Gegenwart. 75 Jahre Salzburg Global Seminar, Wien 2022.

Abb. 26   Stadtarchiv Salzburg, Fotoarchiv Anny Madner. 1209.0735.

Archive

Salzburger Landesarchiv: Präsidialakten 19451947. Scans der Militärregierung.
Stadtarchiv Salzburg: Meldekartei, Rechenschaftsbericht von Bürgermeister Richard Hildemann. NSRegistrierungsakten.
Bundesarchiv Berlin: Friedrich Bohnenberger.

Literatur

Albrich, Thomas, Die zionistische Option. Israel und die Überlebenden des Holocaust in Österreich, in: Thomas Albrich (Hg.), Flucht nach Eretz Israel. Die Bricha und der jüdische Exodus durch Österreich nach 1945, Innsbruck 1998.

Albrich, Thomas, Exodus durch Österreich. Die jüdischen Flüchtlinge 1945–1948, Innsbruck 1987.

Albrich, Thomas, Winfried R. Garscha, Martin F. Polaschek (Hg.), Holocaust und Kriegsverbrechen vor Gericht. Der Fall Österreich, Innsbruck 2006.

Albrich, Thomas, Zionisten wider Willen. Hintergründe und Ablauf des Exodus aus Osteuropa, in: Thomas Albrich (Hg.), Flucht nach Eretz Israel. Die Bricha und der jüdische Exodus durch Österreich nach 1945, Innsbruck 1998.

Amt der Salzburger Landesregierung (Hg.), Wahlen im Bundesland Salzburg, Salzburg 1983.

Angrick, Andrej, »Aktion 1005« – Spurenbeseitigung von Massenverbrechen 1942–1945. Eine »geheime Reichssache« im Spannungsfeld von Kriegswende und Propaganda, 2 Bde., Göttingen 2018.

Austria – A Soldier's Guide. Deutsche Übersetzung: Österreich – ein Leitfaden für Soldaten, Philippe Rohrach, Niko Wahl (Hg.), Wien 2017.

Bacher, Dieter, Zwischen Bleiben, Rückkehr und Weiterwandern? Fremdsprachige Displaced Persons in Niederösterreich 1945–1955, in: Österreichische Zeitschrift für Geschichtswissenschaften 31(2020).

Bachinger, Karl, Herbert Matis, Der Österreichische Schilling. Geschichte einer Währung, Graz 1974.

Bachmann-Medick, Doris, Cultural Turns. Neuorientierungen in den Kulturwissenschaften, Reinbek 2009.

Bauer, Ingrid, Post-World War II, Interracial Relationships, Mother of Black Occupation Children, and Prejudices in White Societies: Austria in Comparative Perspective, in: Zeitgeschichte 48/2021.

Bauer, Ingrid, Robert Hoffmann, Christina Kubek, Abgestempelt und ausgeliefert. Fürsorgeerziehung und Fremdunterbringung in Salzburg nach 1945, Innsbruck 2013.

Bauer, Ingrid, Welcome Ami Go Home. Die amerikanische Besatzung in Salzburg 1945–1955. Erinnerungslandschaft aus einem Oral-History Projekt, Salzburg 1998.

Bayr, Hanno, Berlin trifft Mauterndorf. Eine Reise mit Epenstein und Göring, Mariapfarr 2017.

Becker, Arthur Alexander, Mauthausen! Schauspiel in drei Aufzügen (vier Bilder) Christina Angerer, Andreas Kranebitter (Hg.), Wiener 2021.

Beer, Siegfried, Rund um den »Dritten Mann«: Amerikanische Geheimdienste in Österreich 1945–1955, in: Erwin A. Schmidl (Hg.), Österreich im frühen Kalten Krieg 1945–1958. Spione, Partisanen Kriegspläne, Wien 2000.

Beer, Siegfried, Salzburg nach dem Krieg. Beobachtungen des US-Geheimdienstes OSS/SSU über Österreich 1945/46, in: Mitteilungen der Gesellschaft für Salzburger Landeskunde, 139(1999).

Ben-Natan, Asher, »Kommandant der 5. Besatzungsarmee in Österreich«, in: Thomas Albrich

(Hg.), Flucht nach Eretz Israel. Die Bricha und der jüdische Exodus durch Österreich nach 1945, Innsbruck 1998.

Bernhard, Thomas, Die Ursache. Eine Andeutung, Salzburg 1975.

Bischof, Günter, Austria in the First Cold War, 1945–55. The Leverage of the Weak, London 1999.

Bischof, Günter, Dieter Stiefel (Hg.), »80 Dollar«. 50 Jahre ERP-Fonds und Marshall-Plan in Österreich 1948–1998, Wien 1999.

Blümel, Barbara, Die Salzburger Parteien seit 1945, in: Ernst Hanisch, Robert Kriechbaumer (Hg.), Salzburg. Zwischen Globalisierung und Goldhaube, Wien 1997.

Bormann, Beatrice von, Von Außenseitern und Exilanten. Erika Giovanna Klier und Oskar Kokoschka, in: Anti:modern. Salzburg inmitten von Europa zwischen Tradition und Moderne. O. J.

Botz, Gerhard, Gewalt in der Politik. Attentate, Zusammenstöße, Putschversuche, Unruhen in Österreich 1918–1934, München 1979.

Brausinger, Hermann, Volkskultur in der technischen Welt, Frankfurt am Main/New York 1986.

Bruckmüller, Ernst, Nation Österreich. Kulturelles Bewußtsein und gesellschaftliche-politische Prozesse, Wien 1996.

Burger, Rudolf, Ptolemäische Vermutungen. Aufzeichnungen über die Bahn der Sitten, Lüneburg 2001.

Büttner, Elisabeth, Christian Dewald, Anschluss an Morgen. Eine Geschichte des österreichischen Films von 1945 bis zur Gegenwart, Salzburg 1997.

Celan, Paul, »etwas ganz und gar Persönliches«. Briefe 1934–1970, Berlin 2019.

Chronik der Stadt Salzburg 1945–1955, in: Erich Marx (Hg.), Befreit und besetzt. Stadt Salzburg 1945–1955, Salzburg 1996.

Coudenhove-Kalergi, Barbara, Zuhause ist überall. Erinnerungen, Wien 2013.

Dachs. Herbert u. a. (Hg.), Geschichte der österreichischen Bundesländer seit 1945. Salzburg, Salzburg 1997.

Daniel, Ute, Kompendium Kulturgeschichte. Theorie, Praxis, Schlüsselwörter, Frankfurt am Main 2001.

Das Amerika Buch für die Jugend, Köln2, 1953.

Dirninger, Christian, Der wirtschaftliche Wiederaufbau, in: Salzburg 1945–1955. Zerstörung und Wiederaufbau, Jahresschrift des Salzburger Museums Carolino Augusteum 40/41, Salzburg 1995.

Dirninger, Christian, Die Arbeitgebervertretung im Bundesland Salzburg. Studie über die Kammer der gewerblichen Wirtschaft nach 1945. Festschrift für Rudolf Friese (Salzburg Dokumentationen Nr. 84, Salzburg), 1984.

Dohle, Oskar, »Allem voran möchte ich das Problem der endgültigen Liquidierung des nationalsozialistischen Geistes stellen«. Entnazifizierung im Bundesland Salzburg, in: Walter Schuster, Wolfgang Weber (Hg.), Entnazifizierung im regionalen Vergleich, Linz 2004.

Dohle, Oskar, Erzbischof Andreas Rohracher und Kriegsgefangene bzw. Zivilinternierte im In- und Ausland, in: Ernst Hintermaier u. a. (Hg.), Erzbischof Andreas Rohracher. Krieg Wiederaufbau Konzil, Salzburg 2010.

Dohle, Oskar, Peter Eisenberger, Camp Marcus W. Orr. »Glasenbach« als Internierungslager nach 1945, Linz 2009.

Dohle, Oskar, Rahmenbedingungen zur Entnazifizierung in Salzburg. Registriert, Interniert, Minderbelastet, in: Alexander Pinwinkler, Thomas Weidenholzer (Hg.), Schweigen und erinnern. Das Problem Nationalsozialismus nach 1945, (Die Stadt Salzburg im Nationalsozialismus Bd. 7) Salzburg 2016.

Dokumentationsarchiv des österreichischen Widerstandes (Hg.), Widerstand und Verfolgung in Salzburg 1934–1945, 2 Bde., Wien 1991.

Donnenberg, Josef, Salzburger Literatur im 19. und 20. Jahrhundert, in: Geschichte Salzburgs. Stadt und Land Band II/3. Salzburg 1991.

Eagleton, Terry, Was ist Kultur?, München 2001.

Ehmer, Josef, Bevölkerungsgeschichte und historische Demografie 1800–2000, München 2004.

Eibach, Joachim, Günther Lottes (Hg.), Kompass der Geschichtswissenschaft, Göttingen 2002.

Eibach, Joachim, Günther Lottes (Hg.), Kompass der Geschichtswissenschaft, Göttingen 2002.

Eichinger, Monika, Nationalsozialistisches Erbe und Neubeginn. Die Studienbibliothek Salzburg 1945–1955, in: Ursula Schacher-Raber u. a. (Hg.), Buchraub in Salzburg. Bibliotheks- und NS-Provenienzforschung an der Universitätsbibliothek Salzburg, Salzburg 2012.

Elmauer, Daniela, Michael John, Regina Thumser, »Arisierungen« beschlagnahmter Vermögen, Rückstellungen und Entschädigungen, Wien 2004.

Embacher, Helga, »… daß die Ehre der Kameraden unangetastet bleiben müsse«. Die »Wehrmachtsausstellung« und das Geschichtsbild des »Kameradschaftsbund«, in: Helga Embacher u. a. (Hg.), Umkämpfte Erinnerung. Die Wehrmachtsausstellung in Salzburg, Salzburg 1999.

Embacher, Helga, Jüdische »Gäste« im Gasteinertal nach 1945, in: Robert Kriechbaumer (Hg.), Der Geschmack der Vergänglichkeit. Jüdische Sommerfrische in Salzburg, Wien 2002.

Enderle-Burcel, Gerdrud (Hg.), Protokolle des Kabinettrates der Provisorischen Regierung Karl Renner 1945, Horu 1995.

Feingold, Marko M., Meine Tätigkeit bei der Bricha, in: Thomas Albrich (Hg.), Flucht nach Eretz Israel. Die Bricha und der jüdische Exodus durch Österreich nach 1945, Innsbruck 1998.

Feingold, Marko M., Wer einmal gestorben ist, dem tut nichts mehr weh. Eine Überlebensgeschichte, Salzburg 2012.

Feistmantl, Ulrike, Entnazifizierung und Wiederaufbau des Salzburger Sportwesens, in: Dimitriou Minas (Hg.), Salzburgs Sport in der NS-Zeit zwischen Staat und Diktatur, Salzburg 2018.

Feldinger, Norbert P., Nachkriegsrundfunk in Österreich. Zwischen Föderalismus und Zentralismus von 1945 bis 1957, München 1990.

Fenzl, Annemarie, 1945/1955 – Kriegsende – Freiheit – Geschenk und Auftrag – der Beitrag der Kirche zur Zweiten Republik, in: Hans Paarhammer u. a. (Hg.), Kirchlicher Wiederaufbau in Österreich, Frankfurt am Main 2016.

Floimair, Roland (Hg.), Vom Wirtschaftsaufbau zum Wirtschaftswunder. Ein Lesebuch zur Geschichte Salzburgs, Salzburg 1994.

Franz-Willing, Georg, »Bin ich schuldig?« Leben und Wirken des Reichsstudentenführers und Gauleiters Dr. Gustav Adolf Scheel 1909–1979. Eine Biographie, Leoni am Starenberger See 1987.

Frei, Norbert, Dominik Rigoll (Hg.), Der Antikommunismus in seiner Epoche. Weltanschauung und Politik in Deutschland, Europa und den USA, Göttingen 2017.

Frohes Lernen. Ein Lesebuch für Schulanfänger. Herausgegeben von einer Arbeitsgemeinschaft unter Leitung von Dr. Ludwig Battista, Wien 1948.

Fuchs, Gernod, Befreit und besetzt. Die kampflose Übergabe der Stadt Salzburg an die 3. US-Infanterie-Division am 4. Mai 1945 (Schriftenreihe des Archivs der Stadt Salzburg Beiheft 2), Salzburg 2015.

Fussenegger, Gertrud (Hg.), Das Waggerl Lesebuch, Salzburg 1984.

Gallup, Stephen, Die Geschichte der Salzburger Festspiele, Wien 1989.

Gauß, Karl-Markus, Zu früh, zu spät. Zwei Jahre, Wien 2007.

Gefen, Aba, Zwei Jahre als Bricha-Kommandant in Salzburg, in: Thomas Albrich (Hg.), Flucht nach Eretz Israel. Die Bricha und der jüdische Exodus durch Österreich nach 1945, Innsbruck 1998.

Goiginger. Gottfried, Toleranz als Programm. Der Salzburger Kunstverein nach 1945, in: 150 Jahre Salzburger Kunstverein. Kunst und Öffentlichkeit, Salzburg 1994.

Göllner, Siegfried, »Illegale« – Sportliche Überläufer und Grenzgänger, in: Dimitriou Minas (Hg.), Salzburgs Sport in der NS-Zeit zwischen Staat und Diktatur, Salzburg 2018.

Großpietsch, Christoph, Rückgaben, Rückblicke und Rolle Alfred Heidl für den Neubeginn der Internationalen Stiftung Mozarteum nach Kriegsende, in: Alexander Pinwinkler, Alexander, u. a., (Hg), Die Internationale Stiftung Mozarteum und der Nationalsozialismus, Salzburg 2022.

Gugg, Anton, Die Moderne in Salzburg. Kunst nach 1945, Salzburg 1988.

Haas, Hanns, Bilder vom Heimatland Salzburg, in: Robert Kriechbaumer (Hg.), Liebe auf den Zweiten Blick. Landes- und Österreichbewußtsein nach 1945, Wien 1998.

Haas, Hanns, Nationsbewußtsein und Salzburger Landesbewußtsein, in: Salzburg und das Werden der Zweiten Republik. VI. Landes-Symposion am 4. Mai 1985, Salzburg 1985.

Haiddinger, Martin, Wilhelm Höttl. Spion für Hitler und die USA, Wien 2019.

Haidinger, Martin, Wilhelm Höttl – Agent zwischen Spionage und Inszenierung, Diplomarbeit an der Universität Wien, Wien 2006.

Hangler, Jutta, Schloss Fuschl. Beutegut des NS-Aussenministers, in: Robert Kriechbaumer (Hg.), Geschmack der Vergänglichkeit, Wien 2002.

Hanisch, Ernst, Braune Flecken im Goldenen Westen. Die Entnazifizierung in Salzburg, in: Sebastian Meisl, Klaus-Dieter Mulley, Oliver Rathkolb (Hg.), Verdrängte Schuld, verfehlte Sühne. Entnazifizierung in Österreich 1945–1955, Wien 1986.

Hanisch, Ernst, Der Beginn des Nationalstaatsparadigma in Österreich nach 1945 – der Unterschied zu Deutschland, in: Hans Peter Hye u. a. (Hg.), Nationalgeschichte als Artefakt. Zum Paradigma »Nationalstaat« in den Historiographien Deutschlands, Italiens und Österreichs, Wien 2009.

Hanisch, Ernst, Der politische Bischof. Seine Beziehungen zur US-Besatzungsmacht und zu den politischen Parteien, in: Ernst Hintermaier, Alfred Rinnerthaler, Hans Spatzenegger (Hg.), Erzbischof Andreas Rohracher. Krieg Wiederaufbau Konzil, Salzburg 2010.

Hanisch, Ernst, Der politische Diskurs über den Nationalsozialismus in den langen 1950er Jahren, in: Alexander Pinwinkler u. a. (Hg.), Schweigen und erinnern. Das Problem Nationalsozialismus nach 1945, Salzburg 2016 (Die Stadt Salzburg im Nationalsozialismus Bd. 7).

Hanisch, Ernst, Die Politik und die Landwirtschaft, in: Franz Ledermüller (Hg.), Geschichte der österreichischen Land- und Forstwirtschaft im 20. Jahrhundert, Wien 2002.

Hanisch, Ernst, Die Salzburger Presse in der Ersten Republik 1918–1938, in: Mitteilungen der Gesellschaft für Salzburger Landeskunde, 128(1988).

Hanisch, Ernst, Franz Rehrl – sein Leben, in: Wolfgang Huber (Hg.), Franz Rehrl. Landeshauptmann von Salzburg 1922–1938, Salzburg 1975.

Hanisch, Ernst, Gau der guten Nerven. Die nationalsozialistische Herrschaft in Salzburg 1938–1945, Salzburg 1997.

Hanisch, Ernst, Im Knotenpunkt zeitgeschichtlicher Diskurse, in: Karl Müller (Hg.), »Nichts Komplizierteres heutzutage als ein einfacher Mensch«. Beiträge des Internationalen Karl-Heinrich-Waggerl-Symposions 1997, Salzburg 1999.

Hanisch, Ernst, Männlichkeiten. Eine andere Geschichte des 20. Jahrhunderts, Wien 2005.

Hanisch, Ernst, Österreichische Identität und der Widerstand gegen den Nationalsozialismus, in: Catherine Bosshart-Pfluger u. a. (Hg.), Nation und Nationalismus in Europa. Kulturelle Konstruktion von Identitäten. Festschrift für Urs Altermatt, Frauenfeld 2002.

Hanisch, Ernst, Politik und Sport in der Ersten Republik, in: Dimitriou Minas (Hg.), Salzburgs Sport in der NS-Zeit zwischen Staat und Diktatur, Salzburg 2018.

Hanisch, Ernst, Salzburg in der Zweiten Republik. Der politische Wiederaufbau, in: Geschichte Salzburgs. Stadt und Land, Band II/2, Salzburg 1988.

Hanisch, Ernst, Salzburger Volkskultur: Pflege – Traum – Kommerz, in: Herbert Dachs u. a. (Hg.), Geschichte der österreichischen Bundesländer seit 1945. Salzburg, Salzburg 1997.

Hanisch, Ernst, Umgang mit dem Nationalsozialismus, in: Robert Kriechbaumer, Richard Voilhofer (Hg.), Politik im Wandel. Der Salzburger Landtag im Chiemseehof 1868–2018, 1. Bd., Wien 2018.

Hanisch, Ernst, Von den schwierigen Jahren der Zweiten Republik – Salzburg im Wiederaufbau, in: Salzburg und das Werden der Zweiten Republik (VI. Landes-Symposion am 4. Mai 1985), Salzburg 1985.

Hanisch, Ernst, Zwei Reden über die SS, in: Helga Embacher, Thomas Weidenholzer (Hg.), Machtstrukturen der NS-Herrschaft. NSDAP-Polizei/Gestapo – Militär – Wirtschaft (Die Stadt Salzburg im Nationalsozialismus 5. Bd.), Salzburg 2014.

Hanisch, Ruth, Moderne vor Ort: Wiener Architektur 1889–1938, Wien 2018.

Herbert, Ulrich, Wer waren die Nationalsozialisten? München 2021.

Hilberg, Raul, Die Vernichtung der europäischen Juden, 2. Bd., Frankfurt/Main, Fischer Tagebuch, o. J.

Hinterberger, Julia, »Gottbegnadete Künstler« und »volksverbundene« Kunst. Musikkultur zur Zeit des Nationalsozialismus, in: Peter F. Kramml, Christoph Kühberger (Hg.), Inszenierung der Macht. Alltag – Kultur – Propaganda, Salzburg 2011, (Die Stadt im Nationalsozialismus 2. Bd.).

Hinterberger, Julia, Vom Konservatorium zur Akademie. Das Mozarteum 1922-1953. Geschichte der Universität Mozarteum Salzburg 2. Bd., Wien 2022.

Hochstraate, Lutz (Hg.), 100 Jahre Haus am Markatplatz. Salzburger Landestheater, Salzburg 1993.

Höck, Alfred W., Die Aufgaben- und Organisationsentwicklung des Amtes der Salzburger Landesregierung, Salzburg 2013.

Höck, Alfred W., In der Sportwelt radikale Ordnung schaffen. Sport im »Ständestaat«, in: Dimitriou Minas (Hg.), Salzburgs Sport in der NS-Zeit zwischen Staat und Diktatur, Salzburg 2018.

Hoffmann, Robert »Bund sozialistischer Anfänger«. Zur Integration bürgerlicher Intellektueller im Salzburger BSA nach 1945 in: Hanns Haas, Robert Hoffmann, Robert Kriechbaumer (Hg.), Salzburg, Städtische Lebenswelt(en) seit 1945, Salzburg 2000.

Hofinger, Johannes, »… wir, die dabei waren«. Erzählungen von Salzburgerinnen und Salzburgern über ihr Leben in der NS-Zeit, (Die Stadt Salzburg im Nationalsozialismus, Ergänzungsband 1), Salzburg 2019.

Hofinger, Johannes, Nationalsozialismus in Salzburg. Opfer. Täter. Gegner. (Nationalsozialismus in den Österreichischen Bundesländern, Bd. 5) Innsbruck 2016.

Hofstätter-Schmid, Anna, Die Entwicklung des Salzburger Fremdenverkehrs in der Zweiten Republik, in: Hanns Haas u. a. (Hg.), Weltbühne und Naturkulisse. Zwei Jahrhunderte Salzburg-Tourismus, Salzburg 1994.

Holl, Hildemar, Literarisches Leben in Salzburg 1945–1955, in: Erich Marx (Hg.), Befreit und besetzt. Stadt Salzburg 1945–1955, Salzburg 1996.

Holl, Hildemar, Literaturgeschichte Salzburgs von 1945 bis zur Gegenwart, in: Herbert Dachs u. a. (Hg.), Geschichte der österreichischen Bundesländer seit 1945. Salzburg, Salzburg 1997.

Hollweger, Leonhard, in: Das war unsere Zeit. Eine Generation in der Stadt Salzburg erinnert sich …, Salzburg 2018.

Hömberg, Walter, Karlheinz Rossbacher, Lesen auf dem Lande, Salzburg 1977.

Höttl, Wilhelm, Einsatz für das Reich. Im Auslandsgeheimdienst des Dritten Reiches, Koblenz 1997.

Huber, Barbara, Die NSDAP Salzburg. Die Politischen Leiter: Profile, Vernetzungen und Handlungs(spiel)räume, (Die Stadt Salzburg im Nationalsozialismus, Ergänzungsband 2), Salzburg 2019.

Huber, Barbara, Herrschaft- und Machtstrukturen der NSDAP Salzburg. Profil(e), Verzerrungen, Handels(spiel)räume, Diss. Salzburg 2018.

Huber, Barbara, Narrative des Vermeidens. NSDAP-Amtstragende vor Gericht, in: Alexander Pinwinkler, Thomas Weidenholzer (Hg.), Schweigen und erinnern. Das Problem Nationalsozialismus nach 1945 (Die Stadt Salzburg im Nationalsozialismus Bd. 7), Salzburg 2016.

Huber, Gabriele, Regina Thumser, Das Flüchtlingslager »Camp Hellbrunn«. Fremdsprachige Flüchtlinge im Salzburg der Nachkriegszeit, in: Hanns Haas u.a. (Hg.), Salzburg. Städtische Lebenswelt(en) seit 1945, Wien 2000.

Hutter, Clemens M., Kaprun. Geschichte eines Erfolgs, Salzburg 1994.

Iriye, Akira, Jürgen Osterhammel (Hg.), Geschichte der Welt. 1945 bis Heute. Die globalisierte Welt. München 2013..

Jacobmeyer, Wolfgang, Jüdische Überlebende als »Displaced Persons«. Untersuchungen zur Besatzungspolitik in den deutschen Westzonen und zur Zuwanderung osteuropäischer Juden 1945–1947, in: Geschichte und Gesellschaft 9(1983).

Jakob, Waltraud, Salzburger Zeitungsgeschichte, Salzburger Dokumentationen (Nr. 39), Salzburg 1979.

Jäner, Harald, Wolfszeit. Deutschland und die Deutschen 1945–1955, Berlin 2019.

Jeggle, Utz u. a. (Hg.), Volkskultur in der Moderne. Probleme und Perspektiven empirischer Kulturforschung, Reinbek 1986.

Johnson, Edgar N. (OSS), 9. Juni 1945, in: Oliver Rathkolb (Hg.), Gesellschaft und Politik am Beginn der Zweiten Republik. Vertrauliche Berichte der US-Militäradministration aus Österreich 1945 in englischer Originalfassung, Wien 1985.

Judt, Tony, Geschichte Europas. Von 1945 bis zur Gegenwart, München 2006.

Juffinger, Roswitha, Gerhard Plasser, Salzburger Landessammlung 1939–1955, Salzburg 2007.

Kaiser, Eva Maria, Hitlers Jünger und Gottes Hirten. Der Einsatz der katholischen Bischöfe Österreichs für ehemalige Nationalsozialisten nach 1945, Wien 2017.

Kaltenegger, Roland, Operation »Alpenfestung«. Das letzte Geheimnis des »Dritten Reiches, München 2005.

Karner, Stefan, Barbara Stelzl-Marx (Hg.), Die Rote Armee in Österreich. Sowjetische Besatzung 1945–1955, Graz 2005.

Karner, Stefan, Im Archipel GUPVI. Kriegsgefangenschaft und Internierung in der Sowjetunion 1941–1956, Wien 1995.

Kaut, Josef, Der steinige Weg. Geschichte der sozialistischen Arbeiterbewegung im Land Salzburg, Wien 1961.

Kaut, Josef, Festspiele in Salzburg. Eine Dokumentation, München 1970.

Kerschbaumer, Gert, Kunst im Getriebe der Politik 1933–1938–1945, in: 150 Jahre Salzburger Kunstverein. Kunst und Öffentlichkeit, Salzburg 1994.

Kerschbaumer, Gert, Meister des Verwirrens. Die Geschäfte des Kunsthändlers Friedrich Welz, Wien 2000.

Kershaw, Ian, Höllensturz. Europa 1914 bis 1949, München [2]2016.

Klenner, Fritz, Die österreichischen Gewerkschaften. Vergangenheit und Gegenwartsprobleme. 2. Bd., Wien 1953.

Koller, Fritz, Das Inventarbuch der Landesgalerie Salzburg 1942–1944, Salzburg 2000.

Kolmbauer, Johann, Gründungsaufbau der ÖVP in der Stadt Salzburg 1945/46, in: Franz Schausberger (Hg.), Im Dienste Salzburgs. Zur Geschichte der ÖVP, Salzburg 1985.

Kramml, Peter F., Die Neuordnung der Staatsverwaltung nach dem »Führerprinzip«. Städtische Entscheidungsträger 1938–1945, in: Thomas Weidenholzer, Peter F. Kramml (Hg.), Gaustadt Salzburg. Stadtverwaltung und Kommunalpolitik (Die Stadt Salzburg im Nationalsozialismus Bd. 6) Salzburg 2015.

Kramml, Peter F., Die Neuordnung der Stadtverwaltung nach dem »Führungsprinzip«. Städtische Entscheidungsträger 1938–1945, in: Gauhauptstadt Salzburg. Stadtverwaltung und Kommunalpolitik (Die Stadt Salzburg im Nationalsozialismus 6. Bd.), Salzburg 2015.

Kriechbaumer, Robert (Hg.), Neues aus dem Westen. Aus den streng vertraulichen Berichten der Sicherheitsdirektion und der Bundespolizeidirektion Salzburg an das Innenministerium 1945 bis 1955, Wien 2016.

Kriechbaumer, Robert, Die ÖVP in Salzburg im Jahr 1945, Versuch einer Rekonstruktion, in: Franz Schausberger (Hg.), Im Dienste Salzburgs. Zur Geschichte der Salzburger ÖVP, Salzburg 1985.

Kriechbaumer, Robert, Entnazifizierung, in: Salzburg 1945–1955. Zerstörung und Wiederaufbau (Jahresschrift des Salzburger Museum Carolino Augusteum 40/41, 1994/95).

Kriechbaumer, Robert, Entscheidung für Österreich. Die Länderkonferenzen der ÖVP im Chiemseehof 1945, in: Robert Kriechbaumer, Richard Voithofer (Hg.), Politik im Wandel. Der Salzburger Landtag im Chiemseehof 1868–2018, 1. Bd., Wien 2018.

Kriechbaumer, Robert, Salzburger Festspiele von 1945 bis 1960, Salzburg 2007.

Krisch, Laurenz, Zersprengt die Dollfußketten. Die Entwicklung des Nationalsozialismus in Bad Gastein bis 1938, Wien 2003.

Kuretsidis-Haider, Claudia, Rudolf Leo, »dachaureif«. Der Österreichertransport aus Wien in das KZ Dachau am 1. April 1938. Biografische Skizzen der Opfer, Wien 2019.

Kuretsidis-Haider, Claudia, Volksgerichtsbarkeit und Entnazifizierung in Österreich, in: Walter Schuster, Wolfgang Weber (Hg), Entnazifizierung im regionalen Vergleich, Linz 2004.

Lackerbauer, Ilse, Das Kriegsende in der Stadt Salzburg im Mai 1945 (Militärhistorische Schriftreihe 35), Wien 1977.

Landesdirektion (Hg.), 200 Jahre Salzburg in Zahlen. Ein statistischer Streifzug 1816–2006, Salzburg 2016.

Langthaler, Ernst, Österreich vor Ort. Ein Weg in die kollektive Identität der Zweiten Republik, in: Österreichische Zeitschrift für Geschichtswissenschaften, 13(2002).

Ledochowski-Thun, Karl, Der Salzburger Landtag 18611961. Eine rechtsgeschichtliche Betrachtung, in: Hundert Jahre selbständiges Land Salzburg, Festschrift, Salzburg 1961.

Lemberger, Josef, Die Salzburger Landwirtschaftskammer von 1945 bis 1992. Politik und Wirtschaft, in: Gerhard Ammerer u. a. (Hg.), Vom Feudalverband zur Landwirtschaftskammer, Schriftenreihe des Landespressebüros Nr. 106, Salzburg 1992.

Lemberger, Josef, Interessenverbände im Bundesland Salzburg, in: Herbert Dachs u. a. (Hg.), Geschichte der österreichischen Bundesländer seit 1945. Salzburg, Salzburg 1997.

Lichtblau, Albert, »Arisierungen«, beschlagnahmte Vermögen, Rückstellungen und Entschädigungen in Salzburg, Wien 2004 (Veröffentlichungen der Österreichischen Historikerkommission. Vermögensentzug während der NS-Zeit sowie Rückstellungen und Entschädigungen seit 1945 in Österreich, Bd. 17).

Lichtblau, Albert, Die Problematik der Rückstellungen von entzogenem Eigentum, in: Alexander Pinwinkler u. a. (Hg.), Schweigen und erinnern. Das Problem Nationalsozialismus nach 1945, Salzburg 2016 (Die Stadt Salzburg im Nationalsozialismus Bd. 7).

Lietzow, Bernadette, »Nächstes Jahr in Jerusalem«. Die Lager für jüdischen DPs und Flüchtlinge in Salzburg, in: Thomas Albrich (Hg.), Flucht nach Eretz Israel. Die Bricha und der jüdische Exodus durch Österreich nach 1945, Innsbruck 1998.

Linz, Juan J., Totalitäre und autoritäre Regime, Potsdam 2009.

Lothar, Ernst, Das Wunder des Überlebens. Erinnerungen und Erlebnisse, Wien 1960.

Löwer, Hans-Joachim, Flucht über die Alpen. Wie jüdische Holocaust-Überlebende nach Palästina geschleust wurden, Innsbruck 2021.

Lunzer, Christian, Süßer Vogel Jugend, in: Friederike Goldschmidt u. a. (Hg.), Jugend in Salzburg 1945 bis 1969. Zeitzeugen erzählen, Salzburg 2009.

Maier, Wolfgang, Die soziale und wirtschaftliche Situation in Salzburg 1945. Hausarbeit am Institut für Geschichte an der Universität Salzburg 1969.

Marx, Erich (Hg.), Befreit und besetzt. Stadt Salzburg 1945–1955, Salzburg 1996.

Marx, Erich (Hg.), Bomben auf Salzburg. Die »Gauhauptstadt« im »Totalen Krieg«, Salzburg 1995.

Marx, Erich, Kriegsgefangene – Heimkehrer. Schicksal einer Generation, in: Erich Marx (Hg.), Befreit und besetzt. Stadt Salzburg 1945–1955, Salzburg 1996.

Michels, Thomas, Abendland, in: Katholisches Soziallexikon, Innsbruck 1964.

Mittermayer, Manfred, Das Salzburg des Thomas Bernhard, Berlin 2017.

Mittermayer, Manfred, Thomas Bernhard. Eine Biografie, Wien 2015.

Moll, Martin, Himmlers Sorgenkinder oder verlässliche Vasallen? Österreichische höhere SS-Führer zwischen ostmärkischen Traditionen und der SS-Moral, in: Alfred Ableiinger (Hg.), Festschrift für Siegfried Beer zum 65. Geburtstag, Garz 2013.

Mueller, Wolfgang, Informationsmedien in der »Besatzungszeit«. Tagespresse, Rundfunk, Wochenschau 1945–1955, in: Matthias Karmasin u. a. (Hg.), Österreichische Mediengeschichte. Band 2: Von Massenmedien zu Sozialen Medien (1918 bis heute), Wiesbaden 2019.

Mühlmann, Josef, Vorwort zur Ausstellung 1919, in: Sabine Breitwieser (Hg.), Anti:modern. Salzburg inmitten von Europa zwischen Tradition und Moderne, Salzburg 2016.

Müller, Die ehemalige Wartberg-Villa unter der Richterhöhe (Mönchsberg), in: Landeskunde. Info 3/2019.

Müller, Karl, Karl Heinrich Waggerl, Salzburg 1997.

Nafali, Timothy, Creating the Myth of the Alpenfestung: Allied Intelligence and the Collapse of the Nazi Police-State, in: Günther Bischof, Anton Pelinka (Hg.), Austrian Historical Memory and National Identity (Contemporary Ausrian Studies 5), New Brunswick 1997.

Neumayr, Ursula J., Österreich. Oder doch Salzburg? – Stationen eines politischen Zugehörigkeitsgefühl der Pinzgauer in der zweiten Hälfte des 20. Jahrhunderts, in: Ernst Hanisch, Robert Kriechbaumer (Hg.), Salzburg. Zwischen Globalisierung und Goldhaube, Wien 1997.

Neuper, Wolfgang, Kirchlicher Wiederaufbau in der Erzdiözese Salzburg 1945–1968, in: Hans Paarhammer u. a. (Hg.), Kirchlicher Wiederaufbau in Österreich, Frankfurt am Main 2016.

Österreichischer Kameradschaftsbund (Hg.), Kameraden in Feldgrau. Denkmal der Treue, Mahnung für alle, Wien o. J.

Padinger, Franz, Geschichte der Salzburger Hochschulwochen, in: Paulus Gordan (Hg.), Christliche Weltdeutung. Salzburger Hochschulwochen 1931–1981, Graz 1981.

Pichler, Ernst, Karl Heinrich Waggerl. Eine Biografie, Innsbruck 1997.

Pinwinkler, Alexander, Die Stadt Salzburg im April/Mai 1945. Mythos, Wahrheit um die »Rettung Salzburg« vor der Zerstörung, in: Thomas Weidenholzer, Peter F. Kramml (Hg.), Gaustadt Salzburg. Stadtverwaltung und Kommunalpolitik, (Die Stadt Salzburg im Nationalsozialismus, Bd. 6) Salzburg 2015.

Pirker, Peter, Codename Brooklyn. Jüdische Agenten im Feindesland. Die Operation Greenup 1945, Innsbruck 2019..

Pirker, Peter, Mathias Breit, Schnappschüsse der Befreiung. Fotografien amerikanischer Soldaten im Frühjahr 1945, Innsbruck 2020.

Pohl, Dieter, Antikommunismus als Ressource von Diktaturen und autoritären Systemen bis 1945, in: Lucile Dreidemy (Hg.), Bananen, Cola, Zeitgeschichte: Oliver Rathkolb und das lange 20. Jahrhundert, 1. Bd., Wien 2015.

Praher, Andreas, Politisch belastet, sportlich frei – Salzburgs Sport nach 1945, in: Alexander Pinwinkler u.a. (Hg.), Schweigen und erinnern. Das Problem Nationalsozialismus nach 1945, Salzburg 2016 (Die Stadt Salzburg im Nationalsozialismus Bd. 7).

Praher, Andreas, Sportführer Friedrich Rainer und seine sportpolitischen Ambitionen, in: Dimitriou Minas (Hg.), Salzburgs Sport in der NS-Zeit zwischen Staat und Diktatur, Salzburg 2018.

Praher, Andreas, SportlerInnen für den Krieg – KriegerInnen für den Sport, in: Dimitriou Minas (Hg.), Salzburgs Sport in der NS-Zeit zwischen Staat und Diktatur, Salzburg 2018.

Praher, Andreas, Vergessen und Verdrängen – Salzburgs Sport in Nachkriegsösterreich, in: Dimitriou Minas (Hg.), Salzburgs Sport in der NS-Zeit zwischen Staat und Diktatur, Salzburg 2018.

Pupp, Julius, In Memoriam Dr. Gustav Adolf Canaval, Salzburg 1965.

Ramp, Norbert, Auf der Durchreise, in: Hanns Haas u.a. (Hg.), Salzburg. Städtische Lebenswelt(en) seit 1945, Wien 2000.

Rathkolb, Oliver (Hg.), Gesellschaft und Politik am Beginn der Zweiten Republik. Vertrauliche Berichte der US-Militäradministration aus Österreich 1945 in englischer Originalfassung, Wien 1985.

Rauchensteiner, Manfried, GIs und CHESTERFIELD. Die amerikanischen Besatzungstruppen in Salzburg, in: Salzburg 1945–1955. Zerstörung und Wiederaufbau, Jahresschrift des Salzburger Museums Carolino Augusteum 40/41, Salzburg 1995.

Raurieser Dorfbuch, Rauris 2019.

Reich-Ranicki, Marcel, Mein Leben, München 2000.

Retter, Magrit, Die Ehemaligen. Der Nationalsozialismus und die Anfänge der FPÖ, Göttingen 2019.

Rinnerthaler, Alfred, Von der religiösen Wiederaufbaueuphorie zum »Neuen Kirchenkurs«. Kirchliches Leben in Salzburg 1945–1995, in: Herbert Dachs u.a. (Hg.), Geschichte der österreichischen Bundesländer seit 1945. Salzburg, Salzburg 1997.

Rolinek, Susanne, Der »andere« Besatzungsalltag. Die Erfahrungen eines jüdischen GIs in Salzburg, in: Hanns Haas (Hg.), Salzburg, Städtische Lebenswelt(en) seit 1945, Wien 2000.

Rolinek, Susanne, Jüdische Fluchthilfe im Raum Salzburg. Das Netzwerk von Bricha und Betar 1945 bis 1948, in: Thomas Albrich (Hg.), Flucht nach Eretz Israel. Die Bricha und der jüdische Exodus durch Österreich nach 1945, Innsbruck 1998.

Roth, Franz, Die Volksdeutschen in Salzburg, in: Salzburg 1945–1955. Zerstörung und Wiederaufbau, Jahresschrift des Salzburger Museums Carolino Augusteum 40/41, Salzburg 1995..

Ryback, Timothy W., Salzburg Global Seminar, in: Schloss Leopoldskron Geschichte und Gegenwart. 75 Jahre Salzburg Global Seminar, Wien 2022.

Ryback, Timothy W., Salzburg Seminar – Eine Welt im Gespräch, in: Schloß Leopoldskron, Salzburg 2017.

Sachslehner, Johannes, Hitlers Mann im Vatikan, Bischof Alois Hudal. Ein dunkles Kapitel in der Geschichte der Kirche, Wien 2019.

Salzburg – Kleinhold von Österreich. 10 Jahre Aufbau 1945–1955, Salzburg 1955.

Salzburg. Geschichte und Politik. Mitteilungen der Dr. Hans Lechner-Forschungsgesellschaft, 28. Jahrgang 2018, Landeshauptmann Albert Hochleitner 1945-1947.

Salzburger Aufbautätigkeit. Führer durch die Ausstellung auf der Festung Hohensalzburg, 27. Juli bis 31. August 1948.

Salzburger Landesfest 1990. 100 Jahre Brauchtumspflege, Salzburg 1990.

Salzburg-Kleinod von Österreich. 10 Jahre Aufbau 1945–1955, Salzburg 1955.

Sandgruber, Roman, Ökonomie und Politik. Österreichische Wirtschaftsgeschichte vom Mittelalter bis zur Gegenwart, Wien 1995.

Sands, Philippe, Die Rattenlinie. Ein Nazi auf der Flucht, Frankfurt am Main 2020.

Schacher-Raber, Ursula u. a. (Hg.), Buchraub in Salzburg. Bibliotheks- und NS-Provenienzforschung an der Universitätsbibliothek Salzburg, Salzburg 2012.

Schausberger, Franz u. a. (Hg.), Protokolle der Landesparteitage der Salzburger Volkspartei, 1. Bd., 1945–1951, Salzburg 1986.

Schausberger, Franz, Albert Hochleitner – ein Landeshauptmann für Freiheit, Brot und Arbeit, in Salzburger Geschichte und Politik, Nr. 1/2, 2018.

Schausberger, Franz, Der Salzburger Landtag, in: Ernst Hanisch, Robert Kriechbaumer (Hg.), Salzburg. Zwischen Globalisierung und Goldhaube, Wien 1997.

Schausberger, Franz, Friedrich Steinkeller, Protokolle des Landesparteitage der Salzburger ÖVP, 1. Bd. 1945–1951, Salzburg 1986.

Schausberger, Franz, Von Hochleitner zu Klaus. Die Salzburger ÖVP von 1945 bis 1949, in: Franz Schausberger (Hg.), Im Dienste Salzburgs. Zur Geschichte der ÖVP, Salzburg 1985.

Scheuringer, Brunhilde, Das soziale Milieu der Volksdeutschen in der Stadt Salzburg nach 1945, in: Hanns Haas u. a. (Hg.), Salzburg. Städtische Lebenswelt(en) seit 1945, Wien 2000.

Schima, Stefan, »Wiederaufbau« auf rechtlicher Ebene: Die Behandlung der Frage der Weitergeltung des Konkordates seit dem Jahre 1945 unter besonderer Berücksichtigung des Vermögensvertrages von 1960, in: Hans Paarhammer u. a. (Hg.), Kirchlicher Wiederaufbau in Österreich, Frankfurt am Main 2016.

Schmidjell, Richard, Salzburger Wirtschaft – gestern, heute, morgen, Salzburg 1974.

Schmidt, Gerhard, Patrioten Pläne und Parteien, Salzburg 1970.

Schmolke, Michael, Das Salzburger Medienwesen, in: Heinz Dopsch u. a. (Hg.), Geschichte Salzburgs Stadt und Land Band II. 3. Teil, Salzburg 1991.

Schmolke, Michael, Medien, in: Ernst Hanisch, Robert Kriechbaumer (Hg.), Salzburg. Zwischen Globalisierung und Goldhaube, Wien 1997.

Schmolke, Michael, Medien, in: Herbert Dachs u. a. (Hg.), Geschichte der österreichischen Bundesländer seit 1945. Salzburg, Salzburg 1997.

Schmoller, Andreas, »Der glücklichste Bibliothekar«. Biografische Skizzen zu Ernst Frisch in: Ursula Schacher-Raber u. a. (Hg.), Buchraub in Salzburg. Bibliotheks- und NS-Provenienzforschung an der Universitätsbibliothek Salzburg, Salzburg 2012.

Schreiber, Horst, Endzeit. Krieg und Alltag in Tirol 1945, Innsbruck 2020.

Sedlmayr, Hans, Verlust der Mitte. Die bildende Kunst des 19. und 20. Jahrhunderts als Symptom und Symbol der Zeit, Frankfurt am Main 1985.

Seikmann, Inge, Salzburg – Goldenstein und zurück, in: Friederike Goldschmidt u. a. (Hg.), Jugend in Salzburg 1945 bis 1969. Zeitzeugen erzählen, Salzburg 2009.

Seinbacher, Sybille, Gesellschaftsordnung durch Gewalt. Überlegungen zu einer vergleichenden Geschichte der Konzentrationslagersysteme, in: Lucile Dreidemy (Hg.), Bananen, Cola, Zeitgeschichte: Oliver Rathkolb und das lange 20. Jahrhundert, 1. Bd., Wien 2015.

Sensenig, Eugen, Jazz in Salzburg der Nachkriegszeit, in: Salzburg 1945–1955. Zerstörung und Wiederaufbau, Jahresschrift des Salzburger Museums Carolino Augusteum 40/41, Salzburg 1995.

Simpson, Christopher, Der amerikanische Bumerang. NS-Kriegsverbrechen im Sold der USA, Wien 1988.

Spatzenegger, Hans, »Der Kirche und der Gesellschaft zu dienen«. Geschichte des Salzburger Pressevereins, Salzburg 2003.

Spatzenegger, Hans, »Kirche in der Freiheit«: Die Aufbaujahre 1945–1948 in: Salzburg und das Werden der Zweiten Republik (VI. Landes-Symposion am 4. Mai 1985), Salzburg 1985.

Spatzenegger, Hans, Die Katholische Kirche von der Säkularisation (1803) bis zur Gegenwart, in: Geschichte Salzburgs, Band II, 3. Teil, Salzburg 1991.

Spazenegger, Hans, »Kirche in der Freiheit«. Die Aufbaujahre 1945–1948, in: Salzburg und das Werden der Zweiten Republik (VI. Landes-Symposion am 4. Mai 1985), Salzburg 1985.

Spevak, Stefan, Das Jubiläum »950 Jahre Österreich«. Eine Aktion zur Stärkung eines österreichischen Staats- und Kulturbewusstseins im Jahre 1946, Wien 2003.

Stadler, Georg, Von der Kavalierstour zum Sozialtourismus. Kulturgeschichte des Salzburger Fremdenverkehrs, Salzburg 1975.

Statistisches Jahrbuch der Landeshauptstadt Salzburg 1950.

Statistisches Jahrbuch der Landeshauptstadt Salzburg 1954.

Stehrer, Sabine, Der Goldzug, Wien 2006.

Steinacher, Gerald, Nazi auf der Flucht. Wie Kriegsverbrecher über Italien nach Übersee entkamen, Innsbruck 2008.

Steinberg, Michael P., The Meaning of the Salzburg Festival. Austria as Theater and Ideology 1890–1938, Cornell University Press 1990.

Steinberg, Michael P., Ursprung und Ideologie der Salzburger Festspiele 1890–1938, Salzburg 2000.

Steinkeller, Friedrich, Die Salzburger Landesregierung, in: Ernst Hanisch, Robert Kriechbaumer (Hg.), Salzburg. Zwischen Globalisierung und Goldhaube, Wien 1997.

Steinlechner-Oberläuter, Dorothea, Mein Donauschwabien. Wie ich nicht aufhören konnte, über meine Herkunft nachzudenken, Salzburg 2018.

Stelzl-Marx, Barbara, Stalins Soldaten in Österreich. Die Innenansicht der sowjetischen Besatzung 1945–1955, Wien 2012.

Stiefel, Dieter, Forschungen zur Entnazifizierung in Österreich: Leistungen, Defizite, Perspektiven, in: Walter Schuster, Wolfgang Weber (Hg.), Entnazifizierung im regionalen Vergleich, Linz 2004.

Stifter, Christian H., Vermessene Demokraten. Meinungsumfragen der US-Besatzungsmacht in der österreichischen Bevölkerung 1946–1955, in: Lucide Dreidemy u. a. (Hg.), Banane, Cola, Zeitgeschichte: Oliver Rathkolb und das lange 20. Jahrhundert, 1. Bd., Wien 2015.

Strasser, Christan, Klein-Hollywood, in: Salzburg 1945–1955. Zerstörung und Wiederaufbau, Jahresschrift des Salzburger Museums Carolino Augusteum 40/41, Salzburg 1995.

Strasser, Christan, The Sound of Klein-Hollywood. Filmproduktion in Salzburg – Salzburg im Film, Wien 1993.

Strasser, Christian, Die totale Illusion. Film und Kino in Salzburg in der NS-Zeit, in: Peter F.

Kramml, Christoph Kühberger (Hg.), Inszenierung der Macht. Alltag – Kultur – Propaganda, Salzburg 2011, (Die Stadt im Nationalsozialismus 2. Bd.).

Strasser, Christian, Klein-Hollywood aus Schutt und Asche. Film und Kino in Salzburg 1945 bis 1955, in: Salzburg 1945–1955. Zerstörung und Wiederaufbau, Jahresschrift des Salzburger Museums Carolino Augusteum 40/41, Salzburg 1995.

Strobl, Philipp, Nicolaus Hagen, New Perspectives on Displaced Persons (DPs) in Austria, in: Zeitgeschichte 2/2020.

Suppanz, Werner, Österreichische Geschichtsbilder. Historische Legitimationen im Ständestaat und Zweiter Republik, Wien 1998.

Svoboda, Christa, Zur Geschichte des Salzburger Kunstvereins, in: 150 Jahre Salzburger Kunstverein. Kunst und Öffentlichkeit, Salzburg 1994.

Talos, Emerich (Hg.), Sozialpartnerschaft. Kontinuität und Wandel, Wien 1993.

Thornhauser, Josef, Die Entwicklung im Bildungsbereich, in: Herbert Dachs u. a. (Hg.), Geschichte der österreichischen Bundesländer seit 1945. Salzburg, Salzburg 1997.

Thurner, Erika u. a. (Hg.), Die andere Geschichte. Eine Salzburger Frauengeschichte des 20. Jahrhunderts, 2. Bd., 1996.

Thurner, Erika, »Nach '45 war man als »Rote/Roter« auch ein Mensch.« Der Wiederaufbau der Salzburger Sozialdemokratie nach 1945, Wien 1990.

Thurner, Erika, Nationale Identität und Geschlecht in Österreich nach 1945, Innsbruck 2000.

Trinker, Irmgard, Konsensgeprägtes »Salzburger Klima« – auch zur Wahlzeit? Landtagswahlkämpfe in Salzburg 1945–1969, in: Herbert Dachs (Hg.), Zwischen Wettbewerb und Konsens. Landtagswahlkämpfe in Österreichs Bundesländern 1945–1970, Wien 2006.

Tropper, Peter G., Das Pastorale Wirken des Erzbischofs Rohracher als Kapitularvikar von Gurk, in: Ernst Hintermaier, Alfred Rinnerthaler, Hans Spatzenegger (Hg.), Erzbischof Andreas Rohracher. Krieg Wiederaufbau Konzil, Salzburg 2010.

Tweraser, Kurt, Amerikanische Kriegsverbrecherprozesse in Salzburg. Anmerkungen zur justitiellen Verfolgung von Kriegsverbrechen in der amerikanischen Besatzungszone in Österreich, 1945–1955, in: Claudia Kuretsidis – Haider, Winfried R. Garscha (Hg.), Keine »Abrechnung«. NS-Verbrechen Justiz und Gesellschaft in Europa nach 1945, Leipzig 1998.

Tweraser, Kurt, Die amerikanische Säuberungspolitik in Österreich, in: Walter Schuster, Wolfgang Weber (Hg.), Entnazifizierung im regionalen Vergleich, Linz 2004.

Tweraser, Kurt, Military Justice as an Instrument of American Occupation Policy in Austria 1945–1950: From Total Control to Limited Tutelage, in: Austrian History Yearbook XXIV/1993.

Tweraser, Kurt, US Militärregierung Oberösterreich, 1. Band, Sicherheitspolitische Aspekte der amerikanischen Besatzung in Oberösterreich-Süd 1945–1950, Linz 1995.

Tweraser, Kurt, US-Militärregierung Oberösterreich 1945–1950, 2. Bd., Amerikanische Industriepolitik in Oberösterreich am Beispiel VOEST und Steyr-Daimler-Puch, Linz 2009.

Über die Berge – dem Gelobten Land entgegen. Alpine Peace Crossing, Salzburg 2008.

Voithofer, Richard, Politische Eliten in Salzburg. Ein Biografisches Handbuch 1918 bis zur Gegenwart, Wien 2007.

Vom Wiederaufbau zum Wirtschaftswunder. Ein Lesebuch zur Geschichte Salzburgs, Salzburg 1994.

Wachsmann, Nikolaus, KL. Die Geschichte der nationalsozialistischen Konzentrationslager, München 2016.

Waggerl, Karl Heinrich, Sämtliche Werke, 1. Bd., Salzburg 1997.

Wagner, Karl, Das Mozarteum. Geschichte und Entwicklung einer kulturellen Institution, Innsbruck 1993.

Wagnleitner, Reinhold, Coca-Colonisation und Kalter Krieg. Die Kulturmission der USA in Österreich nach dem Zweiten Weltkrieg, Wien 1991.

Wagnleitner, Reinhold, Der kulturelle Einfluß der amerikanischen Besatzung in Salzburg, in: Salzburg und das Werden der Zweiten Republik (VI. Landes-Symposion am 4. Mai 1985), Salzburg 1985.

Waitzbauer, Harald, Displaced Persons in Salzburg 1945 bis 1955, in: Salzburg 1945–1955. Zerstörung und Wiederaufbau, Jahresschrift des Salzburger Museums Carolino Augusteum 40/41, Salzburg 1995.

Waitzbauer, Harald, Sirenen, Bunker, Splittergraben. Die Bevölkerung im »Totalen Krieg«, Abschnitt »Terrorpilot aufgespürt«, in: Erich Marx (Hg.), Bomben auf Salzburg. Die »Gauhauptstadt« im »Totalen Krieg«, Salzburg 1995 (Schriftenreihe des Archives der Stadt Salzburg Nr. 6).

Waitzbauer, Harald, Thomas Bernhard in Salzburg. Alltagsgeschichte einer Provinz 1945–1955, Wien 1995.

Waitzbauer, Harald, Über die Berge – dem gelobten Land entgegen, in: Thomas Albrich (Hg.), Flucht nach Eretz Israel. Die Bricha und der jüdische Exodus durch Österreich nach 1945, Innsbruck 1998.

Weidenholzer, Thomas, Alles dreht sich um Kalorien, in: Erich Marx (Hg.), Befreit und besetzt. Stadt Salzburg 1945–1955, Salzburg 1996.

Weidenholzer, Thomas, Entnazifizierung der Stadtverwaltung. Zwischen Entnazifizierung und Wiedereinstellung, in: Alexander Pinwinkler u. a. (Hg.), Schweigen und erinnern. Das Problem Nationalsozialismus nach 1945, Salzburg 2016 (Die Stadt Salzburg im Nationalsozialismus Bd. 7).

Weidenholzer, Thomas, Schleichhändler – Profiteure des Mangels, in: Erich Marx (Hg.), Befreit und besetzt. Stadt Salzburg 1945–1955, Salzburg 1996.

Weigl, Andreas, Von der Existenzsicherung zur Wohlstandgesellschaft, Wien 2020.

Winkelbauer, Thomas, Das Fach Geschichte an der Universität Wien. Von den Anfängen um 1500 bis 1975, Wien 2018.

Wir Lernen Lesen, Ein Erstlesebuch für Schulanfänger von H. Kolar und J. F. Pöschl, Wien 1942.

Wolf, Norbert Christian, Eine Triumphpforte österreichischer Kunst. Hugo von Hofmannsthals Gründung der Salzburger Festspiele, Salzburg 2014.

Wordian, Rudolf Erwin, Die Kammer für Arbeiter und Angestellte für Salzburg nach dem Zweiten Weltkrieg, in: Arbeitnehmervertretung im Bundesland Salzburg. Festschrift für Josef Brunauer, Salzburg Dokumentationen Nr. 55, Salzburg 1981.

Wulf, Joseph, Das Dritte Reich und seine Vollstrecker, Frankfurt/M. 1984.

Ziegler, Meinrad, Waltraud Kannonier-Finster, Österreichisches Gedächtnis. Über Erinnerung und Vergessen der NS-Vergangenheit, Innsbruck 2016.

Register